审计学（上册）

主　编　张颖萍　王凌智　徐　嘉
副主编　吴　琼　杨萍萍　朱建中

天津大学出版社
TIANJIN UNIVERSITY PRESS

图书在版编目(CIP)数据

审计学. 上册 / 张颖萍, 王凌智, 徐嘉主编 ; 吴琼, 杨萍萍, 朱建中副主编. -- 天津 : 天津大学出版社, 2023.9(2025.8重印)

ISBN 978-7-5618-7572-8

Ⅰ. ①审… Ⅱ. ①张… ②王… ③徐… ④吴… ⑤杨… ⑥朱… Ⅲ. ①审计学 Ⅳ. ①F239.0

中国国家版本馆CIP数据核字(2023)第155787号

出版发行	天津大学出版社
地　　址	天津市卫津路92号天津大学内(邮编:300072)
电　　话	发行部:022-27403647
网　　址	www.tjupress.com.cn
印　　刷	廊坊市海涛印刷有限公司
经　　销	全国各地新华书店
开　　本	787mm×1092mm　1/16
印　　张	20.5
字　　数	512千
版　　次	2023年9月第1版
印　　次	2025年8月第4次
定　　价	69.00元

前　言

“审计学”是高等院校会计学、财务管理学、审计学、资产评估学等专业的必修课程。随着我国社会主义市场经济的快速发展，作为“看门人”的注册会计师发挥了重要作用，而注册会计师执业准则也在不断完善和健全，这就要求审计学教材要同步更新，不断满足教学之需要。本书分为审计学基础和注册会计师审计实务两部分。其中，审计学基础部分对国家审计、内部审计和注册会计师审计基础理论知识进行了介绍，旨在使学生掌握审计理论知识；注册会计师审计实务部分结合具体的审计案例介绍了交易循环审计和其他审计，将注册会计师审计的基本理论和知识融入审计基本技能之中，旨在使学生掌握注册会计师审计的基本理论和方法。本书具有以下特点。

第一，理论实践紧密结合。

审计理论是在审计实践中逐步发展起来的。本书在介绍审计方法、审计程序及审计技术的同时，突出了注册会计师审计实务，每章都编写了“引导案例”，使读者对本章知识有一个系统的理解和把握；对章节中涉及的重要以及难以理解的知识点，通过具体案例“例题”加以阐述，使读者对相关知识有一个直观理解；在章末设置“复习思考题”，不仅便于师生互动性审计教学，而且有利于培养学生解决审计实际问题的能力。

第二，与时俱进反映新规。

本书结合我国审计领域的新变化，严格按照新发布的注册会计师执业准则、注册会计师职业道德守则、内部审计工作规定的核心要求阐述审计实务，以提高广大读者的审计实务能力与实际操作水平。

第三，编写体例较为新颖。

本书设置了“学习目标”“引导案例”“关键概念”“复习思考题”“思政园地”栏目，便于学生掌握理论知识，加深对理论知识的理解。

第四，全面融入课程思政。

本书按照教育部《高等学校课程思政建设指导纲要》、国家教材委员会《习近平新时代中国特色社会主义思想进课程教材指南》等文件的要求，紧紧围绕政府审计、内部审计和注册会计师审计主线，通过审计案例展现等形式融入课程思政基本要求，实现知识传授、能力培养与价值观塑造有机融合。

第五，突出社会审计实用。

“审计学”是一门与实务紧密结合的课程，为了进一步提升学生注册会计师审计的实际技能，本书以案例教学为主，编写了许多更具时效性、操作性与可读性的案例。

本书由辽宁财贸学院张颖萍、王凌智、徐嘉任主编，吴琼、杨萍萍、朱建中任副主编。

主编负责总纂全书。全书分上、下两册共计二十五章，其中上册为审计学基础（第一章至第十四章），下册为注册会计师审计实务（第十五章至二十五章），各章具体分工如下：第一章由东野宏一、王凌智编写；第二章由李贺编写；第三章、第四章、第十九章、第二十章由张颖萍编写；第五章、第六章由王凌智、佟萌编写；第七章由王凌智、刘佳宁编写；第八章、第十章由张颖萍、王诗慧编写；第九章由张颖萍、刘佳宁编写；第十一章、第二十四章由徐嘉编写；第十二章、第十三章由吴琼编写；第十四章、第十五章、第十六章、第十七章由王凌智编写；第十八章由张颖萍、赵合三编写；第二十一章、第二十二章由朱建中编写；第二十三章、第二十五章由杨萍萍编写。在编写本书过程中参考了大量优秀的专业文献，在此，我们一并对相关作者表示诚挚的谢意。

本书的内容体系全面反映了当代审计理论和实务的最新发展，可作为培养应用型人才的高等学校相关专业学生的教材，也可作为注册会计师、财会工作者学习审计知识的参考用书。

尽管编者做了很多努力，但本书仍可能存在一些不足，对于书中的疏漏和不足，真诚地希望读者批评和指正。

本书是2021年度辽宁省普通高等教育本科教学改革研究项目（辽教办〔2021〕254号）、辽宁财贸学院2020年度校级教学改革重点研究项目（辽财院〔2020〕102号）最终成果。

编者

2023年1月

目　　录

第一章　审计的产生与发展

学习目标

◆ 掌握关于审计产生的基本理论。
◆ 熟悉国家审计、注册会计师审计和内部审计产生的社会基础。
◆ 了解国内外国家审计、社会审计和我国审计的历史发展概况。

引导案例

南海泡沫事件

英国历史上著名的南海公司（特许贸易公司）是于1711年西班牙王位继承战争时期创立的。公司成立后，董事会采取欺骗的手段，以虚假的会计信息诱骗投资人增加投资并吸收新的投资人，此外，该公司因为购买了大量国债而获得英国政府的大力支持。于是，南海公司如海市蜃楼般的利润前景唤起了英国人超乎寻常的投资热情。据史料记载，该公司的股票价格先是从1719年的114英镑上升到1720年3月的300英镑，再到1720年7月上升到1 050英镑。在南海公司股票示范效应的带动下，一场全国性的投机热潮由此爆发，导致英国全民疯狂炒股，一时间，股票价格暴涨，平均涨幅超过5倍。然而，市场上不少“泡沫公司”浑水摸鱼，为规管这些不法公司，英国国会在1719年6月通过《泡沫法案》，炒股热潮随之减退，连带触发南海公司股价急控，在9月暴跌至190英镑以下。许多沉迷于发财梦的投资者和债权人损失惨重，血本无归，连著名物理学家牛顿也蚀本离场。

随着《泡沫法案》的实施，英国开始制止各类泡沫公司的膨胀。英国政府开始对南海公司的资产进行清理，南海公司宣布破产。数以万计的股东和债权人幡然醒悟，他们向英国议会提出严惩欺诈者并向他们赔偿损失的要求。1721年英国议会为此成立了特别委员会，并聘请了资深会计查尔斯·斯奈尔审核该公司的账簿。在经过审核后，斯奈尔以“会计师”的名义提出了“查账报告书”，指出南海公司存在重大舞弊行为和会计记录严重失实等问题。英国政府据此查处了该公司的主要负责人。审核该公司账簿的人开创了世界注册会计师的先河，注册会计师审计由此在英国拉开序幕。

上述案例中，南海泡沫事件发生的原因是什么呢？会计查尔斯·斯奈尔对南海公司的违规行为实施的是什么类型的审计？特定类型的审计需要承担什么样的社会角色和社会责任？

针对社会组织或个人主体的审计监督行为及审计学科的发展均是人类社会经济发展到一定阶段的必然产物，不仅是一个社会范畴的行为，还是一个经济范畴的活动。本章关注的重点是审计产生的社会基础是怎样的及中外审计是如何产生并发展的。

第一节　审计产生的社会基础

一、审计的定义

审计是一种社会经济现象,是随着社会经济的发展,当财产所有者与经营管理者发生了分离,形成委托与受托经济责任关系之后,在经济监督的客观需要的基础上产生的。它因监督、评价受托责任履行的需要而产生,并随着受托责任内容的扩展而演进。

作为一种经济监督机制,虽然审计的实践活动历史悠久,但关于它的定义却众说纷纭。在我国,比较常见的定义是:审计是由国家授权或接受委托的专职机构和人员,依照国家法规、审计准则和会计理论,运用专门的方法,对被审计单位的财政财务收支、经营管理活动及其相关资料的真实性、合法性、效益性进行审查、监督、评价、鉴证,以维护财经法纪、改善经营管理、提高经济效益的一项具有独立性的经济监督活动。国外公认的具有代表性且被广泛引用的审计定义是美国会计学会 1972 年在其颁布的《基本审计概念公告》中给出的,即"审计是指为了查明有关经济活动和经济现象的认定与所制定标准之间的一致程度,而客观地收集和评估证据,并将结果传递给有利害关系的使用者的系统过程"。美国经典教材阿伦斯著的《审计学》中对审计的定义是:审计是由胜任的独立人员,为确定和报告特定信息和既定标准之间的符合程度而收集和评价有关这些信息的证据的过程。

二、审计与受托经济责任关系

尽管各国对审计的定义有不同看法,但却一直认为受托经济责任关系的确立是审计产生的前提条件和社会基础。所谓的"受托经济责任关系",是指当财产管理制度的发展出现了财产所有权和管理权分离时,财产所有者将财产的管理权委托给财产管理者而形成的一种委托和受托关系。这种所有权与管理权的分离便产生了委托与受托的关系,即受托经济责任关系。在这种关系中,财产所有者为了保护其财产的安全、完整,就需要对受托管理者承担和履行管理财产收支和结果的经济责任实行监督。为了达到这一目的,财产所有者只有要求与责任双方不存在任何经济利益关系的独立的第三者对财产管理者的经济责任进行审查和评价,才能维护自己的正当权益和解除财产管理者的经济责任,于是便产生了审计。这是因为如果彼此之间存在直接的经济利益关系,财产所有者自身对财产管理者的监督、检查便带有一定的主观性和片面性。因此,对财产管理者的监督检查,客观上要求由与财产所有者和财产管理者都无利害关系的第三者来进行,这便是审计产生的前提条件,也是审计产生与发展的客观基础。

三、审计的历史发展轨迹

在古代专制国家,"普天之下,莫非王土;率土之滨,莫非王臣"。最高统治者国王或皇帝是国家所有财政收入和各种资源的所有者。为了巩固其统治地位,统治者必须设置军队、警察、法庭和监狱等一系列国家机器来维持整个国家的统治,财政收入则主要通过征税的方式获得。在管理国家的过程中,统治者必须委托各级官吏帮助其管理包括征税在内的各项事务。这样最高统治者就是委托人,具有财产所有权,而各级官员则是代理人,具有财产和资源的管理权。两权分离,两者之间就存在一种受托经济责任关系。为了验证古代各级官员从事的会计行为和财政经济活动是否符合统治者的意愿,统治者往往会授权独立于财税、会计活动以外的官员对上述各级官员所经手的钱、财、物、账加以审核检查,来验证受托管理委托人财产者所提供的信息是否可靠。古代专制国家的审计大抵采用此方法。在现代民主国家,纳税公民是国家财产所有者,国家公共部门的官员和公务员受全体公民委托管理公共资源,他们有义务报告管理这些资源的情况及与其有关的规划、控制、财务责任。为了验证这些官员是否守法尽职,公共资源的管理是否合法、高效,国家往往会设立专门的审计机关对受托管理并有权使用公共资源的机构进行审计,国家审计由此发展起来。

在民间,欧洲早期的一些封建庄园主或贵族也会委托一些管家或其他人员帮助其管理土地和庄园的各种收入,这些庄园主或贵族就是委托人,管家等其他人员就是代理人,两者之间也存在一定的受托经济责任关系。封建庄园主或贵族为了验证他们的代理人是否诚实地履行了其经济方面的职责,往往也会委派独立的财会人员对代理人进行审核检查。

随着社会的发展和生产规模的扩大,资本主义社会出现了股份制有限责任公司。股东对公司的财产拥有所有权但是并不直接参与企业的经营管理,而是委托经理行使管理的职能。这时财产的所有权和经营管理权分离,股东和经理两者之间就存在受托经济责任关系。经理人员定期以财务报表的形式向股东汇报公司的经营情况和财务状况。股东则会委托独立的第三方审计人员对其进行审计,以验证这些报表是否真实、准确,管理人员是否尽心尽职,以及股东和债权人的利益有没有受到侵犯,社会审计由此发展起来。

20 世纪 20 年代以来,随着经济贸易活动日趋国际化,公司组织形式日趋复杂化、规模化和多层化,一些大规模的跨国公司、企业集团开始出现。为了按照目标一致的管理原则实现反映企业整体受托责任的经营目标,必须赋予各层次管理人员以一定的责任和权限,从而使受托责任多极化。为了保证各职能部门和管理层次受托责任的有效履行,内部审计开始发展起来。

第二节　政府审计的产生和发展概况

国家审计又称政府审计,是国家审计机关根据有关法律法规对国家机关、行政事业单位和国有企业执行政府预算收支的情况和会计资料实施检查审核、监督的专门性活动。国家审计机关除专门的审计机关外,还包括财政、税务、海关、人民银行或专业银行等专业审计机关。对政府行政机关而言,国家审计也是行政监督中的专业监督之一,是财政行政不可或缺的部分。

需要注意的是,国家审计是一种法定审计,被审计单位不得拒绝。审计机关做出的审计决定,被审计单位和有关人员必须执行。审计决定涉及其他有关单位的,这些单位应当协助执行。

一、国家审计的起源

早在五千多年前的古埃及时期,法老就设立了监督官负责审查财务收支。在古罗马就有元老院及其所属的监督官对国库和地方的财政收支进行监督。在两千多年前的雅典城邦,选举产生的执行官在离任前必须接受离任经济责任审计,这些都是国家审计的早期活动。

中世纪,随着社会经济的发展,西欧国家的政府审计有所加强。11世纪,英国王室在财政部门设立了上院下院,前者就是收支监督机构,对后者编制的会计账簿进行检查监督。1256年,法国国王路易九世颁布"伟大法令",要求各城邦的市长、政府官员随时携带城市的收支账簿,以备王室审计官的审查。后来,为了加强对政府部门经济责任的监督,法国于1320年设立了巴黎审计厅,该审计厅是对普通收支和特别收支进行审查的监督机构,同时兼为皇家的行政法院,拥有刑事处罚权,开了司法模式的审计之先河。

在资本主义时期,随着经济的发展和资产阶级国家政权组织形式的完善,国家审计有了进一步发展。为了监督政府的财政收支,切实执行财政预算法案,西方国家大多在议会下设专门的审计机构,由议会或国会授权,对政府及国有企事业单位的财政财务收支进行独立的审计监督。

二、世界各国国家审计模式分类

世界上大多数国家(地区)建立了适合自己国情的国家审计制度。各国的国家审计大体可划分为以下几种模式。

审计机关隶属于立法部门,直接对议会负责并报告工作,完全独立于政府,主要审计政府财政。这种模式在欧美发达国家和许多发展中国家十分常见,是目前世界审计制度的主流。英美两国的国家审计比较典型,是四会名副其实的"牧羊犬"。美国除了在国会设有审计机构外,在联邦政府各部门还另设有监察长办公室,相当于政府部门的内部审计,主要负责审查所在部门的业务活动、经济效果以及本部门官员行为的合法性。

审计机关属于司法系列,即审计机关除了具有审计职能外,还拥有一定的司法权限,显示了国家对法治的强化。法国、意大利、巴西是这种模式的代表,这些国家设立的审计法院享有最高法院的某些特权,可以对违法或造成损失的事件进行审理并对责任人予以处罚。审计人员多为法官,审计的主要对象是国家财政,同时负责管理财政部派出的公共会计。

审计机关不隶属于任何权力部门。这种模式以德国为代表,德国设立了联邦审计院,独立于立法、司法和行政部门,直接对法律负责。这种模式从形式上看是独立于三权之外的,实际上它偏重服务立法部门。

审计机关在体制上隶属于国家行政系列,是国家行政机构的一部分,对政府负责并向政府报告工作。但从发展趋势看,它越来越偏重于为立法部门服务。目前,实行这种模式的主要有中国、沙特阿拉伯等国家。

审计和监察职能合一。这种模式以韩国、蒙古国等国家为代表。韩国设立了独立于政府的审计监查院,由总统直接领导,具有独立的法律地位。

主计审计长模式。这种模式以印度等国为代表,这些国家设立了独立的主计审计公署,负责财政决算编制、国家财政审计。

在上下级审计机关领导体制方面,各国也有较大区别。印度、葡萄牙等少数国家只设一级审计机关,地方不设相应的审计机关,地方的审计工作由其派出机构负责。在分级设立审计机关的国家,最高审计机关与地方审计机关的关系也不尽相同。美国、英国、日本等国家的最高审计机关与地方审计机关之间一般没有领导与被领导的关系,也没有业务指导关系,两者完全平等。韩国审计监查院与地方自治团体监察机关之间是业务指导与合作关系。法国的审计法院可以接受因对地方审计法庭判决不服而提起的上诉,并做出终审判决。菲律宾的最高审计机关对地方审计机关实行垂直管理。

尽管世界各国的审计体制各不相同,但政治越民主、经济发展得越好,国家审计就越重要,这一点早已经成为世界各国的共识。世界各国的审计机关在推动其所在国家提高效率、效益、透明度,更加有效地使用公共资源造福人民,实现可持续发展等方面积极地开展工作。与此同时,世界各国的审计机构也在不断加强国际合作,促进共同发展,实现互利共赢。成立于 1953 年的世界审计组织,是各国最高审计机关信息交流、技术合作、培训研讨的主要平台,是全球仅次于联合国的第二大国际组织,成员包括 194 个国家和国际组织。世界审计组织就世界各国政府审计人员共同关心的问题开展讨论,了解适用的专业准则以及最佳实务的最新发展情况。通过每三年举行一次的全体大会、各专门委员会以及其他联络活动,世界审计组织针对各国最高审计机关所面临的问题,帮助其制定出具有创新性的方案,解决共同的难题。在独立、良治、共享的思想指引下,在全体成员的共同支持和积极参与下,世界审计组织完成了很多具有深远意义的工作,得到了联合国、捐助机构、全球反腐败机构及其他机构的高度认同,影响力也大幅提升。

三、中国政府审计的产生与发展

我国审计的最初形态是政府审计,也叫国家审计,它产生于人类社会发展的奴隶制社会末期。我国审计的发展大致分为以下几个阶段:西周时期我国审计初步形成;秦汉时期我国审计最终确立;隋唐至宋代我国审计日臻健全;元、明、清三代我国审计停滞不前;"中华民国"时期我国审计不断演进;新中国成立后我国审计不断振兴。

中国古代的国家审计是随着专制主义中央集权逐渐发展起来的,随着君权的强化,审计的职权也在不断增强。近代民国时期的审计制度借鉴了西方的审计制度,审计逐渐走上法制化和规范化道路。随着经济的高速发展,国家审计为经济发展保驾护航的作用越来越凸显。

(一)古代国家审计

当社会生产力发展到一定水平,奴隶主国家疆土的扩大与财富的增多,导致了统治者分封王族、功臣和贵族到各地做诸侯,这些诸侯受命于国王,管理国王的土地,并向国王缴纳一定的贡赋。这种土地国有制与经营权的分离,也即是国家授权管理的开始,它使国王与各路诸侯之间不仅存在政治依附关系,也出现了经济责任关系,国家审计工作正是基于这种经济关系而产生的。

我国的审计源远流长,早在西周时期我国就有国家审计的萌芽,设立了类似于审计性质的职官,即"宰夫"。相关文献和考古资料显示,西周时期国家治理方面的各项制度开始建立并完善起来,这其中就包括对财政财务收支活动进行监督的审计制度,具体表现为不仅王畿之内各部门管理财物和籍册的官吏每年都要向太宰或天子上报财物出入情况,官吏的政绩三年考核一次,依功过定赏罚,地方诸侯国也要接受监督,须在规定时间按标准纳贡。

春秋时期,周王室式微,新崛起的诸侯国各自扩张势力而形成领土国家,各国地方的行政组织——郡和县逐渐发展起来,郡和县的官员由中央委派,官位不再世袭。国君与受任命的地方官之间有着明显的委托代理关系,在诸侯争相称霸争雄、弱肉强食的历史背景下,作为委托人的国君对其任命的官员有着强烈的问责需求。这一时期,适应中央集权的上计制度应运而生。所谓上计制度就是中央重要官员和地方长官每年要把所管辖地区的户口、垦田、租税收入等上报给国君,由国君组织官员进行考核,当则可,不当则废。上计制度成为统治者了解地方土地、人口、钱谷出入的重要方式,也成为其考核地方官员和澄清吏治的重要手段,为秦汉帝国的崛起奠定了基础。

秦汉时期,统一的专制国家形成,中央设三公九卿,辅佐皇帝处理政务,御史为三公之一,有弹劾、纠察之权,负责监察全国的民政、财政以及财务审计。地方官的监察则由刺史、督邮等官员负责。上计制度日趋完善,每年地方各县的官员要在年末把所有有关地方的户口、垦田、钱谷的资料上报到郡里审核,由郡统一汇总后上报朝廷,朝廷的宰相、御史组织相关官员对各郡的资料进行考核,并最终决定赏罚。从连云港尹湾出土的汉代东海郡上计木牍《集簿》中可以得知,上计簿中的内容包括:户口、垦田、钱谷;"县、乡三老"和"孝悌""力田"的人数;郡、县两级各类吏员设置的详情;人口性别和年龄的构成状况;春季种树、秋种过冬小麦情况;"以春令"新增户口和用谷数等,资料十分详尽。属于事后定期审计的上计,加上刺史不定期的巡回监察审计,秦汉时期的审计监察制度对于中央掌握地方财政和督促官吏勤于吏治、廉洁奉公起到了较大作用。

魏晋南北朝时期,由于中央集权的衰微,上计制度逐渐退出历史舞台。尚书省下负责法制勾检的比部逐渐承担起审计监督的职责,最终在隋唐时期成为刑部下专门行使经济监督权的审计机构。

隋唐时期,中央集权进一步加强,官僚体系进一步完善,审计制度也日渐完善。唐中央设中书、尚书、门下三省,执行机关尚书省下设礼部、户部、吏部、兵部、刑部、工部六部,刑部下设比部,作为独立于财政部门的专职审计机构,负责国家财政财务收支的审核,《唐六典》卷六《刑部》比部郎中条载:"比部郎中、员外郎掌勾诸司百僚俸料、公廨、赃赎、调敛、徒役、课程、逋悬数物,周知内外之经费,而总勾之。……凡仓库、出纳、营造、佣市、丁匠、功程、赃赎、赋敛、勋赏、赐与、军资、器仗、和籴、屯收亦勾覆之。"比部独立性强,权威性较高,职权也大大强化,审查范围极广,不仅为唐前期的经济繁荣做出了贡献,在我国审计发展史上也占有重要地位。

唐代也在刑部下设比部来负责全国的行政审计和军队审计,审计范围涉及了财政经济活动的各个领域。同时,在唐代已经正式使用"审计"一词。公元 737 年,唐玄宗敕:"癸未,敕以方隅底定,令中书门下与诸道节度使量军镇闲据利害,审计兵防定额……"这便是在我国历史上第一次出现"审计"一词。此后,作为财政经济监督的专门术语,沿用迄今不废。唐"安史之乱"以后,比部职能弱化,以户部、度支和盐运三司为首的中央财政使职及地方道、州、县均出现了承担审计职责的官吏，形成了一些新的审计机构。这些机构不断发展完善，为五代、宋时期三司审计奠定了基础。宋代审计机构设置复杂，变动频繁，元丰改制之前，掌管财政的三司下设的很多机构都有审计职能，如三部勾院、都磨勘司、都凭由司和理欠司、步马军专勾司等。元丰改制以后，比部审计制度一度恢复。南宋时，为了避宋高宗赵构的讳，"诸军诸司专勾司"改称为"诸军诸司审计司"。诸军诸司专勾司有时也合称为审计院。从此，"审计"一词便成为财政监督的专用名词，对后世审计建制产生了深远影响。

元明清是我国封建社会的顶峰，专制进一步加强，经济日趋统制。元初户部设审计科"审计天下见在钱帛可支年月"。中书省设检校官，行中书省设检校所，核对案牍并对钱粮进行稽查审核。元代中央及地方行省、诸路总管府都设有照磨官，磨勘钱谷出纳之事。中央最高的监察机构御史台则通过照刷钱粮文卷，查处管理经济违法行为，审计职能大大加强。明代建立了以都察院和六科审计监督为主的审计体制。都察院御史的审计职能包括：纠察内外百司之官、两京刷卷、巡视仓库和查算钱粮等。另外都察院外差巡抚、总督和地方提刑按察司也有一定的审计职能。明初为了加强对六部的监督，设六科，负责对六部的监察审计，直接向皇帝汇报。清代沿袭明代的科道审计制度。都察院下设十五道监察御史，负责十五个省的监察审计工作，并稽查在京各衙门事务。清代六科对国家财政财务的审计远比明六科系统，上至中央下至地方直省的一切财经活动均在六科审计监督范围内。元明清时期，独立的审计机关取消，监察机关集监察和审计为一体，形成了严密的监察体系，加强了皇帝的专制统治。

（二）近代国家审计

辛亥革命后，参考西方的国家审计制度，中国的近代审计制度开始建立起来。1912 年 9 月，北京政府宣布成立中央审计处，隶属于国务总理，总揽全国审计事务。同时，改各省的地方审计机关为审计分处。审计处与审计分处的主要职权范围包括政府机密费以外的国家一切财政收支。1914 年，中央审计处改为审计院，隶属于大总统，同时撤销全国各省审计分处。1914 年，中国第一部《审计法》公布，对审计报告制度、审计会议制度和审阅、督检、复查等制度都做出了具体规定，迈出了中国近代审计法规建设的第一步。

南京国民政府统治时期，实行五权分立，在国民政府之下设置行政、立法、司法、考试、监察五院。监察院为最高监察机关，下设审计部，依法行使弹劾、审计等职权。审计部在地方省、直辖市设审计处，各特种公务机关、公有营业机关，公有事业机关设审计办事处，由此中央和地方各级行政机关以及企事业单位的财政财务收支全部纳入审计部门的审计监督范围。这一时期政府还颁布了《审计法》《审计部组织法》《审计施行细则》等一系列法律法规，加强了审计法制建设。审计的模式分为事前审计、事后审计、监察三种，审计方式则是送达审计、现场审计、巡回审计相结合。

南京国民政府时期，审计建制几经变化，最终归于监察系统，这一阶段，无论是审计的机构建设、法规建设、法律地位、职权范围，还是审计种类、审计方法等都有了长足的发展。但是由于抗日战争和解放战争的爆发，加上国民党内部贪腐成风，审计作用的发挥受到了很大的限制。

南京国民政府时期,中国共产党领导下的革命根据地也实行了审计监督制度,1932年,中央革命根据地成立了中华苏维埃中央审计委员会。1934年,中华苏维埃共和国中央政府颁布了《中华苏维埃共和国中央政府执行委员会审计条例》,明确规定了中华苏维埃共和国审计机关的审计职权、审计程序、审计规则等,这是中央苏区第一部完整的审计法律文献。

民国时期审计的一个最重要的特点是审计法规的完备达到了空前的程度。一方面,它突破了历代将审计内容附于其他刑事法规之内的习惯做法,公布了大量专门的审计法规;另一方面,所颁布的审计法规涉及审计的各个方面,形成了审计法规的体系。

(三)当代国家审计

中华人民共和国成立后,全面学习苏联的经验,以财政监督和主管部门的会计检查代替了专职的政府审计制度,并赋予会计人员会计监督权。这种"财审合一"的制度和会计人员的自我监督制度在中华人民共和国成立初期起到了积极作用。但随着社会经济的不断发展,这种制度的局限性越来越明显,几十年社会主义建设的实践表明,没有独立专门的审计监督制度,就不能适应经济发展的要求。因此,1982年修订的《中华人民共和国宪法》明确规定要实行审计监督制度。1983年,中华人民共和国审计署正式成立,作为国务院的一个组成部门接受国务院总理领导。1983至1984年,省、直辖市、自治区陆续建立了审计机关;1984至1986年,各市、县也陆续设立了相应的审计机关。地方审计机关接受地方政府和上一级审计机关的双重领导。

当代国家审计虽然起步较晚,但是伴随着中国经济40多年的飞速发展,审计事业也发展迅速,主要体现在以下几个方面。

1. 审计组织体系越来越完善

目前我国的国家审计机构组织体系是:①中央设审计署,包括其内设的机构、18个驻地方的特派员办事处、30个派出审计局。②地方上省一级设审计厅,市和县设审计局。

2018年,为加强党中央对审计工作的领导,构建集中统一、全面覆盖、权威高效的审计监督体系,更好地发挥审计监督作用,中共中央印发了《深化党和国家机构改革方案》,宣布组建中央审计委员会,作为党中央决策议事协调机构。中央审计委员会的组建是加强党对审计工作领导的重大举措,目的是要落实党中央对审计工作的部署要求,加强全国审计工作统筹,优化审计资源配置,做到应审尽审、凡审必严、严肃问责,努力构建集中统一、全面覆盖的审计监督体系,更好地发挥审计在党和国家监督体系中的重要作用。

2018年2月,党的十九届三中全会审议通过了《中共中央关于深化党和国家机构改革的决定》和《深化党和国家机构改革方案》,提出要"组建中央审计委员会"。中央审计委员会的成立,在机构设置层面为党领导审计工作提供了坚实的组织基础。2018年5月,习近平在中央审计委员会第一次会议中强调,改革审计管理体制,组建中央审计委员会,是加强党对审计工作领导的重大举措。至2018年底,27个省级党委相继成立了审计委员会,以保障审计更好地发挥其在党和国家监督体系中的重要作用。根据党的十九届三中全会审议通过的《中共中央关于深化党和国家机构改革的决定》,中共中央印发的《深化党和国家机构改革方案》和第十三届全国人民代表大会第一次会议批准的《国务院机构改革方案》内容可知，审计署是国务院组成部门。

2. 审计法律法规越来越健全

1985 年，《国务院关于审计工作的暂行规定》颁布，1988 年，《中华人民共和国审计条例》颁布。

1993 年 11 月，党的十四届三中全会通过了《中共中央关于建立社会主义市场经济体制若干问题的决定》，明确了国家审计在促进廉政建设进程中的作用。1994 年 8 月，《中华人民共和国审计法》（以下简称《审计法》）经第八届全国人大常委会第九次全体会议通过，并于 1995 年 1 月开始施行。《审计法》的颁布，从法律上进一步确立了政府审计的地位，标志着我国国家审计工作正式进入法治化建设的轨道。本次颁发实行的《审计法》有两大突破：一是开展“上审下”与“同级审”并存的财政审计监督，二是执行“两个审计报告”制度。在《审计法》颁布之前，财政审计主要采取“上审下”模式，即由上级审计机关对下级人民政府的财政收支情况进行监督，而根据《审计法》第十七条的规定，在“上审下”的基础上，上级审计机关还需要对本级人民政府的预算执行情况进行审计，即实行“同级审”模式。此外，《审计法》第四条还明确，关于预算执行的审计情况，审计机关应向本级人民政府提交审计结果报告，同时受本级政府委托还需向本级人大常委会提出审计工作报告，即实行“两个审计报告”制度。1995 年末，审计署首次对中央预算执行情况进行了审计并向国务院报送了审计结果报告。1996 年 7 月，审计署首次向全国人大常委会提交了中央预算执行审计工作报告。1997 年 9 月，党的十五大提出了“依法治国”的基本方略，要求“一切政府机关都必须依法行政”，同年 10 月，《中华人民共和国审计法实施条例》出台，对《审计法》中的基本性规定做出了详细具体的解释，进一步推动了审计工作的规范化与法治化。与此同时，为在审计领域贯彻落实依法审计的基本要求，保障审计工作质量的提升，审计署也陆续制定颁布了以《中华人民共和国国家审计基本准则》为核心的 38 个审计工作规范。至此，中国特色社会主义审计法律体系的制度框架已初步形成。

2006 年修订的《中华人民共和国审计法》对原有的审计法进行了大量修订，进一步完善了审计监督体系，拓宽了审计监督的范围，加强了审计监督的职权，为审计工作的健康发展奠定了良好的基础。

2010 年 2 月 11 日，修订后的《中华人民共和国审计法实施条例》正式颁布，自 2010 年 5 月 1 日起施行。2010 年 9 月 8 日，新修订的《中华人民共和国国家审计准则》发布，新的审计准则对执行审计业务基本程序做了系统规范，是审计机关和审计人员履行法定审计职责的行为规范，是执行审计业务的职业标准，是评价审计质量的基本尺度，适用于审计机关开展的各项审计业务。至此，从审计法、审计法实施条例到国家审计准则，审计法律法规基本完备。

2017 年 10 月，党的十九大提出中国特色社会主义进入了新时代。十九大报告的第十三部分明确指出“构建党统一指挥、全面覆盖、权威高效的监督体系”。这是我国首次将审计制度建设写进党代会报告，是党中央对国家审计高度重视的表现。2018 年 3 月，中共中央印发了《深化党和国家机构改革方案》，组建中央审计委员会，办公室设置审计署，作为党中央决策议事协调机构。

2021年10月23日第十三届全国人民代表大会常务委员会第三十一次会议通过了《关于修改〈中华人民共和国审计法〉的决定》,重点围绕审计工作领导、审计工作报告机制、审计范围扩展、审计监督手段优化、审计查出问题整改等五方面进行了修改调整,自此在中国特色社会主义新时代开启了我国国家审计现代化发展的新征程。

3. 审计全覆盖

2015年12月8日,中共中央办公厅、国务院办公厅印发的《关于完善审计制度若干重大问题的框架意见》及《关于实行审计全覆盖的实施意见》明确指出,国家审计要对公共资金、国有资产、国有资源、领导干部履行经济责任情况实行全覆盖。

(1)对公共资金实行审计全覆盖。审计机关要依法对政府的全部收入和支出、政府部门管理或其他单位受政府委托管理的资金,以及相关经济活动进行审计。主要检查公共资金筹集、管理、分配、使用过程中遵守国家法律法规情况,贯彻执行国家重大政策措施和宏观调控部署情况,公共资金管理使用的真实性、合法性、效益性以及公共资金沉淀等情况;公共资金投入与项目进展、事业发展等情况;公共资金管理、使用部门和单位的财政财务收支、预算执行和决算情况以及职责履行情况,以促进公共资金安全高效使用。根据公共资金的重要性、规模和管理分配权限等因素,确定重点审计对象。坚持以公共资金运行和重大政策落实情况为主线,将预算执行审计与决算草案审计、专项资金审计、重大投资项目跟踪审计等相结合,对涉及的重点部门和单位进行重点监督,加大对资金管理分配使用关键环节的审计力度。

(2)对国有资产实行审计全覆盖。审计机关要依法对行政事业单位、国有和国有资本占控股地位或主导地位的企业(含金融企业,以下简称国有企业)等管理、使用和运营的境内外国有资产进行审计。主要检查国有资产管理、使用和运营过程中遵守国家法律法规情况,贯彻执行国家重大政策措施和宏观调控部署情况,国有资产真实完整和保值增值情况,国有资产重大投资决策及投资绩效情况,资产质量和经营风险管理情况,国有资产管理部门职责履行情况,以维护国有资产安全,促进国有资产运营绩效的提高。根据国有资产的规模、管理状况以及管理主体的战略地位等因素,确定重点审计对象。对国有企业资产负债损益情况进行审计,将国有资产管理使用情况作为行政事业单位年度预算执行审计或其他专项审计的内容。

(3)对国有资源实行审计全覆盖。审计机关要依法对土地、矿藏、水域、森林、草原、海域等国有自然资源,特许经营权、排污权等国有无形资产以及法律法规规定属于国家所有的其他资源进行审计,主要检查国有资源管理和开发利用过程中遵守国家法律法规情况,贯彻执行国家重大政策措施和宏观调控部署情况,国有资源开发利用和生态环境保护情况,相关资金的征收、管理、分配和使用情况,资源环境保护项目的建设情况和运营效果,国有资源管理部门的职责履行情况,以促进资源节约集约利用和生态文明建设。根据国有资源的稀缺性、战略性和分布情况等内素,确定重点审计对象。加大对资源富集和毁损严重地区的审计力度,对重点国有资源进行专项审计,将国有资源开发利用和生态环境保护等情况作为领导干部经济责任审计的重要内容，对领导干部实行自然资源资产离任审计。

（4）对领导干部履行经济责任情况实行审计全覆盖。审计机关要依法对地方各级党委、政府、审判机关、检察机关，中央和地方各级党政工作部门、事业单位、人民团体等单位的党委（党组、党工委）和行政正职领导干部（包括主持工作1年以上的副职领导干部），国有企业法定代表人，以及实际行使相应职权的企业领导人员履行经济责任情况进行审计。主要检查领导干部贯彻执行党和国家经济方针政策、决策部署情况，遵守有关法律法规和财经纪律情况，本地区本部门本单位发展规划和政策措施制定、执行情况及效果，重大决策和内部控制制度的执行情况及效果，本人遵守党风廉政建设有关规定情况等，以促进领导干部守法、守纪、守规、尽责。根据领导干部的岗位性质、履行经济责任的重要程度、管理资金资产资源规模等因素，确定重点审计对象和审计周期。坚持任中审计和离任审计相结合，经济责任审计与财政审计、金融审计、企业审计、资源环境审计、涉外审计等相结合，实现项目统筹安排、协同实施。

为了实现全覆盖的目标，近年来审计机关不断建立健全与审计全覆盖相适应的工作机制，科学规划，统筹安排，加强审计资源整合。通过在一定周期内对依法属于审计监督范围的所有管理、分配、使用公共资金、国有资产、国有资源的部门和单位，以及党政主要领导干部和国有企事业领导人员履行经济责任情况进行全面审计，逐步实现审计全覆盖的目标。

4. 审计技术飞速发展

随着信息化时代的发展，审计技术也在不断发展创新。目前构建大数据审计工作模式，已经成为审计机关提高审计能力、质量和效率，扩大审计监督的广度和深度的有效路径。根据审计法的规定，有关部门、金融机构和国有企事业单位应根据审计工作需要，依法向审计机关提供与本单位本系统履行职责相关的电子数据信息和必要的技术文档，不得制定限制向审计机关提供资料和开放计算机信息系统查询权限的规定。为适应大数据审计需要，审计署正在构建国家审计数据系统和数字化审计平台，积极运用大数据技术，加大业务数据与财务数据、单位数据与行业数据以及跨行业、跨领域数据的综合比对和关联分析力度，提高运用信息化技术查核问题、评价判断、宏观分析的能力。同时审计机关也在探索建立实时监督系统，实施联网审计。

5. 中国审计的世界影响力日益凸显

中国当代审计制度虽然建立较晚，但是随着改革开放40多年来经济的飞速发展，中国国家审计的世界影响力不断提高。中国审计走向国际最重要的标志有三个：一是担任联合国审计委员会委员和轮值主席；二是担任世界审计组织主席；三是担任审计数据采集项目委员会主席。

在2007年的联合国第六十二届大会上，中国审计署审计长李金华当选联合国审计委员会委员。这是联合国成立以来首次有中国人参选这一职位并成功当选。联合国审计委员会成立于1946年，是联合国重要的专家机构之一，由3名委员组成，主要负责对联合国组织进行外部审计。其委员均由联合国会员国最高审计机关的审计长（或拥有相等头衔的官员）担任。自2008年7月起，刘家义履任联合国审计委员会委员，2011年1月至2012年12月担任联合国审计委员会主席。

2008—2011年,为完成好联合国审计任务,中国审计署选拔了200多名熟悉国际规则、熟练运用外语、精通国际事务的审计专家,对联合国秘书处、维持和平行动、儿童基金会、日内瓦办事处、人权事务高级专员办事处等20多个机构和项目实施了近200次审计,足迹遍及50多个国家和地区,向联合国管理层和联合国大会提交了163份审计报告和审计建议书,推动联合国在多个领域建立和修订完善制度500多项,赢得了联合国大会和会员国的高度评价。2013年7月,联合国授予刘家义"联合国维持世界和平奖",以表彰他和他带领的中国审计师团队通过实施联合国维持和平行动审计对维护世界和平做出的突出贡献。

成立于1953年的世界审计组织是一个由联合国成员国的最高审计机关组成的国际组织,世界审计组织大会是世界审计组织的最高权力机构,每3年召开一次。2013年10月22—26日,世界审计组织第二十一届大会在北京举行。大会通过了《北京宣言——最高审计机关促进良治》,明确促进国家良治是各国最高审计机关的重要任务和目标。继中国担任联合国审计委员会委员之后,从2013年起,刘家义担任世界审计组织主席,任期3年。

2014年9月,审计署联合国家标准委员会等单位,向国际标准化组织(ISO)申请成立审计数据采集国际标准项目委员会,推动相关标准的制定和推广。2015年3月,国际标准化组织(ISO)批准成立审计数据采集国际标准项目委员会,由中国担任主席并承担秘书处工作。这标志着中国审计在国际最高级别的标准化体系开辟了一个全新的技术领域,该委员会目前有39个成员国。现审计数据采集国际标准制定已取得阶段性成果,标志着中国审计的实践和经验为国际标准化发展做出了积极贡献。

总的来讲,自1983年审计署成立特别是《审计法》颁布实施以来,全国各级审计机关不断建立健全审计法规,拓展审计领域,规范审计行为,改进审计方法,审计工作逐步走上了法制化、制度化、规范化的轨道,在国家治理中发挥着越来越重要的作用。目前,中国审计在政策执行跟踪审计、经济责任审计、计算机审计、环境审计、大数据技术应用、社保审计、大型投资项目审计等领域都处于领先地位、影响较广。与此同时,审计署近年来还积极推动国际审计理论和审计事业的发展,在国际审计舞台上扮演着越来越重要的角色。

第三节　内部审计的产生与发展

一、我国内部审计的产生

我国内部审计的产生,可追溯到奴隶社会,可谓源远流长。我国古代西周时期是奴隶社会的鼎盛时期。据《周礼》记载,周王朝设有一种"司会"官职。司会,以参互考日成,以月要考月成,以岁会考岁成。司会实际上行使会计稽核和监控的权力,可谓我国内部审计的雏形。当时,在中央政权设置的官员中,就设有"宰夫"一职,负责审查"财用之出入",并拥有"考其出入,而定刑赏"的职权。这个职位所从事的工作具有审计的性质,是我国内部审计的萌芽。其后,秦汉两代都采用"上计制度",以审查监督财务收支有无错弊,并借以评价有关官吏的政绩。但秦汉官制中,尚无专司审计职责的官员,也无专职审计机构。到了唐朝,由于经济发达、政治稳定,审计地位提高,开始对中央和地方的财务收支实行定期的审计监督,国家审计有了明显发展。隋唐时期是我国封建王朝审计日臻完备的阶段。宋代设立审计司和审计院,标志着我国用"审计"一词命名的审计机构的诞生。元、明、清三代均未设专门的审计机构,国家审计陷于中衰时期。

19 世纪下半叶,随着民族资本主义工商业的产生和发展,我国也出现了按照西方国家股份有限公司模式建立的银行、制造业和矿山开采等公司,其内部设立了专职的稽核部门和稽核人员,从事类似内部审计的工作。辛亥革命后,北洋政府在 1914 年设立审计院,颁布了《审计法》。1928 年,南京国民政府设立审计院,后改名为审计部,隶属监察院。国民政府的《审计法》虽几经修改,但是由于政府贪污腐败,审计制度徒具形式,并没有发挥应有的作用。当时中国共产党领导下的革命根据地成立了中华苏维埃中央审计委员会,颁布《审计条例》,实行审计监督制度。这对战争年代节约财政支出,保障战争供给,树立廉洁作风,起到了积极作用。

二、我国内部审计的发展

中华人民共和国成立后,社会经济的发展模式主要是学习苏联的社会主义计划经济模式。在相当长的时间内,企事业单位和行政单位内部并未设立专门的内部审计机构和内部审计人员,内部审计的监督职能主要通过会计人员的会计监督和临时性的财务大检查来行使,没有实施独立的内部审计工作。

1978 年,我国实行改革开放政策,吸引外资到国内兴办公司,促进经济发展。与此同时,建立审计制度也提上了议事日程。1982 年 12 月 4 日,第五届全国人大第五次会议讨论通过了修订后的《中华人民共和国宪法》,确定在我国实行审计监督制度,明确规定了审计体制、审计机关的主要职责,审计监督的基本原则,确立了我国审计监督的法律地位。1983 年 8 月,国务院批转了审计署《关于开展审计工作几个问题的请示》,首次提到了内部审计监督问题。1985 年 8 月颁布的《国务院关于审计工作的暂行规定》,要求政府部门和大中型企事业单位实行内部审计监督制度,为内部审计提供了法律依据。1985 年 12 月,审计署颁发了《审计署关于内部审计工作的若干规定》,对我国内部审计的建立和发展起到了规范和推动作用。1987 年 7 月,国务院转发了审计署《关于加强内部审计工作的报告》; 1987 年 4 月,我国成立了中国内部审计学会; 1988 年,国务院颁布了《中华人民共和国审计条例》,其中第 6 章对内部审计做了较全面的规定; 1989 年 12 月,审计署发布了《审计署关于内部审计工作的规定》(审计署令 1989 年第 3 号),废止 1985 年的相关规定。在这一阶段,通过行政法规确立了内部审计的基本制度,我国内部审计步入了发展的轨道。

1994 年 8 月,《中华人民共和国审计法》正式颁布,其中第 29 条明确规定,国务院各部门和地方人民政府各部门、国有的金融机构和企业事业组织,应当按照国家有关规定建立健全内部审计制度。这从法律上确立了内部审计制度,同时也为进一步完善内部审计工作规定、准则提供了法律依据。1995 年 7 月 14 日,《审计署关于内部审计工作的规定》(审计署令 1995 年第 1 号)发布,取代了 1989 年的相关规定,该规定较以前有了较大的改变,更加明确了我国内部审计的地位、职责和作用。2002 年 5 月,经民政部批准,中国内部审计学会更名为中国内部审计协会。

2003 年 3 月 4 日，《审计署关于内部审计工作的规定》（审计署令 2003 年第 4 号）发布，要求国家机关、金融机构、企业事业组织、社会团体以及其他单位，应当按照国家有关规定建立健全内部审计制度。法律、行政法规规定应设立内部审计机构的单位，必须设立独立的内部审计机构。法律、行政法规没有明确规定要设立内部审计机构的单位，可以根据需要设立内部审计机构，配备内部审计人员。设立内部审计机构的单位，可以根据需要设立内部审计委员会，配备总审计师。这些规定有力推动了我国内部审计向前发展，同时培养了一批有经验的内部审计人员。2003 年 4 月，中国内部审计协会正式发布了《内部审计基本准则》《内部审计人员职业道德规范》及 10 项内部审计具体准则；2004 年 3 月，发布了 5 项（第 11~15 号）内部审计具体准则；2005 年 3 月，又发布了 5 项（第 16~20 号）内部审计具体准则，从而逐步建立了我国内部审计的职业规范体系。随着我国有关内部审计的法规、准则等的颁布和实施，内部审计的目标、定位、作用也逐渐由查错揭弊向防范风险、增加价值、完善公司治理转变，并在工作中发挥着越来越重要的作用。

2010 年 10 月，中共中央办公厅、国务院办公厅印发《党政主要领导干部和国有企业领导人员经济责任审计规定》，要求内部审计对本单位和所属单位领导人员开展经济责任审计工作，经济责任审计成为内部审计的主要工作内容之一。2013 年，为了适应内部审计的最新发展，更好地发挥内部审计准则在规范内部审计行为、提升内部审计质量方面的作用，中国内部审计协会对 2003 年以来发布的内部审计准则进行了全面、系统的修订。此次修订将内部审计具体准则分为作业类、业务类和管理类三大类，借鉴了国际内部审计准则的经验，体现准则体系的系统性和准则之间的逻辑关系，为准则的未来发展预留了空间。修订后的内部审计准则体系由内部审计基本准则、内部审计人员职业道德规范、20 项具体准则（原 29 项）、5 项实务指南构成，2014 年 1 月 1 日正式实施。

2018 年 3 月 1 日，修订后的《审计署关于内部审计工作的规定》（审计署令 2018 年第 11 号）开始施行。该规定增加了对贯彻落实国家重大政策措施情况的审计，对发展规划、战略决策、重大措施以及年度业务计划执行情况的审计，对自然资源资产管理和生态环境保护责任的履行情况的审计，境外审计，内部控制风险管理情况审计等新内容，进一步扩展了内部审计的职责，使内部审计部门成为综合监督机构。

2019 年 5 月，中国内部审计协会印发了《第 2309 号内部审计具体准则——内部审计业务外包管理》，规范了内部审计业务外包管理行为，为保证内部审计质量提供了法规基础。

2019 年 7 月，为适应新形势新要求，完善经济责任审计制度，《党政主要领导干部和国有企事业单位主要领导人员经济责任审计规定》开始实施。新规定坚持党对审计工作的集中统一领导，聚焦领导人员经济责任，强化对权力运行的制约和监督，对于加强领导人员管理监督，促进领导干部履职尽责、担当作为具有重要意义。

2021 年 1 月中国内部审计协会印发了修订后的《第 2205 号内部审计具体准则——经济责任审计》，这是新时代贯彻落实《党政主要领导干部和国有企事业单位主要领导人员经济责任审计规定》，坚持和加强党对审计工作的集中统一领导，强化对党政主要领导干部和国有企事业单位主要领导人员的管理监督，规范开展经济责任审计工作，提高审计质量和效果的新要求。

三、内部审计产生和发展的动因

（一）评价受托经济责任关系是内部审计产生和发展的原因

一是在奴隶社会和封建社会，奴隶主和地主为了保护自己的财产和巩固统治地位，必须委派管理人员去管理奴隶和佃户，奴隶主和地主是授权者，管理人员是代理者，两者之之间便产生了一种受托经济责任关系。奴隶主、地主授权管理人员所从事的收支活动，都有必要授权给独立于管理人员以外的人员来进行审查，评价管理是否诚实地履行了受托经济责任。国内外内部审计就是在这样的客观条件下应运而生的。二是20世纪以来，公司生产经营规模不断扩大，董事会不可能亲自进行公司日常的生产经营管理，需要聘请经理负责经营管理，为审查和监督经理对公司董事会的受托经济责任的履行情况，董事会往往要求设置内部审计机构和配备内部审计人员，公司内部审计便开始产生和发展。因此，从内部审计行为的萌芽状态到现代公司内部审计机构的完善，从奴隶社会、封建社会到现代社会，都存在着财产所有权与经营管理权相分离而产生的受托经济责任关系。内部审计因受托经济责任关系而产生和发展，没有受托经济责任关系，就不可能产生内部审计行为。

（二）加强内部经营管理和控制是内部审计产生和发展的动力

内部审计是随着所在单位规模的不断扩大，需要加强经营管理和控制而产生和发展起来的。只要存在着管理上的分权，上级管理层没有能力亲自对下级受托经营管理层的受托经济责任履行情况进行审查和评价，上级管理层就必然会设置专门的内部审计机构或审计人员进行审查和评价，通过内部审计机制来加强对下级受托经营管理层的管理和控制。内部审计通过对被审计单位的经济活动进行客观、公正的评价，为经营管理层确定和解除受托经济责任。

早期的内部审计只局限于审查会计账目和财务报表，其目的仅仅在于纠正会计差错和揭露弊端。随着公司规模的扩大、经营管理的日益复杂，对生产经营管理进行审计也日趋重要。内部审计的作用在审查会计账目和财务报表的基础上，对公司的生产经营情况进行审计评价，及时提出合理、可行的建议。

（三）现代科学技术为内部审计的不断发展提供方法和手段

现代科学技术为现代内部审计的发展提供了方法和手段。如财务审计经常使用统计抽样法，经济效益审计广泛采用现代管理方法和数学方法以及有关预测、决策及分析的方法等。同时，在审计过程中，运用系统论、信息论、控制论等原理对审计事项进行总体的全面验证和综合分析，可以使审计结论朝着更加精确、可靠和卓有成效的方向发展。特别是计算机应用于管理和会计系统，使传统的手工数据处理系统转变为电算化数据处理系统后，内部审计的对象发生了重大变化，对电子数据处理系统的审计方法的研究，形成了一门与会计、审计和计算机交叉的边缘学科——电子数据处理系统审计。当前，“大智移云物区”等技术的发展和运用，在内部审计中的应用前景十分广阔，大数据审计、区块链审计、智能审计等在内部审计工作中得到广泛运用。

第四节　注册会计师审计的起源与发展

注册会计师审计又称社会审计,是指注册会计师依法接受委托、独立执业、有偿为社会提供专业服务的活动。

一、注册会计师审计的起源

社会审计起源于16世纪的意大利,当时地中海沿岸的商业城市由于发达的航海贸易而繁荣起来,威尼斯作为东西方贸易的枢纽,商业经营的规模不断扩大。为了满足集资的需求,合伙制企业应运而生。合伙经营的方式不仅促进了复式簿记在意大利的产生与发展,同时由于出资的合伙人并不都参与企业的经营管理,企业的所有权和经营权开始分离,这使得对经营管理的合伙人进行监督成为必要。人们为了了解合伙契约是否得到认真履行,利润的计算与分配是否正确,开始聘请会计专家来担任查账和公证工作。这样,在16世纪意大利的商业城市中出现了一批具备一定会计知识、专门从事查账和公证工作的专业人员,他们从事的工作可以说是注册会计师审计的起源。随着会计专业人员数量的增多,1581年在威尼斯创立了威尼斯会计协会。其后,米兰、苏格兰等城市的职业会计师也成立了类似的组织。

现代意义上的注册会计师的真正形成是在18世纪至19世纪的英国,18世纪下半叶,英国的资本主义商品经济得到了迅速发展,生产的社会化程度大大提高,出现了以发行股票筹集资金为特征的股份有限责任公司。企业的所有权与经营权分离。为了监督经营者的经营管理,防止其营私舞弊,保护投资者、债权人的利益,英国政府于1844年颁布了《公司法》,1845年又对《公司法》进行了修订,规定股份公司的账目必须经董事以外的人员审计,这一规定大大推动了注册会计师审计的发展。此后,英国政府对一批精通会计业务、熟悉查账知识的独立会计师进行了资格认定。1853年,苏格兰爱丁堡创立了第一个注册会计师的专业团体——爱丁堡会计师协会,该协会的成立标志着注册会计师职业的诞生。这一时期注册会计师审计的法律地位得到确认;审计的目的是查错防弊,保护企业资产的安全和完整;审计方法是对大量的会计账簿进行详细审计;审计报告使用人主要为企业股东。

二、注册会计师审计的发展

商品经济的发展不仅促成了审计的产生,而且不断推动审计向前发展。注册会计师审计从审计对象的演变过程来看,可以分为会计账目审计、资产负债表审计和财务报表审计三个阶段。

(一)会计账目审计阶段

这一阶段大致从19世纪中叶至20世纪初,其中,英国审计模式占据主导地位。在此阶段,注册会计师审计的主要特点是:审计逐渐由任意审计转变为法定审计;审计的目的在于查错防弊,保护企业财产的安全完整;审计的方法是对会计账目进行逐笔的详细审计;审计报告的使用人主要是企业股东。

（二）资产负债表审计阶段

这一阶段大致包括 20 世纪的前 30 年，其间，全球经济发展中心由欧洲转向美国。当时企业筹资主要依靠银行贷款解决。银行通常要求借款人提供经独立会计师审核的资产负债表，以判断企业的偿债能力。企业也希望借助独立会计师对其资产负债表进行审查，以更好地获取银行信用。因此，资产负债表审计成为此阶段独立会计师的主要业务。此阶段注册会计师审计的基本特点是：审计对象由会计账目扩大到资产负债表；审计的主要目的在于通过审查资产负债表来判断企业的信用状况；审计方法从详细审计初步转向抽样审计；审计报告的使用人除企业股东外，更突出了债权的需要。

（三）财务报表审计阶段

这一阶段大致从 20 世纪 30 年代至今。20 世纪 30 年代后，美国证券市场得到快速发展，为保护投资者的权益，美国 1934 年的《证券交易法》规定，上市公司必须向证券交易管理部门报送经过审查的资产负债表和损益表。为顺应这种需要，注册会计师审计从资产负债表审计逐步扩大到财务报表审计。在此阶段，注册会计师审计的主要特点为：审计对象转为企业的全部财务报表及相关资料；审计的主要目的在于对财务报表发表审计意见；审计范围扩大到测试相关的内部控制制度；抽样审计和计算机辅助审计技术逐渐被运用；审计报告的使用人进一步扩大，包括股东、债权人、潜在的投资者、证券交易机构、政府及社会公众；注册会计师审计准则体系不断建立和完善；注册会计师资格考试和认证制度逐步推行。

第二次世界大战以后，经济发达国家通过各种渠道推动本国的企业向海外拓展，跨国公司得到空前发展。国际资本的流动带动了民间审计的跨国界发展，形成了大批国际会计师事务所。随着会计师事务所规模的扩大，产生了“八大”国际会计师事务所，20 世纪 80 年代末合并为“六大”国际会计师事务所，之后又合并为“五大”国际会计师事务所。2001 年，美国的安然公司会计造假丑闻使涉嫌舞弊和销毁证据的安达信会计师事务所受到美国司法部门的调查，之后宣布关闭，至此尚有“四大”国际会计师事务所，它们分别是普华永道（Price Waterhouse Coopers）、德勤（Deloitte Touche Tohmatsu）、安永（Ernst &Young）和毕马威（KPMG Peat Marwick），如表 1-1 所示。

表 1-1　国际四大会计师事务所基本情况一览表（数据截至 2021 财年）

名称	发展历程	主要客户	收入	从业人员
普华永道	前身是 1848 年成立于英国伦敦的普华会计公司（Price Waterhouse）和 1898 年成立于美国费城的永道（Coopers&Lybrand）会计公司，两者于 1998 年 7 月 1 日合并成今天的普华永道	埃克森、IBM、日本电报电话、强生、美国电报电话、英国电信、戴尔电脑、福特汽车、康柏电脑等	451 亿美元	295 371 人
德勤	1868 年，Deloitte 在纽约成立 1900 年 Touche Niven 公司在纽约成立，1969 年更名为 Touche Ross 公司，后与 Deloitte Haskins & Sells 公司合并为 Deloitte & Touche。Tohmatsu 事务所于 1968 年成立，1999 年 Deloitte&Touche 和 Tohmatsu 正式合并，成为现在的德勤	微软、播音、美国通用汽车、家乐福、联合包裹、宝洁、星巴克、丰田汽车、东京三菱银行、克莱斯勒汽车、《纽约时报》等	502 亿美元	345 374 人

续表

名称	发展历程	主要客户	收入	从业人员
安永	前身是 1894 年成立于美国纽约的 Arthur Young 会计公司和 1903 年成立于美国克利夫兰的 Ernst&Ernst(1979 年以后合并为 Ernst&Whinney)会计公司。1989 年 Arthur Young 及 Ernst&Whinney 的兼并造就了现在的安永	英特尔、可口可乐、沃尔玛、英国石油、时代华纳、美洲银行、麦当劳、中国银行、中国人寿等	399 亿元	312 250 人
毕马威	1911 年,荷兰的 William Barclay Peat&Co. 和 Marwick, Mitchll&Co. 合并为 Peat Marwick International(PMI)。1979 年, Klynve-ld、Deutsche Treuhand-Gesellschaft 和 Mclintock Main Lafrentz 进行合并,组成 Klynveld Main Goerdel-er(KMG)。1987 年, PMI 和 KMG 的成员机构进行合并形成了今天的毕马威	美国通用电气、苹果、辉瑞制药、雀巢、奔驰、百事、花旗银行、中国工商银行等	321 亿美元	236 000 人

“安然公司”事件不但导致“五大”国际会计师事务所之一的安达信会计师事务所破产,也直接促使美国国会和政府在 2002 年通过了《萨班斯法案》(*Sarbanes Oxley Act*,简称《SOX 法案》),也称《公众公司会计改革与投资者保护法案》,这是一部对上市公司和审计职业监管具有划时代影响的法律。根据该法律,美国成立了上市公司会计监察委员会(Public Company Accounting Oversight Board, PCAOB),PCAOB 拥有制定上市公司审计准则和从事上市公司审计的事务所在记的权利,以及检查这些事务所审计质量的权利。该法案的诸多规定对注册会计师的审计业务影响较大。该法案第 404 条款明确了公司管理层对与财务报表及其相关的内部控制制度的有效性的责任,并要求管理层对公司内部控制进行自我评估,出具内部控制评价报告,且由出具财务报表审计报告的会计师事务所对管理层的内部控制评价报告进行独立鉴证,并出具内部控制审计报告,《SOX 法案》这一规定也迅速被世界其他国家所借鉴。

三、中国注册会计师审计产生与发展

(一)中国注册会计师审计的起源

中国注册会计师审计始于辛亥革命以后。当时,一批爱国学者积极倡导创建中国的注册会计师审计事业。1918 年 6 月,谢霖上书北洋政府,建议推行“中国会计师制度”。同年 9 月,北洋政府农商部颁布了我国第一部注册会计师法规——《会计师暂行章程》,并向谢霖颁发了第一号会计师证书。因此,谢霖被称为中国注册会计师第一人。其后,谢霖在北京创办了中国第一家会计师事务所——正则会计师事务所。与潘序伦创办的立信会计师事务所、奚玉书创办的公信会计师事务所、徐永祚创办的徐永祚会计师事务所一同被誉为民国时期的四大会计师事务所。

此后,我国的会计师职业不断向前发展。自第一个民间审计职业组织——会计师公会于 1925 年在上海成立以来,各地的会计师公会也相继建立。1927 年,国民政府颁发了《会计师注册章程》;1930 年,颁布了经立法院通过的《会计师条例》,确立了会计师职业的法律地位;1933 年,又成立了“全国会计师协会”。至 1947 年,全国已拥有注册会计师 2 619 人,会计师事务所开始遍及全国大中城市。但是,由于半封建半殖民地的社会性质,当时注册会计师审计未能充分发挥应有的作用。

中华人民共和国成立初期,注册会计师审计在经济恢复工作中发挥了积极作用。在社会主义改造完成后,由于照搬苏联高度集中的计划经济模式,我国的注册会计师审计陷入了长时期的停滞状态。

(二)中国注册会计师审计的发展

党的十一届三中全会以后,随着"对外开放,对内搞活"方针政策的实施,国家的工作重点转移到社会主义现代化建设上来,商品经济得到迅速发展,为注册会计师制度的恢复重建创造了客观条件。1980 年 12 月,财政部先后颁布了《中华人民共和国中外合资经营企业所得税法实施细则》和《关于成立会计顾问处的暂行规定》。前者规定外资企业财务报表要由注册会计师进行审计,为恢复我国注册会计师制度提供了法律依据;后者对注册会计师的资格、业务范围等做出了规定,标志着我国注册会计师职业开始复苏。1981 年 1 月 1 日,"上海会计师事务所"成立,成为我国第一家由财政部批准独立承办注册会计师业务的会计师事务所。随后,全国各地相继成立了会计师事务所,服务对象主要是三资企业。1986 年 7 月,国务院颁布《中华人民共和国注册会计师条例》,确立了注册会计师行业的法律地位。1988 年 11 月,"中国注册会计师协会"成立。1991 年,注册会计师资格全国统一考试制度正式推行。1993 年 10 月,我国颁布了《中华人民共和国注册会计师法》,对注册会计师行业进行规范。1996 年 10 月,中国注册会计师协会加入亚洲及太平洋地区会计师联合会,并于次年 5 月加入国际会计师联合会,同时成为国际会计准则委员会的正式成员。1998 年,我国会计师事务所完成了与政府部门的脱钩改制工作。2006 年 2 月,中国注册会计师协会发布了《中国注册会计师执业准则》,初步实现审计准则的国际趋同。2010 年 11 月,中国注册会计师协会完成了对 38 项审计准则的重新修订工作,并经中国审计准则委员会审议通过,保持了与国际审计准则的持续全面趋同。为了提高注册会计师审计报告的信息含量,满足资本市场改革与发展对高质量会计信息的需求,保持我国审计准则与国际准则的持续全面趋同,中国注册会计师协会于 2016 年拟定了《中国注册会计师审计准则第 1504 号在审计报告中沟通关键审计事项》等 12 项准则,并由财政部批准印发。本次审计准则新增"在审计报告中沟通关键审计事项",并实质性修订了 6 项审计准则,对 5 项审计准则进行微调。2022 年 1 月 5 日财政部印发《中国注册会计师鉴证业务基本准则》等 11 项准则的通知,《对中国注册会计师鉴证业务基本准则》等 11 项准则进行了一致性修订。

经过近 40 年持续不断的建设,我国注册会计师行业得到了快速发展,为国家培养了大批优秀的审计人才。财政部于 2021 年 2 月 1 日公布,截至 2020 年 12 月 31 日,全国共有执业注册会计师 111 113 人,合伙人(股东)35 768 人,会计师事务所 8 628 家(不含分所)。其中,合伙制会计师事务所 4 654 家,有限责任会计师事务所 3 964 家,个人独资会计师事务所 10 家。全行业为 1 400 多家上市公司、8 000 多家新三板企业和 420 多万家企事业单位提供审计鉴证和其他专业服务。部分优秀会计师事务所在本土业务发展的同时,积极开拓对外业务并取得突破。注册会计师行业只有不断加强行业的职业化、市场化、信息化和国际化建设,才能获得监管部门、资本市场和社会公众的认可。

【**案例分析**】有人认为,审计是会计的分支。你是如何理解审计和会计的关系的?

参考答案

许多财务报告使用人和公众都混淆了审计和会计,主要是因为审计往往和会计信息相关,而且许多注册会计师是会计方面的专家。更重要的是,从事注册会计师审计工作的人被称为"注册会计师",更加剧了这种概念的混淆。

会计是为决策提供财务信息,对经济事项进行计量、记录、确认和报告的一个系统。会计的任务是为管理层和其他信息使用人提供各种有价值的信息,便于其做出经济决策。为了能提供与决策相关的信息,会计人员必须充分理解处理会计信息的原则和基础。

审计会计数据时要关注的是已经记录的这些信息是否反映了在一定会计期间内发生的经济事项。因为会计规则是评价会计信息是否得到恰当记录的标准,所以审计这些数据的注册会计师必须充分理解这些会计规则。例如,在财务报表审计中,会计规则就是一般公认会计原则。因此,在学习审计知识以前,学生必须先掌握一般公认会计原则的知识。

除了要掌握会计知识以外,注册会计师还必须是收集和解释审计证据的专家,这是会计和审计的最大区别。注册会计师必须运用恰当的审计程序,决定测试的项目和类型,并进行评价,这是审计必须完成的工作。所以,学会了会计未必就能做审计。莫茨和夏拉夫曾将会计和审计比作律师和法官,律师要懂得法律知识,但是并不是懂得了法律知识就可以做法官。

关键概念

政府审计　　注册会计师审计　　内部审计　　受托经济责任关系

思考题

1. 我国国家审计是如何产生的?历经了怎样的发展阶段?
2. 审计产生的社会基础是什么?
3. 世界范围内主要有哪些类型的国家审计制度?
4. 世界上著名的四大会计师事务所是哪四家?
5. 什么是内部审计?内部审计的发展趋势是怎样的?

思政园地

审计人员的核心价值观有哪些?

审计人员的核心价值观是社会主义核心价值观在审计领域的具体反映,概括起来就是"责任、忠诚、清廉、依法、独立、奉献"12个字。

——责任,就是以对国家和人民、对历史和法律高度负责的精神和态度,认真履行《中华人民共和国宪法》和法律赋予的审计监督职责,充分发挥审计"免疫系统"功能,当好公共财政的"卫士",切实维护人民利益和国家安全,推动完善国家治理,保障经济社会健康运行。

——忠诚，就是秉持对党、对国家、对人民、对法律、对事业的无限忠诚，牢固树立党员、公务员和审计人员意识，始终坚持真理和正义，矢志不渝，百折不挠。

——清廉，就是坚持自警、自省、自律，严格规范自己的思想和行为，真正做到清正廉明、两袖清风，清清白白、干干净净做人、做事。

——依法，就是崇尚法律，敬畏法律，自觉遵纪守法，按照法律的规定和要求开展审计工作，在法律授权的范围内，运用法定的手段捍卫法律的尊严。

——独立，就是无私无畏，坚持原则，敢于碰硬，经得住外界因素的影响和干扰，客观公正，秉公办事。审计人员不得参加影响审计独立性的活动，不得参与被审计单位的管理活动。

——奉献，就是勤勉敬业，恪尽职守，奋发向上，全心投入，无怨无悔，努力为审计事业发展贡献力量。

资料来源：史涤生：审计人员的核心价值观有哪些。原文链接：https://zhidao.baidu.com/question/2057289757230379787.html.（有改动）

第二章　审计本质和审计体系

学习目标

◆ 掌握审计本质、特征。
◆ 理解审计与会计的区别和联系。
◆ 掌握审计的职能。
◆ 掌握审计组织体系。
◆ 理解审计业务体系、审计方式体系。

引导案例

世通事件

世界通信公司是美国第二大长途电话公司，名列世界50大企业，拥有8.5万名员工，业务遍及65个国家和地区。

2002年4月，世通曝出特大财务丑闻，涉及金额达到110亿美元。7月，纽约地方法院宣布，美国第二大长途电话公司世界通信公司正式向法院申请破产保护，以1070多亿美元的资产、410亿美元的债务创下了美国破产案的历史新纪录。该事件造成2万多名世通员工失业，并失去所有保险及养老金保障。美国证券交易委员会公布的最终调查资料显示，在1999年到2001年的两年间，世通公司虚构的销售收入达90多亿美元；通过滥用准备金科目，利用以前年度计提的各种准备金冲销成本，以夸大对外报告的利润，涉及的金额达到16.35亿美元；又将38.52亿美元经营费用单列于资本支出中。加上其他一些类似手法，使得世通公司2000年的财务报表有了营收增加239亿美元的亮点。

该案例表明，世通公司内部控制失效或高管人员逾越内部控制，违反了其如实提供财务会计报告的义务；提供的财务会计报告是虚假的或者隐瞒了重要事实。审计人员应具有独立性，保持应有的职业审慎和职业怀疑，依法审计，坚持原则、实事求是，客观公正、廉洁奉公，保守秘密。那么，在审计中，应当如何做好审计、深入理解审计的本质呢？又如何让审计的职能得到更好的发挥呢？

第一节　审计本质

本质即事物的根本属性，是判断一个事物与其他事物的区别的根本性质，是组成事物基本要素的内在有机联系。因此，审计的本质具体解释了审计“是什么”，它是审计产生的时候就已具备的、相对稳定的、指引其发展的根本属性。对审计本质的研究是审计基本理论中的一个重要问题，对社会主义的审计事业具有至关重要的意义。

一、审计本质

审计是人类社会发展到一定水平和特定阶段的历史产物，审计实践活动历史悠久，但人们对审计“是什么”的认识不尽相同。公认的具有代表性且被广泛引用的是美国会计学会于20世纪70年代在《基本审计概念公告》中给出的审计的定义，即“审计是一个客观地获取和评价与经济活动和经济事项的认定有关的证据，以确认这些认定与既定标准之间的符合程度，并把审计结果传达给有利害关系的用户的系统过程”。简单地说，审计是对有关经济活动和经济事项的一些说法加以验证。在验证过程当中，审计人员应当收集证据，而且在收集证据时必须保持系统性和客观性，以保证审计的质量。

国内外审计学界非常重视对审计本质的探讨，认为审计学必须首先明确的问题是“审计究竟是什么”。关于审计本质问题，我国先后出现了审计查账论、经济监督论、经济控制论、权力制约论、民主法治论、国家治理论等诸多观点。国外关于审计本质的探讨也众说纷纭，其中，著名审计学家弗林特(1988)曾说过：“凡存在审计的地方，就一定存在一方关系人对另一方关系人或其他关系人负有履行受托经济责任的义务这样一种关系……此种关系的存在是审计的重要前提，可能还是最重要的前提。”审计的本质就是一种受托责任的检查手段或过程。

受托责任理论认为，审计的产生是由于先产生了委托方与受托方之间的受托责任。受托责任是依据法律授权、制度规定、规则约束等是否或在多大程度上是根据事前协商同意的标准完成和说明的，这种受托责任关系一旦确定，委托人将可能由于不信任或其他客观因素需要对这种义务或责任进行检查。但是，随着世界经济环境的变化，受托方和委托方的责任关系日趋复杂，且委托方在受到诸多条件限制之后，难以亲自去监督受托方的经营管理活动。因此，就需要一种具有相对独立的第三方对受托人进行检查，这种检查活动就是审计。总之，是先有了委托人对受托人的委托，使委受双方产生了受托经济责任，然后这种责任推动了第三方审计的出现。

需要注意的是，审计并非受托责任检查的唯一手段，对受托责任的检查有多种机制，审计只是其中的一个机制。受托责任是审计产生的必要而非充分条件，即受托责任催生了对审计的需求，而审计是一种社会建构现象，是否建立审计制度，在何种程度上对受托责任进行审计，受到社会环境、政治环境、经济环境、文化环境等多方因素的影响。

二、审计特征

审计是一项具有独立性的经济监督活动，是由独立的专职机构或人员接受委托或授权，对被审计单位特定时期的财务报表及其他有关资料以及经济活动的真实性、合法性、合规性、公允性和效益性进行审查、监督、评价和鉴证的活动。由此可以概括出审计的几个基本特征，具体如下。

(一)独立性

独立性是保证审计工作顺利进行的必要条件，是审计的本质特征。国内外审计实践经验表明，审计在组织上、人员上、工作上、经费上均具有独立性。正因为审计具有独立性，才会受到社会的信任,才能保证审计人员依法进行的经济监督活动客观公正,提出的证实财务状况和经营成果的审计信息才更有价值。

1. 机构独立

为确保审计机构独立行使审计监督权,对审查的事项做出客观、公正的评价和鉴证,充分发挥审计监督作用,审计机构必须是独立的专职机构,应当独立于被审计单位,这样才能更有效地进行经济监督。

2. 经济独立

经济独立指审计机构或组织的经济来源应有一定的法律、法规作保障,不受被审计单位的制约。为确保审计人员能够实事求是地检查、客观公正地评价与报告,审计人员与被审计单位应当不存在任何经济利益关系,不参与被审计单位的经营管理活动。如果审计人员与被审计单位或者审计事项有利害关系,应当回避。

3. 精神独立

审计机构和审计人员应保持职业中精神上的独立性,审计人员执行审计业务,必须按照审计范围、审计内容、审计程序独立进行审计,坚持客观公正、实事求是的精神,做出公允、合理的评价和结论,不受任何部门、单位和个人的干涉。

总之,审计机构和审计人员应依法独立行使审计监督权,应当按照规定的审计目标、审计内容、审计程序,并严格遵循审计准则、审计标准的要求,进行证明资料的收集,做出审计判断,表达审计意见,提出审计报告。不具有独立性的经济监督活动,如财政、银行、税务、工商行政管理等部门所从事的经济监督活动,则不能称为审计。

(二)权威性

审计的权威性是保证审计权有效行使的必要条件。审计的权威性总是与独立性相关,它离不开审计组织的独立地位与审计人员的独立执业。各国国家法律对实行审计制度、建立审计机关以及审计机构的地位和权力都做了明确规定,这样使审计组织具有法律的权威性。审计机关应当依照法律规定的职权和程序,进行审计监督。审计人员依法执行职务,受法律保护。任何组织和个人不得拒绝、阻碍审计人员依法执行职务,不得打击报复审计人员。审计机关负责人在没有违法失职或者其他不符合任职条件的情况下,不得随意撤换。

审计机关有要求报送资料权,检查权,调查取证权,采取临时强制措施权,建议主管部门纠正其有关规定权,通报、公布审计结果权,对被审计单位拒绝、阻碍审计工作的处理、处罚权,对被审计单位违反预算或者其他违反国家规定的财政收支行为的处理权,对被审计单位违反国家规定的财务收支行为的处理、处罚权,给予被审计单位有关责任人员行政处分的建议权等。

我国审计人员依法行使独立审计权时受法律保护,如被审计单位拒绝、阻碍审计时,或有违反国家规定的财政财务收支行为时,审计机关有权做出处理、处罚的决定或建议,这更加体现了我国审计的权威性。与此同时,审计人员应当具备与其从事的审计工作相适应的专业知识和业务能力。审计人员应当执行回避制度和负有保密的义务,审计人员办理审计事项时应当客观公正、实事求是、廉洁奉公、保守秘密。审计人员滥用职权、徇私舞弊、玩忽职守、构成犯罪的，依法追究刑事责任，不构成犯罪的，给予行政处分。这样不仅有利于保证审计执业的独立性、准确性和科学性，而且有利于提高审计报告与结论的权威性。

（三）客观公正性

客观性是指不偏不倚，实事求是，审计的客观公正性与权威性密切相关，从某种程度上说，没有客观公正性，也就不存在权威性。审计的公正性反映了审计工作的基本要求，审计人员应站在第三者的立场上，进行实事求是的检查，做出不带任何偏见的、符合客观实际的判断，并做出公正的评价和公正的处理，才能达到审计目标。审计人员只有保持独立性和公正性，才能取信于审计授权者或委托者以及社会公众，才能真正树立审计权威的形象。

【案例分析 2-1】

基本案情：美国南方保健公司于 2002 年已发展成为全美最大的私立保健医疗公司。2002 年起，公司问题逐渐暴露，账目作假可追溯到 1996 年。2003 年 3 月，南方保健的财务舞弊丑闻浮出水面，创下了上市公司财务舞弊涉案人员最多的纪录。本案中，南方保健使用的最主要的作假手段是通过“契约调整”这一收入备抵账户进行利润操纵，具有很大的不确定性。南方保健的高管人员恰恰利用这一特点，通过毫无根据的贷记“契约调整”账户，虚增收入，蓄意调节利润。南方保健处心积虑、规避审计，以满足华尔街的盈利预期。南方保健一直是安永伯明翰办事处的最大客户，合作期间，二者更是一直存在着极其暧昧的关系，安永审计独立性严重缺失。2001 年安永向南方保健收取 370 万美元的服务费，其中 250 万美元的咨询服务等非审计服务费远远超过了 120 万美元的财务报表审计费。安永对南方保健处处“迁就”，在执行审计时，安永竟然屈从于南方保健做出的“注册会计师需要的资料只能向客户指定的两名人员（现已认罪）索要”的这种不合理限制。此外，南方保健的前任 CFO，也是主要涉案人之一，曾是安永旗下的一名注册会计师，并参与过对南方保健的审计业务，且南方保健的会计人员也不乏曾在安永执业的注册会计师。

分析要求：从审计独立性角度解读南方保健审计失败案例。

答案提示：（1）通过案例中的数据显示，安永的非审计服务费远超过了审计服务费，一旦注册会计师热衷于提供非审计服务，则其利益很可能与企业管理当局的利益捆绑在一起，由此极有可能导致独立性丧失。

（2）安永对南方保健处处“迁就”的行为有失独立性，同时，审计单位与被审计单位存在着人事联系的关系。可以说，南方保健在一定程度上是谙熟安永的审计流程的，结合会计人员长年对注册会计师的观察和与他们博弈的经验，别有用心的舞弊分子不难了解安永在各个科目上所能容忍的最大误差，甚至可以知晓安永习惯的抽样起点金额，从而成功规避安永的审计。

（3）被认为是注册会计师的灵魂的“独立性”，在保证执业公正客观上有着非常重要的作用。失去独立性，注册会计师所提供的审计服务就会误导投资者，造成决策失误，同时也削弱了公司治理的功效。

三、审计与会计的区别和联系

会计和审计是社会经济管理活动中不可或缺的联系主体。会计是以货币为主要计量单位,对企业、事业、机关单位或组织的经济活动进行连续、系统、全面反映和监督的一项经济管理活动,其根本目的是保障正常经济秩序,提高经济效益。审计是一项监督活动,起到"经济警察"的作用。

(一)会计与审计的区别

1. 会计与审计的性质不同

会计是经济发展到一定阶段的产物,是对在生产过程的价值管理,是企业经营管理的重要组成部分。审计处于具体的经营管理之外,是经济监督的重要组成部分,是由有独立胜任能力的审计人员,运用一定的审计方法、途径和技巧,对经济业务进行审查、验证,其根本在于揭露违法乱纪现象,维护财经法规纪律和经济秩序。

2. 会计与审计的对象不同

会计对象是会计所要反映和监督的内容,一般说来,会计的对象是社会再生产过程中的资金运动。在会计实践中,为了进行分类核算,对会计对象的具体内容进行了适当分类,即资产、负债、所有者权益、收入、费用和利润六大会计要素。而审计对象主要是会计资料和其他经济信息所反映的经济活动。

3. 会计与审计的方法和程序

会计方法体系由会计核算方法、会计分析方法和会计检查方法组成。会计核算方法是基础,是对各单位已经发生的经济活动进行连续、系统、完整的反映和监督所应用的方法;会计分析方法是会计核算方法的继续和发展,主要利用会计核算的资料,考核并说明各单位经济活动的效果,在分析过去的基础上,提出指导未来经济活动的计划、预算和备选方法,并对他们的报告结果进行分析和评价;会计检查方法是会计核算方法和会计分析方法的保证,检查各单位的经济活动是否合理、合法,会计核算资料是否真实、正确,根据会计核算资料编制的未来时期的计划、预算是否可行、有效等。审计方法体系由规划方法、实施方法、管理方法等组成,其中实施方法主要是为了确定审计事项,收集审计证据,提出判断意见,使用资料检查法、实物检查法、审计调查法等,以便完成审计任务。

4. 会计与审计的职能不同

会计的职能是指会计在经济管理中具有的功能。反映职能和监督职能是会计的两大基本职能。会计的反映职能在客观上体现为通过会计的信息系统对会计信息进行优化,又具体体现为记账、算账和报账三个阶段。会计的监督职能指会计按照一定的目的和要求,利用会计信息系统所提供的信息,对会计主体的经济活动进行控制,使之达到预期的目标。除此之外,会计还具备控制经济过程、分析经济效果、预测经济前景、参与经济决策等外延职能。审计除了对经济事项进行审查以外,还具有评价和公证的职能,主要是对经济核算使用的方法、途径以及标准进行审查,对经济事项核算的合法性、合理性进行评价,对经济主体提供的经济信息进行公证。

5. 会计与审计的范围不同

会计和审计二者在工作范围上存在着明显差异。会计主要对本单位的经营活动进行核算、监督和管理,并对本单位的资金运动和资本流向进行监督和控制。而审计监督的范围更为广泛，除了对会计资料进行审计以外，还包括对决策、预测、计划方案的事前监督，对工程等的事中监督，对经济业务的事后监督等。

（二）会计与审计的联系

1. 在业务上具有相关性

从事会计工作必须有扎实的会计理论基础和熟练的会计实操技能。审计是对单位的会计工作、会计资料以及单位经济事项进行审计，因此，进行审计工作同样需要具备会计理论知识，熟知会计业务流程，需要扎实的会计知识作为保障。

2. 在最终工作目的上具有一致性

会计的目标旨在向财务报告使用者提供有关会计信息，反映企业管理层受托责任的履行情况。审计以会计活动为对象，审查对经济活动和经济现象的认定与相关标准的一致程度，传递有关的判断信息。会计与审计均关注企事业单位、公共管理组织等的经济活动的资金和资金运动，保护企事业组织运营管理的财产安全与完整，切实加强和改进企事业组织的经营管理，协调各方利益，提高经济效益，促进经济发展。

3. 在工作的客观基础上具有统一性

会计工作以特定会计主体的经济业务事项以及资金运动为基础，以货币为主要计量单位，对生产过程进行连续、系统的记录、分析、计算与考核。由此，会计工作的客观基础是特定的会计主体。审计工作以特定经济主体的会计工作、会计资料等为主要工作对象，根据特定经济主体已经实现了的经济活动履行其监督职能，归根结底审计还是以特定的会计主体为工作的客观基础。所以，从某种程度上看，会计工作和审计工作的客观基础是相同的。

第二节　审计的职能

审计的职能是指审计本身所固有的内在功能，它体现了审计的本质属性。审计有什么职能，是由社会经济条件和经济发展的客观需要决定的，不以人的意志为转移。审计职能不是一成不变的，它是随着经济的发展而发展变化的。对于审计职能的论述，则各有见解。通过总结历史和现实的审计实践我们认为，审计包括经济监督、经济评价和经济鉴证三项基本职能。

一、经济监督职能

经济监督职能是审计最基本的职能。监督指监察和督促，审计的经济监督职能是指监察和督促被审计单位的全部经济活动或其某一特定方面在规定的标准以内，在正常的轨道上进行；监察和督促有关受托经济责任的承担者忠实履行经济责任，借以揭露违法违纪、制止损失浪费、查明错误弊端、判断管理缺陷，进而追究经济责任。

从审计产生与发展的历史来看，审计无不表现为经济监督活动，履行着经济监督的职能。从依照法律法规审核、查验被审计单位经济业务的真相，到依法评价被审计单位经济活动是否真实、合法、有效，最终依法做出经济责任追究决定，规范被审计单位或相关人员经济活动合法化，均体现了审计最核心的经济监督职能。

二、经济评价职能

经济评价是指通过审核检查,评定被审计单位的计划、预算、决策、方案是否先进、可行,内部控制制度是否健全、有效,财政财务收支是否按照计划、预算和有关规定执行,各项资金的使用是否合理、有效,经济效益是否较好,各项经济资料是否真实、可靠等,从而有针对性地提出意见和建议,以促使其改善经营管理,提高经济效益。

审核、检查被审计单位的经济资料及其经济活动,是进行经济评价的前提。只有查明被审计单位的客观事实,才能按照一定的标准,进行对比分析,形成各种经济评价意见。经济评价过程,既是肯定成绩的过程也是发现问题的过程,因此,审计建议是跟随着经济评价而产生的,是经济评价职能的一部分。

三、经济鉴证职能

鉴证是指鉴定和证明。具体而言,审计的经济鉴证职能可拆分为鉴定和证明两个职能。鉴定职能指通过对被审计单位的会计资料及有关经济资料所反映的财务收支和有关经济活动的审查检查,确定其财务状况和经营成果是否真实、公允、合法、合规,鉴定范畴较为广泛,既可以小到工程承包项目,又可以大到跨国企业破产审计等;证明职能即为最后的审计结果出具书面报告,为审计的授权人或委托人提供确切的信息,以取信于社会公众。

经济鉴证职能是随着现代审计的发展而出现的一项职能,它不断受到人们的重视,其作用日益凸显。不少国家的法律明文规定,企业的财务报表必须经过审计人员的鉴证后,才能获得社会上的承认。比如,我国各类企业的财务报表必须经中国注册会计师鉴证,才具有法律效力。因此,审计的经济鉴证职能在经济生活中将发挥越来越重要的作用。

总体而言,不同的审计组织形式在审计职能的体现上侧重点有所不同,政府审计侧重于经济监督,内部审计侧重于经济评价,民间审计更侧重于经济鉴证。而随着社会经济的发展和人类认知能力的不断提高,审计的职能也在不断扩展。比如,在审计工作内容不断丰富的情况下,审计工作人员需要在审查过程中对于多样化的问题提出针对性的解决方案或意见,以此来有效促进被审计单位之后财务工作的运行状况,保证其能够合理推进,在此过程中,审计发挥着其建设职能;中央审计委员会的成立,标志着国家审计已被定为宏观管理部门,因此,审计将在更大范围内发挥其宏观管理职能。

第三节 审计体系

审计分类的标准有很多,相应地,审计有许多不同的种类,从而形成了不同的审计体系。主要的分类有三种:第一,按审计主体分类,从而形成审计组织体系;第二,按审计业务分类,从而形成审计业务体系;第三,按审计方法分类,从而形成审计方式体系。

一、审计组织体系

审计主体是指执行审计的一方,是审计活动的从事者。根据国内外审计发展的现状,审计按主体分类,主要包括政府审计、民间审计和内部审计。不同的审计组织相互联系、互为补充,构成完整的审计系统。

（一）政府审计

政府审计是由政府审计机关依法进行的审计，在我国亦称为国家审计。政府审计机关包括按我国宪法规定的由国务院设置的审计署，由各省、自治区、直辖市、市、县等地方政府设置的审计局和政府在地方或中央各部委设置的派出审计机关。政府审计机关依法独立行使审计监督权，对国务院各部门和地方人民政府、国家财政金融机构、国有企事业单位以及其他有国有资产的单位的财政、财务收支及其经济效益进行审计监督。这种审计是强制的，体现了国家的意志，政府审计机关代表国家执行财政经济监督职能。

（二）民间审计

民间审计是指由财政部门审核批准成立的民间审计组织所实施的审计，如经财政部门审核批准成立的会计师事务所实施的审计，民间审计在我国亦称社会审计、注册会计师审计。民间审计组织接受政府审计机关、国家行政机关、企事业单位和个人的委托，按委托人的要求，依据审计准则，依法对被审计单位的财务收支及其经济效益承办审计、经济鉴证、注册资本验证和管理咨询服务等业务。

（三）内部审计

内部审计是指由本部门和本单位内部设置的专职的审计机构或人员所实施的审计。内部审计的内容是本部门、本单位及其下属单位的财政、财务收支及有关的经济活动。内部审计具有显著的建设性和内向服务性，其目的在于纠错防弊，帮助健全内部控制，改善经营管理，提高经济效益。在西方国家，内部审计被普遍认为是企业总经理的耳目、助手和顾问。同时，内部审计也是政府部门、国有金融机构及企事业单位为加强管理而实施的一种管理控制手段，是内部控制制度的组成部分。

政府审计、民间审计和内部审计三方既相互联系，又各自独立、各司其职，在不同领域实施审计，它们各有特点，相互不可替代，不存在主导和从属关系。

二、审计业务体系

现代审计业务体系总体上可进行如下分类：第一，从审计客体的角度进行分类，从而形成基于审计客体的审计业务体系；第二，从审计的内容与目的角度进行分类，从而形成基于审计目的和内容的审计业务体系。

（一）基于审计客体的审计业务体系

基于审计客体的审计业务系统认为不同的审计客体就是不同的审计业务。审计客体包括：组织单位、实物、政策和自然人四类。其中，组织单位包括党政机关、事业组织、企业组织、金融组织、非政府组织；实物包括资源、环境、工程；具体来说，基于审计客体的审计业务类型如表 2-1 所示。

表 2-1 基于审计客体的审计业务类型体系

审计客体		审计业务类型
组织单位	党政机关	党政机关审计
	事业组织	事业组织审计
	企业组织	企业组织审计
	金融组织	金融组织审计
	非政府组织(NGO)	NGO 审计
实物	资源	资源审计
	环境	环境审计
	工程	工程审计
政策	不同的政策	政策审计
自然人	不同的领导干部	领导干部经济责任审计

基于审计客体的审计业务体系将不同的审计客体作为划分不同审计业务类型的依据,为审计人员掌握与审计客体相关的业务知识提供便利条件,形成了以审计客体为基础的专业化分工。

(二)基于审计目的和内容的审计业务体系

基于审计目的和内容划分,审计业务体系可分为财政财务审计、财经法纪审计、经济效益审计和经济责任审计。

1. 财政财务审计

财政财务审计是指审计机关对被审计单位的财政财务收支活动进行的审计。根据审计的具体对象不同,财政财务审计又可分为财政审计和财务审计。

财政审计是指政府审计机关对中央及地方各级人民政府的财政预算的编制、财政预算的执行和财政决算所进行的审计。财政审计的主要内容包括:对各级财政部门的财政收支的真实性、合法性、有效性进行审查,对其履行财政收支管理和监督职责状况进行评价,对企事业单位的财政收支的正确性和合规性进行验证。通过财政审计旨在加强财政管理,促使财政部门更好地执行财政分配和监督的职能。

财务审计则是指政府审计机关、民间审计组织和内部审计机构对各级政府部门、金融机构、企事业单位财务收支活动所进行的审计。财务审计的主要内容包括:会计凭证、会计账簿、财务报表等会计资料的真实性和准确性,财务收支活动的合法性和公允性等。

2. 财经法纪审计

财经法纪审计是指审计机关对被审计单位和个人严重侵占国家资财、严重损失浪费以及其他严重损害国家经济利益等违反财经纪律行为所进行的专案审计。财经法纪审计是我国审计监督的一种重要形式,其主要内容包括:审查严重侵占国家资财、严重损失浪费、在经济交易中行贿受贿、贪污以及其他严重损害国家和企业利益的重大经济案件等。财经法纪审计目的在于维护财经法纪,保护国家和人民财产的安全和完整。

3. 经济效益审计

经济效益审计是指审计机构对被审单位的财政财务收支及经营管理活动的经济性和效益性所实施的审计。根据审查的内容不同,经济效益审计又分为业务经营审计和管理审计。

业务经营审计的主要内容包括:经营目标是否可行;经营运行过程是否有效;各种人力、财力、物力是否充分利用等。管理审计的主要内容包括:内部组织结构是否合理;管理制度是否健全;控制机能和信息系统是否完善等。业务经营审计和管理审计的实施,旨在纠正错误、挖掘潜力,改善管理质量,不断提高经济效益。

4. 经济责任审计

经济责任审计是指审计机关或审计人员依据国家法律法规和有关政策,对行政机关、企事业单位的党政领导干部、法定代表人或经营承包人在任期内或承包期内应负的经济责任的履行情况所进行的审计,借以评价领导干部等履行经济责任情况的较高层次的经济监督活动,为组织人事部门和纪检监察机关和其他有关部门考核使用干部等提供参考依据。

三、审计方式体系

审计方式即履行审计业务的具体形式,审计方式可以从不同的角度进行分类,不同的分类方法形成不同的审计方式体系,具体情况见表 2-2。

表 2-2　审计方式体系

分类依据	审计方式分类	
审计工具	计算机审计	手工审计
审计技术	数据式审计	非数据式审计
审计地点	报送审计	实地审计
审计思路	事实发现型审计	命题论证型审计
保证程度	有限保证审计	合理保证审计
审计重点的确定方式	账项基础审计	制度基础审计 / 风险导向审计

(一)基于审计工具分类

基于审计工具分类,审计方式包括计算机审计和手工审计。其中,计算机审计是指审计人员在审计过程中和审计管理活动中,以计算机为工具来执行和完成某些审计工作。手工加工的数据、电子数据均可用计算机来辅助审计。计算机在审计中的应用程度一般可分为四个层面,第一个层面指在审计业务中利用 Excel、Foxpro、Word 等电子表格、数据库、字处理常规软件中的一些功能进行辅助审计;第二个层面指利用专门的辅助软件进行项目审计管理,主要体现为数据的归集和汇总等;第三个层面指针对专门项目,用专门的审计方法进行全面、系统的审计,比如预算执行审计软件、银行审计软件、税务审计软件等;第四个层面是联网审计,指审计人员通过网络与被审计单位信息系统联通后,在系统测评和数据动态采集分析的基础上,对被审计单位进行远程审计。

手工审计则是指没有计算机这种辅助工具的审计,主要靠手工,辅以一定的简单计算工具,如,算盘、计算器等。在计算机辅助审计出现之前都是手工审计,手工审计在当代社会仍有一定的地位,不可取代。

(二)基于审计技术分类

基于审计技术分类,审计方式包括数据式审计和非数据式审计。其中,数据式审计是以信息系统内部控制测评为基础,通过对底层数据的采集、转换、整理、分析和验证,来说实现审计目标的审计方式。数据式审计无须将电子数据转换成相应的电子账套,直接利用电子数据,对底层数据进行采集、转换、整理、分析和验证,进行审计数据分析。数据式审计的对象包括信息系统内部控制和电子数据,其核心方法是电子数据分析。

非数据式审计是不以数据分析为核心技术的审计方式。比如,在账项基础审计模式下,审计对象是手工数据而非电子数据,在这种情况下,一般不以数据分析为核心技术,而将审阅法作为核心技术。

(三)基于审计地点分类

基于审计地点分类,审计方式包括报送审计和实地审计。其中,报送审计又称为送达审计,是指审计机构按照审计法规的规定,对被审单位按期报送的会计凭证、会计账簿和财务报表及有关账证等资料进行的审计。报送审计主要适用于政府审计机关对规模较小的事业单位进行的财务审计。报送审计可以节省人力、物力,但不易了解被审计单位的实际情况,不易从财务报表及相关资料以外发现被审计单位的实际情况。

实地审计是指审计机构委派审计人员到被审单位所在地进行的审计。实地审计可以深入实际,进行调查研究,便于全面调查和掌握被审单位的情况,做出准确的审计结论。实地审计是我国审计监督中使用最为广泛的一种方式。

(四)基于审计思路分类

基于审计思路分类,审计方式包括事实发现型审计和命题论证型审计。其中,事实发现型审计是指通过一定的方法和手段,发现某些已经发生的审计事实,根据发现的事实形成审计结论。需要注意的是,不能根据审计发现的事实来推断总体情况,只能就已经发现的审计事实形成结论。

命题论证型审计是将大命题分解为小命题,对小命题进行数据分析和验证,再根据小命题的证明情况对大命题做出结论。命题论证型审计具体包括提出问题、调查问题和回答问题三个阶段,提出问题是调查问题的前提,回答问题以调查问题为基础,是对提出问题的回应。

(五)基于保证程度分类

基于保证程度分类,审计方式包括有限保证审计和合理保证审计。其中,有限保证审计是指审计人员将审计风险降至该业务环境下可接受的水平,以消极的方式对审计主题做出结论。合理保证审计是指审计人员通过不断修正的、系统的执业过程,获取充分、适当的审计证据,对审计主题整体做出结论,提供高水平的但非百分之百的保证。

有限保证审计和合理保证审计的区别主要体现为如下四点:第一,两者所需证据的证明力不同,合理保证业务所需审计证据的证明力较高,而有限保证业务所需审计证据的证明力较低;第二,两者收集审计证据的审计程序不同,合理保证审计所实施的审计程序相对烦琐复杂，而有限保证审计所实施的审计程序则较为简捷。第三，两者最终审计风险不同，由于合理保证业务的审计证据证明力较高，则审计风险较低，但基于合理保证审计是以积极方式得出结论，这便增加了审计风险。有限保证业务的审计证据证明力较低，审计风险较高，但基于有限保证审计以消极的方式发表意见，因此，在一定程度上降低了审计风险。第四，两者审计结论的发表方式不同，合理保证业务以积极方式发表意见，从整体上对总体给予肯定或否定，有限保证业务以消极方式发表意见，并未从整体上对总体给予肯定或否定。

（六）基于审计重点的确定方式分类

基于审计重点的确定方式分类，审计方式包括账项基础审计和制度基础审计 / 风险导向审计。其中，账项基础审计可能不需要确定审计重点，即使确定重点，一般也是凭审计人员的经验进行主观判断。而风险导向审计是以风险评估为基础来确定审计重点，通常情况下，风险越高则与此相关的审计目标越容易成为审计重点。制度基础审计则是以内部控制评估程序为基础来确定进一步的审计重点，内部控制缺陷越严重，与此相关的审计目标越容易成为审计重点。

关键概念

审计本质　　审计职能　　政府审计　　民间审计　　内部审计

思考题

1. 如何理解审计的本质？
2. 审计具有哪些职能？
3. 审计的特征有哪些？
4. 如何理解审计体系？

思政园地

确保审计的独立性、增强审计的客观公正性

美国20世纪90年代是历史上少有的疯狂繁荣阶段之一，公司利润和股票价格都在前所未有地增长。在得意之后的膨胀中，许多规则和界限都发生了松动。安达信自20世纪80年代一直是安然的外部审计师，但从90年代中期起，它开始提供内部审计、内部控制和咨询服务，这意味着，它的一只手忙于安然的会计和控制系统，另一只手来验证所产生数字的公正性。2000年安达信从安然公司获得了约5 200万美元的服务费用，其中2 500万美元是审计费用，约2 700万美元是咨询和其他服务费用，这使得安达信在出具审计报告时乐得“放一马”，因为一旦得罪了安然公司，巨额咨询费用恐将不保。

从“安然事件”中，暴露了安达信缺乏审计独立性的问题。在巨大的商业利润驱使下，事务所显然会去迎合其雇主的需要，使审计背离独立、客观、公正的要求。为此，可由监管机构通过招标的方式，综合考虑参与投标会计师事务所的信誉、有无违规记录、资质、实力、内部管理水平等综合因素，并在适当考虑事务所已承担审计业务量与其实力配比的基础上，为

被审计单位选择合适的会计师事务所。禁止会计师事务所向被审计单位提供除外部审计外的其他服务,但可以允许事务所向其他企业提供管理和会计咨询服务等。这样,既能保证审计的独立性、客观公正性,又不会影响事务所的经济利益。

第三章　审计取证模式

学习目标

◆ 了解审计取证模式的含义。
◆ 了解审计取证模式的演进历程。
◆ 理解账项基础审计模式内涵。
◆ 掌握制度基础审计模式的发展及其审计程序。
◆ 掌握风险基础审计模式的发展及其审计程序。
◆ 了解数据基础审计模式。

引导案例

数字化审计对提高效率和审计质量的帮助

在大数据时代背景下，使用技术改变审计服务交付方式，将重复和低价值的工作标准化，并将其进一步运用新兴技术实现自动化是提升审计质量和效率的必经之路。安永在过去几年一直致力于提升审计质量和效率，主要包括以下几个方面。

1. 建立审计共享中心——将工作标准化和集中化来提升质量。

审计共享中心的建设已经成为审计工作集约化处理的重要路径，指由专门团队集中批量化处理同质性审计工作以提升质量和效率。安永已在中国成立审计共享中心，大幅提高了审计工作效率，并且通过集中处理的方式降低了项目组自行处理的差错风险，更重要的是支持建立项目和事务所层次的项目程序质量跟踪和管理，提高了整体审计交付的质量。

2. 自主研发自动化工具——运用科技实现自动化从而提升整体审计程序执行质量。

自动化工具是实现专门审计功能的自动化或智能化工具，是将审计师从繁重的手工劳作中解放出来，是提升审计效率和质量的核心。因此安永在过去几年中一直致力于开发及完善智能自动化审计工具，目前投入使用的和正在开发的自动化工具涵盖了一系列关键审计程序。

3. 建立和发展专门的数据专家团队——增强审计团队的数据透视力从而提高审计质量。

安永建立了数据专家团队，在未来纷繁复杂的数字化审计场景中，数据专家将是审计服务提供者最重要的组成部分，将成为审计团队中的前行者，为质量提升和价值挖掘提供基石。

数据专家的工作首先将审计数据充分数字化、电子化、无纸化，并通过数字化手段打通财务系统与审计系统的连接，使得审计数据可以实现系统层面的可查、可分析、可追溯，将传统的审计资料转变为可以度量的数字、数据并通过信息化手段进行统一处理。有了数据专家的支持,审计团队就被充分赋能,增强了对企业财务和非财务信息的透视能力,提高了风险防范手段,有效地提高了审计质量。

资料来源:安永微信公众号,原文链接:https://mp.weixin.qq.com/s/WgQb_Khsl_4qFX-s5p-dsQQ.(有改动)

第一节 审计取证模式概述

一、审计取证模式的含义

审计是一种验证经济事项和活动的认定与既定标准之间符合程度的系统过程。为了验证和评价经济活动和经济事项的说法和认定,审计需要搜集证据和评价证据,以得出审计意见。在审计获取证据过程中,首先要确定审计取证思路。一般把按照审计工作的范围、审计工作的先后顺序和详略程度等划分的方法称为审计模式,它是审计人员为了完成审计总目标而采取的审计战略方法。审计取证模式是审计取证的策略和思路,是审计导向性的目的、范围和方法等要素的组合,它规定了审计应从何处着手、如何着手以及何时着手等问题。

审计主题包括财务信息、非财务信息、具体行为、制度。按照审计主题的不同,审计取证模式分为财务信息取证模式、非财务信息取证模式、具体行为审计取证模式及制度审计取证模式。

二、审计模式演进历程及其动因

(一)审计模式的演进历程

在审计的演进过程中,审计模式经历了账项基础审计模式、制度基础审计模式、传统风险导向审计模式、现代风险导向审计模式和数据式审计模式。账项基础审计模式是以会计账簿为基础;制度基础审计模式以内部控制为基础;传统风险导向审计模式是以防范风险为基础;现代风险导向审计模式是以风险评估为出发点,更注重从宏观上把握审计面临的风险,从实务的角度来看,它通过综合评估经营控制风险以确定实质性测试的性质、时间和范围,审计的起点是企业的经营战略和业务流程;数据式审计模式是电子数据背景下的风险导向审计模式。上述五种审计模式中的每一种都产生于特定的历史背景、具有丰富的内涵,也都有其特征与局限性。

(二)审计模式演进动因

随着社会经济环境的日益复杂和多样化以及审计目标和范围的不断扩大和变化,被审计单位数量越来越多,经济活动日趋复杂,更重要的是审计本身社会职责的扩展和强化。审计人员要在保证审计质量不降低的前提下,不断提高审计工作的效率,保证审计工作的效果,以有限的审计资源发挥最大的社会效益,因此必须不断改进和发展审计取证模式。由此可见审计模式的变迁和演进受到外在环境和内在需求的影响,是一个长期和连续的过程。

1. 内在动因

审计模式演进的内在动因主要体现在提高审计效率和质量、规避审计风险和责任、满足所有权监督的需要三个方面。审计人员要在审计效率、质量、风险、责任之间不断进行权衡，选择既能提高审计效率和质量，又能规避审计风险与责任，进而满足所有权监督需要的审计方法，从而实现审计目标。正是这些因素的综合影响促进了审计模式不断从简单向科学、从随意向规范、从单一向系统演进。

1）提高审计效率和质量

进入19世纪，资本主义市场经济迅速发展，经济组织规模和经营范围都日益扩大，审计职业界提高审计效率和质量的需求越来越旺盛，经济的发展使庞杂的审计业务与有限的审计资源之间的矛盾日益尖锐，对被审计业务进行全面详细的审查已不能适应审计事业发展的要求。为提高审计效率和质量，必然要求审计方法由简单向科学、由单一向系统方向演进。审计方法的演进必然会导致审计模式从量变到质变。

2）规避审计风险和责任

20世纪60年代开始逐渐增加的审计纠纷，使审计职业界不得不考虑审计风险的问题。由于审计主体不当或过失行为，被审计单位的经营、决策失误和造假违规行为，政治经济环境因素、法律环境以及日益激烈的市场竞争环境等多方面因素的变化等原因，可能会导致审计意见和结论与客观事实不符，从而产生审计风险。为了将风险降低到可接受的程度，审计人员必须采用新的审计方法，重新确定审计范围，以满足控制和规范审计风险的需要。同时，审计人员的审计责任取决于审计风险，审计风险越大，审计机构和审计人员所承担的责任就越大。某一具体审计责任的承担和落实，需要以审计活动中发生质量与责任纠纷为前提，以审计人员在审计活动中确实存在失误或舞弊行为为事实依据，且要有真实、充分的证据予以证实。这样，审计人员对于审计责任则有一个规避问题。在这种情况下，审计模式就通过逐步演进以满足审计机构和审计人员规避审计责任的需要。

3）满足所有权监督的需要

19世纪后，两权分离形成了委托受托责任关系，在维系或解除委托受托责任关系时，审计更多是从维护所有者利益的角度出发的。所有者将财产交托给经营者经营，目的是使其财产保值增值，因此，所有者委托或委派审计进行监督。审计人员为了完成所接受委托的经济监督任务，必须根据其审计目的确定审计范围以及采取的审计方法。当被审计单位的会计资料及其所反映的经济活动较为简单、所接受的审计监督任务较为容易完成的时候，审计人员一般采用较为低级的审计模式；相反，当被审计单位的会计资料及其所反映的经济活动较为复杂、所接受的审计监督任务较难完成的时候，审计人员就必须重新确定其审计范围和方法，采用适合审计目的的审计模式。

2. 外在动因

总体来说，审计模式演进的外在动因就是审计环境的变化。自审计产生以来，政治、经济、社会等外部环境发生了翻天覆地的变化，审计模式势必要随着审计环境的变化而做出相应的调整。

1）社会环境的变化

由于资本主义经济的迅速发展，特别是股份公司大量涌现，使经济生活出现了两个新变化。一是企业管理者受托经济责任的范围扩大。企业管理的责任不再仅仅表现在股东与债权人的关系上,而且表现在与其他许多利益相关者的直接关系上,包括工人的就业,顾客的消费权利,潜在投资者、债权人的投资安全保障等。由于这种关系集中地表现在对企业财务信息的需求上,因而随着管理责任的强化,企业对财务信息的需求也日益增加。二是企业的筹资逐渐由银行转向证券市场,使企业风险的承担者由银行转为广大股东。虽然银行仍然是企业重要的债权人,仍然关心企业的财务状况,但对企业更有影响的是大量股东的出现,使整个社会对企业会计信息的关注从财务状况迅速转向盈利能力。这些变化必然要求审计人员改变审计目的、范围和方式,从而推动审计模式的演进。

2)审计新技术的发展

审计环境的变化也表现在审计新技术的发展上。从20世纪20年代开始,投资者对财务报表的关心超过了对揭弊查错的关心。由于审计范围扩大和审计的成本效益原则,审计界得出一个结论,就是欺诈舞弊可通过建立完善的内部控制制度予以控制,于是抽样审计方法被广泛采用。而内部控制理论的出现,又将抽样审计的方法建立在对内部控制制度测试的基础上。同时,查错防弊的职责由审计人员转向公司管理部门,又将抽查的方法建立在对内部控制制度评价的基础上,使审计人员对财务报表的真实公允进行验证不仅具有可能性,而且具有现实性。20世纪60年代后,不断增加的诉讼压力,又使审计人员从高于内部控制系统的角度,综合考虑企业的内外环境因素,综合评估各种风险。强调审计战略,又使审计的中心转移到了评估风险上。审计新技术的发展从客观上推动了审计模式的演进。

第二节 账项基础审计模式

一、账项基础审计产生的历史环境

账项基础审计也称数据导向审计,它起源于英国,是审计模式发展的第一阶段,在审计方法史上占有十分重要的地位,直到现在仍被不同程度地采用。19世纪以前,审计业务量不大,被审计单位受社会生产力发展水平的制约,经营规模较小,经济业务比较简单,而且其财产所有权与经营权尚未彻底分离,财产所有者能够直接监督和控制受托经营管理者。因此,此时审计的主要目的是接受财产所有者的委托,对受托的经营管理者是否存在错误舞弊以及有无贪污盗窃等行为进行检查,即查错防弊。与其相适应的账项基础审计方法是以凭单核对为重心,以财务数据的可信性为着眼点,对被审计企业的会计凭证、账簿、报表等资料进行全面、详细的检查,即详细审计。

到了19世纪,资本主义市场经济迅速发展,经济组织的规模及其经营范围日益扩大,会计记录数量不断增加,内容也日趋复杂。不仅审计人员无法承受对会计资料进行全面验证的巨额成本,会计信息的使用者也无法接受详细审计的低效率。19世纪中叶,股份公司的兴起导致资本所有权和经营权进一步分离。金融资本对产业资本的广泛渗透,使得企业的利害关系人需要了解被审计单位的资产负债表所有项目的余额是否真实正确,以判断其财务状况和偿债能力,由此催生了资产负债表审计。而20世纪20年代末的世界性经济危机使信息使用者急需准确判断企业的获利能力和偿债能力，于是在 20 世纪 30 年代，损益表也被纳入了审计范围。这样便从详细审计阶段过渡到了以损益表为主的、包括资产负债表在内的财务报表审计阶段。在这个阶段，抽样审计逐步取代了详细审计，并成为 20 世纪初资本主义社会比较通行的一种审计技术。注册会计师审计的法律责任在此阶段也得到了明确和加强。由于在账项基础审计阶段，社会对审计的要求比较低，基本上不考虑审计风险，所以西方国家在 20 世纪 40 年代以前基本上使用账项基础审计模式。

二、账项基础审计的特点及局限性

（一）账项基础审计的特点

账项基础审计模式以账面上的会计事项及其反映的交易为主线，围绕会计凭证、会计账簿、财务报表的编制过程进行审计，其最大的优点是审计误差小、风险小、可靠性高，其在揭露舞弊或不法行为时效果显著。在这一阶段形成的审阅、盘点和函证等审计方法，目前仍被当作传统的审计方法广泛应用。

（二）账项基础审计的局限性

（1）审计工作没有整体规划，缺乏重点，只是机械地对各种会计资料进行详细检查，工作繁重复杂，耗费大量的时间和人力。

（2）抽样技术有限，对样本的选择主要建立在主观判断的基础上，选择样本带有很大的盲目性，容易遗漏有问题的重大项目，使得风险进一步加大，即使查出舞弊和技术性错误，也不能追根溯源，主观性比较强。

第三节　制度基础审计模式

制度基础审计又称系统导向审计，是在账项基础审计模式之后出现的一种新的审计模式。它是以了解和评价被审计单位内部控制制度健全性、有效性为基础，确定实质性程序的时间、性质和范围，以验证财务报表公允性的一种审计模式。如果发现内部控制可靠性较差，审计人员将扩大实质性程序的范围，甚至进行详细审计；如果发现内部控制可靠性高，可相应缩小实质性程序的范围和减少样本量。制度基础审计是以被审计单位建立的内部控制制度为前提的，内部控制制度是制度基础审计最基本、最重要的因素。

一、制度基础审计产生的历史环境

20 世纪 30 年代，审计目标慢慢发生了变化，为了满足银行债权人和更多利益相关者的需要，出现了资产负债表的偿债能力审计与财务报表的合法性和公允性审计，查错防弊已不再是当时的主要审计目标。20 世纪 40 年代以后，随着股份有限公司的不断涌现，审计目标强调财务报表的公允性、真实性，有时对舞弊行为展开调查是因为其影响到了财务报表的公允陈述，审计的功能由防护性转向了公正性。20 世纪 60 年代以后，随着社会环境的发展变化，查错防弊的目的重新得到重视。在进行财务报表审计时，审计人员应关注被审计单位用以防止欺诈的相关控制措施的恰当性，并且有责任查找欺诈行为。此时，由于企业规模的日益扩大，经济活动的交易事项日益复杂，审计工作量迅速增加，详细审计难以展开。同时，内部控制理论已经形成,审计人员也逐渐认识到内部控制对抽样审计方法的重大影响:如果企业设置的内部控制健全有效,则其会计资料准确性较高,资产也较为安全,发生的错弊较少,抽样审计结果的代表性较高,据此所做出的总体性评价也较有把握;反之,抽样审计结果的准确性会大幅降低。审计人员逐步探索将审计抽样与企业内部控制结合起来,从而最终出现了以证实财务报表公允性为目标、以内部控制评价为基础的抽样审计,即制度基础审计模式。审计的范畴不再局限于会计凭证、账簿和报表,而是扩展到了内部控制制度。审计人员对被审计单位的内部控制进行评价,关注内部控制的健全性和充分性,由此确定审计范围。

该模式基于内部控制能合理保证财务报表可靠性的基本假设来设计审计程序。它将审计工作大体分为两个阶段:符合性测试与实质性测试,即审计人员拟信赖被审计单位的内部控制时,首先针对拟信赖的内部控制制度的遵循性进行符合性测试,然后根据符合性测试的结果,确定实质性测试的性质、时间安排和范围,并以此收集审计证据,形成审计意见。制度基础审计模式从产生直到20世纪80年代都是审计的主要模式,在西方国家得到广泛应用。

二、制度基础审计的程序与方法

(一)制度基础审计的程序

1. 健全性测试

健全性测试主要是通过对内部控制制度的调查与描述,来测试现行的控制环节和措施是否规范齐全,有无欠妥之处,是否符合理想的控制模式,并以此作为对内部控制系统初评的依据。包括:①标准的设立。可以对内部控制有关方面进行调查,调查内容包括单位概况和组织机构及其功能、经营决策、预算制度、组织人事制度、行政领导制度、生产销售管理制度、财务会计制度、内部审计控制和质量控制等。②现实的描述。标准模式确定以后,审计人员应该审查企业实施的内部控制制度。审计人员可以通过搜集资料与查阅文件等方法,充分了解单位经营管理中内部控制的情况。也可以通过观察、检查管理的重点和存在的问题,并询问工作人员和管理人员,来进一步了解企业内部控制情况。③比较。将现行内部控制制度与理想模式进行比较,找出现行控制制度与理想模式之间存在的差距;识别出关键的控制点以及控制的强点和弱点。关键的控制点是指假如不执行这些控制,错误或舞弊就会发生。对于内部控制的弱点,应寻找补救性措施。

2. 初步评价

在内部控制制度健全性测试之后,对其进行评价以对内部控制制度的可信赖程度做出初步评价,以此确定是否需要进行符合性测试。初步评价主要包括内部控制系统的健全性评价和合理性评价两个方面。包括:①健全性评价。分析内部控制系统关键的控制点是否都有强有力的内部控制,分析内部控制系统是否还存在薄弱环节。②合理性评价。评价内部控制制度的整体布局是否合理,控制职能是否划分清楚,分工和控制是否恰当,是否考虑了成本效益。

经过初步评价,如果内部控制制度可以信赖,应进行符合性测试,否则不进行符合性测试。如果内部控制制度可信赖,但是进行符合性测试不经济,也可以不进行符合性测试。

3. 符合性测试

对内部控制制度进行初步了解之后,只能确定对内部控制大概可以依赖的程度。可以依赖利用的程度,还取决于内部控制制度的执行情况与结果,即各项活动及项目的执行是否遵循了相关的法律和规定,是否具有经济性、效率性和效果性。因此,在初评之后,审计人员还有必要对单位现行内部控制进行认真审查或符合性测试,以确定其是否实际存在,是否发挥作用,考察其执行情况符合制度规定的程度,据此确定内部控制可依赖程度。

4. 内部控制制度总体评价

总体评价也称进一步评价、再评价、综合评价,是在初评的基础上,根据符合性测试的结果评价被审计单位现行内部控制制度的可靠性。符合性测试只能查证内部控制系统的功能和可靠性,却不能直接查证由某项内部控制程序所产生数据的真实性和正确性。在符合性测试之后,要根据收集到的证据确定控制系统的可信赖程度,评价控制系统的风险水平,通过实质性程序获取审计项目所需的充分可靠的直接证据。

总评主要是指对内部控制制度可信赖程度进行的评价,当然也可以进一步开展对薄弱环节的分析。可信赖程度评价结果可分为以下三种情况。

(1)高信赖程度(低控制风险),指的是内部控制制度恰当,并且能有效发挥作用:经济业务或会计记录未发生差错或发生差错和舞弊的可能性很小。在这种情况下,审计人员可以较多地信赖与利用内部控制制度,减小实质性程序的范围。

(2)中信赖程度(中等控制风险),指的是内部控制制度较为恰当,大多数制度能发挥作用,但还存在一定的薄弱环节或缺陷;对有关业务活动进行测试检查时,存在一定程度的差错,可能会影响到财产的安全与记录的正确性。在这种情况下,审计人员应有保留地信赖该单位的内部控制,扩大实质性程序的范围。

(3)低信赖程度(高控制风险),指的是内部控制制度明显不恰当或无效,大部分经济业务及资产记录处于失控状态,差错发生频繁。在这种情况下,审计人员无法信赖该单位的内部控制,应进行详细的检查以收集足够的审计证据。

5. 实质性程序

实质性程序是指为取得直接证据而进行的深入检查,其总目标是检查财务会计信息是否真实、正确和完整,目的是使审计人员的审计结论建立在充分的审计证据基础上。对内部控制制度进行总评后,便可按照原定的审计方案执行实质性程序,或者对原定审计方案进行修改以重新确定实质性程序的性质、内容和时间。实质性程序通常以抽样审计为基础,抽取样本的规模要根据内部控制评价和符合性测试的结果来确定。

实质性程序包括对各类交易、账户余额、列报的细节测试以及实质性分析程序。细节测试适用于对各类交易、账户余额、列报认定的测试,尤其是对存在或发生计价认定的测试。审计人员应当合理设计细节测试,获取充分、适当的审计证据,以达到认定层次所计划的保证水平。在针对存在或发生认定设计细节测试时,审计人员应当选择包含在财务报表金额中的项目,并获取相关审计证据。在针对完整性认定设计细节测试时,审计人员应当选择有证据表明应包含在财务报表金额中的项目,并调查这些项目是否确实包括在内。

(二)制度基础审计的方法

采用制度基础审计模式,在内部控制制度调查与测试过程中使用的方法包括两类:一是获得证据的方法;二是记录内部控制的方法。

1. 获得证据的方法

(1)个别询问法。个别询问法主要用于了解内部控制的现状。访谈应根据内部控制评价需求形成访谈提纲,撰写访谈纪要,记录访谈内容。为保证访谈结果的真实性,应尽量访谈不同岗位的人员以获得更可靠的证据。

(2)调查问卷法。调查问卷应尽量扩大调查对象的范围,包括组织各个层级的员工。应注意事先保密,题目尽量简单易答。

(3)穿行测试。穿行测试是指在内部控制流程中任意选取一笔交易作为样本,追踪该交易从最初产生直到最终在财务报表或其他经营管理报告中反映出来的过程,即该流程从起点到终点的全过程,以此了解控制措施设计的有效性,并识别出关键控制点。例如,针对采购交易,选取一批订单,追踪从订单处理—核准采购—编制采购单—向供货方下订单—收货验收—入库仓储—收到发票—(付款)记账,并过账至总账和应付账款明细账等交易的整个流程,考虑之前对相关控制的了解是否正确和完整,并确定相关控制是否得到执行。

(4)观察法。观察是指审计人员察看相关人员正在从事的活动或执行的程序。例如,对企业执行的存货盘点或控制活动进行观察。观察提供的审计证据仅限于观察发生的时点,并且可能影响对相关人员从事活动或执行程序的真实情况的了解。观察时点的情况并不能证明一贯的情况,另一方面被观察人员对观察的反应也对观察所得证据的客观性产生影响,因此注册会计师在使用观察程序获取证据的时候,要注意其本身固有的局限性,有必要获取其他类型的佐证证据。

(5)比较分析法。比较分析法是通过数据分析,识别评价关注点的方法。数据分析可以是与历史数据(纵向比较)、行业(公司)标准数据或行业最优数据(横向比较)等进行比较。比如对存货周转率作历史比较,结合与同行业相同规模企业间的比较,可以发现存货周转异常,进而发现相关控制缺陷、管理问题。

(6)专题讨论法。专题讨论法主要是集合有关专业人员就内部控制执行情况或控制问题进行分析,既是控制评价的手段,也是形成缺陷整改方案的途径。对于同时涉及财务、业务、信息技术等方面的控制缺陷,需要由内部控制管理部门组织召开专题讨论会议,综合内部各机构、各方面的意见,研究确定缺陷整改方案。

(7)抽样法。抽样法分为随机抽样和其他抽样,随机抽样是指按随机原则从样本库中抽取一定数量的样本;其他抽样是指人工任意选取或按某一特定标准从样本库中抽取一定数量的样本。使用抽样法时首先要确定样本库的完整性,样本库应包含符合控制测试要求的所有样本;其次要确定所抽取样本的充分性,即样本的数量应当能检验所测试的控制点的有效性;最后要确定所抽取样本的适当性,即获取的证据应当与所测试控制点的设计和运行相关,并能可靠地反映控制的实际运行情况。

在实际评价工作中,以上这些方法可以配合使用。此外,还可以使用检查、重新执行等方法,也可以利用信息系统开发检查方法或利用实际工作经验和检查测试经验。

2. 记录内部控制的方法

(1)文字说明法。文字说明法是以文字形式简要说明被审计单位内部控制调查结果的方法。其优点是:①可以对调查对象做比较深入和具体的描述;②使用范围广泛,不受组织类型的限制。其缺点是:①难以用简明的语言描述内部控制系统的细节;②对于规模较大、内部控制较为复杂的单位,用文字来说明势必显得冗长、繁复,不便从总体上对内部控制系统做出全面评价;③如果对某个控制环节表述不清,很容易导致对某些控制内容产生误解。

(2)调查表法。调查表法是利用事先设计好的标准格式的调查表来反映被调查单位内部控制状况的方法。它以提问的方式向直接从事业务的人员了解情况,然后根据回答判断内部控制的状况。这种调查针对各个经营环节或主要业务的关键控制点提出一系列的问题,然后要求调查者做出"是""否"与"不适用"等回答。其优点是:①调查范围明确,问题突出,容易发现被调查单位内部控制系统中存在的缺陷和薄弱环节;②设计合理的调查表可广泛应用于同类型单位,从而减少调查工作量;③调查表可由若干人同时进行回答,有助于保证调查效果。其缺点是:①反映问题不全面,仅限于被调查事项的范围;②调查表仅要求做出"是"或"否"的回答,难以反映被调查单位事项的具体情况和存在问题的严重程度;③标准格式的调查表缺乏弹性,难以适用于各类型组织,尤其是小型企业或特殊行业的企业,往往会因不适用的回答太多而影响调查效果。

(3)流程图法。流程图法是用特定的符号和图形来描述某项业务的整个处理过程,将凭证和记录的产生、传递、检查、保存及其相互关系,用图解的形式直观地表达出来的方法。其优点是:①可以将各项业务活动的职责分工、授权批准和复核验证等控制措施与功能完整展示出来,形象且直观,能够突出现有的控制点,有助于全面了解内部控制系统的运行情况,及时识别系统中的不足之处;②便于随时根据业务控制程序的变化对流程图做出修改。其缺点是:①缺少文字说明,较复杂的业务不易理解;②绘制流程图需要一定的技术,尤其是较复杂的业务,绘制难度更大,且难以揭示实际执行的情况及其薄弱环节。

在审计实践中,上述三种方法并不相互排斥,可结合起来使用。

三、制度基础审计的特征与局限性

(一)制度基础审计的特征

制度基础审计以内部控制制度调查、评价为基础,以健全性测试、初步评价、符合性测试、内部控制制度总体评价和实质性测试为审计程序,重点采用统计抽样技术,并结合使用判断抽样技术,以内部控制系统各关键控制点的薄弱环节为审计重点。制度基础审计能在保证审计结论具有一定可靠性的前提下,减少审计工作量,提高审计效率,同时减少审计风险;能发现业务处理程序上的错误和内部控制中不合理的现象,不仅有利于避免错误重复出现,而且有利于促进被审计单位不断完善内部控制机制,提高企业经营管理水平;使审计工作从单个数据的验证发展到对整个内部控制制度的系统评价,促进了系统审计思想的形成。尽管如此,制度基础审计的出现并不意味着对账项基础审计的完全替代,相反,制度基础审计继承和发展了账项基础审计的合理内容,在实质性程序阶段,制度基础审计所采用的方法与账项基础审计的方法基本一致。

(二)制度基础审计的局限性

审计人员对内部控制制度过分依赖而忽视了审计风险产生的其他环节,如被审计单位的总体情况、审计服务对象的要求和审计周围的环境等都可能导致其难以将审计风险降至可接受的低水平;由于内部控制制度具有成本限制、串通舞弊等不可避免的固有局限性,因此在被审计单位内部控制存在缺陷或失效时,制度基础审计便达不到应有的效果;此外,审计人员在运用这种模式时根据抽样做出的一些主观判断,可能使其因无法揭示某些重大的差错或舞弊而受到诉讼威胁,难以达到预期的审计目标。

第四节　风险导向审计模式

一、风险导向审计产生的历史环境

风险导向审计模式的发展可以分为两个时期,即传统风险导向审计时期和现代风险导向审计时期。

(一)传统风险导向审计模式

由于制度基础审计模式的缺陷凸显,因此,一种以防范风险为基础的风险导向审计模式逐渐兴起。20世纪60年代以后,科学技术的飞速发展促进了经济的迅猛增长,社会经济多维化趋势显著,企业经营的不确定性大大提高。20世纪70年代的"诉讼爆炸"使审计人员面临的风险大大增加,促使审计界不得不以积极的态度综合分析被审计单位所面临的各种风险,探求新的审计模式,努力降低审计风险。AICPA下设的审计准则委员会于1981年6月发布的《第39号审计准则公告——审计抽样》认为,审计风险由固有风险、控制风险、分析性复核风险和细节测试风险四个要素组成。1983年12月该审计准则委员会发布的《第47号审计准则公告——审计业务中的审计风险和重要性》,将审计风险概括为固有风险、控制风险和检查风险三要素的乘积。

依托传统审计风险模型"审计风险=固有风险 × 控制风险 × 检查风险",以控制审计风险为导向的审计模式被称为"传统风险导向审计模式"。该模式立足于对审计风险进行系统分析,从而制定与之相适应的审计策略和审计计划,将对审计风险的考虑贯穿整个审计过程。该模式下审计工作分为这样几个步骤:第一,确定可接受的审计风险;第二,评估被审计单位的固有风险和控制风险;第三,根据审计风险模型确定可接受的检查风险,并据此安排审计工作,以确定审计重点,设计实施实质性测试的性质、时间和范围,从而最终满足审计目标的要求。

这种审计模式从各个方面研究环境对企业财务报告的影响,而不仅仅是针对内部控制这一因素,因此提高了审计效率和效果。然而,审计人员在运用这个模式时,通常难以对固有风险做出准确评估,往往将固有风险确定为高水平,转而将审计资源投向控制测试和实质性测试,从而忽略了对固有风险的评估,使得在审计过程中失去一次辨识重大错报风险的机会,也就变成了制度基础审计模式,并未将风险导向审计思想真正贯彻下去。另外,从更深层次上看，该审计模式所依据的审计风险模型不能用于财务报表整体，因而无法实现对财务报表审计整体风险的把握和控制。该审计模式依然是以“证实性”为主，无法将“审计应有的职业谨慎”观念落到实处。由于以上缺陷，这一时期的审计模式被称为“传统风险导向审计模式”。

（二）现代风险导向审计模式

2000年以后，我国和一些发达国家都发生了重大财务舞弊案，社会公众纷纷质疑原有审计方法的有效性。国际领先的会计师事务所开始开展针对现代风险导向审计模式的研究。它的最终确定以国际审计与鉴证准则委员会（IAASB）于2003年发布的一系列审计风险准则为标志。该模式摒弃了作为制度基础审计模式基础的“无利害关系假设”，将其指导思想建立在“合理的职业怀疑假设”的基础上，目的是防范风险并将审计风险降低到审计人员可以接受的水平。新审计风险准则与以前的准则相比有着重大实质性变化。在新准则中审计风险被定义为“财务报表存在重大错报而审计人员发表不恰当审计意见的可能性”，新准则将审计风险模型修改为“审计风险＝重大错报风险 × 检查风险”。

审计人员应当在充分了解被审计单位及其环境（包括被审计单位所处的行业、法律和监管环境，企业的性质、目标、战略和经营风险，会计政策的选择与运用，财务业绩的衡量与评价，内部控制等）的基础上，从财务报表整体和认定两个层次上评估重大风险，然后针对评估的重大错报风险设计进一步审计程序，通过控制检查风险，最终将剩余风险控制在预期的可接受范围之内。其核心就是建立重大错报风险识别、评估和应对的程序和方法，并让它们贯穿审计的全过程，使审计风险理论和整个审计过程联系得更加紧密，让审计人员能够重视产生审计风险的各个重要环节，使审计过程成为一个不断降低审计风险的过程。按照该模式的要求，审计工作主要包括以下三个阶段。

（1）了解被审计单位及其环境，执行风险评估程序。审计人员可以从宏观经济因素、行业因素等方面了解被审计单位及其环境。

（2）识别和评估重大错报风险。审计人员应当在了解被审计单位及其环境的基础上，从财务报表整体层次和认定层次识别和评估重大错报风险。

（3）应对重大错报风险，即针对评估的报表整体层次的重大错报风险采取总体应对措施，同时针对认定层次的重大错报风险采取进一步审计程序，合理保证财务报表不存在重大错报。

与传统风险导向审计模式相比，现代风险导向审计模式要求审计人员将主要精力转移到关注和控制管理层舞弊风险层面，对管理层实行“有错推定”，实施“以侦查为先导，以证实为补充”的审计战略，使“审计师应有的职业怀疑”不再是一句空话。这种模式提供了一种既能保证审计效果又能提高审计效率的新思路，它是一种循环推进、证据驱动、基于判断的风险评估过程。由于新审计风险准则按照战略管理论和系统论将企业的整体战略经营风险等带来的重大错报风险作为审计风险的一个重要构成要素进行评估，使评估审计风险的观念得到进一步扩大和延伸，是传统风险导向审计的继承与发展，因此，这种审计模式被称为“现代风险导向审计模式”。2006年，注册会计师协会根据我国审计环境的变化，结合审计人员执业的需要以及国际审计风险准则的最新进展颁布了41项审计准则,全面引入现代风险导向审计模式,标志着风险导向审计模式在我国正式确立。

二、风险导向审计的理论基础

现代风险导向审计模式的理论基础为系统理论、风险管理理论和战略管理理论。

(一)系统理论

系统理论的创立者贝塔朗菲最早对生物体系统进行了研究,认为各种生物都生活在一定的环境中,都具备有层次的、复杂的结构,是一个有机的整体,并且各部分功能的总和小于整体功能。后来他又把生物体系统扩展到社会领域,形成了一般系统论,将系统定义为"处于一定的相互关系中并与环境发生联系的各组成部分要素的总体集合"。他认为系统的行为取决于它的整体结构,以及各个时点各部分相互作用的结果。系统论主要是对动态系统做整体的研究,而非分别研究组成整体的各个部分。与生物体类似,企业的生产、盈利和持续生存也需要内部要素与企业共生和整合,所以不能只评价企业的某个组成部分,而忽略企业整体情况和企业所处的经济网络。传统的审计模式对企业的单个经济事项或交易进行审计后就出具审计结论,并不对企业的整体进行审计,也并未将企业置于广泛的经济网络中进行审计,这使审计人员只见树木不见森林,最终导致审计失败。因此,现代审计模式只有建立在系统理论基础上,才能对被审计单位有深入的了解,才能发现财务报表的错报风险。

(二)风险管理理论

随着社会结构和经济结构的改变、科技的进步、企业规模的扩大、业务的复杂,企业的生产经营处处充满风险。只有重视并实施风险管理,化危机为机遇,才能在复杂的环境下生存与发展。现代风险管理就是企业通过识别风险、分析风险、评估风险,并在此基础上选择应对风险的最优策略,以求有效控制风险,最大程度减少风险造成的损失。风险管理贯穿企业经营管理的各个方面、各个过程,具有全面性、全程性与全员性的特征。作为社会经济权责结构的一部分,审计特别是社会审计已被视为一种降低信息失真风险的活动。如果进行的审计活动无助于降低信息风险,就会被视为失责,应赔偿相应的损失。所以说,审计风险贯穿整个审计过程中。从审计实践来看,审计时间及审计成本等因素的限制,加之抽样审计方法的广泛采用,使审计结束后有签发不恰当审计意见的可能性。也就是说,审计本身的技术特性决定了审计风险不可避免。现代风险导向审计正是在针对审计人员的诉讼案件频发的形势下产生的,其核心思想就是将风险观念主动融入整个审计过程。它以被审计单位的风险为导向,根据对风险的评估测试,逐步形成对财务报表的预期,从而执行相应的实质性审计程序。因此,可以说风险管理理论是现代风险导向审计的重要理论基础。

(三)战略管理理论

20世纪80年代之后,企业管理研究领域发生了深刻变化,形成了一些新的思想,包括从行为管理向文化管理转变、从产品市场管理向价值管理转变、从过程管理向战略管理转变等。其中最主要的向战略管理转变意味着战略管理思想在企业管理中发挥着越来越重要的作用,并开始渗透到企业管理的各个方面。战略管理使企业从内向管理转变为外向管理,以适应迅速变化和日益苛刻的外部生存环境。内部控制逐渐被战略管理及企业风险管理所取代,战略管理理论引导着审计模式从传统风险导向审计向现代风险导向审计发展。战略管理理论认为,一个企业的竞争优势与核心能力是企业绩效的核心。从财务报表审计的角度看,如果一个企业缺乏竞争优势与核心能力,则其盈利能力将缺乏可持续性,会存在较高的审计风险。因此,审计人员应在战略管理理论的指导下,采用新的审计模式,从战略高度研究企业面临的经营风险,从宏观层面去判断和发现财务报表可能存在的系列问题。只有这样,审计人员才能对财务报表认定做出合理的专业判断。

三、制度基础审计模式与风险导向审计模式的差异

制度基础审计模式与风险导向审计模式的差异主要体现在以下几个方面。

第一,审计基础不同。制度基础审计以内部控制制度为基础,根据被审计单位内部控制制度的健全性及符合性评审结果,确定实质性测试的范围和重点:该模式认为一个企业如果有良好的内部控制,则其业务处理的正确度较高,出现错弊的情况较少,反之业务的正确度较低,错弊情况较多。这就要求审计人员对生成财务报表、账簿资料的内部控制系统进行评价、测试,从而确定有关会计资料的可信度和实质性程序的范围;风险导向审计则以风险评估为基础,对影响被审单位经济活动的多种内外因素进行评估,确定审计范围、重点和方法,其不仅重视与内部控制系统直接相关的因素,而且更重视各种环境因素。

第二,对内部控制的关注范围不同。制度基础审计和风险导向审计都依赖对企业内部控制的评估,但是对内部控制的关注范围却有很大不同。制度基础审计模式虽以内部控制为核心,但主要关注的是会计系统和控制程序,不重视控制环境及其对审计计划的影响,不要求审计人员凭借其对控制环境的把握分析各种可能的错报。风险导向审计关注的则是内部控制的整体,认为除会计系统和控制程序外,控制环境也极为关键。风险导向审计模式通过对企业环境、发展战略,公司治理结构等方面的评估,发现潜在的经营风险及财务风险,并评估财务报表发生重大错报的风险,以便使审计风险降至可接受水平。

第三,对审计风险管理的范围不同。制度导向审计模式主要是在评价内部控制制度及其执行情况等环节上实施对审计风险的管理。而风险导向审计模式则明确以审计全过程的每一个环节都可能存在审计风险为前提,审计人员在审计全过程必须把评价审计风险作为工作的重点,并借助科学的审计程序将审计风险降到审计人员可接受的水平。由于这一审计模式在审计过程的各个环节都较多地运用分析的方法,从而不断促使审计人员保持清醒的审计风险意识,重视可能产生审计风险的各个重要环节与因素,使整个审计过程都成为降低或消除审计风险的过程。此外,制度导向审计模式主要关注源自被审计单位内部的风险因素,风险导向审计模式则不仅关注被审计单位内部的风险因素,而且关注来自被审计单位外部的风险因素。

第四,运用的方法不同,制度基础审计与风险导向审计都运用抽样审计技术,但风险导向审计对风险加以量化,相对于制度基础审计,风险导向审计中的抽样技术是更完全意义上的审计抽样,另外,风险导向审计更着重运用分析性测试方法。

四、风险导向审计的内容与程序

传统风险导向审计模式将错弊风险分解为固有风险和控制风险,由于固有风险评估较

为复杂,一般将固有风险评定为最高,即100%。在此基础上,错弊风险的评估重点是控制风险,控制测试是重要的审计程序,这实际上是放弃了固有风险评估。现代风险导向审计并没有放弃评估内部控制对错弊风险的影响,而是更加重视固有风险因素,评估固有风险因素对错弊风险的影响。它从对企业的战略分析入手,按照“外部战略风险分析—内部经营风险分析—整体风险评估—评估剩余风险对审计的影响—实施审计步骤”的基本流程,首先进行战略分析,确定战略风险和重大交易;其次确定关键经营环节,开展环节风险分析;再次确定环节风险和剩余风险,推导出具体的审计目标;最后进行实质性程序,形成审计结论。现代风险导向审计将财务报表错报风险与企业战略风险紧密联系起来,从而提出了审计师从源头分析和发现财务报表错报的观念。

与传统审计风险模式不同,现代风险导向审计模式强调自上而下全面分析被审计单位的经营目标及风险,根据对被审计单位进行综合风险评估的结果分配审计资源。一方面,减少对低风险项目的实质性程序,以降低审计成本;另一方面,注重对高风险领域和例外项目的详细审计,以有效控制审计风险。该模式对审计人员的素质要求较高,需要有较强的风险分析和判断能力。同时,该模式中的风险评估程序不足以为发表审计意见提供充分、适当的证据支持,审计人员需要设计和实施进一步的审计程序。

现代风险导向审计是在西方发达国家产生和发展起来的,是审计模式发展的最新阶段,是现代审计发展的必然趋势。随着我国风险审计理论的不断完善,审计人员素质的不断提升,高质量风险审计技术的不断发展,信息化水平的不断提高,现代风险导向审计模式在我国的运用将更加广泛。当然,由于该模式在我国目前仍处于发展和完善阶段,在选择审计模式时,不能脱离被审计单位的性质、规模等具体情况,应当针对不同被审计单位采用恰当的审计模式。

五、风险导向审计的发展

现代风险导向审计吸收了制度基础审计的优点,结合了传统风险导向审计并且以识别战略风险、经营风险为切入口。这种全新的审计方法使审计人员在审计时能够更好地在节约审计成本的同时快速、高效识别高审计风险领域,成为更适应现代经济发展的审计方法。有些西方学者基于问卷调查法得出数据化的调查结果,结果表明现代风险导向审计优于传统风险导向审计。也有些学者指出现代风险导向审计在实际应用中会存在一系列问题,随着这些问题的逐步解决,现代风险导向审计才会逐步显现出优势。有学者选取特定的几个事务所及其客户为研究对象,发现审计抽样的范围以及评估风险的方法会直接影响风险导向审计的质量。在此基础上,有学者扩大了研究的样本量,改进了评估风险的方法,进行了系列后续研究。

我国学者同样关注到了审计领域的新发展。在现代风险导向审计的理论研究方面,有学者指出,从我国风险导向新准则的颁布可以看出,行业标准正向国际审计新发展方向靠拢,但实际运用中我国很多会计师事务所并未完全实行现代风险导向审计,而是沿用传统方法,并针对事务所未能及时全面施行现代风险导向审计的原因提出了系列可行性建议。也有学者研究了准则引入现代风险导向审计后的审计情况的变化,并指出现代风险导向审计相比于传统审计方法，在审计效率、发现高风险客户、降低转换成本三个方面对会计师事务所来说更经济。对于现代风险导向审计的应用研究，有学者以经典审计案例为出发点，分析审计风险产生的内部因素和外部因素，试图找出最佳审计程序和审计证据获取数量。有学者深入具体的业务流程，基于风险导向设计了存货、主营业务收入等审计流程，包括主要审计控制测试程序和实质性程序。更有学者在现代风险导向审计模式下对碳交易审计程序提出了初步构想。基于审计风险识别的定量分析主要集中在重大错报风险上，众多学者通过运用模糊综合评价法、网络分析法、二项线性回归模型等研究方法使得重大错报风险被数据化，这有利于审计人员控制审计风险。

第五节　数据式审计模式

一、数据式审计模式与传统审计模式的比较

近年来，信息化环境持续发展变化，审计对象逐渐朝大数据方向发展，数据式审计模式也得以不断发展和应用。数据式审计模式是电子数据背景下的风险导向审计模式。在电子数据背景下可以将电子审计载体转化为纸质审计载体，从而按手工背景下的现代风险导向审计模式来实施审计取证。但从提高审计效率的角度出发，直接面向电子数据获取审计证据更有效率。

数据式审计模式的审计目标与现代风险导向审计模式的审计目标相同，审计人员关注具有重要性的会计错误，关注与财务报表相关的重大舞弊和违规行为，对财务报告的公允性发表意见。审计主题仍然是财务信息，针对交易、余额、列报展开审计，审计的具体目标是通过各类交易认定、余额认定和列报认定转换而来的。数据式审计模式下的审计载体是电子数据，而不是纸质载体，这决定了数据式审计的技术方法及其组合与上述审计取证模式都不相同。审计程序包括错弊风险评估程序、信息系统内部控制评估程序和实质性审计程序。

数据式审计模式采用的审计方法除了审阅、监盘、观察、询问、函证、重新执行等与现代风险导向审计无显著差异的方法外，还包括重新计算、分析、信息系统测试、数据迁移、数据整理等方法。重新计算这种方法在数据式审计模式中大量使用，信息系统测试、数据迁移、数据整理是数据式审计模式下特有的方法。分析是数据式审计模式下非常重要的一种方法，是基于大量数据的分析。不同的数据类型需要采用不同的分析方法，如结构化数据分析主要采用数据挖掘和统计分析方法，网页分析主要采用网页内容挖掘、网页结构挖掘、网页用法挖掘等方法。在数据式审计模式下，功能强大的计算机使得对于交易、余额、列报都可以实时详细审计，并且不会降低审计效率。

二、数据式审计模式带来的改变

信息技术和网络技术的飞速发展为数据的生成、传输、存储等提供了强有力的保障，企业的日常经营、技术创新、变革成长越来越离不开大量数据的支持。而大量创新的、高科技的技术方法应用于审计工作中，使得延续多年的审计技术发生了一定程度上的转变，这种转变又进一步带动了审计工作新的“规范化”和“标准化”，进而极大优化了新审计的工作流

程，再结合为不同行业量身定制研发的审计算法模型，在此基础上利用大数据的处理技术，借助信息系统软件和互联网工具，新的基于大数据的人工智能信息化审计平台即可成型。大数据加上人工智能必将给传统的审计工作方式和流程带来颠覆性的冲击。下面以三个示例展示数据化给审计工作带来的影响。

（一）抽样方法的转变——传统审计的抽样方法转变为数字化审计

抽样审计是指审计人员在对被审计对象进行审计时，从被审计对象总体中选取一定数量的样本进行详细审计，并根据样本审查结果推断总体情况的一种方法，见表 3-1。

表 3-1　审计抽样方法比较

项目	传统	数字化
方法	抽样：所谓“审计抽样”，是指注册会计师对具有审计相关性的总体中低于百分之百的项目实施审计程序，使所有抽样单元都有被选取的机会，为注册会计师针对总体得出结论提供合理基础	利用数据处理模型及工具，对被审计单位全部或基本完整的数据进行电子化处理。即将获取的企业整个会计期间的交易数据、财务记录进行完整性测试（以确保海量数据的完整性）后，从审计范围及审计策略制定的审计初始阶段开始，基于数据分析进行风险识别，可进行不同科目、类别的不同数据过滤模型，以及进行数据的交叉验证分析处理
举例	例如：对于全年发生频繁的销售收入（几乎每日发生，或每月多次发生），相关内部控制点的测试以抽取 25 笔为限；对于每月发生一次的，如财务报表结算流程，相关内部控制点的测试以抽取 2 笔为限等。而对于财务报表审计的细节测试，则可考虑结合金额重大性及样本代表性，采用关键样本结合代表性样本的抽样方式，选择适当的样本进行测试。其中，关键样本一般为单项金额重大，而代表性样本为除关键样本外，剩余样本总量中单项金额较为平均，抽取某几项，其可代表剩余总体样本，因而，代表性样本发现的差错，可用于推断总体样本差异	例如：对于重大交易流程之一的销售业务涉及的主营业务收入、应收账款等重大审计账户，通过分析工具产生多维度的分析报表，包括：分月收入、毛利变动分析；细分收入流的毛利／毛利率分析。上述分析均可包含同期比较数据，以期发现异常变动。此外，分析软件也可实现两维／三维账户关联性分析，如对于销售业务，可将“主营业务”账户的贷方发生额与“应收账款”账户的借方发生额进行关联及比较，如存在差异，可通过警示功能标示可能存在异常或舞弊；对于某些以现金销售为主的企业，除上述主营业务收入与应收账款科目外，也可增加“银行存款”账户的关联性，通过整个销售及收款流程涉及的借贷账户间的关联性，发现差异、异常变动等，辅助审计人员在审计计划阶段识别出风险事项，从而对于风险领域有针对性地做出审计应对
对比	不足：局限性和偏差性。 抽样方法本身的局限性，使其无法确保基于上述抽样方法选择的样本均是基于风险导向的，且样本总额占全部交易数据、财务记录的比重很可能无法达到较高的占比，从而令审计程序提供的保障程度未达预期。 提供方对抽样节点数据选取的不科学性或可能产生有意或无意的结果倾向性，导致数据的偏差加大	优势：早期发现风险并可以及时应对，防止舞弊、弄虚作假等现象未被识别。 在了解企业的业务、公司层面、重大交易流程识别、舞弊风险识别及评估、日记账分录测试等环节时均利用总分类账户分析工具进行数据分析，并且将上述通过数据分析进行风险识别的理念和方法贯穿于整个审计过程中
人员	主要从事较多的事务性工作和重复劳动。 在样本的采集、交付等过程中会牵扯大量的人力及精力。 审计过程为前后顺序，不能并行。 审计人员不能发现数据可能存在的风险，只能事后评估，需要较高的专业素养和敏感性	主要从事数据的电子化采集（从 ERP 或其他管理信息系统内导出）和数据清洗模型的搭建。 避免了数据采集过程中重复性劳动的“疲劳感”，短时间内即能完成数据采集工作。 审计工作可分为“数据电子化”和“模型搭建”两部分，同时进行。具有较强数据处理、分析能力的人员在规范化的固化流程指导下可一人独立完成。 减少人为主观判断导致抽样不合理的情况发生

（二）函证程序的转变——人工编制变为自动生成

函证是注册会计师为获取影响财务报表或相关披露认定项目的信息，通过来自第三方的对有关信息和现存状况的声明，获取和评价审计证据的过程，如对应收账款余额或银行存款的函证，见表 3-2。

表 3-2　函证程序的比较

项目	传统	数字化
方法	传统审计实务中，函证通常以特定的格式由人工进行编制、打印并核对无误后，由被审计单位加盖公章（如为银行函证，还需加盖预留印鉴章等），并交由审计师按照函证地址及联系人独立寄发询证函	基于大数据、AI 技术的数字化审计，使用函证自动化流程，建立函证网站，在线上开发、建立适用于各行业（制造业、零售业，房地产业、银行业、证券业、保险业，租赁行业、资产管理公司等）、各科目（包括银行存款、第三方往来科目、关联方往来余额及发生额、投资项目发生额及期末结存额、存货第三方代存、借款科目等）的函证模板。审计团队可根据客户所属的行业，以及所需函证的内容，录入基础数据明细表后一键生成批量函证
对比	不足：编制函证无任何技术含量，只需要会操作 office 即可，大量时间和人力的投入，其实就是成本的浪费。 人工的操作行为或多或少会增加出错的可能性，且对函证的进度无法直观可视化	优势：节省了人力、节约了时间、项目风险控制预警提升。 函证自动化流程也具备项目管理及风险预警功能。函证网站可自动识别回函异常情况并发送预警邮件至审计团队。除审计团队可实时登录函证网站查看函证进度外，函证网站还可定时就需关注事项发送提醒邮件。如有哪些回函显示金额不符，差异需进一步跟进的事项；或函证地址有误导致函证原件未能送达，从而需审计团队与被审计单位沟通跟进的事项等，上述提醒邮件会随着审计报告日的临近，系统自动提高发送频率，以提示审计团队在出具报告前解决重大未决函证事项，从而保证审计效果并大大提高审计效率。 函证中心通过大数据，AI 技术识别函证信息（包括函证公司地址. 联系人、联系电话，邮箱地址等）的真实性，从而规避函证程序中可能出现的舞弊风险。 整个流程标准化、自动化、专业化，大大提高了函证的工作质量
人员	一般至少需要 2 人参与，一人编稿一人审核。 整个过程无技术含量且枯燥乏味，还需要个人及时、反复查询进度	1 人足矣。 大大缩短了处理传统工作中的烦琐事项所需的较多时间，只需在系统中按规定步骤执行即可，增加勾选“关注进度及信息推送”选项，可由 AI 代替人来处理烦琐的事宜

（三）报告生成转变——系统自动生成报告

传统审计报告的生成系基于审计准则的要求，对于被审计单位编制的财务报告发表审计意见。而国内企业的审计报告后附的财务报表及附注披露大多为人工编制，为保证准确性，需要经多层复核、校验（包括加计准确性、附注披露金额与财务报表主表数据一致性核对、勾稽关系校验等），工作量大且重复率高。

基于 AI 技术开发的审计报告自动化生成软件，可从审计底稿抓取基础数据（经审定的财务数据），并基于预设的标准化报告披露模板（如适用于企业会计准则、香港财务报告准则、国际财务报告准则等编制的财务报表）自动生成审计报告，并自带加计功能、主表与附注勾稽关系核对功能等，对于勾稽关系不符的，软件会自动汇总且具备预警功能，于人工进行干预（查看、分析并解决）后生成审计报告，节省了人力及时间的投入，同时也提高了准确性。

关键概念

审计模式　账项基础审计模式　制度基础审计模式　风险导向审计模式

思考题

1. 审计取证模式的含义?
2. 审计模式不断发展变化的动因有哪些?
3. 什么是账项基础审计模式?
4. 什么是制度基础审计模式?
5. 什么是风险导向审计模式,有什么优缺点?

思政园地

苟日新,日日新,又日新

“苟日新,日日新,又日新”可能是在谈及创新问题时,被引用最为广泛的一句话了。这句话之所以能如此深入人心,是因为它从动态的角度,强调了不断创新的问题。这句简洁隽永的古语,折射出不断更新自己、主动适应时代、积极推动发展的向上朝气,沉淀为中华民族思想观念的精髓。这样的观念,表现于文字,潜藏在心灵,塑造着气质,决定着命运。

我们从事审计工作,也要做到苟日新,日日新,又日新。根据环境的变化,根据社会对审计工作的需要,不断调整审计方式和审计模式,为不同的主体提供优质的服务。审计模式从账项基础、制度基础,逐步发展为风险导向数据基础,正是适应了时代社会的进步,适应了不同主体对我们的期待与需求,折射出审计人不断更新自己、主动适应时代、积极推动发展的向上朝气。只有如此,审计行业才能够不断发展前进。

第四章 审计目标

学习目标

◆ 了解审计目标的含义和类型。
◆ 了解审计目标的历史演进及其背景。
◆ 理解审计目标的特征。
◆ 掌握不同审计主体的审计目标。
◆ 掌握实现审计目标的基本要素。

引导案例

成都红光实业股份有限公司审计案例
——因首次公开发行证券被证监会处罚的第一起案例

红光实业事件是中国证监会成立后第一次对注册会计师因在首次公开发行中的失职行为追究行政责任的事件。成都红光实业股份有限公司(以下简称“红光实业”)是位处中国内陆大西南的一家国有大型电子企业,始建于1958年,是我国“一五”期间156项重点工程项目之一,是我国建成的大型综合性电子束器件基地和我国第一只彩色显像管的诞生地。红光实业上市仅仅半年,公司1997年年报却显示,公司在具有3年盈利记录的基础上,在获得4.1亿元募股资金后竟亏损了1.98亿元,相当于将募股资金的近一半亏空。因欺诈上市,公司及其高级管理人员受到证监会的处罚,这是第一次因此原因的处罚。

红光实业事件的责任人蜀都会计师事务所是第一批有证券期货资格的43家会计师事务所之一。证监会认为:成都蜀都会计师事务所在接受委托对红光公司编制的1997年盈利预测文件进行审核时,在未对红光公司盈利预测的基本假设、所选用的会计政策和预测方法等基本要素进行任何测试的情况下,即出具盈利预测审核意见书,对投资者和社会公众产生了严重误导。

成都蜀都会计师事务所的上述行为,违反了《股票发行与交易管理暂行条例》(以下简称《股票条例》)第十八条关于“为发行人出具文件的注册会计师及其所在事务所、专业评估人员及其所在机构、律师及其所在事务所,在履行职责时,应当按照本行业公认的业务标准和道德规范,对其出具文件的内容的真实性、准确性、完整性进行核查和验证”的规定,构成了《股票条例》第七十三条所述“会计师事务所……出具的文件有虚假、严重误导性内容或者有重大遗漏的”行为。

成都蜀都会计师事务所因为红光实业首次公开发行出具有严重虚假内容的财务审计报告和含有严重误导性内容的盈利预测审核意见书,被中国证监会处以没收非法所得30万元并处罚款60万元,并被暂停从事证券业务3年;在为红光实业出具的审计报告上签字的注册会计师汪应钦、张秀花被认定为证券市场禁入者,永久性不得从事任何证券业务。

资料来源:胡春元. 审计案例:源于中国证券市场. 大连:大连出版社,2009.(有改动)

【案例思考】上述案例比较明确的一点是,作为会计师事务所和注册会计师在执行审计业务过程中没有遵守相关法律法规的要求,未能完全实现相关法律法规要求实现的目标,最终导致审计失败。

【案例分析】作为市场主体的会计师事务所及其审计人员在审计业务过程中,不能够仅仅只关注盈利目标,而是要以法律法规要求为指导,以业务书中具体条款为依据,时刻明确审计目标并以此为前提开展审计工作。本例中的成都蜀都会计师事务所及其相关人员正是因为对审计目标的漠视从而出具了不恰当的审计报告,最终受到了相关处罚。

审计目标是审计理论研究的主要问题,是关系到审计实践方向的问题,是审计理论界共同关注的问题。国内外审计专家对审计目标有着不同的论述和观点,但是有一点是共同的,即大家一致认为审计目标是审计理论结构中的重要因素,无论是在审计理论研究中,还是在审计实践中均处于主导地位。

第一节　审计目标概述

一、审计目标的含义与影响因素

审计目标是在一定历史环境下,审计主体通过审计实践活动所期望达到的境地或最终结果,它体现了审计的基本职能,是构成审计理论结构的基石,是整个审计系统运行的定向机制,是审计工作的出发点和落脚点。

关于审计目标的含义是什么,国内外有许多论述。

美国注册公共会计师协会对审计目标的表述是:“独立审计师财务报表审计的目标是,对财务报表的编制是否符合公认会计原则,是否在所有的重要方面公允反映了财务状况、经营成果和现金流量表示意见。”

英国公司法对审计目标的表述是:“审计是对企业财务报表的独立检查,目的是对这些报表的反映是否真实和公允并符合相关法规表示意见。”

以上两种说法,相同之处是审计师要对财务报表发表意见,不同之处在于对财务报表的要求不同。美国强调报表的反映要公允,英国公司法则要求报表的反映要真实和公允,此外还要求报表的编制要符合法律要求。

影响审计目标确立的因素很多,但最重要的因素有以下三个方面。

(一)社会需求的变化

社会需求是社会生产和服务的出发点。审计作为一种服务职业,其目的自然受社会需求的影响。这可以从注册会计师审计产生、发展的历史演变得以验证。

在审计萌芽的初期,生产技术比较落后,经济业务比较简单,控制手段比较原始,财产所有者对财产经管者最关心的是其诚实性。因此,审计目的是单纯地查找舞弊行为,审计方法是简单的“听账”、对账和详细查账，几乎毫无例外地要详细验证每笔经济业务。例如，在1298年，英国伦敦市曾选举和委任某些政府官员，由市政和司法高级官员组成委员会，对该市的财务管理官员的账目进行审核。通过审计活动，使财产经管者更加诚实和可靠。

19世纪末20世纪初，随着资本主义生产的发展和企业规模的日益扩大，前述的详细审计活动必然跟不上客观经济形势的需要。这一时期，美国的资本市场还相当不完善，公司所需资金仍主要依赖于银行的贷款，经过长期的实践，申请贷款者发现，报送经独立的审计师鉴证过的资产负债表比较容易取得银行的贷款，因而，美国便开展了以证明企业偿债能力为主要目标的资产负债表审计，详细审计便为资产负债表审计所取代。

20世纪三四十年代以后，随着整个世界资本市场的迅猛发展，证券市场的涌现及广大投资者对投资收益情况的关心，整个社会的注意力转而集中于收益表上，使其成为审计的主要内容。同时，人们对财务报表提供信息的可靠性也更加重视，从而使审计又发展到以验证财务报表公允性为主要审计目的的财务报表审计阶段。

20世纪中叶以后，资本主义从自由竞争发展到垄断阶段，企业内部的经营管理活动日益加强。为适应企业内部经营管理和决策的需要，现代管理会计与传统财务会计相分离。同时，审计目的也从原来的仅限于验证企业财务报表的公允性扩展到内部控制、经营决策、职能分工、企业素质、工作效率、经营效益等方面。因此，经营审计、管理审计、绩效审计等便从传统审计中分离出来，评价企业工作的经济性、效率性、效果性成为注册会计师审计工作的主要目标。

从上述审计目的的演变不难看出，社会需求是影响审计目的确立的根本因素。

（二）审计能力的提高

社会对审计需求的不断扩大和对审计工作的过高期望，常常会使审计师陷入责任诉讼的漩涡之中。任何一门职业所能发挥的作用毕竟都是有限的，审计作为一门职业也不例外。当审计工作的结果不能满足社会对它的期望时，二者之间便会发生矛盾，这是双方在审计目的上的差距。事实上，审计工作自产生以来，便始终在为满足社会的需求而努力，但也始终无法完全满足社会的需求。这是因为，当旧的社会需求满足了，又会产生新的社会需求，而为了满足新的社会需求，审计师需要做出更多努力，这需要时间，更需要审计技术、方法和审计理论上的突破。所以，审计能力满足社会需求是相对的，而不是绝对的。

审计能力的有限性决定了审计满足社会需求的有限性，它在审计目的的确立中起着决定性的制约作用。只有当审计具备了满足社会需求的能力时，这种社会需求才能成为审计目的。

（三）社会环境的制约

著名会计史学家迈克尔·查特菲尔德（Michael Chatfield）认为，美国和英国的审计发展受到国家法律、法庭判决和会计职业团体三个方面的影响。审计目的的确立同样受到这三个方面的影响。

1. 国家法律

国家法律对审计目的的影响可以从英国的《公司法》和美国的《证券法》《证券交易法》

中窥见一斑。这些法律的颁布,使法定审计成为可能,同时也明确了审计目的。例如,1900年以前的英国《公司法》,根据当时的社会需求,用法律的形式明确规定公司审计的主要目标是揭露舞弊和差错。到了 1949 年,根据社会经济环境的变化,新修订的《公司法》则明确规定审计师的报告已不再是为了揭露舞弊和差错,而是对财务报表的质量提出专门的意见。从此,审计的主要目标转向对每年提交给股东的财务报表的质量做出评价,而揭露舞弊和差错已成为次要目标。

2. 法庭判决

在英美等国家,法庭对诉讼案例的判决结果及判决原则被看作一种案例法,审计范围和审计责任通过法庭对一系列典型案件的判决而得到明确。由于法律对审计目的的阐述比较抽象,许多具体细节还需要通过法庭的判决来加以明确,并且在许多情况下,法庭的判决要考虑社会需求及审计能力的变化,因而导致法庭的判决随着社会经济环境的变化而变化,审计的目的和内容也随之产生相应的变化。

3. 会计职业团体

会计职业团体在审计目标的确立中所发挥的作用可以说是最重要的。20 世纪七八十年代,审计准则委员会(AICPA)制定发布的许多新的《审计准则说明书》就是很好的例证。例如,审计准则委员会于 1977 年发布的第 16 号《审计准则说明书》"独立的审计师揭露差错和舞弊的责任"(The Independent Auditor's Responsibilities for the Dection of Iregularities)和第 17 号《审计准则说明书》"客户的非法行为"(llegal Acts by Clients)。这两个说明书的颁布表明,会计职业团体根据社会的需求,已经将揭露差错舞弊和客户的非法行为列为审计目标。根据社会审计环境的变化,1988 年,审计准则委员会又分别颁布第 53 号、第 54 号《审计准则说明书》,以分别取代前述的第 16 号、第 17 号《审计准则说明书》,分别对审计师揭露差错、舞弊和客户的非法行为做了修订。这一系列的《审计准则说明书》的发布,对确立审计目的产生了重要的作用。

综上所述,审计目的是不同时期社会需求、审计能力及社会环境的协调统一,它们在审计目标的确立过程中分别起到了不同程度的作用。

二、审计目标的特征

1. 能动性

审计目标是人们的意识在一定的社会、经济、历史条件下的反映,具有能动性。虽然审计目标不像审计职能那样是审计活动固有的客观属性,但并不是说审计目标可以根据人们的主观意愿而随意变动。审计目标必须反映社会需求,体现社会要求,顺应社会发展方向,不能脱离社会实践。

2. 系统性

审计作为一种经济监督系统,其目标的设置必定具有逻辑性与系统性,如审计目标体系可以包括审计总目标、审计具体目标和审计项目目标,可以是不同时期的审计目标(详细审计阶段审计目标、资产负债表审计阶段审计目标、财务报表审计阶段审计目标等)、可以是各类型审计目标(财政财务收支审计目标、经济责任审计目标、绩效审计目标等)、可以是审计期间的阶段性审计目标（如审计计划阶段目标、控制测试与交易实质性测试阶段目标、分析性程序与余额详细测试阶段目标、报告阶段目标）等。

3. 动态性

不同时期经济社会发展的环境和条件不同，审计工作面临的需求也不同。审计目标体现了经济发展的需求，与社会经济发展紧密相连，随着经济发展而动态调整。经济环境在短时间内是相对稳定的，在较长的时间内会存在波动，因此也就决定了审计目标既具有相对的稳定性又具有动态性。随着社会经济环境的变化，原有审计目标中不适应的部分必须做出相应的调整，从而形成新的审计目标。

三、审计目标实现的基本要素

实现审计目标的基本要素一般包括：①审计依据；②审计证据；③审计模式；④审计方式；⑤审计程序；⑥审计法规；⑦审计准则；⑧审计职业道德；⑨审计结果与审计报告；⑩审计结果的应用；⑪审计职业判断。

第二节 国家审计的审计目标

一、国家审计的含义及特征

宪法第九十一条规定，国务院设立审计机关，对国务院各部门和地方各级政府的财政收支，对国家的财政金融机构和企业事业组织的财务收支，进行审计监督。

国家审计是由审计机关依法对公共资金、国有资产、国有资源管理、分配、使用的真实合法效益，以及领导干部履行经济责任和自然资源资产及生态保护责任情况所进行的独立监督活动。国家审计坚持党对审计工作的集中统一领导，依法独立行使审计监督权，具体有以下特征。

（1）法定性。《中华人民共和国宪法》《中华人民共和国审计法》及其实施条例等法律法规，《中国共产党党内监督条例》等党内法规和《关于完善审计制度若干重大问题的框架意见》及相关配套文件、《国务院关于加强审计工作的意见》等对审计监督职责做出明确规定，赋予审计机关维护经济秩序、推动改革、推进法治、促进廉政、强化问责、保障发展等职责和任务。

（2）独立性。《中华人民共和国宪法》规定，审计机关依照法律规定独立行使审计监督权，不受其他行政机关、社会团体和个人的干涉。

（3）全面性。凡是涉及管理、分配，使用公共资金、国有资产、国有资源的部门、单位和个人，都要自觉接受审计、配合审计。审计对象和内容涵盖经济、政治、文化、社会、生态文明等多个领域。

（4）专业性。审计的实施需要依赖专业知识和技术方法。审计人员需要具备扎实的专业知识、专业胜任能力和工作经验，同时还需要严格遵守法律法规和国家审计准则，恪守审计职业道德。

（5）及时性。审计具有反应快速的特征。审计机关可以根据党和国家中心工作的安排以及国民经济运行形势变化的需要,抽调审计力量开展专项审计,及时向党中央、国务院报送相关信息,供党中央、国务院及时掌握真实情况。

按照不同的标准和角度,国家审计可划分为多种类型。例如,按审计实施地点分类,可以分为现场审计、送达审计等;按审计目标分类,可以分为财务报表审计、合规性审计和绩效审计等。

审计实践中,国家审计业务类型主要包括政策落实跟踪审计、财政审计、金融审计、企业审计、政府投资项目审计、民生审计、资源环境审计、经济责任审计和涉外审计等。

二、国家审计的目标

国家审计目标可以分为政府审计机关的目标和委托人视角的审计目标。

《中华人民共和国审计法》及其实施条例规定,政府审计机关对相关单位的财政收支或者财务收支的真实、合法和效益依法进行审计监督。根据这个规定,通常认为我国政府审计目标是"三性":真实性、合法性和效益性。《中华人民共和国国家审计准则》对三性进行了解释,其第六条规定:审计机关的主要工作目标是通过监督被审计单位财政收支、财务收支以及有关经济活动的真实性、合法性、效益性,维护国家经济安全,推进民主法治,促进廉政建设,保障国家经济和社会健康发展。这里的"监督被审计单位财政收支、财务收支以及有关经济活动的真实性、合法性、效益性"是政府审计机关的目标;这里的"维护国家经济安全,推进民主法治,促进廉政建设,保障国家经济和社会健康发展"是委托人视角的审计目标。

中国共产党的第十七大报告中,就将经济责任审计作为对领导干部进行权力制约和监督的组成要素,《党政主要领导干部和国有企业领导人员经济责任审计规定》将经济责任审计作为加强对党政主要领导干部和国有企业领导人员的管理监督、推进党风廉政建设的制度设计。这体现的是党和政府对经济责任审计的期望,是委托人视角的审计目标。《党政主要领导干部和国有企业领导人员经济责任审计规定实施细则》规定,经济责任审计是指审计机关依法依规对党政主要领导干部和国有企业领导人员经济责任履行情况进行监督、评价和鉴证的行为,这里的对"经济责任履行情况进行监督、评价和鉴证"是政府审计机关的目标。

第三节　内部审计的审计目标

一、内部审计含义

为了适应内部审计的最新发展,更好地发挥内部审计准则在规范内部审计行为、提升内部审计质量方面的作用,中国内部审计协会对 2003 年以来发布的内部审计准则进行了全面、系统的修订,发布了 2013 版《中国内部审计准则》。《中国内部审计准则》将内部审计界定为一种独立、客观的确认和咨询活动,它通过运用系统、规范的方法,审查和评价组织的业务活动、内部控制、风险管理的适当性和有效性,以促进组织完善治理、增加价值和实现目标。修改前的内部审计定义突出强调内部审计的职能是监督和评价,但是,相对于"监督"

所体现的内部审计的查错纠弊功能，现代内部审计更强调价值增值功能。因此，借鉴国际内部审计师协会的定义，《中国内部审计准则》将内部审计的职能从“监督和评价”改为“确认和咨询”，拓展了原定义中内部审计的职能范围。《中国内部审计准则》将内部审计范围界定为“业务活动、内部控制和风险管理的适当性和有效性”，将原来的“经营活动”改为“业务活动”，体现了内部审计的业务范围不仅仅局限于以营利为目的的组织，还包含非营利组织。定义中增加了对“风险管理的适当性和有效性”的审查和评价，以体现内部审计对组织风险的关注。《中国内部审计准则》增加了运用“系统、规范的方法”的规定，强调了内部审计的专业技术特征，体现了内部审计职业的科学性和规范性，有助于内部审计人员和社会各界人士了解内部审计职业对技术方法和人员素质的要求。

二、内部审计的目标

(一)维护组织中各方利益相关者的利益，促进组织治理目标实现

任何组织都是由各方利益相关者构成的，组织治理的目标之一就是协调组织各个方面利益相关者的利益，形成一种相互制衡的机制以合理处理组织中的各种契约关系，从而促进组织在协调稳定的环境下运营和发展。在这过程中，组织的各方利益相关者都必然要关注组织的运营和发展，但是有些利益相关者可能并不直接参与组织的日常经营管理，由于获取信息的方式、渠道和时间不同会出现信息不对称引发的代理问题，最终可能导致损害某些利益相关者的利益。有效的内部审计通过建立严密的信息质量监督保障体系，可以为组织的各方利益相关者提供充分的、及时的、相关的和可靠的信息，为其决策提供信息保障，从而消除信息不对称带来的负面影响，促进组织治理目标的实现。同时伴随组织的革命性变革和对组织的重大监管和法律强制规定，组织管理层必须做出有效的反应，包括主动提高质量和管理风险、结构与流程再造及承担更大的受托责任。由于内部审计可以对这些管理战略和行动的控制进行监督，并评估这些管理和行动的实施效果，因此也被视为帮助改善组织治理、支持关键治理程序以最终实现组织治理目标的最合适的组织治理参与者。

(二)促进组织治理效率的提升，为组织增加价值

内部审计是一项独立的确认和咨询活动，不仅能够从组织管理的视角对组织的运营活动进行有效监督，揭示组织在管理决策、资金运作、成本费用等方面存在的问题并提出改进建议，还可以基于对组织运营情况的审查结果充分发挥其咨询的职能，帮助组织识别和评估经营和管理风险，制定科学合理的发展战略，规划组织的日常运作，促进组织的规范管理和高效运营。同时，内部审计还可以不断探索提高组织价值的途径，如通过对组织内各个职能部门的监督和制约减少浪费、杜绝舞弊，或者通过对所有员工的事先警示作用和事后奖惩机制使其不断改善工作绩效，从而增加组织价值，实现组织目标。由此可见，内部审计已经超越其他管理手段成为向组织管理层提供关于效率、效果和节约方面建议的重要智囊。内部审计通过系统化、规范化的方法收集、理解和评价组织运营过程的信息，为组织的风险管理、内部控制和公司治理提供保证服务，同时通过实施内部控制培训、业务流程审核、标杆管理及绩效测评设计为组织提供咨询服务，从而实现为组织增加价值的目标，展现其全新定位的职能。

(三)增强组织治理层对管理层的监督,优化组织治理结构

内部审计是公司治理的重要组成部分,健全的内部审计机构和有效的内部审计活动对于保证良好的组织治理是至关重要的。组织是一组关系契约的结合体,在这一契约下,组织结合并拥有了各利益相关者让渡的资源,包括物质资本和非物质资本,形成组织的法人财产并据此在市场中运行。各利益相关者在组织治理的框架下承担责任的同时分享权力和利益;而内部审计是一个组织内部为检查和评价其经营活动和为其所在组织服务而建立的一种独立的评价功能。无疑内部审计(特别是具有独立性和权威性的内部审计)为组织治理提供了一种良好的监控手段。有效的组织治理需要良好的组织治理结构,而治理层、管理层、内部审计和外部审计是确保良好的组织治理所必需的几个基本要素。由独立于管理层的内部审计对管理层受托责任的履行情况进行持续不断的评估和监控,并定期向独立于管理层的组织治理层进行报告,不仅可以优化组织治理层对管理层的监督,还可以进一步优化组织的治理结构。

第四节 社会审计的审计目标

一、总体审计目标

《中国注册会计师审计准则第 1101 号——注册会计师的总体目标和审计工作的基本要求》第 25 条规定,在执行财务报表审计工作时,注册会计师的总体目标是:①对财务报表整体是否不存在由舞弊或错误导致的重大错报获取合理保证,使得注册会计师能够对财务报表是否在所有重大方面按照适用的财务报告编制基础编制发表审计意见;②按照审计准则的规定,根据审计结果对财务报表出具审计报告,并与管理层和治理层沟通。正确理解注册会计师的总体目标,需要把握以下几个概念。

1. 注册会计师

注册会计师是指取得注册会计师证书并在会计师事务所执业的人员,通常是指项目合伙人或项目组其他成员,有时也指所在的会计师事务所。当审计准则明确指出应由项目合伙人遵守的规定或承担的责任时,则使用“项目合伙人”而非“注册会计师”的称谓。

2. 财务报表

财务报表 是指依据某一财务报告编制基础对被审计单位历史财务信息做出的结构性表述,旨在反映某一时点的经济资源或义务,或者某一时期经济资源或义务的变化。财务报表通常是指整套财务报表,有时也指单一财务报表。披露包括财务报告编制基础所要求的、明确允许的或者由于其他原因(如实务惯例)做出的解释性或描述性信息。披露是财务报表不可分割的组成部分,通常包括在财务报表附注中,也可能在财务报表表内反映,或者通过财务报表的交叉索引做出提示。

历史财务信息是指以财务术语表述的某一特定实体的信息,这些信息主要来自特定实体的会计系统,反映了过去一段时间内发生的经济事项,或者过去某一时点的经济状况或情况。

3. 适用财务报告编制基础

适用的财务报告编制基础，是指法律法规要求采用的财务报告编制基础；或者管理层和治理层（如适用）在编制财务报表时，就被审计单位性质和财务报表目标而言，采用的可接受的财务报告编制基础。

财务报告编制基础分为通用目的编制基础和特殊目的编制基础。通用目的编制基础，是指旨在满足广大财务报表使用者共同的财务信息需求的财务报告编制基础，主要是指会计准则和会计制度。特殊目的编制基础，是指旨在满足财务报表特定使用者财务信息需求的财务报告编制基础，包括计税核算基础、监管机构的要求和合同约定等。

4. 错报

错报，是指某一财务报表项目的金额、分类或列报，与按照适用的财务报告编制基础应当列示的金额、分类或列报之间存在的差异。错报可能是由于错误或舞弊导致的。

当注册会计师对财务报表是否在所有重大方面按照适用的财务报告编制基础编制并实现公允反映发表审计意见时，错报还包括根据注册会计师的判断，为使财务报表在所有重大方面实现公允反映，需要对金额、分类或列报做出的必要调整。

5. 合理保证

合理保证，是指注册会计师在财务报表审计中提供的一种高度但非绝对的保证。由于审计存在固有限制，注册会计师据以得出结论和形成审计意见的大多数审计证据是说服性而非结论性的，因此，审计只能提供合理保证，不能提供绝对保证。合理保证是一种高度保证。当注册会计师获取充分、适当的审计证据将审计风险降至可接受的低水平时，就获取了合理保证。

6. 审计准则

审计准则是指中国注册会计师审计准则。审计准则旨在规范和指导注册会计师对财务报表整体是否不存在重大错报获取合理保证，要求注册会计师在整个审计过程中运用职业判断和保持职业怀疑。需要运用职业判断并保持职业怀疑的重要审计环节主要包括：①通过了解被审计单位及其环境，识别和评估由于舞弊或错误导致的重大错报风险；②通过对评估的风险设计和实施恰当的应对措施，针对是否存在重大错报获取充分、适当的审计证据；③根据从获取的审计证据中得出的结论，对财务报表形成审计意见。

7. 职业判断

职业判断，是指在审计准则、财务报告编制基础和职业道德要求的框架下，注册会计师综合运用相关知识、技能和经验，做出适合审计业务具体情况、有根据的行动决策。

8. 职业怀疑

职业怀疑，是指注册会计师执行审计业务的一种态度，包括采取质疑的思维方式，对可能表明由于错误或舞弊导致错报的迹象保持警觉，以及对审计证据进行审慎评价。

9. 审计意见

注册会计师发表审计意见的形式取决于适用的财务报告编制基础以及相关法律法规的规定。

10. 管理层和治理层

管理层是指对被审计单位经营活动的执行负有管理责任的人员。在某些被审计单位，管理层包括部分或全部的治理层成员，如治理层中负有经营管理责任的人员，或参与日常经营管理的业主（以下简称业主兼经理）。治理层，是指对被审计单位战略方向以及管理层履行经营管理责任负有监督责任的人员或组织。治理层的责任包括监督财务报告过程。在某些被审计单位，治理层可能包括管理层，如治理层中负有经营管理责任的人员，或业主兼经理。

按照审计准则和相关法律法规的规定，注册会计师还可能就审计中出现的事项，负有与管理层、治理层和其他财务报表使用者进行沟通和向其报告的责任。

二、注册会计师目标的逻辑过程

注册会计师的总体目标是审计工作的起点。为了计划审计工作，收集充分、适当的审计证据，注册会计师有必要将总体目标具体化。总体目标的具体化是一个系统的过程，从逻辑上讲，它至少要包括以下过程：①明确注册会计师在财务报表审计中的总体目标；②明确被审计单位管理层及治理层和注册会计师对财务报表的责任；③将财务报表所涉及的交易与账户划分为若干交易循环；④明确管理层关于交易类别、账户余额和列报认定；⑤确定交易类别、账户余额及列报的具体审计目标；⑥确定交易类别、账户余额及列报的审计程序。

三、管理层、治理层和注册会计师对财务报表的责任

（一）管理层、治理层的责任

按照现代公司治理结构的安排，为了实现公司内部的权力平衡，需要通过制约关系保证财务信息的质量，这就往往要求治理层对管理层编制财务报表的过程实施有效的监督。财务报表就是由被审计单位管理层在治理层的监督下编制的。在治理层的监督下，管理层作为会计工作的行为人，对编制财务报表负有直接责任。因此，在被审计单位治理层的监督下，按照适用的财务报告框架的规定编制财务报表是被审计单位管理层的责任，这些责任包括以下几点。

（1）按照适用的财务报告框架的规定编制财务报表，包括使其实现公允反映（如适用）。

（2）设计、执行和维护必要的内部控制，使得编制的财务报表不存在由于舞弊或错误导致的重大错报。

（3）向注册会计师提供必要的工作条件。这些必要的工作条件包括允许注册会计师接触与编制财务报表相关的所有信息，向注册会计师提供审计所需的其他信息，允许注册会计师在获取审计证据时不受限制地接触其认为必要的内部人员和其他相关人员。

（二）注册会计师的责任

在审计中，注册会计师的责任是按照中国注册会计师审计准则的规定对财务报表发表审计意见。为履行这一责任，注册会计师应当遵守职业道德规范，按照审计准则的规定计划和实施审计工作，获取充分、适当的审计证据，并根据获取的审计证据得出合理的审计结论，发表恰当的审计意见。注册会计师通过签署审计报告确认其责任。

（三）管理层、治理层责任和注册会计师责任的关系

被审计单位管理层、治理层的责任与注册会计师的审计责任不能相互替代、减轻或免除。管理层和治理层作为内部人员，对企业的情况更为了解，更能做出适合企业特点的会计处理决策和判断，因此管理层和治理层理应对编制财务报表承担完全责任。尽管在审计过程中，注册会计师可能向管理层和治理层提出调整建议，甚至在不违反独立性的前提下为管理层编制财务报表提供一些协助，但管理层仍然对编制财务报表承担责任，并通过签署财务报表确认这一责任。如果财务报表存在重大错报，而注册会计师通过审计没能够及时发现，也不能因为财务报表已经由注册会计师审计这一事实而减轻管理层和治理层对财务报表的责任。

四、具体审计目标

具体审计目标是审计目的、注册会计师总体目标的具体化，并受到总体目标的制约。为了实现注册会计师的总体目标，在计划和实施审计工作时，注册会计师需要明确各具体审计项目的审计目标。

由于财务报表是由被审计单位管理层关于各类交易、账户余额和披露的认定所构成的，因此，注册会计师应当在明确财务报表总体目标的基础上，以管理层关于交易类别、账户余额和列报的认定为基础，确定认定层次的具体审计目标，获取充分、适当的审计证据，判断管理层认定与标准是否相符。也就是说，具体审计目标就是确定被审计单位管理层对其编制的财务报表的各项认定是否恰当。

具体审计目标必须根据被审计单位管理层的认定和注册会计师的总体目标来确定。为了实现注册会计师的总体目标，注册会计师首先要明确审计工作的起点。这一起点通常是被审计单位的财务报表，财务报表是由被审计单位管理层编制完成的，由管理层对财务报表上所有数字、披露等的全部声明构成，即由管理层关于各类交易、账户余额和列报的认定所构成。注册会计师通过获取适当、充分的审计证据支持管理层认定，从而形成审计意见，实现总体目标。概而言之，注册会计师审计的主要工作就是确定管理层的认定是否恰当。

在通常情况下，注册会计师应以财务报表审计的总体目标为指导，以管理层的认定为基础，明确适合于各类交易、账户余额和列报的具体审计目标。

（一）管理层认定

1. 管理层认定的含义

认定是指管理层在财务报表中做出的明确或隐含的表达，注册会计师将其用于考虑可能发生的不同类型的潜在错报。当管理层声明财务报表已按照适用的财务报告编制基础编制，在所有重大方面做出公允反映时，就意味着管理层对财务报表各组成要素的确认、计量、列报以及相关的披露做出了认定。管理层在财务报表上的认定有些是明确表达的，有些则是隐含表达的。例如，管理层在资产负债表中列报固定资产 100 万元，意味着做出下列明确的认定：第一，记录的固定资产是存在的；第二，固定资产以恰当的金额包括在财务报表中，与之相关的计价或分摊调整已恰当记录。同时，管理层也做出下列隐含的认定：第一，所有应当记录的固定资产均已记录；第二，记录的固定资产都由被审计单位拥有；第三，与固定

资产有关的披露是恰当的。

2. 管理层认定的两个层次

具体来说,管理层认定的内容见表 4-1。

表 4-1　管理层认定的内容

认定的类型		认定的性质
关于所审计期间各类交易、事项及相关披露运用的认定	发生	记录的交易或事项已发生,且与被审计单位有关
	完整性	所有应当记录的交易和事项均已记录
	准确性	与交易和事项有关的金额及其他数据已恰当记录
	截止	交易和事项已记录于正确的会计期间
	分类	交易和事项已记录于恰当的账户
	列报	交易和事项已被恰当汇总或分解且表述清楚,相关披露在适用的财务报告编制基础下是相关的、可理解的
关于期末账户余额及相关披露的认定	存在	记录的资产、负债和所有者权益是存在的
	权利和义务	记录的资产由被审计单位拥有或控制,记录的负债是被审计单位应当履行的偿还义务
	完整性	所有应当记录的资产、负债和所有者权益都已记录
	准确性、计价和分摊	资产、负债和所有者权益以恰当的金额包括在财务报表中,与之相关的计价或分摊调整已恰当记录
	分类	资产负债和所有者权益已记录于恰当的账户
	列报	资产、负债和所有者权益已被恰当汇总或分解且表述清楚,相关披露在适用的财务报告编制基础下是相关的、可理解的

(二)具体审计目标

管理层对财务报表的认定是确定具体审计目标和制定审计程序的基础。注册会计师将管理层的各项认定运用于各类交易或事项、期末账户余额及列报披露,就形成了相应的具体审计目标;然后有针对性地设计和实施审计程序,以获取充分、适当的审计证据,从而实现具体审计目标。

1. 关于所审计期间各类交易、事项及相关披露的审计目标

(1)发生:由发生认定推导的审计目标是确认已记录的交易是真实的。例如,如果没有发生销售交易,但在销售日记账中记录了一笔销售,则违反了该目标。

发生认定所要解决的问题是管理层是否把那些不曾发生的项目列入财务报表,它主要与财务报表组成要素的高估有关。

(2)完整性:由完整性认定推导的审计目标是确认已发生的交易确实已经记录,所有应包括在财务报表中的相关披露均已包括,所有应当记录的交易和事项均已记录。例如,如果发生了销售交易,但没有在销售明细账和总账中记录,则违反了该目标。

发生和完整性两者强调的是相反的关注点。发生目标针对多记、虚构交易(高估),而完整性目标则针对漏记交易(低估)。

(3)准确性:由准确性认定推导的审计目标是确认已记录的交易和事项是按正确金额

反映的，相关披露已得到恰当计量和描述。例如，如果在销售交易中，发出商品的数量与账单上的数量不符，或者是开账单时使用了错误的销售价格，或者是账单中的乘积或加总有误，或者是在销售明细账中记录了错误的金额，则违反了该目标。

准确性与发生、完整性之间存在区别。例如，若已记录的销售交易是不应当记录的（如发出的商品是寄销商品），则即使发票金额是准确计算的，仍违反了发生目标。又如，若已入账的销售交易是对正确发出商品的记录，但金额计算错误，则违反了准确性目标，但没有违反发生目标。在完整性与准确性之间也存在同样的关系。

（4）截止：由截止认定推导的审计目标是确认接近于资产负债表日的交易和事项记录于恰当的期间。例如，如果将本期交易推到下期记录，或下期交易提到本期记录，就违反了截止目标。

（5）分类：由分类认定推导的审计目标是确认被审计单位记录的交易和事项已记录于恰当的账户。例如，如果将现销记录为赊销，将出售经营性固定资产所得的收入记录为主营业务收入，会导致交易分类的错误，违反了分类的目标。

（6）列报：由列报认定推导的审计目标是确认被审计单位交易和事项已被恰当汇总或分解且表述清楚，相关披露在适用的财务报告编制基础下是相关的、可理解的。

2. 关于期末账户余额及相关披露的审计目标

（1）存在：由存在认定推导的审计目标是确认已记录的金额确实存在。例如，如果不存在某顾客的应收账款，在应收账款试算平衡表中却列入了对该顾客的应收账款，则违反了存在目标。

（2）权利和义务：由权利和义务认定推导的审计目标是确认资产归属于被审计单位，负债属于被审计单位的义务。例如，将他人寄售商品计入被审计单位的存货中，违反了权利目标；将不属于被审计单位的债务记入账内，违反了义务目标。

（3）完整性：由完整性认定推导的审计目标是确认已存在的金额都已记录，所有应包括在财务报表中的相关披露均已包括。例如，如果存在某顾客的应收账款，在应收账款试算平衡表中却没有列入该顾客的应收账款，则违反了完整性目标。

（4）准确性、计价和分摊：由准确性、计价和分摊认定推导的审计目标是确认资产、负债和所有者权益以恰当的金额包括在财务报表中，与之相关的计价或分摊调整已恰当记录，相关披露已得到恰当计量和描述。如应收账款未计提或未按照恰当的会计政策、会计估计准确计提坏账准备，则违反了准确性、计价和分摊认定。

（5）分类：由分类认定推导的审计目标是确认资产、负债和所有者权益已记录于恰当的账户。如一年内到期的长期借款在报表中未被列入流动负债，则违反了分类认定。

（6）列报：由列报认定推导的审计目标是确认资产、负债和所有者权益已被恰当汇总或分解且表述清楚，相关披露在适用的财务报告编制基础下是相关的、可理解的。如在财务报表附注中对存货构成未进行分解，对成本核算方法未进行清晰、恰当的说明，则违反该目标。

【案例分析 4-1】

基本案情：诚信会计师事务所甲、乙注册会计师在对华泰公司 2021 年度财务报表进行

审计时,发现该公司的财务报表、期末账户余额及各类交易和事项可能存在下列导致重大错报的情况:

(1)在销售交易中,发出商品的数量与账单上的数量不符;

(2)期末存货的盘点可能存在较大的差错;

(3)准备持有至到期投资摊余成本的计算可能存在较大的差错;

(4)可能存在未入账的其他应付款;

(5)长期借款中可能有一部分年内将会到期;

(6)在销售交易中,将现销记录为赊销。

分析要点:根据上述资料分析各种情况涉及哪些管理层的认定和具体审计目标。

答案提示:见表 4-2。

表 4-2 分析结果

序号	1	2	3	4	5	6
管理层的认定	与交易和事项相关的准确性	与期末账户余额相关的存在	与期末账户余额相关的准确性	与期末账户余额及报表列报相关的完整性	与报表列报相关的分类	与交易和事项相关的分类
审计目标	准确性	存在	准确性	完整性	分类和可理解性	分类

通过前面介绍可知,认定是确定具体审计目标的基础。注册会计师通常将管理层认定转化为能够通过审计程序予以实现的审计目标。针对财务报表每一项目表现出的各项认定,注册会计师相应确定一项或多项审计目标,然后通过执行一系列审计程序获取充分、适当的审计证据以实现审计目标。认定、审计目标和审计程序之间的关系举例如表 4-3 所示。

表 4-3 认定、审计目标和审计程序之间的关系举例

认定	审计目标	常用审计程序
存在	资产负债表日,已记录的存货存在	实施存货监盘程序
完整性	销售收入包括了所有已发货的交易	检查发货单和销售发票的编号; 检查销售收入明细账
准确性	应付账款反映的采购业务的价格、数量及其计算正确	比较价格清单与发票上的价格; 比较请购单与收货单的数量; 重新计算发票上的金额
权利和义务	资产负债表中的固定资产确实为公司所有	查阅所有权证书、购货合同、结算单和保险单
计价和分摊	存货以恰当的金额包括在财务报表中, 与之相关的计价或分摊调整已恰当记录	确认计价方法; 重新计算存货数量、金额,并与账面记录核对; 关注存货可变现净值的确定; 关注存货跌价准备的计提情况

关键概念

审计目的　审计目标　总体审计目标　具体审计目标　国家审计　内部审计　社会审计

思考题

1. 什么是审计目标？
2. 国家审计的审计目标有哪些？
3. 内部审计的审计目标有哪些？
4. 如何理解总体审计目标？
5. 如何理解具体审计目标？
6. 如何理解管理层的认定和具体审计目标的关系？

思政园地

切实承担起资本市场“看门人”的责任

2021 年 4 月 19 日，中国证监会首席会计师陈毓圭在长江流域注册会计师行业发展峰会上发表了《围绕资本市场改革发展新要求　切实提高上市公司审计质量》的演讲。从 20 世纪 90 年代初沪深两个交易所开业为标志，中国资本市场已经走过了 30 年，而注册会计师行业为资本市场改革发展做出了重要贡献。一方面，注册会计师行业为 4 000 多家上市公司、7 000 多家挂牌公司提供财报审计、内控审计等鉴证和其他专业服务，为提高资本市场信息质量提供支持，对保护投资者利益、引导市场资源配置发挥重要作用；另一方面，通过注册会计师审计，校正上市公司管理行为，提高公司治理和内部控制水平，有力支持资本市场规范发展。

中国资本市场改革发展面临的新形势、新要求，对注册会计师行业高质量发展有新的期待。以信息披露为核心的注册制改革，使会计信息服务投资决策、引导金融资源配置的功能更加突出。推动新三板市场改革、债券市场规范发展，同样需要高质量会计信息的支持。这些都要求注册会计师尽职尽责，坚持职业操守，切实承担起资本市场“看门人”的责任。

随着资本市场生态建设的推进，全面落实资本市场市场化、法制化发展要求，将显著改善财务报告生态，从而优化注册会计师执业环境，助力提高注册会计师审计质量。为此，注册会计师行业应关注四个问题：一是落实风险导向审计理念的问题；二是提高注册会计师专业胜任能力的问题；三是遵守职业道德的问题；四是质量管理体系建设的问题。

资料来源：陈毓圭；切实提高上市公司审计质量。原文链接：https://www.thepaper.cn/newsDetail_forward_12480548.（有改动）

第五章　审计准则

学习目标

◆ 理解审计准则的含义。
◆ 了解中国政府审计准则的基本内容。
◆ 掌握中国内部审计准的框架。
◆ 熟悉中国内部审计准则的基本内容。

引导案例

从审计准则完善的角度看银广夏事件

2001 年 8 月,《财经》杂志发表“银广夏陷阱”一文,直言不讳地指出银广夏公司虚构财务报表,专家意见认为,银广夏公司出口德国诚信贸易公司为“不可能的产量、不可能的价格、不可能的产品”。此时,银广夏事件开始浮出水面。经证监会立案稽查,银广夏公司自1998 年至 2001 年累计虚增利润 77 156.70 万元。至此,银广夏 2000 年全年涨幅高居深沪两市第二,被称为“中国第一蓝筹股”的神话戛然而止。

银广夏事件后,素来享有“经济警察”美誉的注册会计师的信誉出现了前所未有的危机。在 1999 年和 2000 年,当时可以列入国内注册会计师行业前五强的深圳中天勤会计师事务所连续两年为银广夏公司出具了无保留意见的审计报告,银广夏造假案披露后,财政部吊销了中天勤会计师事务所和有关注册会计师的执业资格,两名签字注册会计师也受到了刑事处罚。

从银广夏事件至今,中国注册会计师职业准则经历了几次大的变革。尽管我们不能以偏概全地认为当时的基础审计制度、方法是无效的,或者忽略了审计失败案中的人为因素(张连起,2001),但是,我们可以通过审计准则与职业道德守则中完善的内容来分析导致中天勤会计师事务所审计失败的原因。

在银广夏事件中,中天勤会计师事务所在负责银广夏上市公司审计业务的同时也为其提供相关的财务咨询服务,这在一定程度上使会计师事务所与上市公司发生了利益联系,影响了审计的独立性,进而影响了审计质量,这正是导致中天勤审计失败的原因之一。

在银广夏事件中,注册会计师对审计风险的判断存在明显不足,集中表现在以下两个方面:一是未有效执行分析性测试程序,轻信银广夏鼓吹的二氧化碳超临界萃取技术,没有发现或报告 2000 年年度主营业务收入大幅增长而生产用电费用反而降低的情况。二是形式上走审计程序,没有保持应有的谨慎。由于从中央到地方领导的视察而高估了银广夏的“实力”,加之对老客户的“信任”,注册会计师把风险抛诸脑后,表面上虽然执行了独立审计准则规定的程序,可实际上所收集的证据根本不能达到"合理保证被审计单位财务报表不存在重大错报"的目标。如1999年在对银广夏公司应收德国诚信贸易公司账款进行函证时,对于收到由客户提交的、来自德国捷高公司北京办事处的回函传真件,没有实施进一步的追加审计程序或替代测试,即对该项应收账款予以确认,盘点表显示,期末产成品中有卵磷脂4 322.73千克,而1999年年末产成品存货中无卵磷脂,2000年的注册会计师工作底稿中的生产统计表及出口报关单均显示当年生产卵磷脂200吨都已经销售,期末存货又从何而来呢?

本案发生后,在行业内外对审计准则的质疑之声此起彼伏,指责独立审计准则是导致注册会计师审计失败的重要原因,认为由于独立审计准则没有引入风险导向审计,致使签字注册会计师履行了必要的审计程序却没有发现银广夏管理层的舞弊行为。事实果真如此吗?

资料来源:张帆:"中天勤"审计失败与独立审计准则,现代商业,2011(15)。(有改动)

银广厦事件给我国审计界和企业界敲响了诚信的警钟,审计准则的约束不利是导致此次事件的关键原因之一。因此,只有不断发展和完善审计准则,强化风险导向重计理念,以适应社会主义市场经济快速发展的要求,才能有效避免类似事件再次发生。

审计准则,又称审计标准,或称执业准则,是专业审计人员在实施审计工作时必须恪守的最高行为准则,它是审计工作质量的权威性判断标准,具有以下含义。一是审计准则是制约审计人员的行为准则。审计人员在工作过程中,围绕审计任务,在选择和确定审计程序时,应明确哪些是可以做的,哪些是不能做的;哪些是应该加强和深入去做的,哪些是可以只做了解的。审计准则正是起到衡量标准的作用。二是审计准则既对审计人员的素质提出要求,同时也对社会提供审计工作质量保证。一般的审计准则无不对审计人员的业务技能和职业道德提出一个较高的标准,而且把独立性视为审计工作的灵魂。这对树立审计人员在社会上的公正、正直、客观形象有重要的作用,有利于社会信任审计工作的质量。三是审计准则是通过审计人员执行审计程序体现出来的。所以,一般的审计准则都对审计人员的专业知识、业务能力、工作行为和应该实施的审计程序提出严格要求。四是审计准则是审计人员签署最终审计意见时的客观保证。一般来说,审计人员在形成审计意见之后,会主动与被审计单位交换意见,然后才签发自己的审计报告,其目的是希望较快完成审计任务。但是,如果双方发生意见分歧,审计准则就为审计人员坚持自己的意见提供了客观上的保证。

按照审计主体和准则作用范围的不同,审计准则分为政府审计准则、内部审计准则和注册会计师执业准则,这三部分共同构成了审计准则体系。

第一节 政府审计准则

一、政府审计准则体系的发展

我国政府审计法律规范是指政府审计监督制度建立的法律依据和政府审计机关及其审计人员在审计工作过程中应当遵循的各种审计法规、制度、准则等的总称,包括政府审计法律体系、政府审计法规体系和政府审计准则三个层次。

政府审计法律体系是由全国人民代表大会及其常务委员会制定的《中华人民共和国宪法》《中华人民共和国审计法》和其他与审计有关的法律,是层次最高、法律效力最高的审计规范。

政府审计法规体系是由国务院制定的有关审计行政法规和地方人民代表大会及其常务委员会制定的地方性审计法规。政府审计准则是依据《中华人民共和国宪法》《中华人民共和国审计法》制定的,由审计署颁布的,对政府审计机关及政府审计人员具有约束力的,规范审计业务工作的行为规范。政府审计准则用来衡量审计业务的质量标准,是政府审计机关及人员实施审计工作时应当遵循的行为规则的总和。政府审计准则是政府审计法律规范内容的具体化、细化,是审计实践中贯彻审计法律法规的操作性规范。制定科学的政府审计准则并严格遵循,对保证政府审计执业质量、实现政府审计工作的规范化、维护政府审计和人员的权益、维护社会公众利益、树立政府审计的威信具有重要的意义。

自 20 世纪 90 年代开始,我国审计署就一直致力于审计准则的研究、制定、修订和完善。1996 年 12 月,审计署陆续发布了一系列政府审计准则规范,形成了 38 个审计准则规范项目文本,自 1997 年 1 月 1 日起执行。

由于制定时间仓促,随着审计业务和审计环境的变化,这些准则规范越来越不适应审计机关开展审计业务的需要。从 200 年起,审计署对已发布的审计准则进行了全面的修订和补充,陆续发布了第 1 号令至第 6 号令,一批新的审计准则和规范逐渐代替了审计署以前发布的审计准则规范项目文本。从内容上看,政府审计准则形成了包括政府审计基本准则、通用审计准则和专业审计准则以及审计指南的层次分明、相互依存、相互补充、内容完整的政府审计准则体系。这样,我国政府审计准则就基本完成了构建工作,政府审计准则体系基本确立。

由于上述政府审计准则体系由一个政府审计基本准则、若干个通用审计准则和专业审计准则构成,这种体系结构相对零散,相关准则间的内容存在交叉,不利于系统学习和掌握。我国审计署借鉴最高审计机关国际组织审计准则的制定经验及成文范例,并根据我国国家审计的具体特点和工作需要,制定了一个既能满足政府审计工作需要又能具体适用的政府审计准则。2010 年 ,我国对《中华人民共和国国家审计准则》进行修订,新的《中华人民共和国国家审计准则》于 2010 年 7 月 8 日经审计署审计长会议通过, 2010 年 9 月 1 日审计署审计长签署第 8 号令予以公布,自 2011 年 1 月 1 日起施行。

新的政府审计准则适用于审计机关开展的各项审计业务,对执行审计业务基本程序进行了系统规范,体现了很强的综合性;它以贯彻落实科学发展观为指针,坚持运用科学的审计理念和先进的审计技术方法,体现了很强的科学性;它系统总结了我国国家审计 20 多年来的实践经验,将行之有效的做法确定下来,体现了很强的实用性:它充分借鉴了国际政府审计准则的内容和外国审计机关的有益做法,体现了很强的国际性。

二、政府审计准则体系的框架

目前,我国执行的《中华人民共和国国家审计准则》,其内容包括总则、审计机关和审计人员、审计计划、审计实施、审计报告、审计质量控制和责任、附则,共 7 章 200 条。

1）总则

总则规定了审计准则的制定目的、制定依据，审计准则的定义、适用范围，审计机关与被审计单位的责任划分、审计目标、审计业务分类及审计业务流程总体要求等。

2）审计机关和审计人员

审计机关和审计人员是对审计机关及审计人员应当具备的基本资格条件和职业要求所做的规定。本章规定了审计机关及审计人员执行审计业务的基本条件和要求、基本审计职业道德准则、审计独立性、职业胜任能力、与被审计单位的职业关系等。

依法独立行使审计监督权是审计工作的基本要求。《中华人民共和国宪法》《中华人民共和国审计法》《中华人民共和国审计法实施条例》从事计机关组织和领导体制、审计职责和权限、审计经费和审计人员履行职务的保护等方面，对审计机关和审计人员依法独立行使审计监督权做出了规定。《中华人民共和国国家审计准则》第十六条至第二十三条主要明确了审计人员保持独立性的要求，规定了审计机关针对可能损害审计独立性的情形应当采取的措施，并对审计机关聘请外部人员的相关要求做了规定。

3）审计计划

审计计划是审计机关对本年度审计项目所做的规划。本章规定了年度审计项目计划的主要内容和编制程序，审计工作方案的主要内容和编制要求，对年度审计项目计划执行情况及执行结果的跟踪、检查和统计等。

一是年度审计项目计划的编制程序和要求方面。年度审计项目计划是审计机关对年度审计工作做出的统筹部署和安排，对依法履行审计监督职责、保障审计工作科学有序运行有着十分重要的作用。为了加强对编制年度审计项目计划工作的指导，确保计划的科学性和可行性，在总结我国年度审计项目计划管理经验的基础上，《中华人民共和国国家审计准则》第三章从调查审计需求、对初选审计项目进行可行性研究和评估、配置审计项目资源，以及年度审计项目计划审定、调整和执行情况检查等方面，明确了年度审计项目计划编制和执行的要求。同时，为更好地指导审计机关确定专项审计调查项目计划，《中华人民共和国国家审计准则》第三十六条对开展专项审计调查的项目提出了指导性原则，即对于预算管理或者国有资产管理使用中涉及宏观性、普遍性、政策性或者体制、机制问题的事项，跨行业、跨地区、跨单位的事项，涉及大量非财务数据的事项等，可以作为专项审计调查项目予以安排。

二是审计工作方案的编制方面。根据审计实践，审计机关统一组织多个审计组共同实施一个审计项目或者分别实施同类项目，一般需要编制审计工作方案，以加强对这些项目组织实施工作的管理，便于审计结果的汇总和综合利用，确保年度审计项目计划的执行。审计机关业务部门应当根据年度审计项目计划形成过程中调查审计需求、进行可行性研究的情况，开展进一步调查，确定审计目标、范围、重点和项目组织实施等，编制审计工作方案，按照审计机关规定的程序审批后，在实施审计起始时间之前下达项目实施单位。

4）审计实施

审计实施是审计作业阶段应遵循的规定。本章共分为四节：第一节审计实施方案，第二节审计证据,第三节审计记录,第四节重大违法行为检查,具体内容如下。一是在审计实施方案的编制要求上,明确了编制审计实施方案的实质性要求,强调及时调整审计实施方案,调整了审计实施方案的审批权限。二是在获取审计证据的要求上,明确了审计证据应当具有的基本特性,对采取不同审查方法获取审计证据提出了指导意见,规定了审计人员获取审计证据的具体方法和要求。三是在审计记录的类型和内容上,调整了审计记录的类型,规范了各类记录的内容和要求。四是在检查重大违法行为的特别规定上,包括检查重大违法行为过程中应当评估的因素、调查了解的重点内容、需关注的异常情况以及采取的应对措施等。

5)审计报告

审计报告是审计组反映审计结果、提出审计报告以及审计机关审定审计报告时应当遵守的行为规范。本章共分为五节,第一节审计报告的形式和内容:规定了审计报告、专项审计调查报告的基本要素和主要内容,经济责任审计报告的特殊要素和内容,审计决定书、审计移送处理书出具的情形和主要内容等。第二节审计报告的编审:规定了审计组编制审计报告的要求,审计组向审计机关业务部门报送的资料,审计机关业务部门复核的内容和要求,审理机构的审理内容和要求,审计报告和审计决定书的审定和签发。第三节专题报告与综合报告:规定了专题报告和综合报告适用的情形、编制的要求和报送,本级预算执行情况和其他财政收支情况审计结果报告、审计工作报告等。第四节审计整改检查:规定了审计机关公布审计结果的信息范围、质量要求和审核批准程序等。第五节审计整改检查:规定了整改检查的事项,整改检查的时间和方式,整改检查结果的报告和处理措施等。

6)审计质量控制和责任

《中华人民共和国国家审计准则》第六章要求审计机关应当针对审计质量责任、审计职业道德、审计人力资源、审计业务执行、审计质量监控五个要素建立审计质量控制制度,并通过审计业务质量检查等方式对审计质量控制制度的建立和执行情况进行检查和评估。同时,从审计项目质量控制的角度,规定审计机关实行审计组成员、审计组主审、审计组组长、审计机关业务部门、审理机构、总审计师和审计机关负责人对审计业务的分级质量控制,并分别明确了审计组成员、审计组主审、审计组组长、审计机关业务部门、审理机构和审计机关负责人的工作职责和应承担的责任。

7)附则

附则主要规定了不适用该准则的审计工作,地方审计机关可以结合本地实际情况依据本准则规定实施细则、相关的解释权及本准则实施的日期等内容。

三、最高审计机关国际组织审计准则

最高审计机关国际组织(The International Organization of Supreme Audit Institutions, INTOSAI)是由世界各国最高一级国家审计机关所组成的国际性组织,于1953年创立。1968年,在日本东京召开的第六次会议上,最高审计机关国际组织正式成立,由联合国经济和社会理事会领导。最高审计机关国际组织总部设在奥地利维也纳,由奥地利审计法院负责日常工作。

1977 年,在联合国的支持下,最高审计机关国际组织在秘鲁利马举行的会议上通过了《利马宣言——审计规则指南》,它是最高审计机关国际组织制定和颁发的第一份国际政府审计准则。随后,最高审计机关国际组织又发表了一系列文件和声明,包括《悉尼声明—关于业绩审计、公营企业审计和审计质量的总声明》《巴黎宣言—关于审计在促进政府行政管理和公司管理改革中的作用》《东京宣言一公共会计责任制指导方针》等。这些文件和声明从不同角度和方面阐述了国际政府审计界对一些问题的看法,对做好政府审计工作具有指导意义。

最高审计机关国际组织的审计准则框架包括以下几个部分:国家审计的基本要求;一般准则;现场工作准则;报告准则。

第二节　内部审计准则

一、中国内部审计准则框架

中国内部审计准则依据《中华人民共和国审计法》及其实施条例,以及其他有关法律、法规和规章制定。中国内部审计准则是中国内部审计工作规范体系的重要组成部分,由以下三个层次组成。

(1)内部审计基本准则(以下简称"基本准则")。基本准则是内部审计准则的总纲,是内部审计机构和人员进行内部审计时应当遵循的基本规范,是制定内部审计具体准则、内部审计实务指南的基本依据。

(2)内部审计具体准则(以下简称"具体准则")。具体准则是依据基本准则制定的、内部审计机构和人员在进行内部审计时应当遵循的具体规范。

(3)内部审计实务指南(以下简称"实务指南")。实务指南是依据基本准则、具体准则制定的、为内部审计机构和人员进行内部审计提供的、具有可操作性的指导意见。

基本准则是内部审计准则体系的第一层次,是内部审计准则的总纲,具有最高的权威性和法定约束力。基本准则、具体准则是内部审计机构和人员进行内部审计的执业规范,内部审计机构和人员在进行内部审计时应当遵照执行。具体准则的权威性虽低于基本准则,但要高于实务指南,并有法定约束力。实务指南是给内部审计机构和人员提供操作性的指导意见,不具有法定约束力和强制性,内部审计机构和人员在进行内部审计时应当参照执行。

中国内部审计准则框架如下。

第一层次:

第 1101 号—内部审计基本准则。

第 1201 号—内部审计人员职业道德规范。

第二层次:内部审计具体准则(23 项)。

第 2101 号—审计计划。

第 2102 号—审计通知书。

第 2103 号—审计证据。

第 2104 号—审计工作底稿。

第 2105 号—结果沟通。

第 2106 号—审计报告。

第 2107 号—后续审计。

第 2108 号—审计抽样。

第 2109 号—分析程序。

第 2201 号—内部控制审计。

第 2202 号—绩效审计。

第 2203 号—信息系统审计。

第 2204 号—对舞弊行为进行检查和报告。

第 2205 号—经济责任审计(2021 年 2 月修订)。

第 2301 号—内部审计机构的管理。

第 2302 号—与董事会或者最高管理层的关系。

第 2303 号—内部审计与外部审计的协调。

第 2304 号—利用外部专家服务。

第 2305 号—人际关系。

第 2306 号—内部审计质量控制。

第 2307 号—评价外部审计工作质量。

第 2308 号—审计档案工作。

第 2309 号—内部审计业务外包管理。

第 2101 号至第 2109 号为作业类,第 2201 号至第 2205 号为业务类,第 2301 号至第 2309 号为管理类。

第三层次:内部审计实务指南。

第 3101 号—审计报告。

第 3201 号—建设项目审计。

第 3202 号—物资采购审计。

第 3203 号—高校内部审计。

第 3204 号—企业内部经济责任审计。

二、中国内部审计准则的基本内容

内部审计基本准则是内部审计准则的总纲,对内部审计进行了定义,即内部审计是指一种独立、客观的确认和咨询活动,它通过运用系统、规范的方法审查和评价组织的业务活动、内部控制和风险管理的适当性和有效性,以促进组织完善治理、增加价值和实现目标。

中国内部审计协会于 2013 年 8 月推出了最新的中国内部审计准则体系,该准则体系自 2014 年 1 月 1 日起施行。新的内部审计准则体系由内部审计基本准则、内部审计具体准则、内部审计人员职业道德规范和内部审计实务指南组成。

1. 内部审计基本准则

内部审计基本准则是由中国内部审计协会制定的，是内部审计准则的总纲领，是内部审计从业者应遵守的基本规范，是制定其他组成部分的基本依据。内部审计基本准则在准则体系中拥有最高的法定约束力和权威性，共6章33条，主要阐述了以下内容：

（1）总则，主要阐述了制定内部审计基本准则的目的和依据、内部审计的含义和基本准则的适用范围。

（2）一般准则，共6条。一是阐述内部审计机构的设置和内部审计人员的配备；二是说明内部审计的目标、职责和权限；三是强调内部审计机构和人员应保持独立的客观性；四是强调内部审计人员应遵循职业道德规范并保持职业谨慎；五是强调内部审计人员应具有必要的学识及业务能力，并保持和提高专业胜任能力；六是强调内部审计人员应对获取的信息保密。

（3）作业准则，共10条，主要阐述了内部审计人员在审计过程中应充分考虑重要性与审计风险等问题，强调内部审计人员应如何编制审计计划、做好审计准备工作、进行内部控制测试、使用各种审计技术方法获取审计证据、记录审计工作底稿以及提供咨询服务等。

（4）报告准则，共4条，主要阐明了审计报告编制的依据与要求，说明了审计报告的内容和报告中应声明的内容等问题。

（5）内部管理准则，共8条，主要强调了内部审计机构的领导机构、应确定年度审计工作目标，编制年度审计计划、编制人力资源计划和财务预算、编制内部审计工作手册、建立内部激励约束制度并做好与外部审计的协调工作、对内部审计质量进行有效控制以及内部审计机构负责人的责任等。

（6）附则，主要说明了发布解释责任和本准则实施日期。

2. 内部审计具体准则

内部审计具体准则是以内部审计基本准则为依据，由中国内部审计协会制定的，是内部审计机构及人员在审计实施过程中应当遵循的规范。

3. 内部审计人员职业道德规范

内部审计职业道德规范是由中国内部审计协会制定的，规定了内部审计人员应有的职业品德和执业能力要求，也规定了内部审计工作的职业纪律以及在实施审计时内部审计人员应承担的职责，主要由总则、一般原则、诚信正直、客观性、专业胜任能力、保密、附则等部分组成。

4. 内部审计实务指南

内部审计实务指南是依据内部审计基本准则、内部审计具体准则制定的，为内部审计机构和人员进行内部审计提供具有可操作性的指导意见，具体有建设项目内部审计、物资采购审计、审计报告、高校内部审计、企业内部经济责任审计指南等。

三、国际内部审计师协会规定的内部审计准则框架

国际内部审计师协会（IIA）的专业实务框架（PPF）自2009年第一次发布以来，根据IIA建立的持续审核机制，按每三年一次的频率，对标准体系进行适时调整或更新。PPF主要由三部分构成:内部审计的使命、强制性指南和推荐性指南。

(1)内部审计的使命,描述了内部审计希望在组织内部达成的目标,强调内部审计以风险为基础,提供客观的确认、建议和洞见,增加和保护组织价值。

(2)强制性指南,是指在不同的国家或地区、不同的环境下,内部审计人员都必须使用的准则,它包括内部审计实务的核心原则、内部审计定义、内部审计人员的职业道德规范、内部审计职业实务准则,这是内部审计的职业基础。

(3)推荐性指南,包括执行指南和补充指南。

第三节 注册会计师执业准则

一、注册会计师执业准则框架

(一)国际审计准则

国际会计师联合会是世界上主要的社会审计组织,成立于1977年10月14日的德国慕尼黑,其前身是国际会计职业协调委员会,成立于1972年的澳大利亚悉尼第10届国际会计师大会上。国际会计师联合会的总部设于美国纽约,其在瑞士日内瓦注册,宗旨是统一会计及审计标准、提升世界的会计专业水准,协调及促进国际的发展和信息交流。中国注册会计师协会于1997年5月8日正式成为国际会计师联合会成员。国际会计师联合会自1980年6月开始至今,已先后颁布了数十项国际审计准则文件。

这些文件可以分为一般准则、工作准则和报告准则三个部分。

1. 一般准则

一般准则是关于审计人员资格条件和执业行为的准则,主要包括以下几方面的内容:对审计人员应具备的技术条件所做的规定;对审计人员应具备的身份条件所做的规定;对审计人员应具备的职业道德条件所做的规定。

2. 工作准则

工作准则是审计人员在执行财务报表审计过程中应遵守的准则,主要包括以下几方面的内容:对规划审计计划所做的规定;对确立审计范围所做的规定;对获取审计证据所做的规定;对实施审计行为所做的规定。

3. 报告准则

报告准则是审计人员编制审计报告、选择表达方式和记载必要事项的准则,主要包括以下几方面:对审计报告应记载事项的规定;对发表审计意见的规定;对补充记载事项的规定;对审计报告报送对象及报送时间的规定。

在对任何单位的财务会计资料进行独立的审查时,不论这个单位规模大小,不论这个单位的法定组织形式如何,也不论这个单位是否以营利为目的,凡进行的独立审查都是以发表审计意见为目的的,均可以使用国际审计准则。

(二)中国注册会计师执业准则

中国审计准则建设经历了以下三个阶段:

1）制定执业规则阶段（1991—1993 年）

从 1991 年到 1993 年，中国注册会计师协会先后发布了《注册会计师检查验证会计报表规则（试行）》等 7 个执业规则。这些执业规则对我国注册会计师行业走向正规化、法制化和专业化起到了积极作用。

2）建立准则体系阶段（1994—2004 年）

1993 年 10 月通过的《中华人民共和国注册会计师法》规定了中国注册会计师协会依法拟订执业准则、规则，报国务院财政部门批准后施行。经财政部批准同意，中国注册会计师协会自 1994 年 5 月开始起草独立审计准则。到 2004 年，中国注册会计师协会先后制定了 6 批独立审计准则、41 个项目，基本建立起审计准则体系框架。

3）与国际审计准则趋同阶段（2005 年至今）

2005 年以后随着审计准则体系的基本建立，中国注册会计师协会制定准则的工作转到完善审计准则体系与提高准则质量并重的方向上，根据变化了的审计环境、国际审计准则的最新发展和注册会计师执业的需要，有计划、有步骤地修订和完善审计准则体系。2006 年 2 月 15 日，财政部正式发布包括 48 项审计准则的新审计准则体系，实现了国际趋同的历史性突破。2009 年，根据国际审计准则明晰项目的要求，中国注册会计师协会启动了对 38 项审计准则的修订，2010 年 11 月正式发布，2012 年 1 月 1 日实施。为了提高注册会计师审计报告的信息含量，满足资本市场改革与发展对高质量会计信息的需求，保持我国审计准则与国际准则的持续全面趋同，2016 年中注协拟订和颁布了《中国注册会计师审计准则第 1504 号在审计报告中沟通关键审计事项》等 12 项准则，新审计报告准则于 2017 年 1 月 1 日起实施，并与由 IAASB 引领的该领域的国际发展一致。2019 年，财政部又修订并发布了 18 项审计准则和 24 项应用指南，规范和指导注册会计师应对审计环境变化和利用内部审计人员的工作、应对违反法律法规行为、财务报表披露审计等三个方面审计实务的新发展。

（三）中国注册会计师执业准则框架

中国注册会计师执业准则体系受注册会计师职业道德守则统御，包括注册会计师业务准则和会计师事务所质量控制准则（图 5-1）。注册会计师业务准则包括鉴证业务准则和相关服务准则（图 5-2）。鉴证业务准则由鉴证业务基本准则统领，按照鉴证业务提供的保证程度和鉴证对象的不同，分为中国注册会计师审计准则、中国注册会计师审阅准则和中国注册会计师其他鉴证业务准则（以下分别简称“审计准则”“审阅准则”和“其他鉴证业务准则”）。其中，审计准则是整个执业准则体系的核心。

我国注册会计师执业准则，鉴证准则体系设计为两个层次：鉴证业务准则由鉴证业务基本准则统领，第一个层次为鉴证业务基本准则，第二个层次为审计准则、审阅准则和其他鉴证业务准则。其中，审计准则是整个执业准则体系的核心。

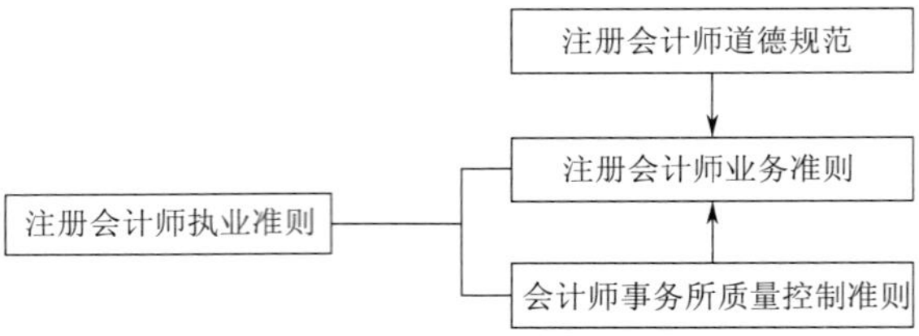

图 5-1 中国注册会计师业务准则体系(1)

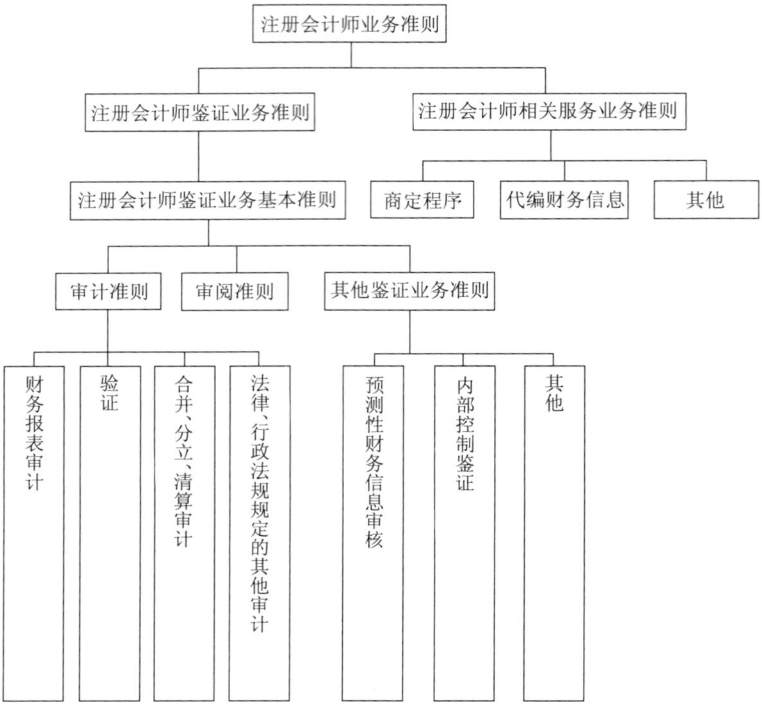

图 5-2 中国注册会计师业务准则体系(2)

审计准则用以规范注册会计师执行历史财务信息的审计业务。在提供审计服务时,注册会计师对所审计信息是否不存在重大错报提供合理保证,并以积极方式提出结论。审阅准则用以规范注册会计师执行历史财务信息的审阅业务。在提供审阅服务时,注册会计师对所审阅信息是否不存在重大错报提供有限保证,并以消极方式提出结论。

其他鉴证业务准则用以规范注册会计师执行历史财务信息审计或审阅以外的其他鉴证业务,根据鉴证业务的性质和业务约定的要求,提供有限保证或合理保证。相关服务准则用以规范注册会计师代编财务信息,执行商定程序,提供管理咨询等其他服务。在提供相关服务时,注册会计师不提供任何程度的保证。质量管理准则用以规范会计师事务所在执行各类业务时应当遵守的质量管理政策和程序,是对会计师事务所质量管理提出的制度要求。

二、鉴证业务准则的基本内容

(一)鉴证业务的定义和目标

1)鉴证业务的定义

鉴证业务是指注册会计师对鉴证对象信息提出结论,以增强除责任方之外的预期使用者对鉴证对象信息信任程度的业务。

该定义明确了鉴证业务的主体是注册会计师:用户是预期使用者。目的是适当保证或提高鉴证对象信息的质量。基础是注册会计师的独立性和专业性。产品是书面鉴证结论。

2)鉴证对象信息的定义

鉴证对象信息是按照标准对鉴证对象进行评价和计量的结果。如被审计单位管理层(责任方)按照会计准则和相关会计制度(标准)对其财务状况、经营成果和现金流量(鉴证对象)进行确认、计量和列报(包括披露,下同)而形成的财务报表(鉴证对象信息)。

3)鉴证业务类型

鉴证业务分为基于责任方认定的业务和直接报告业务。

(1)在基于责任方认定的业务中,责任方对鉴证对象进行评价或计量。鉴证对象信息以责任方认定的形式为预期使用者获取。例如财务报表审计、由管理层提供报告并由注册会计师鉴证的内部控制鉴证等。

(2)在直接报告业务中,注册会计师直接对鉴证对象进行评价或计量,或者从责任方获取对鉴证对象评价或计量的认定。而该认定无法为预期使用者获取,预期使用者只能通过阅读鉴证报告获取鉴证对象信息。例如验资报告,管理层不提供报告,由注册会计师直接鉴证的内部控制鉴证等。

基于责任方认定的业务和直接报告业务的区别主要表现在以下四个方面。

(1)预期使用者获取鉴证对象信息的方式不同。

(2)提出结论的对象不同。

(3)责任方的责任不同

(4)鉴证报告的内容和格式不同。

4)鉴证业务的目标

鉴证业务的保证程度分为合理保证和有限保证。合理保证的保证水平要高于有限保证的保证水平。

(1)合理保证的鉴证业务的目标是注册会计师将鉴证业务风险降至该业务环境下可接受的低水平,以此作为以积极方式提出结论的基础。比如,在历史财务信息审计中,注册会计师被要求将审计风险降至该业务环境下可接受的低水平,对审计后的历史财务信息提供高水平保证(合理保证),在审计报告中对历史财务信息采用积极方式提出结论。这种业务属于合理保证的鉴证业务。

(2)有限保证的鉴证业务的目标是注册会计师将鉴证业务风险降至该业务环境下可接受的水平,以此作为以消极方式提出结论的基础。比如,在历史财务信息审阅中,注册会计师被要求将审阅风险降至该业务环境下可接受的水平(高于历史财务信息审计中可接受的低水平)。对审阅后的历史财务信息提供低于高水平的保证(有限保证)。在审阅报告中对历史财务信息采用消极方式提出结论。这种业务属于有限保证的鉴证业务。

(二)业务承接

1. 承接鉴证业务的条件

(1)初步了解业务环境。在接受委托前,注册会计师应当初步了解业务环境。业务环境包括业务约定事项、鉴证对象特征、使用标准、预期使用者的需求、责任方及其环境的相关特征,以及可能对鉴证业务产生重大影响的事项、交易、条件和惯例等其他事项。

(2)满足相关职业道德规范的要求。例如,注册会计师是否独立于该项鉴证业务的委托人和责任方,是否具备与所承接的鉴证业务相适应的专业胜任能力等。由于注册会计师并非是所有方面的专家,鉴证业务涉及的特殊知识和技能可能会超出注册会计师的能力,此时,注册会计师可以考虑利用专家的工作。例如,当鉴证对象是信息技术系统的运营情况时,注册会计师可以利用信息技术专家的工作来协助审计。当鉴证对象是法律法规的遵循情况时,注册会计师可以利用法律专家的工作来协助审计。

在初步了解业务环境后,只有符合独立性和专业胜任能力等相关职业道德规范的要求,并且拟承接的业务具备下列所有特征时,注册会计师才能将其作为鉴证业务予以承接:

(1)鉴证对象适当;

(2)标准适当且预期使用者能够获取该标准;

(3)注册会计师能够获取充分、适当的证据以支持其结论;

(4)注册会计师的结论以书面报告形式表述,并且表述形式与所提供的保证程度相适应;

(5)该业务具有合理的目的,如果鉴证业务的工作范围受到重大限制,或者委托人试图将注册会计师的名字和鉴证对象不适当地联系在一起,则该项业务可能不具有合理的目的。

当拟承接的业务不具备上述鉴证业务的所有特征,不能将其作为鉴证业务予以承接时,注册会计师可以提请委托人将其作为非鉴证业务(如商定程序、代编财务信息、管理咨询、税务咨询等相关服务业务),以满足预期使用者的需要。

2. 标准不适当时的处理方式

如果拟承接的鉴证业务所采用的标准不适当,注册会计师一般应当拒绝承接该项业务,但这并不是绝对的。如果某项鉴证业务采用的标准不适当,但满足下列条件之一时,注册会计师可以考虑将其作为一项新的鉴证业务。

(1)委托人能够确认鉴证对象的某个方面适用于所采用的标准,注册会计师可以针对该方面执行鉴证业务。但在鉴证报告中应当说明该报告的内容并非针对鉴证对象整体。例如,鉴证对象是企业运营情况(包括企业的内部控制),对运营情况的评价缺乏相关的标准,但可以确信的是,评价企业内部控制情况可以以权威的内部控制规范作为标准。

(2)能够选择或设计适用于鉴证对象的其他标准。例如,鉴证对象是某一都市报的运营情况。鉴证对象本身可能缺乏相关的评价标准。在这种情况下,注册会计师可以选择报纸发行总量,所在城市每百户平均订阅量,以及报纸的广告收入等行业协会发布的有关报社效率或效果的关键指标作为标准。

3. 已承接鉴证业务的变更

（1）当拟承接的业务不具备前面所规定的鉴证业务的特征时，将鉴证业务变更为非鉴证业务，如商定程序、代编财务信息、管理咨询、税务服务等相关服务业务，以满足预期使用者的需要。

（2）如果某项鉴证业务采用的标准不适当，将合理保证的鉴证业务变更为有限保证的鉴证业务。

对已承接的鉴证业务，如果没有合理理由，注册会计师不应将该项业务变更为非鉴证业务，或将合理保证的鉴证业务变更为有限保证的鉴证业务。

（三）鉴证业务的三方关系

1. 三方关系概述

鉴证业务涉及的三方关系人包括注册会计师、责任方和预期使用者。责任方与预期使用者可能是同一方，也可能不是同一方。

三方之间的关系是：注册会计师对由责任方负责的鉴证对象或鉴证对象信息提出结论，以增强除责任方之外的预期使用者对鉴证对象信息的信任程度。

鉴证业务以提高鉴证对象信息的可信性为主要目的。由于鉴证对象信息（或鉴证对象）是由责任方负责的，因此，注册会计师的鉴证结论主要是向除责任方之外的预期使用者提供的。在某些情况下，责任方和预期使用者可能来自同一企业，但并不意味着两者就是同一方。例如。某公司同时设有董事会和监事会，监事会需要对董事会和管理层提供的信息进行监督。

由于鉴证结论有利于提高鉴证对象信息的可信性，有可能对责任方有用。因此，在这种情况下，责任方也会成为预期使用者之一，但不是唯一的预期使用者。例如，在财务报表审计中，责任方是被审计单位的管理层。此时被审计单位的管理层便是审计报告的预期使用者之一，但同时预期使用者还包括企业的股东、债权人、监管机构等。

因此，是否存在三方关系人是判断某项业务是否属于鉴证业务的重要标准之一。如果某项业务不存在除责任方之外的其他预期使用者，那么该业务不构成一项鉴证业务。

鉴证业务还会涉及委托人，但委托人不是单独存在的一方，委托人通常是预期使用者之一，也可能由责任方担任。

2. 注册会计师

注册会计师是指取得注册会计师证书并在会计师事务所执业的人员，有时也指其所在的会计师事务所。

3. 责任方

对责任方的界定与所执行鉴证业务的类型有关，通常责任方指下列组织或人员。

（1）在直接报告业务中，责任方是指对鉴证对象负责的组织或人员。例如，在系统鉴证业务中，注册会计师直接对系统的有效性进行评价并出具鉴证报告，该业务的鉴证对象是被鉴证单位系统的有效性，责任方是对该系统负责的组织或人员，即被鉴证单位的管理层。

（2）在基于责任方认定的业务中，责任方是指对鉴证对象信息负责的组织或人员。该组织或人员可能同时对鉴证对象负责。例如,企业聘请注册会计师对企业管理者编制的持续经营报告进行鉴证。在该业务中,鉴证对象信息为持续经营报告,由该企业的管理层负责。该业务的鉴证对象为企业的持续经营状况,它同样由企业的管理层负责。再如,某政府组织聘请注册会计师对某企业的持续经营报告进行鉴证,该持续经营报告由该政府组织编制并分发给预期使用者。在该业务中,鉴证对象信息由该政府组织负责,该政府组织为责任方。该业务的鉴证对象为企业的持续经营状况,责任方(即该政府组织)却无须为其负责。责任方可能是鉴证业务的委托人也可能不是委托人。注册会计师通常提请责任方提供书面声明,表明责任方已按照既定标准对鉴证对象进行评价或计量,无论该声明是否能为预期使用者获取。

4. 预期使用者

预期使用者是指预期使用鉴证报告的组织或人员,责任方可能是预期使用者,但可能不是唯一的预期使用者。

如果鉴证业务服务有特定的使用者或特殊目的,注册会计师可以很容易地识别预期使用者。例如,企业向银行贷款,银行要求企业提供一份与贷款项目相关的预测性财务信息审核报告。那么,银行就是该鉴证报告的预期使用者。

注册会计师可能无法识别使用鉴证报告的所有组织和人员,尤其在各种可能的预期使用者与鉴证对象存在不同的利益需求时。此时预期使用者主要是指那些与鉴证对象有重要和共同利益的主要利益相关者。例如,在上市公司财务报表审计中,预期使用者主要是指上市公司的股东。注册会计师应当根据法律法规的规定或与委托人签订的协议识别预期使用者。

在可行的情况下,鉴证报告的收件人应当明确为所有的预期使用者。需要说明的是,虽然鉴证报告的收件人应当尽可能地明确为所有的预期使用者,但在实务中往往很难做到这一点。原因很简单,有时鉴证报告并不向某些特定组织或人员提供,但这些组织或人员也有可能需要使用鉴证报告。例如。注册会计师为上市公司提供财务报表审计服务,其审计报告的收件人为“××股份有限公司全体股东”,但除了股东之外,公司债权人、证券监管机构等显然也是预期使用者。

(四)鉴证对象

1. 鉴证对象与鉴证对象信息的形式

鉴证对象与鉴证对象信息具有多种形式,主要包括以下几种。

(1)当鉴证对象为财务业绩或状况时(如历史或预测的财务状况、经营成果和现金流量),鉴证对象信息是财务报表。

(2)当鉴证对象为非财务业绩或状况时(如企业的运营情况),鉴证对象信息可能是反映效率或效果的关键指标。

(3)当鉴证对象为物理特征时(如设备的生产能力),鉴证对象信息可能是有关鉴证对象物理特征的说明文件。

(4)当鉴证对象为某种系统和过程时(如企业的内部控制或信息技术系统),鉴证对象信息可能是关于其有效性的认定。

（5）当鉴证对象为一种行为时（如遵守法律法规的情况），鉴证对象信息可能是对法律法规遵守情况或执行效果的声明。

2. 鉴证对象特征

鉴证对象具有不同的特征，可能表现为定性或定量、客观或主观、历史或预测、时点或期间，这些特征将对下列方面产生影响。

（1）按照标准对鉴证对象进行评价或计量的准确性。

（2）证据的说服力。例如，当鉴证对象为遵守法规的情况时，它的特征是定性的；当鉴证对象为企业的财务业绩或状况时，它的特征就是定量的；当鉴证对象为企业未来的盈利能力时，它的特征是主观的、预测的；当鉴证对象为企业的历史财务状况时，它的特征就是客观的、历史的；当鉴证对象为企业注册资本的实收情况时，它的特征是时点的；当鉴证对象为企业内部控制过程时，它的特征就是期间的。

3. 适当的鉴证对象应当具备的条件

鉴证对象是否适当是注册会计师能否将一项业务作为鉴证业务予以承接的前提条件。适当的鉴证对象应当同时具备下列条件：

（1）鉴证对象可以识别；

（2）不同的组织或人员对鉴证对象按照既定标准进行评价或计量的结果合理且一致；

（3）注册会计师能够收集与鉴证对象有关的信息，获取充分、适当的证据，以支持其提出适当的鉴证结论。

（五）标准

1. 标准的定义

标准是指用于评价或计量鉴证对象的基准。当涉及列报时，还包括列报的基准。标准可以是正式的规定，如编制财务报表所使用的会计准则和相关会计制度；也可以是某些非正式的规定，如单位内部制定的行为准则或确定的绩效水平。

2. 适当的标准应当具备的特征

适当的标准应当具备下列所有特征。

（1）相关性，即相关的标准有助于得出结论，便于预期使用者做出决策。

（2）完整性，即完整的标准不应忽略业务环境中可能影响得出结论的相关因素，当涉及列报时，还包括列报的基准。

（3）可靠性，即可靠的标准能够使能力相近的注册会计师在相似的业务环境中，对鉴证对象做出合理、一致的评价或计量。

（4）中立性，即中立的标准有助于得出无偏向的结论。

（5）可理解性，即可理解的标准有助于得出清晰、易于理解、不会产生重大歧义的结论。

需要注意的是，注册会计师基于自身的预期判断和个人经验对鉴证对象进行的评价和计量，不构成适当的标准。

3. 标准的评价

注册会计师应当考虑运用于具体业务的标准是否具备上述特征,以评价该标准对此项业务的适用性。在具体鉴证业务中,注册会计师在评价标准各项特征的相对重要程度时,需要运用职业判断。

标准可能是由法律法规规定的,或由政府主管部门或国家认可的专业团体依照公开、适当的程序发布的,也可能是专门制定的。采用标准的类型不同,注册会计师为评价该标准对于具体鉴证业务的适用性所需执行的工作也不同。

对于公开发布的标准,注册会计师通常不需要对标准的"适当性"进行评价,而只需评价该标准对具体业务的"适用性"。例如,在我国,会计标准由国家统一制定并强制执行。注册会计师无须评价会计标准是否适当,只需要判断责任方采用的标准是否适用于被鉴证单位即可。

对于专门制定的标准,注册会计师首先要对这些标准本身的"适当性"加以评价,否则,注册会计师连自己所用的"尺子"是否适当都无法判断,又如何用这把"尺子"去"度量"要发表意见的鉴证对象呢?

4. 预期使用者获取标准的方式

标准应当能够为预期使用者获取,以使预期使用者了解鉴证对象的评价或计量过程。标准可以通过下列方式供预期使用者获取:

(1)公开发布;

(2)在陈述鉴证对象信息时以明确的方式表述;

(3)在鉴证报告中以明确的方式表述;

(4)常识理解,如计量时间的标准是小时或分钟。

如果确定的标准仅能为特定的预期使用者获取,或者仅与特定目的相关。如行业协会发布的标准可能仅能为本行业内部的预期使用者获取,合同条款仅能为合同双方获取,并且仅适用于合同约定事项,在这种情况下,鉴证报告的使用也应限于这些特定的预期使用者或特定目的。

(六)证据

1. 总体要求

注册会计师应当以职业怀疑态度来计划和执行鉴证业务,获取有关鉴证对象信息是否不存在重大错报的充分的、适当的证据。在计划和执行鉴证业务时,注册会计师保持职业怀疑态度是十分必要的。例如,它有助于降低注册会计师忽视异常情况的风险,有助于降低注册会计师在确定鉴证程序的性质、时间、范围及评价由此得出的结论时采用错误假设的风险,有助于避免注册会计师根据有限的测试范围过度推断总体实际情况。

2. 职业怀疑态度

职业怀疑态度是指注册会计师以质疑的思维方式评价所获取证据的有效性,并对相互矛盾的证据,以及引起对文件记录或责任方提供的信息的可靠性产生怀疑的证据保持警觉。

职业怀疑态度代表的是注册会计师执业时的一种精神状态,它有助于降低注册会计师在执业过程中可能遇到的风险。这些风险通常包括:忽略了可疑的情况;在决定证据收集程序的性质、时间和范围时使用了不恰当的假设;对证据进行了不恰当的评价等。

鉴证业务通常不涉及鉴定文件记录的真伪,注册会计师也不是鉴定文件记录真伪的专家。但应当考虑用作证据的信息的可靠性,包括考虑与信息生成和维护相关的控制的有效性。

3. 证据的充分性和适当性

(1)证据的充分性。证据的充分性是对证据数量的衡量,主要与注册会计师确定的样本量有关。所需证据的数量受鉴证对象信息重大错报风险的影响,即风险越大,可能需要的证据数量越多;所需证据的数量也受证据质量的影响,即证据质量越高,可能需要的证据数量越少。

(2)证据的适当性。证据的适当性是对证据质量的衡量,即证据的相关性和可靠性。

4. 重要性

(1)重要性的含义。在确定证据收集程序的性质、时间和范围,评估鉴证对象信息是否存在错报时,注册会计师应当考虑重要性。

所谓重要性,是指鉴证对象信息中存在错报的严重程度。重要性取决于在具体环境下对错报金额和性质的判断。如果一项错报单独或连同其他错报可能影响预期使用者依据鉴证对象信息做出的经济决策,则该项错报是重大的。

重要性概念是基于成本效益原则的要求而产生的。由于现代社会日趋复杂,注册会计师执行鉴证业务所面对的信息量日益庞大,在这种情况下,要求注册会计师去审查有关鉴证对象的全部信息,既无必要也无可能,因此只能采取选择性测试的办法。为此,注册会计师需要抓住鉴证对象信息的重要方面和重要事项加以审查并收集证据予以证实。

在考虑鉴证对象信息中的错报是否构成重大错报时,注册会计师应当考虑已识别但未更正的单个或累计的错报是否对鉴证对象信息整体产生重大影响。在考虑重要性时,注册会计师应当了解并评估哪些因素可能会影响预期使用者的决策。

(2)重要性包括数量和性质两方面的因素。由于重要性包括数量和性质两方面的因素,注册会计师应当综合数量和性质因素考虑重要性。在具体业务中评估重要性以及数量和性质因素的相对重要程度,需要注册会计师运用职业判断。

重要性与鉴证业务风险之间存在直接的关系,这种关系是一种反向的关系。重要性水平越高,鉴证业务风险越低;重要性水平越低,鉴证业务风险越高。注册会计师在确定证据收集程序的性质、时间和范围,评估鉴证对象信息是否存在错报时,应当考虑这种反向关系。

5. 鉴证业务风险

1)鉴证业务风险的含义

鉴证业务风险是指在鉴证对象信息存在重大错报的情况下,注册会计师提出不恰当结论的可能性。

应当说明的是,鉴证业务风险并不包含:鉴证对象信息不含有重大错报,而注册会计师错误地发表了鉴证对象信息含有重大错报的结论的风险。

2)不同类型鉴证业务中可接受的鉴证业务风险水平

在合理保证的鉴证业务中,注册会计师应当将鉴证业务风险降至具体业务环境下可接受的低水平,以获取合理保证,作为以积极方式提出结论的基础。在有限保证的鉴证业务中,由于证据收集程序的性质、时间和范围与合理保证的鉴证业务不同,其风险水平高于合理保证的鉴证业务。

3)鉴证业务风险的内容

鉴证业务风险通常体现为重大错报风险和检查风险。重大错报风险是指鉴证对象信息在鉴证前存在重大错报的可能性。检查风险是指某一鉴证对象信息存在错报,该错报单独或连同其他错报是重大的,但注册会计师未能发现这种错报的可能性。

6. 证据收集程序

1)证据收集程序的总体要求

证据收集程序的性质、时间和范围因具体业务的不同而不同。从理论上说,即便是针对同一项业务或同一个认定,也可能存在多种不同的证据收集程序。在实务中,尽管对证据收集程序进行明确而清晰的表述非常困难,但注册会计师也应当清楚表达证据收集程序,并且以适当的形式运用于合理保证的鉴证业务和有限保证的鉴证业务。

2)合理保证鉴证业务的证据收集程序

在合理保证的鉴证业务中,为了能够以积极方式提出结论,注册会计师应当通过下列不断修正的、系统化的执业过程,获取充分、适当的证据:

(1)了解鉴证对象及其他的业务环境事项,在适用的情况下包括了解内部控制;

(2)在了解鉴证对象及其他的业务环境事项的基础上,评估鉴证对象信息可能存在的重大错报风险;

(3)应对评估的风险,包括制定总体应对措施以及确定进一步程序的性质、时间和范围;

(4)针对已识别的风险实施进一步程序,包括实施实质性程序,以及在必要时测试控制运行的有效性;

(5)评价证据的充分性和适当性。

3)合理保证不等于绝对保证

正确理解鉴证业务准则中的保证概念,首先要将它们与“绝对保证”的概念进行区分。这里,对绝对保证、合理保证和有限保证加以界定是有必要的。绝对保证是指注册会计师对鉴证对象信息整体不存在重大错报提供百分之百的保证。合理保证是一个与积累必要的证据相关的概念,它要求注册会计师通过不断修正的、系统的执业过程,获取充分、适当的证据,对鉴证对象信息整体提出结论,提供一种高水平但非百分之百的保证。与合理保证相比,有限保证在证据收集程序的性质、时间,范围等方面受到有意识的限制,它提供的是一种适度水平的保证。可以看出,三者提供的保证水平逐次递减。前文已经区分过合理保证与有限保证,因此这里关键是要区分绝对保证与合理保证。正确理解合理保证与绝对保证的关系,有助于减少注册会计师所承担的不必要的责任风险。

7. 可获取证据的数量和质量

1）影响可获取证据的数量和质量的因素

（1）鉴证对象和鉴证对象信息的特征。例如，鉴证对象信息是预测性的而非历史性的，预计可获取证据的客观性就比较弱。

（2）业务环境中除鉴证对象特征以外的其他事项。例如，注册会计师接受委托的时间与要求出具鉴证报告的时间相距较近，预计可获取的证据就较少，被鉴证单位内部资料的保管政策、责任方对鉴证业务施加的限制等也可能会使注册会计师无法获取原本认为可以获取的证据。

2）注册会计师工作范围受到重大限制时的处理

对任何类型的鉴证业务，如果下列情形对注册会计师的工作范围构成重大限制，阻碍注册会计师获取所需要的证据，则注册会计师提出无保留结论是不恰当的。

（1）客观环境阻碍注册会计师获取所需要的证据，无法将鉴证业务风险降至适当水平。

（2）责任方或委托人施加限制，阻碍注册会计师获取所需要的证据，无法将鉴证业务风险降至适当水平。

8. 记录

1）记录重大事项

注册会计师应当记录重大事项，以提供证据支持鉴证报告，并证明其已按照鉴证业务准则的规定执行业务。至于某一事项是否属于重大事项，需要注册会计师根据具体情况进行判断。重大事项通常包括以下内容。

（1）引起特别风险的事项；

（2）实施鉴证程序的结果，该结果表明鉴证对象信息可能存在重大错报，或者需要修正以前对重大错报风险的评估和针对这些风险拟采取的应对措施；

（3）导致注册会计师难以实施必要程序的情形；

（4）导致提出非无保留结论的事项。

对需要运用职业判断的所有重大事项，注册会计师应当记录推理过程和相关结论。如果对某些事项难以进行判断，注册会计师还应当记录得出结论时已知悉的有关事实。

2）编制和保存工作底稿

应当编制和保存工作底稿。

（七）鉴证报告

1. 总体要求

注册会计师应当出具含有鉴证结论的书面报告，该鉴证结论应当说明注册会计师就鉴证对象信息获取的保证。注册会计师应当考虑其他报告责任，包括在适当时与管理层沟通。

2. 鉴证结论的表述形式

在基于责任方认定的业务中，注册会计师的鉴证结论可以采用下列两种表述形式。

（1）明确提及责任方认定，如“我们认为，责任方做出的根据 ×× 标准，内部控制在所有重大方面是有效的这一认定是公允的”。

（2）直接提及鉴证对象和标准，如“我们认为，根据 ×× 标准，内部控制在所有重大方面是有效的”。

3. 提出鉴证结论的积极方式和消极方式

提出鉴证结论的方式有两种，即积极方式和消极方式，它们分别适用于合理保证的鉴证业务和有限保证的鉴证业务。区分这两种鉴证结论提出方式，有助于向预期使用者传达不同业务的保证程度存在差异这一事实，以积极方式提出结论提供的保证水平高于以消极方式提出结论提供的保证水平。

在合理保证的鉴证业务中注册会计师应当以积极方式提出结论，如“我们认为，根据 ×× 标准，内部控制在所有重大方面是有效的”或“我们认为，责任方做出的根据 ×× 标准，内部控制在所有重大方面是有效的这一认定是公允的”。在有限保证的鉴证业务中，注册会计师应当以消极方式提出结论，如“基于本报告所述的工作，我们没有注意到任何事项使我们相信，根据 ×× 标准，×× 系统在任何重大方面是无效的”或“基于本报告所述的工作，我们没有注意到任何事项使我们相信，责任方做出的根据 ×× 标准，×× 系统在所有重大方面是有效的这一认定是不公允的”。

4. 注册会计师不能出具无保留结论报告的情况

由于以下原因，注册会计师可能无法出具无保留结论的报告。

（1）工作范围受到限制。

（2）责任方认定未在所有重大方面做出公允表达。

（3）鉴证对象信息存在重大错报。

（4）标准或鉴证对象不适当。

5. 注册会计师姓名的使用

当注册会计师针对鉴证对象信息出具报告，或同意将其姓名与鉴证对象联系在一起时，则注册会计师与该鉴证对象发生了关联。如果获知他人不恰当地将其姓名与鉴证对象相关联，注册会计师应当要求停止这种行为，并考虑采取其他必要的措施，包括将不恰当使用注册会计师姓名这一情况告知所有已知的使用者或征询法律意见。

【案例分析 5-1】

基本案情： 2001 年 12 月，美国最大的能源公司——安然公司，突然申请破产保护，此后，公司丑闻不断，规模也“屡创新高”。特别是 2002 年 6 月的世界通信会计丑闻事件，彻底打击了（美国）投资者对（美国）资本市场的信心。为了改变这一局面，美国国会和政府加速通过了《萨班斯法案》（以下简称 SOX 法案）。该法案的另一个名称是“公众公司会计改革与投资者保护法案”。法案的第一句话就是“遵守证券法律以提高公司披露的准确性和可靠性，从而保护投资者及其他目的。”

2002 年 6 月 18 日，美国国会参议院银行委员会以 17 票赞成 4 票反对通过了由奥克斯利和参议院银行委员会主席萨班斯联合提出的会计改革法案——《2002 上市公司会计改革与投资者保护法案》，以吸引受重挫的投资信心。2002 年 7 月 25 日美国众议院以 423 票赞成，3 票反对通过此议案。这一议案在美国国会参众两院投票表决通过后，由布什总统在

2002 年 7 月 30 日签署成为正式法律，称作《萨班斯—奥克斯利法案》。

法案的主要内容包括：设立独立的上市公司会计监管委员会，负责监管执行上市公司审计的会计师事务所；特别加强执行审计的会计师事务所的独立性；特别强化了公司治理结构并明确了公司的财务报告责任及大幅增强了公司的财务披露义务；大幅加重了对公司管理层违法行为的处罚措施；增加经费拨款，强化美国证券交易委员会（SEC）的预算以及职能。其中，法案中有两个条款需要在美上市的公司或准备赴美上市的公司特别留意。

其一，302 条款——公司对于财务报告的责任：规定美国上市公司的首席执行官（CEO）和财务总监（CFO）在其年度和中期财务报表中必须签名并认证，其财务报表完全符合 SOX 法案中的有关规定，并不含有任何导致其财务报表误导公众的重大错误或遗漏。如果将来发现有问题，CEO 或 CFO 个人将对公司财务报表承担民事甚至刑事责任。

其二，404 条款——公司管理层及外部审计师对于公司财务内部控制的责任：要求公司管理层和公共审计师，每年在年报中就公司产生财务报告的内控系统分别做出评价和报告。还要求外部公共审计师对于公司管理层评估过程以及内控系统结论进行相应的检查并出具正式意见。

尽管 SOX 法案的颁布主要是针对数量众多的美国上市公司，但外国赴美上市的公司也要受其管辖，由 SOX 法案所带来的大幅攀升的上市成本及严格规定，已使不少外国公司望而却步。

美国总统布什在签署 SOX 法案的新闻发布会上称：“这是自罗斯福总统以来美国商业界影响最为深远的改革法案。”

分析要点：

1. 通过讨论，了解 SOX 法案的实施对美国资本市场有何意义。

2. 通过了解 SOX 法案的通过背景以及该法案制定过程中的一些问题，对我们正确认识和把握该法案，从而理性地看待我国资本市场的相关事件以及相应的对策问题有何意义？

三、质量管理准则的基本内容

健全完善的质量管理制度是保证会计师事务所及其人员遵守法律法规的规定、中国注册会师执业准则体系中包括会计师职业道德规范以及中国注册会计师执业准则的基础。中国注册会计师审计准则体系中包括《会计师事务所质量管理准则第 5101 号——业务质量管理》《会计师事务所质量管理准则第 5102 号——项目质量复核》和《中国注册会计师审计准则第 1121 号——对财务报表审计实施的质量管理》。第 5101 号、第 5102 号准则从会计师事务所层面上进行规范，适用于审计、审阅和其他鉴证以及相关服务业务；第 1121 号从执行审计项目的负责人层面上进行规范，适用于财务报表审计业务。第 5101 号准则系统总结了近些年审计失败的经验教训，旨在规范会计师事务所建立并保持有关财务报表审计和审阅、其他鉴证和相关服务业务的质量管理制度。该准则共 4 章 106 条，包括总则、定义、目标、要求。

(一)业务质量管理的目标和要求

1. 业务质量管理的目标

会计师事务所的目标是建立并保持质量管理制度,以合理保证:

(1)会计师事务所及其人员遵守执业准则和适用的法律法规的规定;

(2)会计师事务所和项目合伙人出具适合具体情况的报告。

2. 业务质量管理的要求

质量管理准则的要求曾在使会计师事务所能够实现本准则的目标。正确运用这些要求被人们预期可以为实现目标提供充分的依据,但由于实际情况变化很大,且无法预料,会计师事务所应当考虑是否存在特殊事项或情况,要求其建立除本准则要求外的政策和程序,以实现质量管理的目标。会计师事务所应当遵守质量管理的所有要求,除在某些情况下,准则中的某项要求与会计师事务所执行的财务报表审计和审阅、其他鉴证及相关服务业务不相关。

会计师事务所内部负责建立并保持质量管理制度的人员应当了解会计师事务所质量管理准则的全部内容以及应用指南,以理解其目标并遵守其要求。

(二)业务质量管理的要素

会计师事务所应当建立一套质量管理体系。质量管理体系包括针对下列要素而制定的政策和程序,应当形成书面文件,并传达至全体人员:

(1)会计师事务所的风险评估程序;

(2)治理层和领导层;

(3)相关职业道德要求;

(4)客户关系和具体业务的接受与保持;

(5)业务执行;

(6)资源;

(7)信息与沟通;

(8)监控和整改程序。

(三)对业务质量承担的领导责任

会计师事务所应当制定政策和程序,培育以质量为导向的内部文化。这些政策和程序要求会计师事务所主任会计师或同等职位的人员对质量管理制度承担最终责任,并使受会计师事务所主任会计师或同等职位的人员委派,具有充分、适当的经验和能力的人员负责质量管理制度运作,以及给予其必要的权限,以履行其职责。

【案例分析 5-2】

基本案情: ABC 会计师事务所根据会计师事务所质量管理准则,制定了质量管理制度,其中部分内容摘录如下:ABC 会计师事务所质量管理制度中规定,该质量管理制度只适用于 ABC 会计师事务所执行历史财务信息审计、审阅业务和相关服务业务。制度中明确规定A 主任会计师对质量管理制度承担最终责任。ABC 会计师事务所应当每两年至少一次向受独立性要求约束的人员获取其遵守独立性政策和程序的书面确认函。在为上市公司执行财务报表审计业务，如果同一高级人员长期执行该客户的审计业务可能对独立性造成不利影响时，会计师事务所应严格规定定期轮换注册会计师的年限，如果无法实施该措施，则一定要执行项目质量复核。对于其他非上市公司一律不再执行项目质量复核。为了防止审计报告公布后出现新的事项导致出现高风险，在出具审计报告后，会计师事务所挑选不参与该业务的人员及项目组内部经验最丰富的人员来共同完成项目质量复核。此外，为监控质量管理制度的有效性，对质量管理制度进行周期性检查，每两年进行一次。考虑到注协和证监会会对上市公司项目进行抽检，其权威性和独立性更强，因此被抽检的项目不被纳入检查的范围。

分析要点：根据中国注册会计师执业准则的要求，指出上述ABC会计师事务所质量管理制度中存在的问题，并简要说明理由。

答案提示：

（1）质量管理制度适用范围不正确。质量管理制度适用于ABC会计师事务所执行历史财务信息审计和审阅业务、其他鉴证业务及相关服务业务。

（2）向所受独立性要求约束的人员获取其遵守独立性政策和程序的书面确认函的时间要求不正确。应当每年至少一次向受独立性要求约束的人员获取其遵守独立性政策和程序的书面确认函。

（3）对于上市公司审计业务，项目质量复核工作没有严格执行是不正确的。对于上市公司审计业务，一定要执行项目质量复核，并不是在无法实施其他相关措施后才执行项目质量复核。

（4）对于其他非上市公司一律不再执行项目质量复核是不正确的。会计师事务所应当制定适当的标准，对于符合适当标准的所有业务应实施项目质量复核。

（5）参加项目质量复核的人员不正确。项目质量复核应当由不参与该业务的人员来执行。审计组内部人员，不能参加项目质量复核。

（6）完成项目质量复核的时间不正确。项目质量复核应当在审计报告完成前实施完毕，不能在审计报告完成后实施。

（7）监控检查的范围不正确。在确定检查范围时，会计师事务所可以考虑外部独立检查的范围或结论，但这些检查并不能替代自身的内部监控。

四、相关职业道德要求

会计师事务所要制定政策和程序，用以合理保证会计师事务所和人员遵守相关职业道德要求、合理保证会计师事务所和人员以及其他受独立性要求约束的人员保持相关职业道德要求规定的独立性。其政策和程序促使会计师事务所能够做到：①向会计师事务所人员和其他受独立性要求约束的人员传达独立性要求。②识别和评价对独立性产生不利影响的情形，并采取适当的措施消除这些不利影响；或通过采取防范措施将其降至可接受的水平；或如果认为适当，在法律法规允许的情况下解除业务约定。③项目合伙人向会计师事务所提供与客户委托业务相关的信息（包括服务范围），使会计师事务所能够评价该信息对保持独立性的总体影响。④会计师事务所人员立即向会计师事务所报告对独立性产生不利影响的情形,便于会计师事务所采取有效措施应对。⑤会计师事务所收集相关信息向适当人员传达,便于会计师事务所和人员能够容易确定是否满足独立性要求;会计师事务所能够保持和更新与独立性相关的记录;会计师事务所能够针对识别出的、超出可接受水平的对独立性产生的不利影响采取适当的有效措施。

会计师事务所应当制定政策和程序,以合理保证能够获知违反独立性要求的情况,并能够采取适当行动予以解决。这些政策和程序应当包括:①会计师事务所人员将注意到的、违反独立性要求的情况立即报告给会计师事务所;②会计师事务所将识别出的违反这些政策和程序的情况,立即传达给需要与会计师事务所共同处理这些情况的项目合伙人、需要采取适当行动的会计师事务所和网络内部的其他相关人员以及受独立性要求约束的人员;③项目合伙人、会计师事务所和网络事务所内部的其他相关人员以及受独立性要求约束的其他人员,在必要时立即向会计师事务所告知他们为解决有关问题而采取的行动,以使会计师事务所能够决定是否应当采取进一步的行动。

会计师事务所应当至少每年一次向所有需要按照相关职业道德要求保持独立性的人员获取其已遵守独立性政策和程序的书面确认函。

会计师事务所应当制定下列政策和程序:①明确标准,以确定长期委派同一名合伙人或高级员工执行某项鉴证业务时,是否需要采取防范措施,将因密切关系产生的不利影响降至可接受的水平;②对所有上市实体财务报表审计业务。按照相关职业道德要求和法律法规的规定,在规定期间届满后轮换项目合伙人、项目质量复核人员,以及受轮换要求约束的其他人员。

五、客户关系和具体业务的接受与保持

会计师事务所应当制定有关客户关系和具体业务接受与保持的政策和程序,以合理保证只有在下列情况下,才能接受或保持客户关系和具体业务:①能够胜任该项业务,并具有执行该项业务必要的素质、时间和资源;②能够遵守相关职业道德要求;③已考虑客户的诚信,没有信息表明客户缺乏诚信。

如果在接受业务后获知某项信息,而该信息若在接受业务前获知,可能导致会计师事务所拒绝该项业务,会计师事务所应当针对这种情况制定保持具体业务和客户关系的政策和程序。这些政策和程序应当考虑:①适用于这种情况的职业责任和法律责任,包括是否要求会计师事务所向委托人报告或在某些情况下向监管机构报告;②解除业务约定或同时解除业务约定和客户关系的可能性。

六、人力资源

1. 人力资源管理的要素

会计师事务所的人力资源政策和程序要解决的人事问题包括:招聘、业绩评价、人员素质、专业胜任能力、职业发展、晋升、薪酬、人员需求预测。

2. 会计师事务所层面

会计师事务所应制定政策和程序,合理保证拥有足够的具有必要素质和专业胜任能力并遵守职业道德规范的人员,以使会计师事务所和项目负责人能够按照职业道德规范、法律法规的规定执行业务，并根据具体情况出具恰当的报告。

会计师事务所可以通过下列途径提高人员素质和专业胜任能力：职业教育；职业发展，包括培训；工作经验；由经验更丰富的员工提供辅导；针对受独立性要求约束的人员进行独立性教育。会计师事务所应当在人力资源政策和程序中强调对各级别人员进行继续培训的重要性，并提供必要的培训资源和帮助，以使人员能够发展和保持必要的素质和专业胜任能力。

会计师事务所制定的业绩评价、薪酬及晋升程序对发展和保持专业胜任能力并遵守职业道德规范的人员给予应有的肯定和奖励，会计师事务所可以采取的步骤如下：

（1）使人员知晓会计师事务所对业绩和遵守职业道德规范的期望；

（2）向人员提供业绩、工作进步及职业发展方面的评价和辅导；

（3）帮助人员了解提高业务质量及遵守职业道德规范是晋升更高职位的主要途径，而不遵守会计师事务所的政策和程序可能招致惩戒。

3. 项目组的委派

会计师事务所承接的每项业务都是委派给项目组具体办理的。委派项目组是否得当，直接关系到业务完成的质量。会计师事务所应当对每项业务委派至少一名项目负责人。会计师事务所应当制定政策和程序，明确下列要求：

（1）将项目负责人的身份和作用告知客户管理层和治理层的关键成员；

（2）项目负责人具有履行职责所必要的素质、专业胜任能力、权限和时间；

（3）清楚界定项目负责人的职责，并告知该项目负责人。

会计师事务所应当根据具体情况委派适当人员担任项目负责人，并清楚界定和告知项目负责人的职责，以使其能够发挥对某项业务质量的管理作用。会计师事务所应当制定政策和程序，监控项目负责人连续服务同一客户的期限及胜任情况。

会计师事务所应当制定程序，评价员工的素质和专业胜任能力。在委派项目组以及确定所需的监督层次时，会计师事务所应当考虑员工是否具有下列方面的素质和专业胜任能力：

（1）通过适当的培训和参与业务，获得执行类似性质和复杂程度业务的知识和实务经验；

（2）掌握法律法规、职业道德规范和业务准则的规定；

（3）具有相关技术知识，包括信息技术知识；

（4）熟悉客户所处的行业；

（5）具有职业判断能力；

（6）掌握会计师事务所质量控制政策和程序。

七、业务执行

业务执行是指会计师事务所委派项目组按照法律法规、职业道德规范和业务准则的规定具体执行所承接的某项业务，使会计师事务所和项目负责人能够根据具体情况出具恰当的报告。

1. 指导、监督与复核的总体要求

会计师事务所应当制定政策和程序,以合理保证按照法律法规、职业道德规范和业务准则的规定执行业务,使会计师事务所和项目负责人能够根据具体情况出具恰当的报告。

会计师事务所在制定指导、监督与复核政策和程序时,应当考虑下列事项:

(1)如何将业务情况简要告知项目组,使项目组了解工作目标;

(2)保证适用的业务准则得以遵守的程序;

(3)业务监督、员工培训和辅导的程序;

(4)对已实施的工作、做出的重大判断以及拟出具的报告进行复核的方法;

(5)对已实施的工作及其复核的时间和范围做出适当记录;

(6)保证所有的政策和程序是合时宜的。

会计师事务所通常使用书面或电子手册、软件工具、标准化底稿以及行业和特定业务对象的指南性材料等文件,记录和传达其制定的政策和程序,以使全体人员了解、掌握和贯彻执行这些政策和程序。

2. 指导的具体要求

(1)使项目组了解工作目标。让项目组的所有成员都了解拟执行工作的目标,对于有效执行所分派的工作很重要。

(2)提供适当的团队工作和培训。适当的团队工作和培训对于帮助经验较少的项目组成员清楚了解所分派工作的目标十分必要。项目负责人应当通过适当的团队工作和培训,使经验较少的项目组成员清楚了解所分派工作的目标。

3. 监督的具体要求

项目负责人对业务的监督内容具体包括以下几方面。

(1)要求项目负责人在业务进行中适时实施必要的监督,以检查各成员是否能够顺利完成业务工作。

(2)项目负责人考虑项目组各成员的素质和专业胜任能力,以及是否有足够的时间执行工作,是否理解工作指令,按照计划的方案执行工作后,是否可能决定提供进一步的指导,或在各成员之间做适当的工作调整,或要求成员采取补救措施使其执行的工作达到计划方案的要求。

(3)解决在执行业务过程中发现的重大问题,考虑其重要程度并适当修改原计划的方案。各成员在执行业务过程中可能会遇到各种难以解决的重大问题。项目负责人在了解到这些情况后,应按照会计师事务所质量控制制度的要求,根据具体情况,运用职业判断,确定是否需要调整工作程序以及如何调整。

(4)识别在执行业务过程中需要咨询的事项,或需要由经验较丰富的项目组成员考虑的事项。

4. 复核的具体要求

在复核项目组成员已执行的工作时,复核人员应当考虑:

(1)工作是否已按照法律法规、职业道德规范和业务准则的规定执行;

（2）重大事项是否已提请进一步考虑；

（3）相关事项是否已进行适当咨询，由此形成的结论是否得到记录和执行；

（4）是否需要修改已执行工作的性质、时间和范围；

（5）已执行的工作是否支持形成的结论，并得以适当记录；

（6）获取的证据是否充分、适当；

（7）业务程序的目标是否实现。

5. 咨询

项目组在业务执行过程中时常会遇到各种各样的困难或有争议的事项，以及会计师事务所政策和程序要求咨询的事项，或者项目合伙人根据职业判断认为需要咨询的其他事项。为此，会计师事务所应当建立政策和程序，以合理保证项目合伙人承担下列责任：①确定审计项目组成员已在审计过程中就相关事项进行了适当咨询，咨询可能在审计项目组内部进行，或者在审计项目组与会计师事务所内部或外部的其他适当人员之间进行；②确定已与被咨询者就咨询的性质、范围以及形成的结论达成一致意见；③确定咨询形成的结论已得到执行。

6. 意见分歧

会计师事务所应当制定政策和程序，以处理和解决审计项目组内部、审计项目组与项目质量复核人员之间（如适用），或者审计项目组与在会计师事务所质量管理体系内执行相关活动的人员（包括提供咨询的人员）之间可能出现的意见分歧。针对意见分歧，项目合伙人应当按照会计师事务所的政策和程序处理和解决，确保咨询得出的结论已经记录并得到执行。在所有意见分歧得到解决之前，不得签署审计报告。如果在意见分歧没有得到解决前，项目合伙人就出具报告，不仅有失应有的谨慎，而且容易导致出具不恰当的审计报告，难以合理保证实现质量管理的目标。

7. 项目质量复核

为了保证特定业务执行的质量，除了需要项目组实施组内复核外，会计师事务所还应当制定政策和程序，要求对特定业务实施项目质量复核，并在出具报告前完成项目质量复核。

项目质量复核是指会计师事务所挑选不参与该业务的人员，在出具报告前，对项目组做出的重大判断和在准备报告时形成的结论做出客观评价的过程。对特定业务实施项目质量复核，充分体现了分类控制、突出重点的质量管理理念。值得注意的是，项目质量复核并不减轻项目负责人的责任，更不能替代项目负责人的责任。

会计师事务所应当制定政策和程序，以规定如下事项。

（1）项目质量复核的性质。会计师事务所应当根据实现项目质量复核目标的总体要求，并结合具体情况，合理确定项目质量控制复核的性质。确定复核的性质就是决定采用怎样的方法实施复核。

会计师事务所通常采用的项目质量复核方法包括：①与项目负责人进行讨论；②复核财务报表或其他业务对象信息及报告，尤其考虑报告是否适当；③选取与项目组做出重大判断及形成结论有关的工作底稿进行复核。

(2)项目质量复核的范围。项目质量复核的范围取决于业务的复杂程度和出具不恰当报告的风险。

在对上市公司财务报表审计实施项目质量复核时,复核人员应当考虑:①项目组就具体业务对会计师事务所独立性做出的评价:②在审计过程中识别的特别风险以及采取的应对措施;③做出的判断,尤其是关于重要性和特别风险的判断;④是否已就存在的意见分歧、其他疑难问题或争议事项进行适当咨询,以及咨询得出的结论;⑤在审计中识别的已更正和未更正的错报的重要程度及处理情况;⑥拟与管理层、治理层以及其他方面沟通的事项;⑦所复核的审计工作底稿是否反映针对重大判断执行的工作,是否支持得出的结论;⑧拟出具的审计报告的适当性。

在对上市公司财务报表审计以外的其他业务实施项目质量控制复核时,项目质量控制复核人员可根据情况考虑上述部分或全部事项。

(3)项目质量复核的时间。何时实施项目质量复核,对复核的效果和能否按照约定的期限出具恰当的报告也有重要影响,为此,会计师事务所的政策和程序应当要求在出具报告前完成项目质量复核。项目质量复核人员应当在业务过程中的适当阶段及时实施复核,以使重大事项在出具报告前得到满意解决。

如果项目负责人不接受项目质量复核人员的建议,并且重大事项未得到满意解决,项目负责人不应当出具报告。只有在按照会计师事务所处理意见分歧的程序解决重大事项后,项目负责人才能出具报告。

(4)项目质量复核人员的资格标准。会计师事务所应当制定政策和程序,明确被委派的项目质量复核人员应符合下列要求:①履行职责需要的技术资格,包括必要的经验和权限;②在不损害其客观性的前提下,提供业务咨询的程度。

(5)项目质量复核的记录。会计师事务所应当制定政策和程序,要求记录项目质量复核情况,包括:①有关项目质量复核的政策所要求的程序已得到执行;②项目质量复核在出具报告前业已完成;③复核人员没有发现任何尚未解决的事项,使其认为项目组做出的重大判断及形成的结论不适当。

九、监控

会计师事务所应当制定监控政策和程序,以合理保证与质量管理制度相关的政策和程序具有相关性与适当性,并正在有效运行,应当包括以下内容。持续考虑和评价会计师事务所质量管理制度:要求委派一个或多个合伙人,或会计师事务所内部具有充分、适当的经验和权限的其他人员负责监控过程;要求执行业务或实施项目质量管理复核的人员不参与该项业务的检查工作,具体规则如下。

(1)持续考虑和评价会计师事务所质量管理制度应当包括:周期性地选取已完成的业务进行检查,周期最长不得超过3年;在每个周期内,对每个项目合伙人,至少检查一项已完成的业务。

(2)会计师事务所应当评价在监控过程中注意到的缺陷的影响,并确定缺陷是否属于下列情况之一:该缺陷并不必然表明会计师事务所的质量管理制度不足以合理保证会计师事务所遵守执业准则和适用的法律法规的规定，以及会计师事务所和项目合伙人出具适合具体情况的报告；该缺陷是系统性的、反复出现的或其他需要及时纠正的重大缺陷。

（3）会计师事务所应当将实施监控程序注意到的缺陷以及建议采取适当的补救措施，告知相关项目合伙人及其他适当人员。

（4）针对注意到的缺陷，建议采取的适当补救措施应当包括：采取与某项业务或某个人员相关的适当补救措施；将发现的缺陷告知负责培训和职业发展的人员；改进质量管理政策和程序；对违反会计师事务所政策和程序的人员，尤其是对反复违规的人员实施惩戒。

（5）会计师事务所应当制定政策和程序，以应对下列两种情况：实施监控程序的结果表明出具的报告可能不适当；在执行业务过程中遗漏了应实施的程序。这些政策和程序应当要求会计师事务所确定采取哪些进一步的行动以遵守执业准则和适用的法律法规的规定，并考虑是否征询法律意见。

（6）会计师事务所应当每年至少一次将质量管理制度的监控结果，向项目合伙人及会计师事务所内部的其他适当人员通报。这种通报应当足以使会计师事务所及其相关人员能够在其职责范围内及时采取适当的行动。通报的信息应当包括：对已实施的监控程序的描述；实施监控程序得出的结论；如果相关，对系统性的、反复出现的缺陷或其他需要及时纠正的重大缺陷的描述。

（7）如果会计师事务所是网络事务所的一部分，可能实施以网络为基础的某些监控程序，以保持在同一网络内实施的监控程序的一致性。

如果网络内部的会计师事务所在符合相关准则要求的共同的监控政策和程序下运行，并且这些会计师事务所信赖该监控制度，为了网络内部的项目合伙人信赖网络内实施监控程序的结果，会计师事务所的政策和程序应当要求：每年至少一次就监控过程的总体范围、程度和结果，向网络事务所的适当人员通报；立即将识别出的质量管理制度缺陷，向网络事务所的适当人员通报，以便使其采取必要的行动。

（8）关于投诉和指控。会计师事务所应当制定政策和程序，以合理保证能够适当处理针对下列事项的投诉和指控：已实施的工作未能遵守法律法规、职业道德规范和业务准则的规定；未能遵守会计师事务所质量控制制度。投诉和指控既可能源自会计师事务所内部，也可能源自会计师事务所外部。

对于来自会计师事务所外部的投诉与指控，如来自客户人员和客户的往来方（如客户的供货商）等，由于他们不必担心会因此失去工作，也不涉及明显的个人利益或动机，会计师事务所通常可以认为，他们的投诉和指控具有较高程度的真实性。相比之下，来自会计师事务所内部的投诉和指控，情况就复杂得多。

如果投诉和指控人要求对其身份保密，会计师事务所应当予以保密，未经本人许可，不得披露其姓名。只有这样，会计师事务所人员才可能没有顾虑地提出关心的质量问题。如果收到匿名的投诉和指控，会计师事务所应当以适当的方式向全体人员表明，与实名的投诉和指控相比，匿名的投诉和指控更难调查和反馈，鼓励用实名投诉和指控。

会计师事务所应当委派本所内部不参与该项业务的具有足够、适当经验和权限的人员负责对调查的监督。必要时,聘请法律专家参与调查工作。

如果调查结果表明质量管理政策和程序在设计或运行方面存在缺陷,或者存在违反质量控制制度的情况,会计师事务所应当采取适当行动。

(9)会计师事务所应当适当记录下列监控事项:①制定的监控程序,包括选取已完成的业务进行检查的程序;②对监控程序实施情况的评价;③识别出的缺陷,对其影响的评价,是否采取行动及采取何种行动的依据。

对监控程序实施情况评价的记录包括下列方面:(1)对法律法规、职业道德规范和业务准则的遵守情况;(2)质量管理制度的设计是否适当,运行是否有效;③质量管理政策和程序是否已得到适当遵守,以使会计师事务所和项目负责人能够根据具体情况出具恰当的报告。

【案例分析 5-3】

基本案情:和顺会计师事务所是一家新成立的事务所,最近制定了业务质量管理制度,现将有关内容摘录如下。

(1)合伙人考核和晋升制度规定,连续三年业务收入额排名前三位的高级经理晋级为合伙人,连续三年业务收入额排名后三位的合伙人降级为高级经理。

(2)内部业务检查制度规定,以三年为一个周期,选取已完成业务进行检查,如果事务所当年接受相关部门的外部检查,则当年暂停对所有业务的内部检查。

(3)项目质量复核制度规定,除上市公司审计业务外,其他需要实施质量复核的审计业务由审计项目组负责人执行项目质量复核。

(4)如果项目组成员与项目质量复核人员发生意见分歧,应当通过向技术部进行书面咨询,或与会计师事务所负责风险控制的合伙人进行讨论等方式予以解决。在分歧尚未解决前,不得出具审计报告。

(5)工作底稿保管制度规定,推行业务档案电子化,将纸质工作底稿经电子扫描后,存为业务电子档案,同时销毁纸质工作底稿。

(6)会计师事务所建立专门的系统用于记录对客户关系和具体业务的接受与保持的评估。该系统中记录的信息无须纳入业务工作底稿。

(7)独立性政策规定,向每年需要保持独立性的人员提供关于独立性要求的培训,并要求高级经理及以上的人员每年签署遵守独立性要求的书面确认函。

(8)分所管理制度规定,分所可以根据自身的实际情况,自行制定业务质量管理制度。

分析要点:根据上述资料,分析是否符合质量管理制度规定。

答案提示:

(1)不符合规定。

理由:会计师事务所的领导层应当树立质量至上的意识,建立以质量为导向的业绩评价、工薪及晋升的政策和程序。

(2)不符合规定。

理由:会计师事务所应当周期性地选取已完成的业务进行检查,周期最长不得超过三年。在每个周期内，应对每个项目负责人的业务至少选取一项进行检查。会计师事务所的外部检查不能取代内部业务检查。

（3）不符合规定。

理由：项目质量复核应挑选不参与该业务的人员来执行。

（4）符合质量管理准则规定。重大问题分歧未解决前不应出具审计报告。

（5）不符合规定。

理由：原纸质工作底稿不能销毁。即使原纸质记录经电子扫描后存入业务档案，事务所也应当保留已扫描的原纸质记录。

（6）不符合规定。

理由：注册会计师应将有关客户关系和审计业务的接受与保持的评估结论形成审计工作底稿。

（7）不符合规定。

理由：会计师事务所应当制定政策和程序，以合理保证会计师事务所及其人员，包括雇用的专家和其他需要满足独立性要求的人员，保持职业道德规范要求的独立性。因此，会计师事务所应当每年至少一次向所有受独立性要求约束的人员获取其遵守独立性政策和程序的书面确认函，而不仅限于高级经理及以上人员。

（8）不符合规定。

理由：会计师事务所应当制定统一的质量管理制度，将质量管理政策和程序形成书面文件，并传达到全体人员。在记录和传达时，应清楚地描述质量管理政策和程序及其拟实现的目标，包括用适当信息指明每个人都负有各自的质量责任，并被期望遵守这些政策和程序。

【案例分析 5-4】

基本案情：长城机电产业公司（以下简称“长城公司”）利用科研成果（节能电机），以签订“技术开发合同”的方式，以高息回报为诱饵非法集资。投资者络绎不绝，从 2019 年 6 月 2 日至 2020 年 2 月底，长城公司在全国范围内集资高达十多亿元。大量的集资款被长城公司挥霍和侵吞。2020 年，广大投资者对该公司的集资行为产生怀疑，这时长城公司找到中诚会计师事务所第二分所，要求出具资信证明。该二分所相关人员在接受吃请、收受红包后，按照长城公司的要求以中诚会计师事务所总所名义出具了验资报告。投资者因看到中诚会计师事务所的验资报告而不再要求退款。真相披露后，审计署、财政部针对中诚会计师事务所出具虚假验资报告的行为，责令解散中诚会计师事务所（包括所有 13 个分所），吊销相关当事人的注册会计师证书。法院对承办长城公司审计业务的两名注册会计师依法判处了有期徒刑。

分析要点：根据本案例资料分析中诚会计师事务所全军覆没的原因。

答案提示：中诚会计师事务所各分所都独立承揽业务，且都有总所的印章，可以直接出具审计报告，各分所基本没有建立业务质量管理制度，而总所对分所又没有相应的监控。正因为中诚会计师事务所缺乏质量管理制度，其注册会计师缺乏职业道德，才导致其 13 个分所全军覆没。

关键概念

审计准则　　国家审计准则　　社会审计准则　　内部审计准则

思考题

1. 注册会计师执业准则有哪些作用？有何负面作用？如何避免其可能带来的负面作用？

2. 我国审计准则建设应当坚持中国特色还是与国际接轨？审计准则国际趋同的意义何在？如何实现国际趋同？

3. 中国注册会计师执业准则体系包括哪些部分？

4. 注册会计师业务准则与质量控制准则的关系如何？二者有何联系与区别？

5. 会计师事务所应当从哪些方面实施业务质量控制？

6. 会计师事务所接受或保持客户关系应当具备哪些条件？

7. 项目质量控制复核包括哪些内容？

8. 何为网络事务所？

思政园地

学家规 兴审计

在我国，从古至今"家"与"国"都紧密相连，家庭兴旺与社会和谐、国家发展息息相关。审计这个大家庭也应从中汲取养分，和民族复兴、国家强盛同频共振。

1. 家国同源，责任是灵魂

审计应以对国家和人民、对历史和法律高度负责的精神和态度，认真履行宪法和法律赋予的审计监督职责，充分发挥审计"免疫系统"功能，当好公共财政的"卫士"，切实维护人民群众利益和国家经济安全，保障经济社会健康运行。

2. 根植传统，清廉是保证

我国自古就有"公生明，廉生威。吏不畏吾严，而畏吾廉；民不服吾能，而服吾公"的清廉传承。要"正人先正己"，要求别人做到的，必须自己先做到；要求别人不做的，自己坚决不做。自身正，约束别人才底气足；自己过得硬，监督别人才腰杆直。

3. 勤勉敬业，奉献是美德

《中国家规》中阐释的家规家风，字里行间无不凸显"奉献"二字。"奉献"也应当是审计家风的价值取向。对审计人而言，奉献就是要恪尽职守、奋发向上、全心投入、矢志不渝。

资料来源：刘菲：学家规 兴审计——读《中国家规》有感，审计月刊，2017(11)。(有改动)

第六章　审计职业道德

学习目标

◆ 了解审计职业道德含义。

◆ 理解政府审计职业道德内容。

◆ 理解注册会计师职业道德含义。

◆ 掌握注册会计师职业道德的基本原则。

◆ 掌握注册会计师职业道德概念框架。

◆ 掌握注册会计师审计独立性及其影响。

◆ 理解内部审计的原则。

引导案例

"瑞华之殇"带给独立审计的警示与思考

瑞华会计师事务所（特殊普通合伙）是由原中瑞岳华和原国富浩华在平等协商基础上于2013年4月联合成立的一家专业化、规模化、国际化的大型会计师事务所，是我国第一批被授予A+H股企业审计资格、第一批完成特殊普通合伙转制的民族品牌专业服务机构，系美国PCAOB登记机构，业务涉及股票发行与上市、公司改制、企业重组、资本运作、财务咨询、管理咨询、税务咨询等领域。瑞华会计师事务所曾经号称内资第一大所，在中国注册会计师协会百强所的排名紧随国际"四大"会计师事务所之后。然而，自2019年以来，瑞华会计师事务所（以下简称"瑞华"）深深陷入了A股市场最大的"黑天鹅"事件——康得新财务造假案。经证监会调查，康得新披露的相关年度报告存在虚假记载和重大遗漏。瑞华作为康得新的审计机构，在康得新造假期间连续3年均为其出具了标准无保留的审计意见，没有起到"看门人"的作用，于2019年7月8日被证监会正式立案调查。

然而，面对种种质疑，瑞华竟然在2019年7月28日"霸气"发布声明，宣称瑞华对康得新公司重大风险项目执行了能够执行的所有审计程序，瑞华是在获得的审计证据之上出具的审计报告。在整个声明中，瑞华自信满满。然而，根据证监会对康得新的调查，该公司舞弊的手段并不高明。早在几年之前自媒体上就出现了对康得新财务信息的质疑。2019年，深圳证券交易所就针对康得新半年财报数据异常而特意发函询问，质疑该公司的资金管理情况、费用情况和关联方占用资金情况。这些财务造假，都是会计师事务所应该保持职业怀疑并重点关注的领域。同年，上市公司辅仁药业也被立案调查，而它的审计机构同样是瑞华会计师事务所。早在2019年，瑞华就因为在审计亚太实业、勤上光电、振隆特产的过程中未勤勉尽责而多次被证监会处罚。2019年的这两次审计失败，更是把瑞华卷进了舆论的漩涡。很快,证监会叫停了瑞华所有的IPO项目。各种媒体、投资者也纷纷对瑞华口诛笔伐,客户和团队大量流失,曾经的内资第一大所变得灰头土脸、分崩离析、人人避而远之。在中国注册会计师协会发布的2020年百强会计师事务所的名单上,已经看不到瑞华会计师事务所的名字了。到2021年2月,瑞华多所分所撤销,年审客户仅剩一家。这是“瑞华之殇”,更是“行业之痛”,也再次让我们认识到在提高职业道德水平、提升执业能力方面,注册会计师审计还有太多需要警惕和反思的地方。

资料来源:李克亮:“瑞华之殇”带给独立审计的警示与思考,财会月刊,2020(20):90-95。(有改动)

案例思考:注册会计师在执业过程中应当遵守何种职业道德?如何保持自身的独立性?如果违反了职业道德规范,注册会计师及会计师事务所将会承担何种法律责任?

案例思考:注册会计师在执业过程中既要保持形式上的独立又要保持实质上的独立,严格遵守独立、客观、公正等职业道德基本原则,一旦违反了职业道德规范,就要承担相应的行政责任、民事责任和刑事责任。职业道德是审计人员在开展审计工作中应当具有的职业品德、应当遵守的职业纪律和应当承担的职业责任的总称。审计是专业性较强的职业,这一职业的复杂性,使外部人员难以对审计过程做出评价。职业道德规范的建立是审计职业取得外界理解与支持的必然要求。

第一节　审计职业道德概述

一、审计职业道德的含义

职业道德是同人们的职业活动紧密联系的符合职业特点的道德准则、道德操守与道德品质的总和,它是人们在从事职业的过程中形成的一种内在的、非强制性的约束机制。职业道德不仅是从业人员在职业活动中的行为标准和要求,也是本行业对社会所承担的道德责任和义务,它把一般的社会道德标准与具体的行业特点结合,是社会道德在职业生活中的具体化。

审计人员职业道德是为指导审计人员在从事审计工作中保持独立的地位、端正的态度和约束自己的行为而制定的一整套职业道德规范。审计职业道德作为社会职业道德的组成部分,在实际生活中发挥着约束个人行为、调整人们在审计工作中所形成的社会关系、促进社会主义市场经济繁荣和市场秩序良好运转等其他职业道德无法替代的作用。

二、审计职业道德的作用

(1)具备良好的职业道德信念和职业道德习惯,审计人员能自觉正确调整个人和职业、审计工作服务对象之间的关系,忠实地履行自己的职责,做到依法审计、实事求是、客观公正地处理问题,保障审计任务的顺利完成。

(2)审计职业道德是提高审计工作水平、充分发挥审计作用的关键。审计工作水平的高低取决于审计人员个体业务能力的高低和其发挥主观能动作用的程度。审计人员有较高的职业道德水平便能自觉地按照职业道德要求规范自己的行为,通过审计有效遏制社会不良风气的蔓延。

（3）审计职业道德是不断提高审计人员自身品德素养的基础。审计职业道德指导审计人员在职业岗位上确立具体的生活目标和职业理想，培养良好的职业习惯和道德情操，是提高审计人员品德及业务素质的基础。

（4）加强审计职业道德，有利于社会整体道德风尚的提升。审计工作几乎涉及我国市场经济领域的各行各业，审计人员能否严格遵守审计职业道德，与市场经济秩序的稳定，经济效益的提高，清正廉洁、奉公守法、勤俭节约等良好社会风尚的培养和形成有着密切的关系。

第二节　政府审计职业道德

一、政府审计职业道德的含义与本质

道德是调整社会中人与人、个人与群体、个人与社会之间的行为规范的总和。它依靠社会舆论、传统习惯和内心信念的约束力量使个人行为规范化，符合社会对个人发展的方向性要求。相应地，职业道德是社会一般道德要求在职业生活中的具体体现，就政府审计职业而言同样拥有自己的职业道德规范。所谓政府审计的职业道德，是指审计人员在长期从事政府审计工作过程中逐步形成的应当普遍遵守的行为规范，具体包括政府审计人员的职业品德、职业纪律、职业胜任能力和职业责任等内容。

政府审计是一种依法独立进行的监督活动，它要求审计人员必须依据规范保持较高的独立性，并以客观和公正的态度，实事求是地反映被审计单位的问题，发表审计意见，呈报并发布审计报告。作为一种道德范畴，政府审计的职业道德依靠审计人员的精神信仰、内心信念和社会舆论的支持，没有强制的约束力。但是由于政府审计工作的特殊性，国家需要要求政府审计人员强制性服从职业道德规范，以国家认可的方式赋予职业道德规范以法律依据，这样就将本属于道德领域的职业规范提升为法律领域的法律规范。例如，我国也为政府审计人员的职业道德制定了专门准则，中华人民共和国审计署于 2001 年 8 月 1 日修订并重新颁布了《审计机关审计人员职业道德准则》。2010 年 9 月 8 日，审计署公布了新修订的《中华人民共和国国家审计准则》。

二、政府审计职业道德的内容

政府审计人员职业道德包括审计机关审计人员的职业品德、职业纪律、职业胜任能力和职业责任。

（一）职业品德

审计人员应当依照法律规定的职责、权限和程序进行审计工作，并遵守政府审计准则。审计人员办理审计事项，应当遵循正直坦诚、客观公正、勤勉尽责的职业品德。

审计人员应当正直坦诚，做到崇尚国家利益和公共利益；坚持原则，不屈从于外部压力；不隐瞒审计发现的问题，不歪曲审计结论。审计人员应当客观公正，做到以适当、充分的审计证据支持审计结论；实事求是地评价和处理审计发现的问题；保持不偏不倚的立场和态

度,避免偏见。审计人员应当勤勉尽责,做到敬业奉献,认真履行应尽的审计职责;严谨细致,保证审计工作的质量;勤勉高效,及时完成所承担的审计业务;廉洁自律,不利用职权谋取私利。

(二)职业纪律

审计人员应当遵守国家的法律、法规和规章以及审计工作纪律和廉政纪律。审计人员应当认真履行职责,维护政府审计的权威,不得有损害审计机关形象的行为,同时审计人员应当维护国家利益和被审计单位的合法权益。

审计人员在执行职务时,必须保持应有的独立性,不受其他行政机关、社会团体和个人的干涉。所以,审计人员在实施政府审计时应当避免与被审计单位负责人或者有关主管人员有夫妻关系、直系血亲关系、三代以内旁系血亲以及近姻亲关系,避免与被审计单位或者审计事项有直接经济利益关系,避免对曾经管理或者直接办理过的相关业务进行审计等情况发生。审计机关则需要采取相关人员依法回避制度,限制相关人员审计范围,并对相关审计人员的工作追加必要的复核程序等措施来保障审计独立性纪律的实现。

审计人员在执行职务时,还应当忠诚老实,不得隐瞒或者曲解事实。审计人员在执行职务特别是做出审计评价、提出处理处罚意见时,应当做到依法办事,实事求是,客观公正,不得偏袒任何一方。

(三)职业胜任能力

审计人员应当具有符合规定的学历,通过岗位任职资格考试,具备与从事的审计工作相适应的专业知识、职业技能和工作经验,并保持和提高职业胜任能力。同时,审计人员还应当合理运用审计知识、技能和经验,保持职业谨慎,不得对没有证据支持的、未经核清事实的、法律依据不当的和超越审计职责范围的事项发表审计意见。审计人员不得从事不能胜任的业务,还应当遵守审计机关的继续教育和培训制度,参加审计机关举办或者认可的继续教育、岗位培训活动,学习会计、审计、法律、经济等方面的新知识,掌握与从事的工作相适应的计算机、外语等技能,不断优化知识结构,更新职业技能,积累工作经验,保持持续的职业胜任能力。

同时,为了保障审计工作的顺利进行,弥补审计职业胜任能力的差异,审计机关应当合理配备审计人员,组成审计组,确保其在整体上具备与审计项目相适应的职业胜任能力,以此来保障审计组织整体的胜任能力。

(四)职业责任

审计人员应当遵守国家的法律、法规和规章以及审计工作纪律和廉政纪律。审计人员应当认真履行职责,维护政府审计的权威,不得有损害审计机关形象的行为。同时,审计人员还需要对其执行职务时知悉的国家秘密和被审计单位的商业秘密承担保密的义务,尤其是对执行职务时取得的资料和审计工作记录,未经批准不得对外提供和披露,不得用于与审计工作无关的目的。

第三节　内部审计职业道德

《国际内部审计专业实务框架》(IPPF)将“职业道德规范”定为“强制推行”，规定内部审计人员应遵守以下原则。一是诚信，内部审计师的诚信确立信用，从而为信任其判断提供基础；二是客观，内部审计师在收集、评价和沟通有关被检查活动或过程的信息时，要显示出最高限度的职业客观性，在做出判断时，不受其个人喜好或他人的不适当影响，对所有相关环节做出公正的评价；三是保密，内部审计师尊重所获取信息的价值和所有权，没有适当授权不得披露信息，除非是在有法律或职业义务的情况下；四是胜任，内部审计师在执行内部审计业务时能够使用所需要的知识、技能和经验。

中国内部审计协会于2003年颁布了《内部审计人员职业道德规范》，在2013年修改完善了《第1201号——内部审计人员职业道德规范》，对内部审计人员应遵守的一般原则、审计人员的专业胜任能力、客观性、保密等进行了明确规定。

一、诚信正直原则

（一）诚信原则

我国《内部审计人员职业道德规范》明确规定：“内部审计人员在从事内部审计活动时，应当保持诚信正直。”诚信是指诚实和守信，也就是说内部审计人员的言行与内心思想一致、不虚假，能够履行自己的职责，取得社会的信任。内部审计人员在从事内部审计活动时，应当保持诚信。

内部审计人员的诚信缺失将严重削弱内部审计的监督职能，还可能助长组织内部的不正之风。内部审计工作相当于在组织内部建立的组织自我完善、健康发展的免疫机制，这一免疫机制效用的发挥首先取决于内部审计人员是否具有诚实守信的职业道德和品质。如果内部审计人员不诚信，在实施审计活动的过程中歪曲事实、隐瞒审计发现的问题或者据以做出判断的审计证据不充分，那么内部审计活动的效率和效果都将大打折扣，内部审计这一监督机制也将失去其存在的意义。

（二）正直原则

我国《内部审计人员职业道德规范》明确规定：“内部审计人员在实施内部审计业务时，应当廉洁、正直，不应有利用职权谋取私利，屈从于外部压力违反原则等行为。”

正直原则是指内部审计人员应当将国家、组织、员工利益置于个人利益之上，能明辨是非。坚持正确的观点，不屈服于压力，按照法律及职业要求。不偏不倚地对待各相关利益方，不以牺牲一方利益为条件而使另一方受益。内部审计人员在实施内部审计业务时，不仅要求做到用权为公，不得以权谋私，还要求内部审计人员在任何情况下都不能屈从于外部压力，违反原则。

廉洁原则是指不从被审计单位获得任何可能有损职业判断的利益，包括内部审计人员自身或其亲属可能从被审计单位获取的各种直接和间接的利益。从被审计单位获取利益会使内部审计人员的独立性和客观性受到损害，内部审计人员对被审计单位所做审查和评价的公正性、客观性不可避免地都会受到质疑,从而与组织的利益相悖,甚至给组织带来损害。

二、客观性原则

我国《内部审计人员职业道德规范》明确规定:"内部审计人员实施内部审计业务时,应当实事求是,不得由于偏见、利益冲突而影响职业判断。"

内部审计的客观性是指内部审计人员执行内部审计业务时,应当以事实为依据,保持公正、不偏不倚的态度。客观性一般指内部审计人员的客观性。

客观性是发自内心的,是内部审计人员在从事内部审计活动时要保持的精神态度。不论内部审计旨在查找组织经营活动或内部控制中的差异或缺陷,从而发挥监督的功能,还是旨在对经营活动或内部控制进行评价,或者希望借助自身的专业素质和技能为组织增加价值而服务,客观性都是针对内部审计人员的最基本要求。

客观性要求内部审计人员在执行审计工作的时候要始终保持一种独立的个人思考状态,不应掺杂个人感情或偏见,不受任何利益或他人观点所左右。内部审计人员在做出职业判断的时候,应该忠于自己的意见判断,不因其他因素的影响而做出重大的质量妥协,也不能把对其他事务的判断凌驾于对审计事务的判断之上。在提交审计报告之前,应该对内部审计工作的结果进行审查,以评估是否存在有违客观性的情况或内容。在现实工作中,一些内部审计人员的业务素质很不理想,执行业务时缺乏实事求是、客观独立的精神态度,因而影响到内部审计监督职能的充分发挥。还有一些内部审计人员在实施审计工作时处理简单,没有客观仔细地检查和提出问题,特别是在一些经营者的授意、强令和指使下参与或纵容了会计造假问题,导致发布错误的审计报告。

三、保密原则

(一)保密原则的内涵

我国《内部审计人员职业道德规范》明确规定:"内部审计人员应当对实施内部审计业务所获取的信息保密,非因有效授权、法律规定或其他合法事由不得披露。"

内部审计人员应当履行保密义务,对实施内部审计业务过程中所获取的信息保密。由于内部审计工作的性质决定了内部审计人员经常会接触到组织的一些机密的内部信息,内部审计人员对于执行业务过程中知悉的商业秘密、所掌握的被审计单位的资料和情况,应当严格保守秘密,这一责任不因审计业务结束而终止。为此,内部审计人员在社会交往中,应当履行保密义务,警惕非故意泄密的可能性。

我国《内部审计人员职业道德规范》明确规定:"内部审计人员不得利用其在实施内部审计业务时获取的信息牟取不正当利益,或者以有悖于法律法规、组织规定及职业道德的方式使用信息。"

在内部审计机构及外勤工作处所以外的任何地点和场所均不应谈论可能涉及被审计单位机密的情况;除非得到被审计单位的书面允许或法律、法规要求公布者外,不得提供或泄露给第三者,也不能将其用于私人目的,要防止因为这些信息与资料的泄露给组织带来损失。

除此之外,内部审计人员还应当采取措施,确保协助其工作的业务助理人员和专家信守保密原则。当然,保密责任也不能成为内部审计人员拒绝按专业标准要求揭示有关信息、拒绝出庭作证的借口。

（二）保密原则的例外事项

在通常情况下,内部审计人员应当对执业过程中获悉的被审计单位的信息保密,但是如果被审计单位存在违法违规行为,就面临着法律强制内部审计人员披露信息的要求。内部审计人员职业道德规范规定,内部审计人员在法律法规允许或要求披露的情况下可以披露被审计单位的有关信息,例如在法律法规允许披露并且取得被审计单位授权的情况下,可以披露涉密信息;根据法规要求,为法律诉讼准备文件或提供证据,以及向有关机构报告发现的违反法规行为时,向组织适当管理层报告有关信息时,也可以对有关信息进行披露。

除上述情况外,内部审计人员应当遵循保密原则,按照规定使用其在履行职责时所获取的信息。

四、专业胜任能力

我国《内部审计人员职业道德规范》明确规定:“内部审计人员应当具备履行职责所需的专业知识、职业技能和实践经验。”

专业胜任能力是指内部审计人员为履行职责所应具备的专业知识、职业技能和实践经验。内部审计人员必须适应内部审计领域不断扩展的发展趋势,掌握全方位的、多层次的专业知识和技能,丰富自身的专业经验,提升自身的职业判断能力。内部审计活动涉及大量的专业知识,内部审计人员不仅需要具备会计、审计等方面的知识,还需要掌握经营、管理、信息技术、风险管理和法律等方面的知识,并需要灵活运用所掌握知识的技能和经验。为此,内部审计人员应当保持并提高专业胜任能力,接受必要的专业教育,通过权威性的职业资格认证,并按照规定参加继续教育及岗位培训。

我国《内部审计人员职业道德规范》明确规定:“内部审计人员实施内部审计业务时,应当保持职业谨慎,合理运用职业判断。”

内部审计人员在实施内部审计活动时,应保持谨慎的态度。根据所审查项目的复杂程度,合理使用职业判断,运用必需的审计程序,警惕可能出现的错误、遗漏、浪费、效率低下和利益冲突等情况,还应小心避免可能发生的违法乱纪的情形。对于审查中发现的内部控制不够有效的环节,应提出合理、可行的改进措施。当然,应有的职业谨慎只是合理的谨慎,并不意味着永远正确、毫无差错,内部审计人员只能是在合理的程度上开展检查和核实的工作,而不可能对所有事项都进行详细的检查,内部审计工作并不能保证发现所有存在的问题。

审计职业判断是审计工作的重要组成部分,它贯穿于整个审计工作的全过程,从对被审计单位的选择、对内部控制测试结果的评估、重要性原则的运用、审计抽样方法的选择及其结果的评价,直至决定审计意见的表述,都离不开审计人员的职业判断。职业判断水平的高低直接影响着审计工作的成败。因此,合理运用职业判断,提高职业判断的准确性是降低审计风险,实现审计目标的一个重要途径。内部审计人员在做出职业判断时,除了依据专业标准外,在较大程度上还依赖于审计人员的自身经验,通过内部审计人员的职业判断可以将审计风险降低到一个合理的可接受水平。职业判断的准确性程度越高,审计风险水平就越低,反之则相反。职业判断能力是内部审计人员学识、经验、能力和道德水平的综合反映。

第四节 注册会计师职业道德

一、注册会计师的职业道德与注册会计师职业道德规范

注册会计师的职业道德,是指注册会计师职业品德、职业纪律、专业胜任能力及职业责任等的总称。职业品德是指注册会计师所应当具备的职业品格和道德行为。它是职业道德体系的核心部分,其基本要求是独立、客观和公正;职业纪律是指约束注册会计师职业行为的法纪和戒律,尤其是注册会计师应当遵循职业准则及国家其他相关法规;专业胜任能力是指注册会计师所应当具备胜任其专业职责的能力;职业责任是指注册会计师对客户同行及社会公众所应当履行的责任。

注册会计师职业道德规范是指注册会计师在执业过程中应遵循的道德标准。它用以规范注册会计师职业道德行为,对提高注册会计师职业道德水准,维护注册会计师职业形象,构建行业诚信,保护社会公众利益有着重要意义。

中国注册会计师行业非常重视自身的职业道德规范的建设。1992 年,中国注册会计师协会发布了《中国注册会计师职业道德守则(试行)》。随着执业环境的变化,在借鉴美国职业道德守则的基础上,中国注册会计师协会在 1996 年印发了《中国注册会计师职业道德基本准则》,于 1997 年 1 月 1 日起施行。《基本准则》提出了独立、客观、公正的基本原则,并从专业胜任能力和技术规范、对客户的责任、对同行的责任和其他责任角度对注册会计师提出职业道德要求,为我国职业道德规范的建设奠定了基础。为了指导职业道德基本原则的有效执行,中国注册会计师协会于 2002 年 6 月 25 日发布了《中国注册会计师职业道德规范指导意见》。2009 年 10 月,中国注册会计师协会发布了《中国注册会计师职业道德守则(2009)》《中国注册会计师协会非执业会员职业道德守则(2009)》,全面规范了注册会计师的职业道德行为,实现了与国际会计师职业道德守则的全面趋同。2020 年 12 月 17 日,中国注册会计师协会印发《中国注册会计师职业道德守则(2020)》《中国注册会计师协会非执业会员职业道德守则(2020)》,自 2021 年 7 月 1 日起施行。

二、注册会计师职业道德基本原则

注册会计师职业道德包括下列职业道德基本原则:诚信、客观公正、独立性、专业胜任能力和勤勉尽责、保密、良好的执业行为。

(一)诚信

诚信,是指诚实、守信。诚信原则要求审计人员应当在所有的职业关系和商业关系中保持正直和诚实,秉公处事、实事求是。诚信是我国社会主义核心价值观的重要组成部分,是社会主义道德建设的重要内容,是构建社会主义和谐社会的重要纽带,同时也是社会主义市场经济运行的基础。诚信是注册会计师行业存在和发展的基石,在职业道德基本原则中居于首要地位。注册会计师应当遵循诚信原则,在所有的职业活动中保持正直、诚实、守信。

注册会计师如果认为业务报告、申报资料、沟通函件或其他方面的信息存在下列问题，不得与这些有问题的信息发生关联：

（1）含有严重虚假或误导性的陈述；

（2）含有缺乏充分根据的陈述或信息；

（3）存在遗漏或含糊其词的信息，而这种遗漏或含糊其词可能会产生误导。

注册会计师如果注意到已与有问题的信息发生关联，则应当采取措施消除关联。如果注意到已与有问题的信息发生牵连，应当采取措施消除牵连。在鉴证业务中，如果审计人员依据执业准则出具了恰当的非标准业务报告，不被视为违反上述要求。

（二）客观公正

注册会计师在执业过程中要本着诚信为本、独立自主的原则，不受任何外界干扰，出具的审计意见必须基于客观的立场，不得掺杂任何个人的主观意愿，不能对未来事项可实现程度的大小做出保证。注册会计师在审计业务的执行过程中，对于有关审计事项的调查、取证、分析、判断应基于客观的立场，以客观事实为依据，不被委托单位和第三者的意见所左右，不应掺杂个人的主观意愿。注册会计师在提供专业服务时，应当公正处事、实事求是，不得由于偏见、利益冲突或他人的不当影响而损害自己的职业判断。如果存在导致职业判断出现偏差，或对职业判断产生不当影响的情形，注册会计师不得提供相关专业服务。客观公正原则不仅仅适用于审计业务，注册会计师提供的各种专业服务都应该遵循这两个原则。

（三）独立性

市场经济的安全运行、社会资源的有效配置都在很大程度上依赖于注册会计师对企业会计信息所发表审计意见的独立性。独立是注册会计师执行审计业务的灵魂。《中国注册会计师职业道德守则》对独立性的定义是：在执行审计和审阅业务、其他鉴证业务时，注册会计师应当遵循独立性原则，从实质上和形式上保持独立性，不得因任何利害关系影响其客观公正。

（1）实质上的独立性。实质上的独立性是一种内心状态，使得注册会计师在提出结论时不受损害职业判断的因素影响，诚信行事，遵循客观公正原则，保持职业怀疑。

（2）形式上的独立性。形式上的独立性是一种外在表现，使得一个理性且掌握充分信息的第三方，在权衡所有相关事实和情况后，认为会计师事务所或审计项目组成员没有损害诚信原则、客观公正原则或职业怀疑。

形式上的独立是从独立性的外在表现判断的，注册会计师是否遵循了形式上的独立必须从第三者的角度出发做出判断。要做到在第三者面前，注册会计师所表现的身份应是完全独立于委托单位的，在他人看来注册会计师是独立的。

例如，在接受委托审计的过程中，执业的注册会计师的配偶是被审计单位的财务总监，那么第三者就会怀疑注册会计师出具的审计报告不够客观公正，从而对注册会计师签发的审计报告产生不信任感，注册会计师的审计报告就会失去鉴证作用。注册会计师必须以自身的信誉向公众表明被审计单位财务报表的合法性和公允性，如果其与客户存在经济利益、关联关系或其他有损于独立性的情形，就无法取信于社会公众，无法发挥社会审计应有的作用。

注册会计师在执业过程中不但要做到形式上的独立,更要做到实质上的独立。实质上的独立又称为精神上的独立。保持精神上的独立,才能使审计意见不受有损判断的因素的影响,做到不偏不倚、公正无私,保持应有的职业谨慎。

(四)专业胜任能力和勤勉尽责

专业胜任能力是指注册会计师具有专业知识、技能和经验,能够经济有效地完成客户委托的业务。注册会计师应当通过教育、培训和执业实践获取和保持专业胜任能力。注册会计师应当持续了解并掌握当前法律、技术和实务的发展变化,将专业知识和技能始终保持在应有的水平,确保为客户提供具有专业水准的服务。在应用专业知识和技能时,注册会计师应当合理运用职业判断。注册会计师应当采取适当措施,确保在其授权下从事专业服务的人员得到应有的培训和督导。在必要时,应当使客户以及业务报告的其他使用者了解专业服务的固有局限性。

注册会计师应当勤勉尽责,即遵守职业准则的要求并保持应有的职业怀疑,认真、全面、及时地完成工作任务。

(五)保密

注册会计师应当对执业活动中获知的涉密信息保密,不得未经客户授权或法律、法规允许就向会计师事务所以外的第三方披露其所获知的涉密信息,不得利用因职业关系而获知的涉密信息为自己或第三方谋取利益,不得在职业关系结束后利用或披露因该职业关系获知的涉密信息。即使在终止与客户的业务关系后,注册会计师也应当对以前职业活动中获知的涉密信息保密。

注册会计师在下列情况下可以披露客户的有关信息(保密的例外):

(1)取得客户的授权;

(2)根据法规要求,为法律诉讼准备文件或提供证据,以及向监督机构报告发现的违反法规的行为;

(3)接受同业复核以及注册会计师协会和监管机构依法进行的质量检查。

在决定披露客户的有关信息时,注册会计师应当考虑以下因素:

(1)是否了解和证实了所有相关信息,如果还存在未经证实的事实或意见,在决定披露时应当运用职业判断;

(2)信息披露的方式和对象,尤其是注册会计师应当确定沟通对象是适当的接受者,并有责任采取适当行动;

(3)可能承担的法律责任和后果,注册会计师是否会因信息披露而招致法律责任,其后果是什么;

(4)在所有情况下,注册会计师应当考虑是否需要向法律顾问和职业组织进行咨询。

(六)良好的执业行为

注册会计师应当遵守相关法律法规,避免发生任何损害职业声誉的行为。注册会计师应当爱岗敬业,遵守相关法律法规,避免发生任何可能损害声誉的行为。如果一个理性且掌握充分信息的第三方很可能认为某种行为将对良好的职业声誉产生负面影响，则这种行为属于可能损害声誉的行为。在向公众传递信息以及推介自己和工作时，注册会计师应当客观、真实、得体，不得损害执业形象。注册会计师应当诚实、实事求是，不得夸大宣传提供的服务、拥有的资质或获得的经验，不得贬低或无根据地比较其他注册会计师的工作。

三、职业道德概念框架

职业道德概念框架是指解决职业道德问题的思路和方法，用以指导注册会计师识别对职业道德基本原则的不利影响，评价不利影响的严重程度，必要时采取防范措施清除不利影响或将其降低至可接受的水平。

（一）识别对遵循职业道德基本原则产生不利影响的因素

可能对职业道德基本原则产生不利影响的因素包括自身利益、自我评价、过度推介、密切关系和外在压力。

1）自身利益

因自身利益产生的不利影响，是指由于某项经济利益或其他利益可能不当影响注册会计师的判断或行为，而对职业道德基本原则产生的不利影响。这种不利影响的包括以下几种：

（1）注册会计师在客户处拥有直接经济利益；

（2）会计师事务所的收入过分依赖某一客户；

（3）会计师事务所以较低的报价获得新业务，而该报价过低，可能导致注册会计师难以按照适用的职业准则要求执行业务；

（4）注册会计师与客户之间存在密切的商业关系；

（5）注册会计师能够接触到涉密信息，而该涉密信息可能被用于牟取个人私利；

（6）注册会计师在评价所在会计师事务所以往提供的专业服务时，发现了重大错误；

（7）会计师事务所与客户就鉴证业务达成或有收费的协议；

（8）鉴证业务项目组成员正在与鉴证客户协商受雇于该客户。

2）自我评价

因自我评价产生的不利影响，是指注册会计师在执行当前业务的过程中，其判断需要依赖其本人或所在会计师事务所以往执行业务时做出的判断或得出的结论，而该注册会计师可能不恰当地评价这些以往的判断或结论，从而对职业道德基本原则产生的不利影响。这种不利影响包括以下几种：

（1）注册会计师在对客户提供财务系统的设计或实施服务后，又对系统运行的有效性出具鉴证报告；

（2）注册会计师为客户编制用于生成有关记录的原始数据，而这些记录是鉴证业务的对象；

（3）鉴证业务项目组成员担任或最近曾经担任客户的董事或高级管理人员；

（4）鉴证业务项目组成员目前或最近曾受雇于客户，并且所处职位能够对鉴证对象施加重大影响；

(5)会计师事务所为鉴证客户提供直接影响鉴证对象信息的其他服务。

3)过度推介

因过度推介产生的不利影响,是指注册会计师倾向客户的立场,导致该注册会计师的客观公正性受到损害而产生的不利影响。这种不利影响包括以下几种:

(1)注册会计师推介客户的产品、股份或其他利益;

(2)当客户与第三方发生诉讼或纠纷时,注册会计师为该客户辩护;

(3)注册会计师站在客户的立场上影响某项法律法规的制定。

4)密切关系

因密切关系产生的不利影响,是指注册会计师由于与客户存在长期或密切的关系,导致过于偏向客户的利益或过于认可客户的工作,从而对职业道德基本原则产生的不利影响。这种不利影响包括以下几种:

(1)审计项目组成员的主要近亲属或其他近亲属担任审计客户的董事或高级管理人员;

(2)鉴证客户的董事、高级管理人员,或所处职位能够对鉴证对象施加重大影响的员工,最近曾担任注册会计师所在会计师事务所的项目合伙人;

(3)审计项目组成员与审计客户之间长期存在业务关系;

(4)项目组成员的近亲属是客户的员工,其所处职位能够对业务对象施加重大影响。

5)外在压力

因外在压力产生的不利影响,是指注册会计师迫于实际存在的或可感知到的压力,导致无法客观行事而对职业道德基本原则产生的不利影响。这种不利影响包括以下几种:

(1)注册会计师因对专业事项持有不同意见而受到客户解除业务关系或被会计师事务所解雇的威胁;

(2)由于客户对所沟通的事项更具有专长,注册会计师面临服从该客户判断的压力;

(3)注册会计师被告知,除非其同意审计客户某项不恰当的会计处理,否则计划中的晋升将受到影响;

(4)注册会计师接受了客户赠予的贵重礼品,并被威胁将公开其收受礼品的事实。

(二)评价不利影响的严重程度

如果识别出了对职业道德基本原则的不利影响,那么注册会计师应当评价该不利影响的严重程度是否处于可接受的水平。所谓可接受的水平,是指注册会计师针对识别出的不利影响实施理性且掌握充分信息的第三方测试之后,很可能得出其行为并未违反职业道德基本原则的结论时,该不利影响的严重程度所处的水平。

在评价不利影响的严重程度时,注册会计师应当从性质和数量两个方面予以考虑,如果存在多项不利影响,则应当将多项不利影响组合起来一并考虑。注册会计师对不利影响严重程度的评价可能受客户特征的影响。例如,①客户是否属于审计客户,以及该客户是否属于公众利益实体;②客户是否属于非审计的鉴证客户;③客户是否属于非鉴证客户。通常,向属于公众利益实体的审计客户提供非鉴证服务,相对于向非公众利益实体审计客户提供相同的非鉴证服务，可能会对客观公正原则产生更高程度的不利影响。

良好的公司治理结构，可能有助于对职业道德基本原则的遵循。因此，注册会计师对不利影响严重程度的评价还可能受到客户经营环境的影响。例如，以下情况下的不利影响相对更低：①客户要求由管理层以外的适当人员批准聘请会计师事务所执行某项业务；②客户拥有具备足够经验和资历以及胜任能力的人员负责做出管理决策；③客户执行相关政策和程序，以确保在招标非鉴证服务时做出客观选择；④客户拥有完善的公司治理结构，能够对会计师事务所的服务进行适当的监督和沟通。

注册会计师对不利影响严重程度的评价可能受到所在会计师事务所的下列因素影响：

（1）会计师事务所领导层重视职业道德基本原则，并积极引导鉴证业务项目团队成员维护公众利益；

（2）会计师事务所建立政策和程序，以对相关人员遵循职业道德基本原则的情况实施监督；

（3）会计师事务所建立与薪酬、业绩评价、纪律处分相关的政策和程序，以促进相关人员对职业道德基本原则的遵循；

（4）会计师事务所对其过分依赖从某单一客户处取得收入的情况进行管理；

（5）在会计师事务所内，项目合伙人有权做出涉及遵循职业道德基本原则的决策，包括与是否向客户提供服务有关的决策；

（6）会计师事务所对教育、培训和经验的要求；

（7）会计师事务所用于解决内外部关注事项或投诉事项的流程。

（三）应对不利影响

如果确定识别出的不利影响超出可接受的水平，那么注册会计师应当采取下列措施来应对不利影响：

（1）消除产生不利影响的情形，包括利益或关系；

（2）采取可行并有能力采取的防范措施将不利影响降低至可接受的水平；

（3）拒绝或终止特定的职业活动。

所谓"防范措施"，是指注册会计师为了将对职业道德基本原则的不利影响有效降低至可接受的水平而采取的行动，该行动可能是单项行动，也可能是一系列行动。防范措施随事实和情况的不同而有所不同。举例来说，在特定情况下可能能够应对不利影响的防范措施包括：①向已承接的项目分配更多时间和有胜任能力的人员，可能能够应对因自身利益产生的不利影响；②由项目组以外的适当复核人员复核已执行的工作或在必要时提供建议，可能能够应对因自我评价产生的不利影响，该复核人员应当具备复核所需的知识、技能、经验和权威性，以客观地复核项目组已执行的工作或已提供的服务；③向鉴证客户提供非鉴证服务时，指派鉴证业务项目团队以外的其他合伙人和项目组，并确保鉴证业务项目组和非鉴证服务项目组分别向各自的业务主管报告工作，可能能够应对因自我评价、过度推介或密切关系产生的不利影响；④由其他会计师事务所执行或重新执行业务的某些部分，可能能够应对因自身利益、自我评价、过度推介、密切关系或外在压力产生的不利影响；⑤由不同项目组分别应对具有保密性质的事项,可能能够应对因自身利益产生的不利影响。

【案例分析 6-1】

基本案情: 2021 年 4 月 1 日,白兰会计师事务所接受委托审计甲上市公司 2020 年度财务报表,委派 A 注册会计师担任项目合伙人。白兰会计师事务所和望思会计师事务所使用同一品牌,共享重要专业资源。在审计过程中,甲公司与望思会计师事务所组成联合服务团队,向潜在客户推广北京市土地增值税清算相关咨询和信息系统咨询一揽子服务。甲公司财务总裁向 A 私下透露,某金融公司正与甲公司秘密协商参股乙公司。A 就此事询问了其在该金融公司工作的朋友,并与朋友们讨论了该投资的可能性。此外,B 系白兰会计师事务所的合伙人,与 A 同处一个业务部门。2020 年 5 月 1 日,B 购买了甲公司股票 1 000 股,每股 20 元,由于尚未出售该股票,白兰会计师事务所未委派 B 参与甲公司审计项目。

分析要点:

1. A 注册会计师在执行工作时,应遵守哪些职业道德基本原则?

2. 在审计过程中,A 注册会计师与会计师事务所的行为是否违反职业道德要求,并列出相关依据。

3. 如果白兰会计师事务所认为已发生违反注册会计师职业道德守则规定的情况,应当采取什么措施?

答案提示:

1.(1)诚信:注册会计师应当遵循诚信原则,在所有的职业活动中保持正直、诚实、守信。

(2)客观公正:注册会计师应当遵循客观公正原则,公正处事,实事求是,不得由于偏见、利益冲突或他人的不当影响而损害自己的职业判断。

(3)独立性:在执行审计和审阅业务、其他鉴证业务时,注册会计师应当遵循独立性原则,从实质上和形式上保持独立性,不得因任何利害关系影响其客观公正。

(4)专业胜任能力和勤勉尽责:根据该原则的要求,注册会计师应当获取并保持应有的专业知识和技能,确保为客户提供具有专业水准的服务。

(5)保密:注册会计师应当遵循保密原则,对职业活动中获知的涉密信息保密。

(6)良好职业行为:注册会计师应当遵循良好职业行为原则,爱岗敬业,遵守相关法律法规,避免发生任何可能损害职业声誉的行为。

2. 在审计过程中有多项行为违反了职业道德要求。首先,望思会计师事务所和甲公司以双方的名义捆绑提供服务违反了职业道德要求,属于因自身利益/外在压力对独立性产生严重不利影响。会计师事务所不得介入此类商业关系。而 A 注册会计师将客户和潜在投资方未公开的事项与朋友讨论则不符合保密规定。注册会计师未经客户授权,不得向事务所以外的第三方披露所获知的涉密信息。同时,与执行审计业务的项目合伙人同处一个分部的其他合伙人不得在审计客户中拥有经济利益。

3.(1)终止、暂停或消除引发违规的利益或关系,并处理违规后果。

(2)考虑是否存在适用于该违规行为的法律法规,如果存在,遵守该法律法规的规定,并考虑向相关监管机构报告该违规行为。

（3）按照会计师事务所的政策和程序，立即就该违规行为与项目合伙人、负责独立性相关政策和程序的人员及会计师事务所和网络中的其他相关人员沟通。

（4）评价违规行为的严重程度及其对会计师事务所的客观公正和出具审计报告能力的影响。

（5）根据违规行为的严重程度，确定是否终止审计业务，或者是否能够采取适当行动以妥善处理违规后果。在做出上述决策时，会计师事务所应当运用职业判断并考虑理性且掌握充分信息的第三方是否很可能得出会计师事务所的客观公正受到损害从而导致无法出具审计报告的结论。

四、审计业务对独立性的要求

在提供审计服务的过程中，可能存在多种对独立性产生不利影响的情形，注册会计师应当对此保持警觉，并采取防范措施消除不利影响或将其降低至可接受的水平。

（一）收费

1. 一般规定

会计师事务所在确定收费时应当主要考虑：

（1）专业服务所需的知识和技能。

（2）所需专业人员的水平和经验。

（3）各级别专业人员提供服务所需的时间。

（4）提供专业服务所需承担的责任。在专业服务得到良好的计划、监督及管理的前提下，收费通常以每一专业人员适当的小时收费标准或日收费标准为基础计算。

收费是否对职业道德基本原则产生不利影响，取决于收费报价水平和提供的相应服务。防范不利影响的措施主要包括：

（1）让客户了解业务约定条款，特别是确定收费的基础以及在收费报价内所能提供的服务；

（2）安排恰当的时间和具有胜任能力的员工执行任务。

在承接业务时，如果收费报价过低，可能对专业胜任能力和应有的关注原则产生不利影响。如果收费报价明显低于前任注册会计师或其他会计师事务所的相应报价，则会计师事务所应当确保：①在提供专业服务时，遵守执业准则和职业道德规范的要求，使工作质量不受损害；②客户了解专业服务的范围和收费基础。

2. 收费结构

如果会计师事务所从某一审计客户收取的全部费用占其审计收费总额的比重很大，或从某一审计客户收取的全部费用占某一合伙人从所有客户收取的费用总额比重很大，或者占会计师事务所某一分部收取的费用总额比重很大，则对该客户的依赖及对可能失去该客户的担心将因自身利益或外在压力产生不利影响。会计师事务所采取的防范措施主要包括：

（1）降低对该客户的依赖程度。

（2）实施外部独立质量控制复核。

（3）就关键的审计判断向第三方咨询。例如，向行业监管机构或其他会计师事务所咨询。

如果会计师事务所连续两年从某属于公众利益实体的审计客户及其关联实体收取的全部费用，占其从所有客户收取的全部费用的比重超过15%，那么会计师事务所应当向审计客户治理层披露这一事实，并讨论选择下列何种防范措施，以将不利影响降低至可接受的水平：

①在对第二年度财务报表发表审计意见之前，由其他会计师事务所对该业务再次实施项目质量控制复核（简称发表审计意见前复核）；

②在对第二年度财务报表发表审计意见之后、对第三年度财务报表发表审计意见之前，由其他会计师事务所对第二年度的审计工作再次实施项目质量控制复核（简称发表审计意见后复核）。

在上述收费比例明显超过15%的情况下，如果采用发表审计意见后复核无法将不利影响降低至可接受的水平，那么会计师事务所应当在发表审计意见前复核。

如果两年后每年收费比例继续超过15%，则会计师事务所应当每年向治理层披露这一事实，并讨论选择采取上述哪种防范措施。在收费比例明显超过15%的情况下，如果采用发表审计意见后复核无法将不利影响降低至可接受的水平，会计师事务所应当在发表审计意见前复核。

3. 逾期收费

如果审计客户长期未支付应付的费用，尤其是相当部分的费用在出具下一年度审计报告前仍未支付，可能因自身利益产生不利影响。会计师事务所通常要求审计客户在审计报告出具前付清上一年度的费用。如果在审计报告出具后审计客户仍未支付该费用，会计师事务所应当评价不利影响存在与否及其严重程度，并在必要时采取防范措施消除不利影响或将其降低至可接受的水平。

防范措施可能包括：

（1）收取逾期的部分款项；

（2）由未参与执行审计业务的适当复核人员复核已执行的工作。

如果相当部分的费用长期逾期，会计师事务所应当确定：

①逾期收费是否可能被视同向客户提供贷款；

②会计师事务所是否继续接受委托或继续执行审计业务。

4. 或有收费

或有收费是指收费与否或收费多少取决于交易的结果或所执行工作的结果，通过中介机构间接收取的或有收费同样属于本守则规定的或有收费。如果一项收费是由法院或政府有关部门规定的，则该项收费不被视为或有收费。会计师事务所在提供审计服务时，以直接或间接形式取得或有收费，将因自身利益产生非常严重的不利影响。因此，会计师事务所不得采用这种收费安排。

会计师事务所向审计客户提供非鉴证服务时，如果非鉴证服务以直接或间接形式取得

或有收费,那么也可能因自身利益产生不利影响。出现下列情况之时,会计师事务所不得采用或有收费安排:

(1)非鉴证服务的或有收费由对财务报表发表审计意见的会计师事务所取得,并且对其影响重大或预期影响重大;

(2)网络事务所参与大部分审计工作,非鉴证服务的或有收费由该网络事务所取得,并且对其影响重大或预期影响重大;

(3)非鉴证服务的结果以及由此收取的费用金额,取决于未来或当期与财务报表重大金额审计相关的判断。

在向审计客户提供非鉴证服务时,如果会计师事务所采用其他形式的或有收费安排,不利影响存在与否及其严重程度主要取决于下列因素:

(1)可能的收费金额区间;

(2)是否由适当的权威方确定有关事项的结果,而该结果作为确定或有收费金额的基础;

(3)针对会计师事务所执行的工作及收费的基础,向报告预期使用者做出的披露;

(4)非鉴证服务的性质;

(5)事项或交易对财务报表的影响。

会计师事务所应当评价不利影响的严重程度,并在必要时采取防范措施消除不利影响或将其降低至可接受的水平。防范措施可能包括:

(1)由审计项目组以外的适当复核人员复核该会计师事务所已执行的工作;

(2)预先就收费的基础与客户达成书面协议。

(二)礼品和款待

会计师事务所或审计项目组成员接受审计客户的礼品或款待,可能因自身利益和密切关系产生不利影响。如果会计师事务所或审计项目组成员接受审计客户的礼品,将产生非常严重的不利影响,导致没有防范措施能够将其降低至可接受的水平。因此,会计师事务所或审计项目组成员不得接受礼品。会计师事务所或审计项目组成员应当评价接受款待产生不利影响的严重程度。如果款待超出业务活动中的正常往来,那么会计师事务所或审计项目组成员应当拒绝接受。

如果会计师事务所或审计项目组成员向审计客户提供或接受利益诱惑,应当遵守《中国注册会计师职业道德守则第 3 号——提供专业服务的具体要求》第六章的相关规定,违反这些规定可能对独立性产生不利影响。

(三)诉讼或诉讼威胁

会计师事务所和客户管理层由于诉讼或诉讼威胁而处于对立地位,将影响管理层提供信息的意愿,从而因自身利益和外在压力产生不利影响。不利影响的严重程度主要取决于下列因素:

(1)诉讼的重要程度;

(2)诉讼是否与前期审计业务相关。

会计师事务所应当评价不利影响的严重程度,并在必要时采取防范措施消除不利影响或将其降低至可接受的水平。会计师事务所可以采取的防范措施主要包括:

(1)如果诉讼涉及某一审计项目组成员,将该成员调离审计项目组可能能够消除不利影响;

(2)由适当复核人员复核已执行的工作,可能能够将不利影响降低至可接受的水平。

(四)经济利益

在审计客户中拥有经济利益,可能因自身利益导致不利影响。不利影响存在与否及其严重程度取决于:拥有经济利益人员的角色、经济利益是直接还是间接的、经济利益的重要程度。

确定经济利益是直接还是间接的,取决于受益人能否控制投资工具或是否具有影响投资决策的能力。如果受益人能够控制投资工具或具有影响投资决策的能力,那么这种经济利益则可被界定为直接经济利益,否则为间接经济利益。

此外,近亲属的经济利益也可能对注册会计师的独立性产生不利影响。近亲属包括主要近亲属和其他近亲属,主要近亲属是指配偶、父母或子女,其他近亲属是指兄弟姐妹、祖父母、外祖父母、孙子女、外孙子女。

1. 在审计客户中拥有经济利益

如果会计师事务所、审计项目组成员或其主要近亲属在审计客户中拥有直接经济利益或重大间接经济利益,将因自身利益对审计活动产生非常严重的不利影响,导致没有防范措施能够将这种不利影响降低至可接受的水平。因此,会计师事务所、审计项目组成员或其主要近亲属不得在审计客户中拥有直接经济利益或重大间接经济利益。

如果审计项目组某一成员的其他近亲属在审计客户中拥有直接经济利益或重大间接经济利益,那么该成员将因自身利益而对审计活动产生非常严重的不利影响。不利影响的严重程度主要取决于审计项目组成员与其他近亲属之间的关系,以及该经济利益对其他近亲属的重要性。会计师事务所及其注册会计师可以采取的防范措施包括:

(1)其他近亲属尽快处置全部经济利益,或处置全部直接经济利益并处置足够数量的间接经济利益,以使剩余经济利益不再重大;

(2)由审计项目组以外的注册会计师复核该成员已执行的工作;

(3)将该成员调离该审计项目组。

2. 在审计客户之外的实体中拥有经济利益

当一个实体在审计客户中拥有控制性的权益,并且审计客户对该实体重要时,如果会计师事务所、审计项目组成员或其主要近亲属在该实体中拥有直接经济利益或重大间接经济利益,那么将因自身利益对审计活动产生非常严重的不利影响,因此,会计师事务所、审计项目组成员或其主要近亲属不得在该实体中拥有直接经济利益或重大间接经济利益。

当会计师事务所、审计项目组成员或其主要近亲属在某一实体中拥有经济利益,并且审计客户也在该实体中拥有经济利益,则可能因自身利益产生不利影响。如果经济利益并不重大,并且审计客户不能对该实体施加重大影响,则不被视为损害独立性。如果经济利益重大，并且审计客户能够对该实体施加重大影响，则没有防范措施能够将不利影响降低至可接受的水平。因此，会计师事务所不得拥有此类经济利益。拥有此类经济利益的人员，在成为审计项目组成员之前，应当处置全部经济利益，或处置足够数量的经济利益，以使剩余经济利益不再重大。

会计师事务所、审计项目组成员或其主要近亲属在某一实体中拥有经济利益，并且知悉审计客户的董事、高级管理人员或具有控制权的所有者也在该实体中拥有经济利益，可能因自身利益、密切关系或外在压力产生不利影响。注册会计师在必要时采取的防范措施主要包括：

（1）将拥有该经济利益的审计项目组成员调离审计项目组；

（2）由审计项目组以外的注册会计师复核该成员已执行的工作。

（3）审计项目组之外的会计师事务所员工的经济利益。

当其他合伙人与执行审计业务的项目合伙人同处一个分部时，如果其他合伙人或其主要近亲属在审计客户中拥有直接经济利益或重大间接经济利益，那么审计人员将因自身利益对审计项目产生非常严重的不利影响，导致没有防范措施能够将该不利影响降低至可接受的水平。因此，其他合伙人或其主要近亲属不得在审计客户中拥有直接经济利益或重大间接经济利益。基于同样的原因，为审计客户提供非审计服务的其他合伙人、管理人员或其主要近亲属也不得在审计客户中拥有直接经济利益或重大间接经济利益。

对于上述其他合伙人或管理人员，如果其主要近亲属作为审计客户的员工有权（例如，通过退休金或股票期权计划）取得该经济利益，并且在必要时能够采取防范措施消除不利影响或将其降低至可接受的水平，则不被视为损害独立性，如果其主要近亲属拥有或取得处置该经济利益的权利，例如，按照股票用权方案有权行使期权，则应当尽快处置或放弃该经济利益。

（五）贷款和担保

涉及审计客户的贷款或贷款担保可能因自身利益对独立性产生不利影响。注册会计师应当运用职业道德概念框架识别、评价和应对该不利影响。在运用概念框架时，可能需要考虑贷款或担保的重要程度。为确定贷款或担保对某个人是否重要，可能需要将该个人及其主要近亲属的贷款或担保净值一并考虑。

会计师事务所、审计项目组成员或其主要近亲属从不属于银行或类似金融机构的审计客户取得贷款，或由此类审计客户提供贷款担保，将因自身利益产生非常严重的不利影响，导致没有防范措施能够将其降低至可接受的水平。会计师事务所、审计项目组成员或其主要近亲属不得从不属于银行或类似金融机构的审计客户取得贷款，或由此类审计客户提供贷款担保。

会计师事务所、审计项目组成员或其主要近亲属不得从银行或类似金融机构等审计客户取得贷款，或获得贷款担保，除非该贷款或担保是按照正常的程序、条款和条件进行的。此类贷款的例子包括按揭贷款、银行透支、汽车贷款和信用卡等。

即使会计师事务所从银行或类似金融机构等审计客户按照正常的程序、条款和条件取得贷款,如果该贷款对审计客户或取得贷款的会计师事务所是重要的,也可能因自身利益对独立性产生不利影响。

会计师事务所应当评价不利影响的严重程度,并在必要时采取防范措施消除不利影响或将其降低至可接受的水平。防范措施可能包括由网络中未参与执行审计业务并且未从该贷款中获益的会计师事务所复核已执行的工作。

如果审计项目组成员或其主要近亲属按照正常的程序、条款和条件从银行或类似金融机构等审计客户处取得贷款,则不会对独立性产生不利影响。会计师事务所、审计项目组成员或其主要近亲属向审计客户提供贷款或为其提供担保,将因自身利益产生非常严重的不利影响,导致没有防范措施能够将其降低至可接受的水平。

(六)商业关系

会计师事务所、审计项目组成员或其主要近亲属与审计客户或其高级管理人员之间可能存在以下商业关系:①在与客户或其控股股东、董事、高级管理人员共同开办的企业中拥有经济利益;②按照协议,将会计师事务所的产品或服务与客户的产品或服务结合在一起,并以双方名义捆绑销售;③按照协议,会计师事务所销售或推广客户的产品或服务、客户销售或推广会计师事务所的产品或服务。

上述商业关系可能使审计人员因自身利益或外在压力对审计活动产生严重的不利影响。会计师事务所不得介入此类商业关系,如果存在此类商业关系,则应当予以终止。如果此类商业关系涉及某审计项目组成员,会计师事务所应当将该成员调离审计项目组。如果审计项目组成员的主要近亲属与审计客户或其高级管理人员存在此类商业关系,注册会计师应当评价不利影响的严重程度,并在必要时采取防范措施消除不利影响或将其降低至可接受的水平。

此外,会计师事务所、审计项目组成员或其主要近亲属从审计客户处购买商品或服务,如果按照正常的商业程序公平交易,则通常不会对独立性产生不利影响。然而,如果交易的性质特殊或金额较大,则可能因自身利益产生不利影响。会计师事务所应当在必要时采取以下防范措施消除不利影响或将其降低至可接受的水平:①取消交易或降低交易规模;②将相关审计项目组成员调离审计项目组。

(七)家庭和私人关系

如果审计项目组成员与审计客户的董事、高级管理人员,或所处职位能够对客户会计记录或被审计财务报表的编制施加重大影响的员工(以下将这三者统称为特定员工)存在家庭和私人关系,则可能因自身利益、密切关系或外在压力产生不利影响。不利影响存在与否及其严重程度取决于多种因素,包括该成员在审计项目组的角色、其家庭成员或相关人员在客户中的职位以及关系的密切程度等。

如果审计项目组成员的主要近亲属是审计客户的特定员工,或者在业务期间(或财务报表涵盖的期间)曾担任上述职务,只有把该成员调离审计项目组才能将对独立性的不利影响降低至可接受的水平。

如果审计项目组成员的主要近亲属在审计客户处所处职位能够对客户的财务状况、经营成果和现金流量施加重大影响，如果审计项目组成员的其他近亲属是审计客户的董事、高级管理人员或特定员工，也将对独立性产生不利影响。会计师事务所此时采取的防范措施主要包括：①将该成员调离该审计项目组，可能能够消除不利影响；②合理安排审计项目组成员的职责，使该成员的工作不涉及其主要近亲属或其他近亲属的职责范围。

会计师事务所中审计项目组以外的合伙人或员工，如果与审计客户的特定员工之间存在家庭或私人关系，则可能因自身利益、密切关系或外在压力产生不利影响。不利影响存在与否及其严重程度主要取决于下列因素：①该合伙人或员工与审计客户的特定员工之间的关系；②该合伙人或员工与审计项目组之间的相互影响；③该合伙人或员工在会计师事务所中的角色；④特定员工在审计客户中的职位。

会计师事务所应当采取的防范措施主要包括：

（1）合理安排该合伙人或员工的职责，以减少对审计项目组可能产生的影响；

（2）由审计项目组以外的注册会计师复核已执行的相关审计工作。

会计师事务所中审计项目组以外的合伙人或员工，与审计客户的董事、高级管理人员或特定员工之间存在家庭或私人关系，可能因自身利益、密切关系或外在压力对独立性产生不利影响。会计师事务所合伙人或员工在知悉此类关系后，应当按照会计师事务所的政策和程序进行咨询。不利影响存在与否及其严重程度主要取决于下列因素：

（1）该合伙人或员工与审计客户的董事、高级管理人员或特定员工之间的关系；

（2）该合伙人或员工与审计项目组之间的相互影响；

（3）该合伙人或员工在会计师事务所中的角色；

（4）董事、高级管理人员或特定员工在审计客户中的职位。

会计师事务所应当评价不利影响的严重程度，并在必要时采取防范措施消除不利影响或将其降低至可接受的水平。防范措施可能包括：

（1）合理安排该合伙人或员工的职责，以减少对审计项目组可能产生的影响；

（2）由审计项目组以外的适当复核人员复核已执行的相关审计工作。

（八）与审计客户发生雇佣关系

1. 审计客户的特定员工曾经是审计项目组的成员或会计师事务所的合伙人

如果审计客户的特定员工曾经是审计项目组的成员或会计师事务所的合伙人，可能因密切关系或外在压力产生不利影响。如果这些特定人员仍与会计师事务所保持重要交往，将产生非常严重的不利影响，导致没有防范措施能够将其降低至可接受的水平。如果这些特定员工已经与会计师事务所没有重要交往，那么不利影响存在与否及其严重程度主要取决于下列因素：

（1）前任成员或前任合伙人在审计客户中的职位；

（2）前任成员或前任合伙人在其工作中与审计项目组交往的程度；

（3）前任成员或前任合伙人离开会计师事务所的时间长短；

（4）前任成员或前任合伙人以前在审计项目组或会计师事务所中的角色，例如，前任成员或前任合伙人是否负责与客户治理层或管理层保持定期联系。

会计师事务所应当评价不利影响的严重程度，并在必要时采取防范措施消除不利影响或将其降低至可接受的水平。防范措施主要包括：

(1)修改审计计划；

(2)向审计项目组分派与该人员相比经验更加丰富的人员；

(3)由审计项目组以外的注册会计师复核前任审计项目组成员已执行的工作。

如果某公众利益实体的关键审计合伙人加入该审计客户，担任董事、高级管理人员或特定员工，除非该合伙人不再担任该公众利益实体的关键审计合伙人后，该公众利益实体发布的已审计财务报表涵盖期间不少于十二个月，并且该合伙人未参与该财务报表的审计，否则独立性将视为受到损害。

2. 审计项目组某一成员在未来某一时间将要或有可能加入审计客户

如果审计项目组某一成员参与审计业务，当知道自己在未来某一时间将要或有可能加入审计客户时，那么该成员将因自身利益对审计活动产生不利影响。会计师事务所应当制定政策和程序，要求审计项目组成员在与审计客户协商受雇于该客户时，向会计师事务所报告。在接到报告后，会计师事务所应当评价不利影响的严重程度，并在必要时采取以下防范措施消除不利影响或将其降低至可接受的水平：

(1)将该成员调离审计项目组；

(2)由审计项目组以外的注册会计师复核该成员在审计项目组中做出的重大判断。

(九)审计项目组成员最近曾担任审计客户的特定员工

如果在被审计财务报表涵盖的期间，审计项目组成员曾担任审计客户的特定员工，那么这将产生非常严重的不利影响，导致没有防范措施能够将该不利影响降低至可接受的水平。会计师事务所不得将此类人员分派到相关的审计项目组中。

如果在被审计财务报表涵盖的期间之前，审计项目组成员曾担任审计客户的特定员工，则该成员可能因自身利益、自我评价或密切关系而产生不利影响，例如需要在当期评价该成员以前就职于审计客户时做出的决策或工作。不利影响存在与否及其严重程度主要取决于下列因素：

(1)该成员在客户中曾担任的职务；

(2)该成员离开客户的时间长短；

(3)该成员在审计项目组中的角色。

会计师事务所在必要时应当采取复核该成员已执行的工作等措施将不利影响降低至可接受的水平。防范措施可能包括由适当复核人员复核该审计项目组成员已执行的工作等。

(十)合伙人或员工兼任审计客户的董事或高级管理人员

如果会计师事务所的合伙人或员工兼任审计客户的董事或高级管理人员，将因自我评价和自身利益产生非常严重的不利影响，导致没有防范措施能够将其降低至可接受的水平。会计师事务所的合伙人或员工不得兼任审计客户的董事或高级管理人员。

(十一)与审计客户长期存在业务关系

会计师事务所长期委派同一名合伙人或高级员工执行某一客户的审计业务，将因密切关系和自身利益产生不利影响。会计师事务所应当评价因密切关系和自身利益产生的不利影响的严重程度，并在必要时采取以下防范措施消除不利影响或将其降低至可接受的水平：

（1）将与审计客户长期存在业务关系的人员轮换出审计项目组；

（2）变更与审计客户长期存在业务关系的人员在审计项目组中担任的角色或其所实施任务的性质和范围；

（3）由审计项目组以外的适当复核人员复核与审计客户长期存在业务关系的人员所执行的工作；

（4）定期对该业务实施独立的内部或外部质量复核。

如果审计客户属于公众利益实体，那么执行其审计业务的项目合伙人、实施项目质量控制复核的负责人，以及审计项目组中负责对财务报表审计所涉及的重大事项做出关键决策或判断的其他审计合伙人（以下统称为“关键审计合伙人”）的任职时间不得超过5年。在极其特殊的情况下，会计师事务所可能因无法预见和控制的情形而不能按时轮换关键审计合伙人的岗位。在采取了适当的防范措施并且在法律、法规允许的情况下，该关键审计合伙人在审计项目组的时限可以延长1年。在任期结束后的2年内，该关键审计合伙人不得再次成为该客户的审计项目组成员或关键审计合伙人，也不得就有关技术或行业特定问题、交易或事项向项目组或该客户提供咨询服务。

（十二）为审计客户提供非鉴证服务

会计师事务所向审计客户提供非鉴证服务，可能对独立性产生不利影响，包括因自我评、自身利益、过度推介等产生的不利影响。

1. 承担管理层职责

会计师事务所承担审计客户的管理层职责，将因自身利益、自我评价、密切关系、过度推介对独立性产生非常严重的不利影响，导致没有防范措施能够将其降低至可接受的水平。会计师事务所不得承担审计客户的管理层职责。下列活动通常被视为管理层职责：制定政策和战略方针；指导员工的行为并对其行为负责；对交易进行授权；确定采纳会计师事务所或其他第三方提出的建议；负责按照适用的会计准则编制财务报表；负责设计、实施和维护内部控制。

会计师事务所代客户从事日常和行政性的事务或不重要的活动，通常不被视为代行管理层职责。例如，执行一项已由管理层授权的非重要交易，向管理层提供意见和建议以协助管理层履行职责。

2. 会计和记账服务

会计师事务所向审计客户提供编制会计记录或财务报表等服务，随后又审计该财务报表，将因自我评价产生不利影响。

如果会计师事务所向不属于公众利益实体的审计客户提供与编制会计记录和财务报表相关的服务，只要属于日常性和机械性的工作，并且已采取措施将因自我评价产生的不利影响降低至可接受的水平，则不会损害其独立性。此类服务包括：

（1）根据来源于客户的数据提供工资服务；

(2)在客户确定或批准账户分类的基础上记录交易;

(3)将已记录的交易过入总分类账;

(4)将客户批准的分录过入试算平衡表;

(5)根据试算平衡表中的信息编制财务报表。

具体防范措施主要包括:

(1)由审计项目组以外的人员提供此类服务;

(2)如果审计项目组成员提供此类服务,则由审计项目组以外的合伙人或高级员工复核已执行的工作。

除非出现紧急或极其特殊的情况,并征得相关监管机构的同意,否则会计师事务所不得向属于公众利益实体的审计客户提供工资服务、编制所审计的财务报表、编制作为所审计财务报表依据的财务信息。

3. 评估服务

评估包括对未来发展趋势提出相关假设,运用适当的方法和技术,以确定资产、负债或企业整体的价值或价值区间。向审计客户提供评估服务可能因自我评价或过度推介对独立性产生不利影响。会计师事务所的防范措施主要包括:①由未参与提供评估服务的专业人员复核已执行的审计或评估工作;②不允许提供评估服务的人员参与审计业务。

在审计客户不属于公众利益实体的情况下,如果评估服务对被审计财务报表具有重大影响,并且评估结果涉及高度的主观性,那么会计师事务所不得向审计客户提供这种评估服务。在审计客户属于公众利益实体的情况下,如果评估结果单独或累积起来对会计师事务所将发表意见的财务报表具有重大影响,则会计师事务所不得向该审计客户提供这种评估服务。

4. 税务服务

税务服务通常包括:编制纳税申报表;为编制会计分录计算税额;税务筹划和其他税务咨询服务;协助解决税务纠纷。会计师事务所向审计客户提供某些税务服务,可能因自我评价和过度推介产生不利影响。

由于纳税申报表须经税务机关审查或批准,如果管理层对纳税申报表承担责任,那么会计师事务所提供此类服务通常不对独立性产生不利影响。

在审计客户属于公众利益实体的情况下,除非出现紧急或极其特殊的情况,并征得相关监管机构的同意,否则会计师事务所不得计算当期所得税或递延所得税负债(或资产),以用于编制对被审计财务报表具有重大影响的会计分录。

税务筹划或其他税务咨询服务有多种类型,例如向审计客户提供如何节税,或如何运用新的税收法律、法规的建议。如果税务建议影响财务报表所反映的事项,则可能因自我评价产生不利影响。会计师事务所对税务建议产生不利影响的防范措施主要包括:

(1)由审计项目组以外的专业人员提供此类服务;

(2)由未参与提供此类服务的税务专业人员向审计项目组提供服务建议,并复核会计处理和财务报表列报;

（3）向外部税务专业人员咨询；

（4）得到税务机关的预先认可。

假如会计师事务所代表审计客户解决税务纠纷，一旦税务机关通知审计客户已经拒绝接受其对某个具体问题的主张，并且税务机关或审计客户已将该问题纳入正式的法律程序，则审计项目组成员可能因过度推介或自我评价产生不利影响。

会计师事务所对此的防范措施主要包括：

（1）由审计项目组以外的专业人员提供该税务服务；

（2）由其他未参与提供该税务服务的税务专业人员向审计项目组提供服务建议，并复核会计处理；

（3）向外部税务专业人员咨询。

需要注意的是，会计师事务所人员不得在为审计客户提供税务服务时担任辩护人。

5. 内部审计服务

如果会计师事务所向审计客户提供内部审计服务，并在执行财务报表审计时利用内部审计的工作，将因自我评价对独立性产生不利影响。由于为审计客户提供内部审计服务时承担管理层职责将产生非常严重的不利影响，因此，会计师事务所人员在向审计客户提供内部审计服务时不得承担管理层职责。为避免承担管理层职责，只有在同时满足下列条件时，会计师事务所才能为审计客户提供内部审计服务：

（1）审计客户承担设计、执行和维护内部控制的责任，并指定合适的、具有胜任能力的员工（最好是高级管理人员），始终负责内部审计工作；

（2）客户治理层或管理层复核、评估并批准内部审计服务的工作范围、风险和频率；

（3）客户管理层评价内部审计服务的适当性，以及执行内部审计发现的事项；

（4）客户管理层评价并确定应当实施内部审计服务提出的建议，并对实施过程进行管理；

（5）客户管理层向治理层报告注册会计师在内部审计服务中发现的重大问题和提出的建议。

在审计客户属于公众利益实体的情况下，会计师事务所不得提供与下列方面有关的内部审计服务：①与财务报告相关的内部控制；②财务会计系统；③对被审计财务报表具有重大影响的金额或披露。

6. 信息技术系统服务

如果信息技术系统为财务报告内部控制的重要组成部分，或者信息技术系统生成的信息对会计记录或被审计财务报表影响重大，将因自我评价产生不利影响，会计师事务所不得向属于公众利益实体的审计客户提供与设计或操作信息技术系统相关的服务。

对于不属于公众利益实体的审计客户，会计师事务所只有采取适当的防范措施以确保同时满足下列条件时才能提供此类服务：

（1）审计客户认可自己对建立和监督内部控制的责任；

（2）审计客户指定具有胜任能力的员工（最好是高级管理人员）做出有关系统设计和操

作的所有管理决策；

(3)审计客户做出与系统设计和操作过程有关的所有管理决策；

(4)审计客户评价系统设计和操作的适当性及结果；

(5)审计客户对系统运行以及系统使用或生成的数据负责。

7. 诉讼支持服务

诉讼支持服务可能包括：

(1)协助管理和检索文件；

(2)担任证人，包括专家证人；

(3)计算诉讼或其他法律纠纷涉及的估计损失或其他应收、应付金额。

会计师事务所向审计客户提供诉讼支持服务，可能因自我评价或过度推介产生不利影响。

如果向审计客户提供诉讼支持服务涉及对损失或其他金额的估计，并且这些损失或其他金额影响被审计财务报表，那么会计师事务所应当遵守关于评估服务的规定。

8. 法律服务

在审计客户解决纠纷或法律诉讼时，如果会计师事务所人员担任辩护人，并且纠纷或法律诉讼所涉金额对被审计财务报表有重大影响，那么相关人员将因过度推介和自我评价产生非常严重的不利影响。因此，会计师事务所不得为审计客户提供此类服务。如果纠纷或法律诉讼所涉金额对被审计财务报表无重大影响，则应当评价不利影响的严重程度，并在必要时采取以下防范措施消除不利影响或将其降低至可接受的水平：

(1)由审计项目组以外的专业人员提供该服务；

(2)由未参与提供法律服务的专业人员向审计项目组提出建议，并复核会计处理。

首席法律顾问通常是一个高级管理职位，对公司法律事务承担广泛责任，可能因自我评价和过度推介产生非常严重的不利影响，因此，会计师事务所人员不得担任审计客户的首席法律顾问。

9. 公司财务服务

公司财务服务主要包括：

(1)协助审计客户制定公司战略；

(2)为审计客户并购识别可能的目标；

(3)对资产处置交易提供建议；

(4)协助实施融资交易；

(5)对合理安排资本结构提供建议；

(6)对直接影响会计师事务所将发表意见的财务报表金额的资本结构或融资安排提供建议。

会计师事务所提供财务服务，可能因自我评价或过度推介产生不利影响。会计师事务所可以采取的防范措施主要包括：

(1)由审计项目组以外的专业人员提供该服务；

（2）由未参与提供财务服务的专业人员向审计项目组提出有关服务的建议，并复核会计处理。

如果财务建议的有效性取决于某项特定会计处理或财务报表列报，并且同时存在下列情形，会计师事务所不得向审计客户提供此类财务建议：

（1）根据相关财务报告编制基础，审计项目组对相关会计处理或列报的适当性存有疑问；

（2）公司财务建议的结果将对会计师事务所将发表意见的财务报表产生重大影响。

【案例分析 6-2】

基本案情： X 银行拟公开发行股票，委托 ABC 会计师事务所审计其 2019 年度、2020 年度和 2021 年度的财务报表。双方于 2021 年年底签订审计业务约定书。

假定 ABC 会计师事务所及其审计小组成员与该银行存在下列情况。

1.ABC 会计师事务所与该银行签订的审计业务约定书约定：审计费用为 1 500 000 元，该银行在 ABC 会计师事务所提交审计报告时支付 50% 的审计费用，剩余 50% 视股票能否上市决定是否支付。

2.2020 年 7 月，ABC 会计师事务所按照正常借款条件和程序，向该银行以抵押贷款方式借款 10 000 000 元，用于购置办公用房。

3.ABC 会计师事务所的合伙人 A 注册会计师目前担任该银行的独立董事。

4. 审计小组成员 C 注册会计师自 2020 年以来一直协助该银行编制财务报表。

5. 审计小组成员 D 注册会计师的妻子自 2019 年以来一直担任该银行的统计员。

分析要点： 请分别针对上述 5 种情况，判断 ABC 会计师事务所或相关注册会计师的独立性是否会受到损害，并简要说明理由。

答案提示：

1. 损害 ABC 会计师事务所的独立性。这种收费方式将诱导 ABC 会计师事务所为了收取剩余 50% 的审计费用而放弃审计原则，甚至帮助 X 银行粉饰其状况，使事务所与银行有了直接的经济利益关系，属于“对鉴证业务采取或有收费的方式”，违反职业道德规范。

2. 不损害 ABC 会计师事务所的独立性。通常，会计师事务所不得接受客户的借款，否则将影响其独立性，但如果借款行为遵循正常的程序、条件和要求，则并不限制会计师事务所向银行或其他类似金融机构借贷的行为。

3. 损害 A 注册会计师的独立性。因为 A 注册会计师既是 ABC 会计师事务所的合伙人，又是 X 银行的独立董事，其独立性会受影响。

4. 损害 C 注册会计师的独立性。这是因为所审计的财务报表是由 C 注册会计师协助编制的，违反了“没有人能独立地评价自己的工作”的基本假定。

5. 不损害 D 注册会计师的独立性。D 注册会计师的妻子是 X 银行的职员，在 X 银行有经济利益。尽管注册会计师的配偶、子女、父母的经济利益应视同注册会计师本人的经济利益，但这种利益属于工资、薪金性质的，而非股票、股权性质的，而且注册会计师的妻子所从事的工作内容与审计对象无关，因此不影响 D 注册会计师的独立性。

【案例分析 6-3】

基本案情:2022 年 6 月 1 日,汤平会计师事务所接受委托审计甲上市公司 2021 年度财务报表,委派 A 注册会计师担任项目合伙人。

1. 为加强内部控制管理工作,甲公司提出委托汤平会计师事务所为其提供内部审计服务(与财务报告、财务会计系统不相关的内部审计服务),合同中约定由汤平会计师事务所对该内部审计服务承担最终责任。

2. 甲公司审计项目组成员 B 曾在甲公司人力资源部负责员工培训工作,于 2021 年 6 月 10 日离开甲公司,加入汤平会计师事务所。

3. 审计项目组就一疑难会计问题向汤平会计师事务所的技术部咨询。技术部的注册会计师 C 曾负责甲公司 2017—2020 年审计项目质量复核,对甲公司比较熟悉,技术部分派其负责处理该咨询。

分析要点:请代 A 注册会计师判断汤平会计师事务所在审计过程中遇到以上事项是否违反职业道德规范,并简单说明理由。

答案提示:

1. 违反。汤平会计师事务所在向审计客户提供内部审计服务时不得承担管理层职责。

2. 不违反。项目团队成员 B 在财务报表涵盖期间曾在审计客户工作,但负责员工培训工作,不对甲公司财务状况、经营成果和现金流量产生重大影响。

3. 违反。关键审计合伙人不得在"冷却期"为审计项目组提供任何形式的技术咨询。

五、提供专业服务时对职业道德概念框架的其他运用

(一)客户变更委托

当注册会计师遇到下列情况时,应当确定是否有理由拒绝承接该项业务:

(1)潜在客户要求其取代另一注册会计师;

(2)考虑以投标方式接替另一注册会计师执行的业务;

(3)考虑执行某些工作作为对另一注册会计师工作的补充。

如果应客户要求或考虑以投标方式接替前任注册会计师,注册会计师应当从专业角度或其他方面确定应否承接该业务。由于客户变更委托的表面理由可能并未完全反映事实真相,根据业务性质,注册会计师可能需要与前任注册会计师直接沟通,核实与变更委托相关的事实和情况,以确定是否适宜承接该业务。

注册会计师应当在必要时采取防范措施,消除因客户变更委托产生的不利影响或将其降至可接受的水平。防范措施主要包括:

(1)当应邀投标时,在投标书中说明,在承接业务前需要与前任注册会计师沟通,以了解是否存在不应接受委托的理由;

(2)要求前任注册会计师提供已知悉的相关事实或情况,即前任注册会计师认为后任注册会计师在做出承接业务的决定前需要了解的事实或情况;

(3)从其他渠道获取必要的信息。

如果采取的防范措施不能消除不利影响或将其降至可接受的水平,注册会计师不得承接该业务,注册会计师在与前任注册会计师沟通前,应当征得客户的同意,最好征得客户的书面同意,前任注册会计师应当遵循保密原则,如果不能与前任注册会计师沟通,注册会计师应当采取适当措施,通过询问第三方或调查客户的高级管理人、治理层的背景等方式,获取有关对职业道德基本原则产生不利影响的信息。

（二）利益冲突

注册会计师应当采取适当措施,识别可能产生利益冲突的情形,这些情形可能对审计职业道德基本原则产生不利影响。

注册会计师与客户存在直接竞争关系,或与客户的主要竞争者存在合资或类似关系,可能对客观公正原则产生不利影响。

注册会计师为两个以上客户提供服务,而这些客户之间存在利益冲突或者对某一事项或交易存在争议,可能对客观和公正原则或保密原则产生不利影响。注册会计师应当根据可能产生利益冲突的具体情形,采取下列防范措施:

（1）如果会计师事务所的商业利益或业务活动可能与客户存在利益冲突,注册会计师应当告知客户,并在征得其同意的情况下执行业务;

（2）如果为存在利益冲突的两个以上客户服务,注册会计师应当告知所有已知相关方,并在征得他们同意的情况下执行业务;

（3）如果为某一特定行业或领域中的两个以上客户提供服务,注册会计师应当告知客户,并在征得他们同意的情况下执行业务;

（4）分派不同的项目组为相关客户提供服务;

（5）实施必要的保密程序,防止未经授权接触信息的可能;

（6）向项目组成员提供有关安全和保密问题的指引;

（7）要求会计师事务所的合伙人和员工签订保密协议;

（8）由未参与执行相关业务的高级员工定期复核防范措施的执行情况。

如果客户不同意注册会计师为存在利益冲突的其他客户提供服务,注册会计师应当终止为其中一方或多方提供服务。如果防范措施无法消除不利影响或将其降至可接受的水平,注册会计师应当拒绝承接某一特定业务,或者解除一个或多个存在冲突的业务约定。

（三）应客户要求提供第二次意见

如果第二次意见不是以前任注册会计师所获得的相同事实为基础,或依据的证据不充分,可能对专业胜任能力和勤勉尽责原则产生不利影响。如果被要求提供第二次意见,注册会计师应当评价不利影响的严重程度,并在必要时采取防范措施消除不利影响或将其降至可接受的水平,防范措施主要包括:

（1）征得客户同意与前任注册会计师沟通;

（2）在与客户沟通中说明注册会计师发表专业意见的局限性;

（3）向前任注册会计师提供第二次意见的副本。

如果客户不允许与前任注册会计师沟通,注册会计师应当在考虑所有情况后决定是否适宜提供第二次意见。

（四）专业服务营销

注册会计师通过广告或其他营销方式招揽业务，可能对职业道德基本原则产生不利影响。在向公众传递信息时，注册会计师应当维护职业声誉，做到客观、真实、得体。

注册会计师在营销专业服务时，不得有下列行为：

（1）夸大宣传提供的服务、拥有的资质或获得的经验；

（2）贬低或无根据地比较其他注册会计师的工作；

（3）暗示有能力影响有关主管部门、监管机构或类似机构；

（4）做出其他欺骗性的或可能导致误解的声明。

注册会计师不得采用强迫、欺诈、利诱或骚扰等方式招揽业务。注册会计师不得对其能力进行广告宣传以招揽业务，但可以利用媒体刊登设立、合并、分立、解散、迁址、名称变更和招聘员工等信息。

【案例分析 6-4】

基本案情：张杰作为诚信会计师事务所的合伙人，在 2021 年参加了事务所内部关于对职业道德产生不利影响的事项及其防范措施的讨论。

1. 诚信会计师事务所承接了 A 银行的审计项目，审计项目组成员张颖的父亲有一学生在 A 银行担任信贷部主管。张颖的父亲想通过其学生从 A 银行获得比一般利率低 10% 的房贷。按照正常规定，此项优惠仅适用于 A 银行员工。

2. 诚信会计师事务所承接了某国内大型房地产企业 B 的审计项目。审计项目组经理车方的太太购买了一份理财产品，此产品主要投资于企业 B 的信托融资项目资金信托计划，主要还款来源为企业自有资金。

3.C 律师事务所是诚信会计师事务所的审计客户，由于两家事务所均有为拟上市公司提供上市服务的经验，它们决定将双方的服务结合在一起，向潜在客户递交联合服务建议书，提供审计和法律一揽子服务，双方的收益根据约定的条款进行分配。

4. 在诚信会计师事务所的帮助下，审计客户 D 公司开发出一种软件产品，以简化递延所得税的计算。诚信会计师事务所和审计客户 D 公司打算将双方的产品和服务结合在一起，以双方名义捆绑销售，即如果有企业购买该软件，诚信会计师事务所将会提供培训及咨询服务。

5. 诚信会计师事务所合伙人王莽由于同时为注册会计师且具有律师非执业资格，并在审计及经济法方面有丰富的知识和经验，不仅成为 E 客户的主审会计师，而且成为事实上的首席法律顾问，在 E 客户涉及法律纠纷时，参与诉讼报告等的起草。

6. 诚信会计师事务所承接 F 公司的 IPO 项目审计，F 公司希望出具预测性财务信息审核报告，该报告属于自愿披露信息类别，该公司利用此报告的用意是利用比较乐观的预测信息在股票发行询价和定价过程中取得更多优势，以吸引投资者。

7. 诚信会计师事务所受某大型钢铁企业委托，对其财务报告进行审计。审计报告用于申请银行贷款，银行方面要求公司提供其产品生产、销售等情况的详细报告，公司为取得贷款也同意提供。注册会计师认为由于有关钢铁企业的生产、库存以及销售数量、成本数据均为商业秘密,间接地形成国家机密,因此建议该钢铁企业在财务报表附注中减少或隐去具体数量、成本等相关涉密信息。

8. 诚信会计师事务所承接了一家证券公司的年度审计,在对一家营业分支机构的审计过程中,发现该证券营业部所属的银行账号下有较大的账外现金流入及银行转账的情况,经核实,这些资金活动与其所从事的业务并无直接关系,涉及洗钱活动。因此,审计项目经理通过分管合伙人的同意和授权,向其总部管理层做了报告,但其总部的管理层为该证券营业部辩护,并没有采取进一步措施,也没有向当地证监局汇报。该事务所最终将相关问题直接报告给当地证监局,同时提供了取得的相关证据,考虑到其所审计的证券公司存在违法和缺少诚信的问题,该事务所解除了与该证券公司的审计业务。

9. 诚信会计师事务所已经为 G 公司出具了 2021 年度的审计报告。由于 G 公司是一家外商投资企业,根据当地有关政府部门对外商投资企业联合年检的要求,企业需要在网上年检系统进行网上申报,申报信息可能包括财务、外汇及税务等有关信息。此时, G 公司委托并授权诚信会计师事务所申报有关财务数据,并书面确认对有关财务数据的真实性、合法性、准确性和完整性承担责任。

10. 诚信会计师事务所对 Y 企业按照收付实现制基础编制的现金收入和支出表出具审计报告,报告中增加限制条款为:财务报表是为了向 ×× 银行申请贷款需提供现金流量信息而按照收付实现制基础编制的,可能不适用于其他目的。因此,本报告仅供 Y 企业以及 ×× 银行使用,不得用于其他目的。

分析要点:根据上述资料分析是否违背职业道德规定,并简述理由。

答案提示:

1. 违背了职业道德的规定,因为审计组成员张颖与被鉴证客户存在利益关系,此种情况会影响审计工作的独立性,应该将其调离该审计项目组。

2. 违背了职业道德的规定,因为存在利益关系,此种情况会影响审计工作的独立性,处理方法是重新安排此审计项目的项目经理。

3. 违背了职业道德的规定,因为 C 律师事务所与诚信会计师事务所存在利益关系,双方的收益相互影响,此种情况会影响审计工作的独立性,处理方法是取消签订一揽子服务协议。

4. 违背了职业道德的规定,D 公司与诚信会计师事务所有着密切的利益关系,会影响审计的独立性,应该取消该鉴证业务。

5. 违背了职业道德的规定,王莽虽同时为注册会计师且具有律师非执业资格,但作为会计师事务所合伙人,不能在为客户提供鉴证服务业务的同时,为客户提供律师服务,这影响其审计独立性。

6. 如果客户聘请注册会计师提供盈利预测审核报告是利用比较乐观的预测信息在股票发行询价和定价过程中取得更多优势,以吸引投资者客户,事务所会认为盈利预测审核业务风险大,违背了注册会计师不能对未来不确定事项予以保证的规定,可以不承接盈利预测审核业务,如果同时承接,需要按执业准则对盈利预测报告发表审核意见。

7. 不违背职业道德的规定,因为对涉及泄露国家机密的现象,注册会计师应当按法律法规对其提出建议。

8. 不违背职业道德的规定,因为注册会计师原则上应该对审计相关事项保密,但是事关国家利益,会计师应该先与企业的管理层进行沟通,沟通不成应当依法向监管者报告。

9. 违背了职业道德的规定,因为注册会计师可以接受委托为企业代办申报事宜,但应当区分会计责任和审计责任,注册会计师不能越权承担对财务数据的真实性、合法性、准确性和完整性的责任。

10. 不违背职业道德的规定,因为注册会计师可以为客户提供特殊目的的鉴证业务,可以对特定的报告使用者按照其他会计方法编制的报告进行审计,并限定其使用范围。

【案例分析 6-5】

基本案情:为提高注册会计师对独立性的认识,每年中国注册会计师协会在职业道德后续培训班上都会汇总监管者关注以及资本市场中出现的影响独立性的新问题要求大家讨论,今年提出了如下问题供大家讨论:

1.A 上市公司要求今明会计师事务所在出具审计报告的同时,针对审计过程中发现的问题,向 A 公司提出会计政策选用和会计处理调整的建议,并协助其解决相关账户调整问题,另外还提供正式纳税鉴证意见。为此,双方另行签订了业务约定书。

2.B 上市公司由于财务人员短缺,2016 年向今明会计师事务所借用一名注册会计师张明,由该注册会计师张明审核 B 公司财务人员做的记账凭证并录入计算机信息系统。今明会计师事务所将张明包括在 B 公司 2016 年度财务报表审计项目组中。

3. C 上市公司要求今明会计师事务所在出具审计报告的同时,编制所审年度的财务报表。为此,双方另行签订了业务约定书。

4. D 上市公司要求今明会计师事务所在出具审计报告的同时,提供内部控制审计报告。为此,双方另行签订了业务约定书。

5. E 上市公司由于财务困难,应付今明会计师事务所 20×5 年度的审计费用 100 万元一直没有支付。经双方协商,今明会计师事务所同意 E 公司延期至 2015 年底支付。在此期间,E 公司按银行同期贷款利率支付资金占用费,今明会计师事务所与 E 公司续签了 2016 年度财务报表审计业务约定书。

6. 注册会计师李浩已连续 5 年担任 G 公司年度财务报表审计的签字注册会计师。根据有关规定,在审计 G 公司 20×6 年度财务报表时,今明会计师事务所决定不再由注册会计师李浩担任签字注册会计师,但在成立 G 公司 2016 年度财务报表审计项目组时,今明会计师事务所要求其继续担任外勤审计负责人。

7. 由于 H 公司降低 20×6 年度财务报表审计费用近 1/3,今明会计师事务所审计收入不能弥补审计成本,今明会计师事务所决定不再对 H 公司下属的两个重要的销售分公司进行审计,并以审计范围受限为由出具了保留意见的审计报告。

8. I 公司 2016 年度财务报表审计小组成员之一的注册会计师李平曾经担任 I 公司总经理助理,该总经理现任 I 公司的副董事长。

9. J公司2016年度财务报表审计小组成员之一的注册会计师张芳曾经是J公司的人事经理，由于工作表现积极，得到该公司的重视，并与公司上下关系都很融洽，离职后与该公司领导仍有较密切的私人联系。

10. K公司2016年度财务报表审计小组成员之一的注册会计师刘静由于与K公司独立董事何绍关系甚密，2015年何绍为其私人购车提供了50%的担保贷款。

11. 由于一次车祸事故，L公司2016年度财务报表审计小组成员之一的注册会计师杨静的女儿与L公司董事长的儿子之间在责任认定和经济赔偿方面存在法律纠纷。

12. 今明会计师事务所合伙人张明担任M公司的独立董事6年任期届满后，M公司2016年度财务报表审计马上转聘今明会计师事务所进行审计。

13. 注册会计师张杰曾担任甲银行20×6年度财务报表审计项目经理，并签署该年度审计报告。注册会计师张杰于2017年4月30日辞职，于2017年末加入甲银行下属某分行担任财务负责人。

14. 今明咨询公司的合伙人张静的父亲持有乙银行少量股票，截至2016年12月31日，这些股票市值为6 000元。合伙人张静自2016年起为乙银行下属某分行提供企业所得税申报服务，但在服务过程中不承担管理层职责。

15. 今明会计师事务所审计丙银行2016年财务报表。乙保险公司于2016年2月聘请今明咨询公司为其提供与财务会计系统相关的内部审计服务，并由乙保险公司承担管理层职责。乙保险公司与丙银行均为华兴集团的重要子公司。乙保险公司及华兴集团不是今明会计师事务所的审计客户，今明咨询公司是今明会计师事务所的网络事务所。

16. 丁银行2016年度财务报表审计项目组负责人李明2016年12月购买500股丁公司股票，截至2016年12月31日，这些股票市值为3 000元。丁银行持有丁公司3%的股份，对丁公司不具有重大影响。

17. 今明会计师事务所拟承办A银行2016年度财务报表审计业务，发现A银行于2016年初收购戊银行，为将两个银行的财务信息系统进行整合，聘请今明咨询公司重新设计财务信息系统，今明咨询公司是今明会计师事务所的网络事务所。

18. 审计项目组经理张超承办W公司2016年度财务报表审计业务，2016年10月W公司收购Y公司25%的股权，Y公司成为W公司的重要联营公司。审计项目组经理张超在收购生效日之前一周得知妻子持有Y公司价值1万元的企业债券，承诺在收购生效日之后一个月内出售该债券。

分析要点：根据上述资料分析是否影响审计独立性，并简述缘由。

答案提示：见下表

对上述问题的具体分析

事项	是否影响审计独立性	原因	降低独立性损害的应对措施
1	否	相容职务，可以同时承办	

事项	是否影响审计独立性	原因	降低独立性损害的应对措施
2	是	因自我评价损害独立性	将注册会计师张明调离B公司2016年度财务报表审计项目组
3	是	因不相容业务而产生自我评价损害独立性	不能在承接年度财务报表审计业务的同时承接代编财务报表的会计服务业务
4	否	相容业务,可以整合审计	
5	是	要么结清20×5年审计费用,要么不能	要么结清2015年审计费用,要么不能续签2016年度财务报表审计业务约定书
6	是	因长期关系损害独立性	将注册会计师李浩调离G公司2016年度财务报表审计项目组
7	是	因外部压力损害独立性	以合理收费承办业务,不能因收费压力损害审计质量,否则不能承接业务
8	是	因密切关系损害独立性	将注册会计师李平调离I公司2016年度财务报表审计小组
9	是	被视为损害独立性	将注册会计师张芳调离J公司2016年度财务报表审计小组
10	是	因直接利益损害独立性	将注册会计师刘静调离K公司2016年度财务报表审计小组
11	是	因间接利益损害独立性	将注册会计师杨静调离L公司2016年度财务报表审计小组
12	是	因密切关系损害独立性	不能承接M公司2016年度财务报表审计业务
13	是	因密切关系或外界压力损害独立性	对张杰审计的甲银行的财务报表进行项目质量控制复核
14	是	因经济利益损害独立性	合伙人张静不能再为乙银行提供税务服务,或者建议其父亲卖掉持有的股票
15	否	乙保险公司是丙银行的关联实体(即“姐妹实体”),但因其不是今明会计师事务所的审计客户,且今明咨询公司为其提供内部审计服务结果不会构成今明会计师事务所对丙银行实施审计程序的对象,因此不会因自我评价产生不利影响。鉴于由乙保险公司承担管理层职责,因此该服务也不存在其他对独立性的不利影响	
16	否	虽然注册会计师李明与丁银行均拥有丁公司的股票,但因其持有的经济利益并不重大,且丁银行不能对丁公司施加重大影响,上述投资不被视为损害独立性	
17	是	因自我评价损害独立性	今明咨询公司不能为A银行重新设计财务信息系统,或者今明会计师事务所不能承办A银行2016年度财务报表审计业务
18	是	因直接利益损害独立性	将审计项目经理张超调离审计组,或建议其妻子在收购Y公司前处置该经济利益

关键概念

职业道德　注册会计师职业道德　专业胜任能力　职业道德概念框架　或有收费

思考题

1. 政府审计职业道德内容是什么?
2. 注册会计师行业的职业特征有哪些?
3. 注册会计师职业道德基本原则都有哪些?
4. 注册会计师职业道德概念框架如何?
5. 如何理解注册会计师的独立性?
6. 哪些因素会对遵循职业道德基本原则产生不利影响? 如何防范?
7. 什么是或有收费? 如何防范或有收费对遵循职业道德基本原则产生的不利影响?
8. 什么是直接经济利益? 什么是间接经济利益? 因经济利益对独立性造成不利影响的情形包括哪些?
9. 为什么说会计师事务所承担审计客户的管理层职责,将对独立性产生非常严重的不利影响?
10. 在客户变更委托时,接任前任注册会计师的审计业务时后任注册会计师要采取哪些措施?
11. 注册会计师在广告、业务招揽和宣传中有哪些要求?

思政园地

传承审计魂,护航中国梦

习近平总书记指出,实现中国梦必须走中国道路、弘扬中国精神、凝聚中国力量。传承审计魂,护航中国梦,必须不断完善审计制度、锻造审计精神、提高审计能力。要把审计人员的梦想融入民族复兴的伟大梦想之中,坚持和发扬优良传统,不断推进理念创新、管理创新、工作创新。一是用科学审计理念指导实践,健全完善中国特色审计制度。以中国特色社会主义理论指导审计实践,不断深化对中国特色社会主义审计理论、审计本质、审计规律的把握和认识,始终站在国家治理的高度谋划审计,着眼国家治理的目标部署审计,围绕国家治理的任务实施审计,积极构建权责明确、行为规范、监督有效、公正透明的审计制度体系,在更高起点、更高层次和更高水平上发挥审计监督的作用。二是用审计文化立身修心,构筑审计事业的精神高地。加强审计文化建设,积极践行“责任、忠诚、清廉、依法、独立、奉献”的审计人员核心价值观,塑造审计精神,做到崇法求真、尚廉求进、善于谏言、无私无畏、尽责担当、严谨细致、勇于创新;坚守审计职业道德,做到廉洁、质量、文明,以责立志、以德立身、以能立业、以行立信;恪守审计职业操守,做到清清白白、干干净净、堂堂正正。三是用共同理想凝心聚力,锻造能打硬仗的审计铁军。加强理想信念教育、党风党性教育、法制教育和道德情操教育,引导审计干部树立正确的世界观、权力观和事业观,切实增强责任感、使命感。

坚持以品德为核心、作风为基础、能力为重点、业绩为导向,大力培育审计领军人才、骨干人才和复合型人才,形成优势互补、梯次合理的人才队伍,打造一支对党、对国家、对人民、对历史、对法律高度负责,无限忠诚,让党和人民放心满意的审计铁军,努力为实现中国梦贡献更大力量。

资料来源:刘家义:审计机关发挥反腐尖兵作用,实现廉洁中国梦。原文链接: http: / www .chinanews con/g/2013/07-01/4985880.shtml。(有改动)

第七章　审计法律责任

学习目标

- ◆ 掌握审计法律的含义、内容和层次划分。
- ◆ 了解国家审计机关的设置、权限、职责。
- ◆ 了解社会审计组织的设置、业务范围、权限。
- ◆ 了解内部审计机构的职责、权限以及与其他机关的关系。
- ◆ 熟悉国家审计人员、社会审计人员、内部审计人员的法律责任。

引导案例

2019 的三月，普华永道赔了 20 多亿

历时几年，作为 TBW 公司（Taylor Bean & Whitaker）的接管者，美国联邦储蓄保险公司（以下简称“联邦存款保险公司”）于 2019 年 3 月与普华永道会计师事务所达成和解，普华永道最终赔偿联邦存款保险公司 3.35 亿美元。赔偿原因在于：作为外部审计机构，普华永道未能发现殖民银行（Colonial Bank）的重点客户即 TBW 公司存在大规模舞弊欺诈行为，致使殖民银行破产。2017 年 12 月，美国联邦法庭裁定普华永道失责后，联邦存款保险公司曾要求赔偿金额 6.225 亿美元。普华永道不服，直至现在双方才最终达成和解。除了普华永道受罚外，殖民银行的内部审计机构国富浩华事务所（Crowe Horwath LLP）于 2018 年 4 月支付 6 000 万美元以了结来自联邦存款保险公司的诉讼，TBW 公司的外部审计师德勤也曾于 2018 年 2 月同意支付 1.495 亿美元来解决指控。

事情的经过是怎样的呢？在金融危机爆发前，殖民银行是全美第六大银行，普华永道负责其年报审计事务。为什么审计师的疏忽会让一家如此大规模的银行破产呢？原来，当时全美最大抵押贷款公司之一的 TBW 公司将数千份抵押贷款卖给了这家银行，普华永道在审计过程中表示没有发现任何问题。实际上，这些抵押贷款一文不值，因为 TWB 公司不仅将已经出售或承诺售予其他人的抵押贷款重复出售给殖民银行，而且银行收到的抵押贷款项目中有些没有抵押品，有些甚至已经违约了。法官在裁决书中提到，“当欺诈行为被发现的时候，殖民银行的资产负债表中包含了高达 14.7 亿美元的被篡改或者导致损失的其他抵押贷款交易。”最终，舞弊和欺诈被曝光，TBW 公司在 2009 年 8 月申请破产。不久之后，受到牵连的殖民银行宣告破产，导致联邦存款保险公司损失了数十亿美元。

资料来源：陈汉文等：审计，北京：中国人民大学出版社，2020。

通过上述案例可以看到，涉案的内部审计机构和外部会计师事务所均因未勤勉尽责而承担了巨额赔偿，得到了应有的法律惩罚。那么，我国现在有哪些制度、规范来约束会计师事务所和审计人员,使其勤勉履职呢?除了注册会计师执业准则、会计师事务所质量控制准则、注册会计师职业道德规范外,会计师事务所和注册会计师的法律责任又是如何界定的呢?

第一节 审计法律责任概述

一、审计法律责任的含义

广义的审计法律责任(legal liability),是指与审计有关的各种法律责任的总称。审计责任原来没有明确的法律界定,随着国家法律环境的完备和审计业务的发展,逐渐得以法律化,即成为法律责任。中国审计法规定的法律责任与传统的审计责任的概念有很大的差别。根据审计法的规定,审计法律责任是指在国家审计监督活动中发生的有关法律责任。它是因实施审计监督产生的相关当事人的法律责任,包括被审计单位及其有关的直接责任人的法律责任和审计人员的法律责任;它是以行政责任为主的法律责任,也包括刑事责任,但不包括民事责任。

二、审计法律责任的分类

与审计活动的类型相对应,审计法律责任可以分为三类:国家审计法律责任、社会审计法律责任与内部审计法律责任。国家审计法律责任是指由国家规定或认可的审计机关及其审计人员在审计活动中,审计部门及其人员、被审计单位及其他参与审计活动的有关单位或个人都应当遵守的行为规则;社会审计法律责任是由国家或社会审计职业团体制定的,社会审计组织及注册会计师在开展审计活动时应当遵守的行为规则;内部审计法律责任是由国家、实行内部审计的部门、单位或内部审计职业团体制定的,内部审计机构或审计人员在开展内部审计工作时应当遵守的行为规则。

对于国家审计来说,审计主体是审计署(局)和审计师。由于国家审计具有宪法赋予的权力,具有极高的威信,履行经济监督职能最能体现其强制性、权威性的特点,因此,国家审计负责财经法纪审计,在查错防弊、打击经济犯罪方面发挥的作用最大。为了规范国家审计机构和人员的行为,更好地维护国家的利益,有必要制定有关国家审计的法规。国家审计法规可以由国家权力机构制定,如我国的《中华人民共和国审计法》、英国的《国家审计法案》等,也可以由国家审计机构自行制定,如美国审计总署 1972 年制定的《政府组织、项目、活动和职责的审计准则》,我国审计署 1996 年制定的包括国家审计准则在内的 38 项审计规范等。

对于社会审计来说,审计主体是会计师事务所和注册会计师。由于社会审计地位超脱,履行经济鉴证职能最能体现独立、客观、公正的原则,因此社会审计从事财务报表审计时在证明财务报表合法性、公允性和一贯性方面发挥的作用也最大。为了规范会计师事务所和注册会计师的行为,维护社会公众的利益,必须制定相关的法律职业规范。这些规范可以由国家权力机构制定,如我国的《中华人民共和国注册会计师法》,日本的《公认会计师法》等,也可以由职业团体制定,最常见的有审计准则、审计职业道德、审计质量控制等。

对于内部审计来说，审计主体是内部审计机构和内部审计师。由于内部审计非常了解单位的生产经营状况，善于发现生产经营过程中存在的问题，提出的改进建议往往比较切合实际，履行经济评价职能最能发挥其长处，可以尽可能地为管理当局出谋划策，因此，内部审计负责经济效益审计，在避免损失浪费、提高企业经济效益和经营管理水平方面发挥的作用最大。为了规范内部审计机构和人员的行为，进一步提高内部审计工作的效率和效果，提高内部审计的地位，有必要制定有关内部审计的规范。内部审计规范一般由内部审计职业界制定，如国际内部审计师协会（IIA）制定的《内部审计准则公告》。有的国家政府机构也制定内部审计规范，如苏联部长会议 1981 年通过的《关于改进各部、各主管部门和其他管理机关审计监察工作的措施的决议》，以色列议会 1992 年通过的《内部审计法》，我国国务院 1985 年制定的《内部审计暂行规定》、审计署制定的《关于内部审计工作的若干规定》等。

三、审计法律责任的层次划分

审计法律责任通过审计法律条文和审计法律规范性文件表现出来，它们之间是一种内容与形式的关系。审计法律责任的效力等级是指审计法律责任外部表现形式的规范性文件的效力等级。根据制定的机关不同和宪法及有关组织法的规定，这种效力等级可分为以下几个层次。

第一层次是宪法。宪法关于审计监督的规定具有最高法律效力，一切审计法律、行政法规、地方性法规都不得同宪法相抵触。

第二层次是审计法、注册会计师法和其他有关审计方面的法律。审计法和其他有关审计方面的法律是全国人大或其常委会制定的，具有较高的法律效力，一切审计方面的行政法规、地方性法规和行政规章都不得同国家法律相抵触。

第三层次是审计方面的行政法规。行政法规是由国务院制定的，在全国范围内具有约束力。

第四层次是地方性法规和行政规章。地方性审计法规是由省、自治区、直辖市，省、自治区人民政府所在地的市和经国务院批准的较大的市的人民代表大会及其常务委员会制定的。审计行政规章包括国务院各部门制定的部门规章和省级人民政府制定的地方政府规章。地方性法规、行政规章不得同国务院的行政法规相抵触。省级以下地方政府及政府各部门制定的有关审计方面的规范性文件不得与地方性法规和行政规章相抵触。

第二节 政府审计的法律责任

一、审计机关的设置

根据宪法和审计法，国务院和县级以上地方各级人民政府设立审计机关，审计机关是本级人民政府的组成部分和职能部门，在本级人民政府行政首长和上一级审计机关的领导下开展审计工作、向本级人民政府和上一级审计机关负责并报告工作、其履行职责所必需的经费应当列入预算予以保证。审计机关负责人是本级人民政府的组成人员。国务院设立审计署，审计署主管全国审计工作。地方各级审计机关向本级人民政府和上一级审计机关负责并报告工作、接受本级人民政府行政首长和上级审计机关的领导,审计业务以上级审计机关领导为主。县级以上各级人民政府设立审计机关。分别在省长、自治区主席、市长、州长、县长、区长和上一级审计机关的领导下,组织领导本行政区域内的审计工作,负责本级审计机关范围内的审计事项,对本级人民政府和上一级审计机关负责并报告工作。审计机关根据工作需要,经本级人民政府批准,可以在其审计管辖范围内设立派出机构。派出机构根据审计机关的授权,依法进行审计工作。

为加强对审计工作的领导,维护审计独立性,《国务院关于加强审计工作的意见》提出:地方各级政府主要负责人要依法直接领导本级审计机关,支持审计机关工作,定期听取审计工作汇报,及时研究解决审计工作中遇到的突出问题,把审计结果作为相关决策的重要依据。要保障审计机关依法审计、依法查处问题、依法向社会公告审计结果,不受其他行政机关、社会团体和个人的干涉,定期组织开展对审计法律法规执行情况的监督检查。对拒不接受审计监督,阻挠、干扰和不配合审计工作,或威胁、恐吓、报复审计人员的,要依法依纪查处。《关于完善审计制度若干重大问题的框架意见》及相关配套文件提出:任免省级审计机关正职,须事先征得审计署党组同意;任免省级审计机关副职,须事先征求审计署党组的意见。

根据《深化党和国家机构改革方案》,组建中央审计委员会,作为党中央决策议事协调机构,审议决定全国审计领域重大事项。中央审计委员会办公室设在审计署,接受中央审计委员会的直接领导,承担中央审计委员会具体工作,包括;研究提出审计领域坚持党的领导、加强党的建设的政策建议;协调推进和督促落实党中央和中央审计委员会决策部署;组织研究审计工作战略、规划、重大政策和改革方案,研究提出年度审计项目计划;组织协调军地审计协作有关事项等。省市县党委也相应设立审计委员会,地方各级审计委员会贯彻执行中央审计委员会的决定,审议决定本行政区域内的审计工作重大事项。

二、审计机关的权限

审计机关依法独立行使其职权,不受其他行政机关、社会团体和个人的干涉。根据审计法和有关政策制度的规定,审计机关的权限如下。

(1)审计机关有权要求被审计单位按照审计机关的规定提供财务、会计资料以及与财政收支、财务收支有关的业务、管理等资料,包括电子数据和有关文档。被审计单位不得拒绝、拖延、谎报,不得制定限制向审计机关提供资料的规定。被审计单位负责人对本单位提供资料的及时性、真实性和完整性负责。国家政务信息系统和数据共享平台应当按照规定向审计机关开放。

(2)审计机关进行审计时,有权检查被审计单位的财务、会计资料以及与财政收支、财务收支有关的业务、管理等资料和资产,有权检查被审计单位信息系统的安全性、可靠性、经济性,被审计单位不得拒绝。

(3)审计机关对取得的被审计单位的电子数据等资料进行综合分析,需要向被审计单位核实有关情况的,被审计单位应当予以配合。审计机关进行审计时,有权就审计事项的有关问题向有关单位和个人进行调查,并取得有关证明材料。有关单位和个人应当支持、协助审计机关工作，如实向审计机关反映情况，提供有关证明材料。

审计机关经县级以上人民政府审计机关负责人批准，有权查询被审计单位在金融机构的账户。审计机关有证据证明被审计单位违反国家规定将公款转入其他单位、个人在金融机构账户的，经县级以上人民政府审计机关主要负责人批准，有权查询有关单位、个人在金融机构与审计事项相关的存款。

（4）审计机关对被审计单位转移、隐匿、篡改、毁弃财务、会计资料以及与财政收支、财务收支有关的业务、管理等资料，转移、隐匿、故意毁损所持有的违反国家规定取得的资产的行为，有权予以制止；必要时，经县级以上人民政府审计机关负责人批准，有权封存有关资料和违反国家规定取得的资产；对其中在金融机构的有关存款需要予以冻结的，应当向人民法院提出申请。

审计机关对被审计单位正在进行的违反国家规定的财政收支、财务收支行为，有权予以制止；制止无效的，经县级以上人民政府审计机关负责人批准，通知财政部门和有关主管机关、单位暂停拨付与违反国家规定的财政收支、财务收支行为直接有关的款项，已经拨付的，暂停使用。

（5）审计机关对被审计单位违反审计法规定，拒绝、拖延提供与审计事项有关的资料的，或者提供的资料不真实、不完整的，或者拒绝、阻碍检查、调查、核实有关情况的，责令改正，可以通报批评、给予警告；拒不改正的，依法追究法律责任。

审计机关对被审计单位违反国家规定的财政收支、财务收支行为，可以在法定职权范围内采取处理措施。审计处理的措施有：责令限期缴纳应当上缴的款项；责令限期退还被侵占的国有资产；责令限期退还违法所得；责令按照国家统一的财务、会计制度的有关规定进行处理；其他处理措施。

审计机关对被审计单位违反国家规定的财务收支行为，可以在法定职权范围内，依照法律、行政法规的规定，除区别情况采取处理措施外，还可以依法给予处罚，主要包括警告、通报批评、罚款、没收违法所得以及依法可以采取的其他处罚措施。

（6）审计机关可以向政府有关部门通报或者向社会公布审计结果。

（7）审计机关对被审计单位违反审计法规定，转移、隐匿、篡改、毁弃财务、会计资料以及与财政收支、财务收支有关的业务、管理资料，或者转移、隐匿、故意毁损所持有的违反国家规定取得的资产，认为对直接负责的主管人员和其他直接责任人员依法应当给予处分的，应当向被审计单位提出处理建议，或者移送监察机关和有关主管机关、单位处理，有关机关、单位应当将处理结果书面告知审计机关；构成犯罪的，依法追究刑事责任。

审计机关对被审计单位的财政收支、财务收支行为违反国家规定，认为需要移送有关主管机关、单位处理、处罚的，应当依法移送；审计机关认为对直接负责的主管人员和其他直接责任人员依法应当给予处分的，应当向被审计单位提出处理建议，或者移送监察机关和有关主管机关、单位处理，有关机关、单位应当将处理结果书面告知审计机关。

审计机关认为被审计单位所执行的上级主管机关、单位有关财政收支、财务收支的规定与法律、行政法规相抵触的，应当建议有关主管机关、单位纠正；有关主管机关、单位不予纠正的,审计机关应当提请有权处理的机关、单位依法处理。

(8)审计机关履行审计监督职责需要协助的,有关机关应当依法予以配合。

三、审计机关的职责

根据审计法和有关政策制度的规定,审计机关的职责如下。

(1)审计机关对本级各部门(含直属单位)和下级政府预算的执行情况和决算以及其他财政收支情况,进行审计监督。

(2)审计署对中央预算执行情况、决算草案以及其他财政收支情况,进行审计监督。

地方各级审计机关对本级预算执行情况、决算草案以及其他财政收支情况,进行审计监督。

(3)审计署对中央银行的财务收支,进行审计监督。

(4)审计机关对国家的事业组织和使用财政资金的其他事业组织的财务收支,进行审计监督。

(5)审计机关对国有企业、国有金融机构和国有资本占控股地位或者主导地位的企业、金融机构的资产、负债、损益以及其他财务收支情况,进行审计监督。

遇有涉及国家财政金融重大利益情形,为维护国家经济安全,经国务院批准,审计署可以对其他金融机构进行专项审计调查或者审计。

(6)审计机关对政府投资和以政府投资为主的建设项目的预算执行情况和决算,对其他关系国家利益和公共利益的重大公共工程项目的资金管理使用和建设运营情况,进行审计监督。

(7)审计机关对国有资源、国有资产,进行审计监督。

(8)审计机关对政府部门管理的和其他单位受政府委托管理的社会保险基金、全国社会保障基金、社会捐赠资金以及其他公共资金的财务收支,进行审计监督。

(9)审计机关对国际组织和外国政府援助、贷款项目的财务收支,进行审计监督。

(10)根据经批准的审计项目计划安排,审计机关可以对被审计单位贯彻落实国家重大经济社会政策措施情况进行审计监督。

(11)审计机关根据审计法和国家有关规定,对党政主要领导干部和国有企事业单位主要领导人员,在任职期间对其管辖范围内贯彻执行党和国家经济方针政策、决策部署,推动经济和社会事业发展,管理公共资金、国有资产、国有资源,防控重大经济风险等有关经济活动应负经济责任的履行情况,进行审计监督。

(12)审计机关根据审计法和国家有关规定,对地方各级党委和政府主要负责人,以及各级承担自然资源资产管理和生态环境保护工作的部门(单位)主要负责人,在任职期间履行自然资源资产管理和生态环境保护责任的情况,进行审计监督。

(13)审计机关和军队审计机构按照国家有关规定对涉及军地经济事项实施联合审计。

(14)除审计法规定的审计事项外,审计机关对其他法律、行政法规规定应当由审计机关进行审计的事项,以及有权机关交办的事项,依照审计法和有关法律、行政法规的规定进行审计监督。

（15）审计机关有权对与国家财政收支有关的特定事项进行专项审计调查。

（16）审计机关应当对被审计单位的内部审计工作进行业务指导和监督。

（17）社会审计机构审计的单位依法属于被审计单位的，审计机关按照国务院的规定，有权对该社会审计机构出具的相关审计报告进行核查。

四、审计人员的法律责任

审计法是全国人大常委会按照立法程序审查通过的重要法律。它作为调整和规范审计监督活动的基本法，集中体现和反映了社会对中国审计监督制度的根本要求。审计法实施条例进一步细化了法律责任的具体内容。审计法所规定的审计法律责任是指在国家审计监督活动中发生的有关法律责任，它具有以下特点。

（1）它是国家审计的法律责任，不包括内部审计和社会审计的法律责任，是在国家审计监督过程中发生的与审计机关履行审计监督职能密切相关的法律责任。

（2）它是因实施审计监督产生的相关当事人的法律责任，相关当事人是法律责任的主体，包括被审计单位及其有关的直接责任人和国家审计人员。

（3）它是以行政责任为主的法律责任，也包括相应的刑事责任，但不包括民事责任。

审计法不仅赋予国家审计机关对违法行为的处理权、处罚权，而且对国家审计人员的法律责任也做出了明确的规定。国家审计人员是具体执行审计监督职责的国家专门工作人员，应当有高度的责任感，廉洁自律，客观公正。审计法第六条对此有明确要求，即“审计机关和审计人员办理审计事项，应当客观公正，实事求是，廉洁奉公，保守秘密”。如果审计人员违反职业道德和法律规定，滥用职权、徇私舞弊、玩忽职守、造成不良后果甚至危害社会的，就要承担相应的法律责任。审计法对国家审计人员法律责任的具体规定集中体现在第五十七条中：“审计人员滥用职权、徇私舞弊、玩忽职守或者泄露、向他人非法提供所知悉的国家秘密、工作秘密、商业秘密、个人隐私和个人信息的，依法给予处分；构成犯罪的，依法追究刑事责任。”

第三节　内部审计的法律责任

一、内部审计机构的设置模式

内部审计机构是指在部门、单位内部从事组织和办理审计业务的专门机构。由于内部审计是组织治理结构中的重要组成部分，内部审计在组织内部的设置将直接体现组织治理层和高级管理层对内部审计职能重要性的认识，直接影响内部审计职能在组织中的地位及其权威性，直接关系到内部审计为组织增加价值功能的充分发挥。根据组织规模、管理方式、组织战略目标等实际情况，内部审计机构的设置模式也会有所不同。

（一）财务总监领导模式

这种模式的内部审计机构在组织治理结构中的层次较低，由财务总监领导，向财务总监报告，独立性也较差。通常只能开展针对各个职能部门的日常检查工作，很难针对较高级别的管理层实施监督职能，也不能直接为高级管理层的经营决策提供服务。这种模式一般仅适合于组织规模较小、股权结构简单的组织。

(二)总经理领导模式

这种模式的内部审计机构在组织内部的地位要高于财务总监领导模式,由总经理领导,向总经理报告,除履行日常的审查职责之外,也可以直接为管理层提供日常经营决策服务,有利于发挥内部审计在提高经营管理水平方面的作用。

(三)监事会领导模式

在现代组织治理结构中,股东大会及各利益相关方作为委托人,分别将各自的资源交由董事会代为管理,并委托与董事会平行的监事会对其进行监督,内部审计机构向监事会进行报告。这种模式的内部审计机构在组织中的地位较高,也具有较好的独立性,有利于履行内部审计的检查、评价和鉴证职能,同时,这种模式也可以确保监事会能够更好地利用内部审计的工作成果履行其自身职能。但是,由于监事会属于组织高层制约机制的组成部分,并不参与组织的日常经营管理,致使隶属于监事会的内部审计机构很难直接服务于组织的经营决策,组织也难以通过内部审计改善经营管理、提高经济效益。内部审计为组织增加价值的职能就很难实现。

(四)董事会或董事会下设的审计委员会领导模式

董事会是公司的经营决策机构,其职责是执行股东大会的决议,决定公司的生产、经营、财务决策等重大事项,在公司治理结构中地位较高。审计委员会作为隶属于董事会的一个专门委员会,代表董事会对管理层进行监督,同时制衡董事会的内部董事。董事会或董事会下设的审计委员会领导的内部审计机构能够保持较高的独立性、权威性和组织地位,更强调完成董事会的责任,有利于内部审计的检查、评价、鉴证和咨询功能的发挥。

董事会下设的审计委员会的职责一般包括:

(1)负责对公司内部审计业务进行指导,以保证公司对外公布的财务信息的真实性、可靠性,避免对公众产生误导。

(2)选择并审核通过公司首席审计执行官的人选,审批内部审计章程,审查内部审计的范围、适用性和审计结果等,以提高内部审计工作的独立性、规范性和可操作性。

(3)审查公司的财务政策、运营及控制系统的状况,保证公司内部监控的充分和完整。

(4)负责聘请并监督外部审计机构,与外部审计、内部审计和董事会进行协调与沟通。

(5)参加董事会会议,对董事会的决策提出恰当的建议,以保证决策的有效性。

(6)监督公司文件、财务、责任、法律方面有无违规之举,检查公司的方针、政策及审计原则,推动公司建立良好的企业文化。

(五)双重领导模式

在双重领导模式下,内部审计机构在职能上向审计委员会报告,在行政上向总经理负责并报告。这种双向负责、双轨报告、保持双重关系的内部审计机构设置模式,符合公司治理对其履行报告受托责任的要求,能够最大限度地发挥内部审计检查、评价、鉴证和咨询的功能,而且也保证了内部审计的独立性。

在实践中,内部审计机构的设置模式会直接受到企业管理理念、企业规模、内部治理结构、人员水平和胜任能力等各方面因素的影响。对于一些特殊类型的或管理上有特殊要求的企业,可以根据自己的实际情况,灵活设置内部审计机构。无论选择何种内部审计的设置模式,都要保证内部审计的独立性、专业性、高效性和权威性。

二、内部审计机构设置和人员管理

2018年审计署颁布的《审计署关于内部审计工作的规定》对内部审计机构的设置提出了如下要求。

(1)国家机关、事业单位、社会团体等单位的内部审计机构或者履行内部审计职责的内设机构,应当在本单位党组织、主要负责人的直接领导下开展内部审计工作,向其负责并报告工作。

国有企业内部审计机构或者履行内部审计职责的内设机构应当在企业党组织、董事会(或者主要负责人)直接领导下开展内部审计工作,向其负责并报告工作。国有企业应当按照有关规定建立总审计师制度。总审计师协助党组织、董事会(或者主要负责人)管理内部审计工作。

(2)内部审计人员应当具备从事审计工作所需要的专业能力。单位应当严格内部审计人员录用标准,支持和保障内部审计机构通过多种途径开展继续教育,提高内部审计人员的职业胜任能力。

内部审计机构负责人应当具备审计、会计、经济、法律或者管理等工作背景。

(3)内部审计机构应当根据工作需要,合理配备内部审计人员。除涉密事项外,可以根据内部审计工作需要向社会购买审计服务,并对采用的审计结果负责。

(4)单位应当保障内部审计机构和内部审计人员依法依规独立履行职责,任何单位和个人不得打击报复。

2020年,国务院国有资产监督管理委员会发布《关于深化中央企业内部审计监督工作的实施意见》,要求进一步完善内部审计领导和管理体制机制。建立健全党委(党组)、董事会(或主要负责人)直接领导下的内部审计领导体制。党委(党组)要加强对内部审计工作的领导。董事长具体分管内部审计、是内部审计工作第一责任人。内部审计机构向党委(党组)、董事会(或主要负责人)负责并报告工作。切实发挥董事会审计委员会管理和指导作用。不断完善集团统一管控的内部审计管理体制,加快形成"上审下"的内部审计管理体制。深化和改善、规范有效开展经济责任审计工作;突出关键环节,强化对重点领域的专项监督;强化境外内部审计;加强内控体系审计。

三、内部审计机构的职责和权限

(一)内部审计机构的职责

根据《审计署关于内部审计工作的规定》,内部审计机构或者履行内部审计职责的内设机构应当按照国家有关规定和本单位的要求,履行下列职责。

(1)对本单位及所属单位贯彻落实国家重大政策措施情况进行审计。

(2)对本单位及所属单位发展规划、战略决策、重大措施,以及年度业务计划执行情况进行审计。

(3)对本单位及所属单位财政财务收支进行审计。

(4)对本单位及所属单位固定资产投资项目进行审计。

(5)对本单位及所属单位的自然资源资产管理和生态环境保护责任的履行情况进行审计。

(6)对本单位及所属单位的境外机构、境外资产和境外经济活动进行审计。

(7)对本单位及所属单位经济管理和效益情况进行审计。

(8)对本单位及所属单位内部控制及风险管理情况进行审计。

(9)对本单位内部管理的领导人员履行经济责任情况进行审计。

(10)协助本单位主要负责人督促落实审计发现问题的整改工作。

(11)对本单位所属单位的内部审计工作进行指导、监督和管理。

(12)国家有关规定和本单位要求办理的其他事项。

(二)内部审计机构的权限

(1)要求被审计单位按时报送发展规划、战略决策、重大措施、内部控制、风险管理、财政财务收支等有关资料(含相关电子数据,下同),以及必要的计算机技术文档。

(2)参加单位有关会议,召开与审计事项有关的会议。

(3)参与研究制定有关的规章制度,提出制定内部审计规章制度的建议。

(4)检查有关财政财务收支、经济活动、内部控制、风险管理的资料、文件和现场勘察实物。

(5)检查有关计算机系统及其电子数据和资料。

(6)就审计事项中的有关问题向有关单位和个人开展调查和询问,取得相关证明材料。

(7)对正在进行的严重违法违规、严重损失浪费行为及时向单位主要负责人报告,经同意做出临时制止决定。

(8)对可能被转移、隐匿、篡改、毁弃的会计凭证、会计账簿、会计报表,以及与经济活动有关的资料,经批准,有权予以暂时封存。

(9)提出纠正、处理违法违规行为的意见和改进管理、提高绩效的建议。

(10)对违法违规和造成损失浪费的被审计单位和人员,给予通报批评或者提出追究责任的建议。

(11)对严格遵守财经法规、经济效益显著、贡献突出的被审计单位和个人,可以向单位党组织、董事会(或者主要负责人)提出表彰建议。

四、内部审计人员的法律责任

(1)被审计单位有下列情形之一的,由单位党组织、董事会(或者主要负责人)责令改正,并对直接负责的主管人员和其他直接责任人员进行处理:①拒绝接受或者不配合内部审计工作的;②拒绝、拖延提供与内部审计事项有关的资料,或者提供资料不真实、不完整的;③拒不纠正审计发现问题的;④整改不力、屡审屡犯的;⑤违反国家规定或者本单位内部规定的其他情形。

(2)内部审计机构或者履行内部审计职责的内设机构和内部审计人员有下列情形之一

的，由单位对直接负责的主管人员和其他直接责任人员进行处理；涉嫌犯罪的，移送司法机关依法追究刑事责任：①未按有关法律法规和内部审计职业规范实施审计导致应当发现的问题未被发现并造成严重后果的；②隐瞒审计查出的问题或者提供虚假审计报告的；③泄露国家秘密或者商业秘密的；④利用职权谋取私利的；⑤违反国家规定或者本单位内部规定的其他情形。

（3）内部审计人员因履行职责受到打击、报复、陷害的，单位党组织、董事会（或者主要负责人）应当及时采取保护措施，并对相关责任人员进行处理；涉嫌犯罪的，移送司法机关依法追究刑事责任。

第四节　注册会计师法律责任

一、注册会计师法律责任概述

社会公众认可注册会计师的必要条件之一是具备承担社会责任的能力并对因其未能满足规定要求而引发的后果负责。注册会计师的社会地位和责任犹如一枚硬币的正反两面，相辅相成，缺一不可。注册会计师社会责任最主要的表现形式即法律责任。当前，各国注册会计师的法律责任呈现日益强化的趋势。

（一）审计法律环境的变化

随着社会经济的发展，注册会计师的法律责任得到不断强化。20 世纪 80 年代之后，西方发达国家的法律环境发生了较大变化，注册会计师职业团体对于行业法律责任秉持的态度也有所改变。21 世纪之初，受到“安然”等事件的影响和冲击，注册会计师职业所承担的法律责任发生了显著变化，主要表现如下。

1. 诉讼爆炸

20 世纪 80 年代以来，由于消费者利益保护主义兴起，公众对政府负有保护投资者利益责任的意识逐渐强化，越来越注重运用法律的手段来解决利益冲突和纠纷；同时随着经济的发展，企业规模逐渐扩大，企业活动愈发复杂，公司对公众的报告责任变得越来越重要，而公布财务信息的用户对审计人员应承担必要法律责任的意识不断增强，企业经营失败造成的破产案件剧增，投资者和贷款人因蒙受重大损失而指控注册会计师未能及时揭示或报告这些问题，并要求其赔偿有关损失。

同时，迫于社会的压力，许多国家的法院判决逐渐倾向于增加注册会计师在这些方面的法律责任，注册会计师法律责任不断扩大，履行责任的对象随之拓宽，这些都使得注册会计师很容易被指控为民事侵权，诉讼爆炸（Litigation explosion）也由此产生。

2. 深口袋理论扩大注册会计师对第三方的责任

早期的司法制度倾向于限定注册会计师对第三方的法律责任，但自 20 世纪 70 年代末以来，不少法官放弃上述判例原则，转而规定注册会计师对预期的第三方使用者或财务报表的特定用途必须承担法律责任。另外，20 世纪 80 年代后期，许多会计职业团体修订有关审计准则，要求注册会计师在进行财务报表审计时，必须设计和实施必要的审计程序，为发现错误与舞弊提供合理的保证,从而实质上扩充了注册会计师法律责任的内涵。因此,信息使用者期望注册会计师通过预防、查证和纠正公司财务和会计中的舞弊问题,保证财务报告的准确性,只要发现自己因被不正确的会计信息误导而利益受损,他们往往就会起诉注册会计师,这被西方学者形象地称为深口袋理论(deep pocket theory),即当被审计单位出现财务危机或破产情况后,不论是信息使用者还是法官,都倾向于从有支付能力的注册会计师获取赔偿,而不问谁有过错。

诉讼爆炸以及深口袋理论追责的直接后果就是注册会计师审计诉讼案件越来越多,赔偿金额也持续上涨,这又引发注册会计师提供的服务价格持续上涨。

(二)注册会计师法律责任的成因

1.注册会计师的自身原因

1)违约

违法行为是指注册会计师违反相关法律条款的行为,其具体表现为以下两个方面。

(1)违反合同约定(违约)。客户(委托人)与注册会计师之间是一种委托与被委托的民事关系,他们在平等、自愿、协商一致的基础上拟定合同条款,分别就鉴证事项、双方的权利与义务、保密、收费方式、提交报告的时间、违约责任等内容做出明确规定。如果注册会计师在执行合同过程中没有履行合约中的相关条款,应当承担违约责任。违约行为的法律主体只能是签约当事人,不包括使用审计报告的第三人。

(2)违反法律法规,是指注册会计师直接违反了我国《证券法》《公司法》等法律中规定的义务。例如,注册会计师在执行审计期间买卖该公司的股票,提前泄露公司的财务信息给外人以谋取利益等。

2)过失

注册会计师的过失包括疏忽和懈怠。过失乃是其背离了法律和职业道德、执行准则对其提出的恪尽职守的义务,包括高度注意义务和忠实义务。应有的职业谨慎的标准应从两方面把握:一是对“人”的标准,要求注册会计师要符合“谨慎执业者”的标准;二是对“事”的标准,要求注册会计师在提供服务时要具体情况具体分析,运用职业判断收集到充分的审计证据。“谨慎执业者”的标准有三个:一是拥有该职业所需要的一般知识并能与职业保持同步发展;二是能做出相当于社会平均水平的判断;三是在人格方面代表但不超越社会一般水平。

当注册会计师的过失行为给他人造成损害时,应承担相应的赔偿责任。注册会计师因其过失的轻重程度不同,可以划分为一般过失和重大过失。一般过失是指注册会计师没有充分遵循执业准则的要求,在审计过程中对某些非重要审计事项没有保持应有的职业谨慎。这些被忽视的非重要事项累计起来之后可能引起重大错报,从而导致注册会计师审计失败。重大过失是指注册会计师连最基本、最重要的执业准则都未遵守,给当事人或社会公众带来较大的损失和危害。例如,注册会计师在审计过程中不负责任,敷衍了事,没有认真遵照执业准则的规定对财务报表实施审计,出具给委托人或他人带来重大损失的不恰当审计意见。

另外,还有一种过失叫“共同过失”,即对他人过失,受害方自己未能保持合理的谨慎,因而蒙受损失。比如，被审计单位未能向注册会计师提供编制纳税申报表所必要的信息，后来又控告注册会计师未能妥当地编制纳税申报表，这种情况可能使法院判定被审计单位有共同过失。再比如，在审计中未能发现现金等资产短缺时，被审计单位可以过失为由控告注册会计师，而注册会计师又可以说现金等问题是由缺乏适当的内部控制造成的，并以此为由来反击被审计单位的诉讼。

3）欺诈

欺诈是指注册会计师在执业过程中明知财务报告及其他有关材料不真实，但仍然故意做出虚假或失实的陈述，以达到欺骗他人的一种故意行为。例如，注册会计师明知被审计单位在财务报告中虚增收入，仍与被审计单位串通，出具无保留的审计意见以欺骗第三方。

与欺诈相关的另一个概念是“推定欺诈”，又称“涉嫌欺诈”，是指虽无故意欺诈或坑害他人的动机，却存在极端或异常的过失。推定欺诈和重大过失，两者往往很难界定，在美国，许多法院曾经将注册会计师的重大过失解释为推定欺诈，特别是近年来有些法院放宽了“欺诈”一词的范围，使得推定欺诈和欺诈在法律上成为等效的概念。这样，具有重大过失的注册会计师的法律责任就进一步加大了。

2. 社会原因

随着经济社会的不断发展，注册会计师的地位日益提升，而其承担的法律责任也在逐渐加大，这已成为各个国家的普遍做法。2019 年 12 月全国人大常委会通过的《证券法》仍然规定注册会计师执业要“勤勉尽责”；中国注册会计师协会 2020 年 12 月修改了《注册会计师职业道德守则（2020）》，将“勤勉尽责”作为了基本原则。究其原因，主要有以下四点：第一，社会公众对政府负有保护投资者利益的意识逐渐强化，也越来越注重运用法律的手段来解决利益冲突和纠纷；第二，公布财务信息的用户对注册会计师应承担必要法律责任的意识不断增强；第三，随着经济发展，企业规模逐渐扩大，企业活动也愈发复杂，公司对公众的报告责任越来越重要；最后，公司会计和审计活动过程的日趋复杂导致了风险性的提高，而审计工作的失误，尤其是造成一定社会影响和损害的审计失误，使政府和公众希望强化惩罚机制。

二、美国注册会计师法律责任的发展情况

（一）习惯法下审计法律责任变迁

1. 习惯法下注册会计师对委托人的法律责任

注册会计师业务为有偿服务，双方之间按照业务约定书要求存在合同关系，均有恪守职业谨慎的义务。因此，在习惯法下，如果由于注册会计师的过失（即使是普通过失）给委托人造成了经济损失，注册会计师对于委托人就负有法律责任。遭受损失的委托人往往会对注册会计师的过失提起诉讼，要求注册会计师赔偿损失。判断注册会计师是否承担责任的关键因素是损失是否由注册会计师的过失引起。只要执业人员遵守了公认审计准则，就不应该承担责任。一旦委托人对注册会计师提起诉讼，在习惯法下，委托人（即原告）负有举证责任，即必须向法院证明其已受到损失，以及这种损失是由注册会计师的过失造成的。

作为被告的注册会计师在受到指控时，可用以下几种理由或几种理由之一进行抗辩：一

是没有服务义务。应在签订的业务约定书中明确规定双方的权利义务，确定免责条款，以便在抗辩时提供书面证据。如此被告方就可以无服务义务作为抗辩理由。二是无过失行为。注册会计师严格遵守了执业准则，保持了应有的职业谨慎和勤勉尽责。三是注册会计师的过失与委托人的损失不存在因果关系。四是共同过失。比如，注册会计师未能查出委托单位的现金短缺而具有过失，但委托人由于没有设置适当的现金内部控制制度具有共同过失。共同过失的抗辩实际上也是表示注册会计师的过失并非委托人受损的直接原因的一种方式。

2. 习惯法下注册会计师对于第三方的责任

第三方是指那些与审计人员无直接契约关系但依赖审计人员审计报告进行决策的利益相关者，包括受益第三方（合约指明第三方）和未指明的第三方（包括合理预期第三方和其他第三方）。在美国，习惯法下注册会计师对第三方的责任主要体现在：普通过失不足以构成对第三方承担法律责任，因为第三方与审计人员之间缺乏合同关系，除非第三方是主要受益人；如果审计人员存在欺诈或重大过失，审计人员就应当对更广泛的第三方承担法律责任。

一是注册会计师对于受益第三方的责任。受益第三方主要是指合同（业务约定书）中指明的人，但此人既非要约人，又非承诺人。例如，注册会计师知道被审计单位委托他对财务报表进行审计的目的是获得某家银行的贷款，那么这家银行就是受益第三方。委托人之所以能够取得归因于注册会计师普通过失的损害赔偿的权利，源自习惯法下有关合同的判例。受益第三方同样具有委托人和会计师事务所所订合同中的权利，因此他也享有同等的追索权。也就是说，如果注册会计师的过失（包括普通过失）使依赖审定财务报表的受益第三方造成了损失，受益第三方也可以指控注册会计师具有过失而向法院提起诉讼，追回遭受的损失。

二是注册会计师对合理预期的第三方的责任。注册会计师对于未指明的第三方是否负有责任，关键在于过失程度。注册会计师对普通过失不负责任，而对重大过失和欺诈则应当负责。但是自20世纪80年代以来，许多法院扩大了过失程度的含义，判定具有普通过失的注册会计师对“已预见的第三方”负有责任。所谓“已预见的第三方”，是指注册会计师在正常情况下能够预见将依赖财务报表的人，包括所有债权人、股东，过去、现在和潜在的投资者。

三是注册会计师对于其他第三方的责任。委托人和受益第三方对注册会计师的过失具有损害赔偿的追索权，因为他们具有和会计师事务所所订合同中的各项权利。那么其他依赖审定财务报表却无合同中特定权利的许多第三方（未指明的第三方）是否也有追索权呢？这在习惯法下和成文法下有些不同。在习惯法下注册会计师对于第三方的责任案中，举证的责任在原告，即当原告（第三方）提起诉讼时，他必须向法院证明：①他本身受到了损失；②他依赖了令人误解的已审财务报表；③这种依赖是他受到损失的直接原因；④注册会计师具有某种程度的过失。作为被告的注册会计师仍处于反驳原告所作指控的地位。

（二）成文法下审计法律责任的变迁

在美国，涉及审计人员法律责任的成文法主要有：1933 年颁布的《证券法》、1934 年颁布的《证券交易法》、1995 年颁布的《私人证券诉讼改革法案》、2002 年颁布的《SOX 法案》。

1. 1933 年的《证券法》

1933 年的《证券法》规定了上市公司必须实施强制性的法定审计，明确了注册会计师的法律责任。在民事责任方面，1933 年的《证券法》主要针对发行证券申报登记文件中重大事实的不实陈述责任进行了规定：当登记文件中对重大事实有错误陈述、隐瞒或误导性信息的时候，证券购买者有权起诉；除非被告能够证明购买者购买证券时已经知道存在错误或隐瞒，否则任何购买者都可以提起诉讼；包括审计人员在内的专业人士应承担法律责任，注册会计师应对审核的登记文件和签署的专业意见负责；免责事由具体包括勤勉尽职和合理调查，当信息披露方登记文件中没有全面、正确反映注册会计师的审计意见及表述或采取有所增删的引述时，注册会计师也是可以抗辩免责的。在刑事责任方面，1933 年《证券法》规定，故意违反证券法规定进行重大虚假陈述的注册会计师，一经证明有罪，应处以不超过 10 000 美元的罚款或者不超过 5 年的有期徒刑或者两者并罚。

2.1934 年的《证券交易法》

1934 年的《证券交易法》规定：每个在美国证券交易委员会管辖下的公开发行公司（具有 100 万美元以上的总资产和 500 位以上的股东），均需向美国证券交易委员会呈送经注册会计师审计过的年度财务报表。如果这些年度财务报表令人误解，报送公司及其注册会计师对于买卖公司证券的任何人都必须负责，除非被告确实能证明其行为是善意的，并且不知道所作的陈述是虚假或令人误解的。1934 年的《证券交易法》与 1933 年的《证券法》相比，涉及的财务报表和投资者数量较多。1933 年的《证券法》中的责任对象为登记表中的财务报表和购买公司原始证券的投资者，1934 年的《证券交易法》要求注册会计师对上市公司每年的财务报表和买卖公司证券的任何人负责。但是，1934 年的《证券交易法》对注册会计师的责任有所减轻。1934 年的《证券交易法》规定：“除非被告确能证明其本身行为出于善意，且并不知道财务报表是虚伪不实或令人误解的。”这就将注册会计师的责任限定在重大过失或欺诈行为。1934 年的《证券交易法》也将大部分举证责任交给了注册会计师，但不同的是原告要证明因果关系的存在，注册会计师只要证明其出于善意即可。

3.1995 年的《私人证券诉讼改革法案》

《私人证券诉讼改革法案》重要的内容包括：①连带责任（任一被告都有承担全部损失赔偿的责任）被修改后的比例责任（每一被告仅仅负责赔偿由于其过错而造成的损失）代替；②对原告诉讼律师的申诉规定了更加严格的标准，从而减少了对执业行为吹毛求疵的可能性，有效控制了利用专业原告进行诉讼的行为；③“安全港”条款开始施行，以诚实、公正的态度出具的预测报告，在联邦证券法下，注册会计师不必承担相应的责任；④证券欺诈行为不再被认为是《贪污欺诈损害组织法案》中的“本质行为”，从而使原告不能在证券诉讼中任意提出高额损失赔偿。

4.《萨班斯—奥克斯利法案》

2002年美国国会出台了《公众公司会计改革和投资者保护法案》,又称《萨班斯奥克斯—利法案》,该法案的要求包括:①建立一个独立机构来监管上市公司的审计;②注册会计师定期轮换;③全面修订会计准则;④制定关于审计委员会成员构成的标准;⑤要求管理层及时评估内部控制,提供更及时的财务报告;⑥对注册会计师提供咨询服务进行限制等。该法案共11章,第1~6章主要侧重于对会计职业及公司行为的监管;第7章要求相关部门在该法案正式生效后的指定日期内(一般在6~9个月)提交若干份研究报告,包括会计师事务所合并、信贷评级机构、市场违规者、法律的执行、投资银行等研究报告,以供相关执行机构参考,并作为未来立法的参照;第8~11章主要是提高对公司高层主管及白领犯罪的刑事责任。

三、现行注册会计师法律责任的规定

我国规定了会计师事务所、注册会计师法律责任的法律中比较重要的有:《中华人民共和国注册会计师法》《中华人民共和国公司法》《中华人民共和国证券法》《中华人民共和国刑法》。

(一)《注册会计师法》的规定

我国《注册会计师法》规定了注册会计师行政、刑事和民事责任。一是关于民事责任。第四十二条规定:“会计师事务所违反本法规定,给委托人、其他利害关系人造成损失的,应当依法承担赔偿责任。”二是关于行政责任。第三十九条第一款规定:“会计师事务所违反本法第二十条、第二十一条规定的,由省级以上人民政府财政部门给予警告,没收违法所得,可以并处违法所得一倍以上五倍以下的罚款;情节严重的,并可以由省级以上人民政府财政部门暂停其经营业务或者予以撤销。”

(二)《证券法》的规定

一是关于民事责任。《证券法》第一百六十三条规定:“证券服务机构为证券的发行、上市、交易等证券业务活动制作、出具审计报告及其他鉴证报告、资产评估报告、财务顾问报告、资信评级报告或者法律意见书等文件,应当勤勉尽责,对所依据的文件资料内容的真实性、准确性、完整性进行核查和验证。其制作、出具的文件有虚假记载、误导性陈述或者重大遗漏,给他人造成损失的,应当与委托人承担连带赔偿责任,但是能够证明自己没有过错的除外。”二是关于行政责任。《证券法》第一百八十八条规定:“证券服务机构及其从业人员,违反本法第四十二条的规定买卖证券的,责令依法处理非法持有的证券,没收违法所得,并处以买卖证券等值以下的罚款。”《证券法》第二百一十三条规定:“……证券服务机构违反本法第一百六十三条的规定,未勤勉尽责,所制作、出具的文件有虚假记载、误导性陈述或者重大遗漏的,责令改正,没收业务收入,并处以业务收入一倍以上十倍以下的罚款,没有业务收入或者业务收入不足五十万元的,处以五十万元以上五百万元以下的罚款;情节严重的,并处暂停或者禁止从事证券服务业务。对直接负责的主管人员和其他直接责任人员给予警告,并处以二十万元以上二百万元以下的罚款。”《证券法》第二百一十四条规定:“发行人、证券登记结算机构、证券公司、证券服务机构未按照规定保存有关文件和资料的,责令改正,给予警告，并处以十万元以上一百万元以下的罚款；泄露、隐匿、伪造、篡改或者毁损有关文件和资料的，给予警告，并处以二十万元以上二百万元以下的罚款；情节严重的，处以五十万元以上五百万元以下的罚款，并处暂停、撤销相关业务许可或者禁止从事相关业务。对直接负责的主管人员和其他直接责任人员给予警告，并处以十万元以上一百万元以下的罚款。”

（三）《公司法》的规定

一是关于民事责任。《公司法》第二百零七条第三款规定：“承担资产评估、验资或者验证的机构因其出具的评估结果、验资或者验证证明不实，给公司债权人造成损失的，除能够证明自己没有过错的外，在其评估或者证明不实的金额范围内承担赔偿责任。”二是关于行政责任。《公司法》第二百零七条规定：“承担资产评估、验资或者验证的机构提供虚假材料的，由公司登记机关没收违法所得，处以违法所得一倍以上五倍以下的罚款，并可以由有关主管部门依法责令该机构停业、吊销直接责任人员的资格证书、吊销营业执照。”

（四）最高人民法院的司法解释

由四川省德阳东方贸易公司验资法律纠纷而引发的最高人民法院法函（〔1996〕56号）——《关于会计师事务所为企业出具虚假验资证明应如何处理的复函》，成为关于注册会计师因出具虚假验资报告而应承担民事责任的第一个专门司法解释，并引发了“验资诉讼风暴”。之后，最高人民法院又陆续发布了5个关于会计师事务所民事责任的司法解释。特别是2007年6月11日发布的《最高人民法院关于审理涉及会计师事务所在审计业务活动中民事侵权赔偿案件的若干规定》，是在梳理以往五个司法解释的基础上，经过充分讨论和反复论证后做出符合法律精神并切合实际的规定，具有里程碑式的意义。该司法解释为正确审理涉及会计师事务所在审计业务活动中民事侵权赔偿案件，维护社会公共利益和相关当事人的合法权益提供了具体依据。

（五）《刑法》的规定

我国《刑法》第二百二十九条第一款规定：承担资产评估、验资、验证、会计、审计、法律服务、保荐、安全评价、环境影响评价、环境监测等职责的中介组织的人员故意提供虚假证明文件，情节严重的，处五年以下有期徒刑或者拘役，并处罚金；有下列情形之一的，处五年以上十年以下有期徒刑，并处罚金：

（1）提供与证券发行相关的虚假的资产评估、会计、审计、法律服务、保荐等证明文件，情节特别严重的；

（2）提供与重大资产交易相关的虚假的资产评估、会计、审计等证明文件，情节特别严重的；

（3）在涉及公共安全的重大工程、项目中提供虚假的安全评价、环境影响评价等证明文件，致使公共财产、国家和人民利益遭受特别重大损失的。

有前款行为，同时索取他人财物或者非法收受他人财物构成犯罪的，依照处罚较重的规定定罪处罚。

第一款规定的人员，严重不负责任，出具的证明文件有重大失实，造成严重后果的，处三年以下有期徒刑或者拘役，并处或者单处罚金。

【案例分析 7-1】

基本案情:D 注册会计师负责对上市公司丁公司 2021 年度财务报表进行审计。2021 年,丁公司管理层通过与银行串通编造虚假的银行进账单和银行对账单,虚构了一笔大额营业收入。D 注册会计师实施了向银行函证等必要审计程序后,认为丁公司 2021 年度财务报表不存在重大错报,出具了无保留意见审计报告。

在丁公司 2021 年度已审计财务报表公布后,股民甲购入了丁公司股票。随后,丁公司财务舞弊案件曝光,并受到证券监管部门的处罚,其股票价格大幅下跌。为此,股民甲向法院起诉 D 注册会计师,要求其赔偿损失。D 注册会计师以其与股民甲未构成合约关系为由,要求免于承担民事责任。

分析要点:

1. 为了支持诉讼请求,股民甲应当向法院提出哪些理由?

2. 指出 D 注册会计师提出的免责理由是否正确,并简要说明理由。

3. 在哪些情形下,D 注册会计师可以免于承担民事责任?

答案提示:

1. 股民甲应当向法院提出的诉讼理由包括:丁公司报表存在重大错报,但是注册会计师出具的审计报告意见类型是无保留意见;注册会计师在丁公司财务报表的审计中仅执行了银行函证等必要的审计程序,没有保持合理的谨慎,存在过失;股民甲由于丁公司股价下跌,存在损失;股民甲是由于信任了丁公司报出的 2021 年度的财务报表和注册会计师的审计报告而购买丁公司股票的。

2.D 注册会计师提出的免责理由是不正确的,会计师事务所因在审计业务活动中对外出具不实报告给利害关系人造成损失的,应当承担侵权赔偿责任,能够证明自己没有过错的除外。不能以没有与利害关系人建立合约关系为由要求免于承担民事责任。

3.D 注册会计师在下列情形下可以免于承担民事责任:①已经遵守执业准则、规则确定的工作程序并保持必要的职业谨慎,但仍未能发现被审计单位的会计资料错误;②审计业务所必须依赖的金融机构等单位提供虚假或者不实的证明文件,注册会计师在保持必要的职业谨慎情况下仍未能发现其虚假或者不实;③已对被审计单位的舞弊迹象提出警告并在审计业务报告中予以指明。

【案例分析 7-2】

基本案情:铭仁会计师事务所承办了和顺公司 2021 年度会计报表审计业务。2022 年 8 月,和顺公司之股东李强以和顺公司 2021 年度会计报表审计工作存在重大过失、导致其发生重大投资损失为由,向法院提起诉讼,要求铭仁会计师事务所承担民事赔偿责任。

分析要点:和顺会计师事务所聘请的律师在准备应诉材料时,提出了以下问题,请代为回答:

1. 何谓普通过失和重大过失?

2. 审计重要性概念在区分普通过失和重大过失中有何重要作用?

3. 在什么情况下,注册会计师可能被认为免于承担民事责任?

4. 在什么情况下,注册会计师可能对第三方承担法律责任?

5. 针对第三方的诉讼,注册会计师应当如何为自己抗辩?

答案提示:

1. 普通过失(也有的称"一般过失")通常是指没有保持职业上应有的合理的谨慎。对注册会计师而言,则是指没有完全遵循专业准则的要求。比如,未按特定审计项目取得必要和充分的审计证据就出具审计报告的情况,可视为一般过失。

重大过失是指连起码的职业谨慎都不保持,对重要的业务或事务不加考虑,满不在乎;对注册会计师而言,则是指根本没有遵循专业准则或没有按专业准则的基本要求执行审计。

2. 如果报表中存在的重大错报事项属于注册会计师运用常规审计程序应当发现的,但因工作疏忽而未发现,则属于重大过错。若是由多处不算重大的错报事项累积形成的对财务报表影响较大的错报,即财务报表整体失实,该类错报未被发现,属于一般过失。

3. 在下列情况下,注册会计师可能被认为免于承担民事责任:①注册会计师本身并无过失,即他执业时严格遵循了专业标准的要求,保持了职业上应有的认真与谨慎;②注册会计师虽有过失,但这种过失与损害结果不存在因果关系。

4. 在注册会计师存在重大过失或欺诈时,注册会计师应当对第三方承担法律责任。

5. 注册会计师可从以下几个方面进行抗辩:①注册会计师本身并无过失,即他执业时严格遵循了专业标准的要求,保持了职业上应有的认真与谨慎;②注册会计师虽有过失,但这种过失与损害结果不存在因果关系;③原告已经超过诉讼时效(自有关机关公布处罚决定日或刑事判决生效日起两年)。

四、应对法律诉讼的对策

(一)注册会计师职业界避免法律责任的对策

作为注册会计师协会及职业主管部门应采取各种措施,协助会计师事务所和注册会计师应对法律诉讼,审计职业界可采取的主要措施包括以下几点。

1. 加强审计理论研究

一是有组织地开展研究,中国注册注册会计师协会、省级注册会计师协会每年针对注册会计师审计情况征集选题,经过研讨后形成年度科研课题,按照规定程序批准后组织招标确定中标单位和项目专家,开展理论研究。二是自发地开展研究,理论界和实务界针对注册会计师现实问题确定研究方向开展研究。开展审计理论研究非常重要,它有助于探索更好的方法,用以揭露无意的重大错报或舞弊行为、向报表使用者传达审计结果、保证审计师的独立性等。

2. 加强行业监管

只有在维护好社会公众利益的基础上,注册会计师行业才能实现行业利益,表明自身的社会价值。注册会计师行业的监管对于维护、协调、平衡公众利益和行业利益都是至关重要的。行业监管不仅仅指的是政府部门、独立监管部门的行政监管和独立监管,还包括行业协会对于行业自身的自律性监管。在经历过多次诉讼风暴和信任危机之后,当前国际社会对注册会计师行业的监管呈现出日益强化的趋势,监管模式也呈现出逐渐混合的态势。

3. 反击恶意诉讼

会计师事务所必须持续地反击那些“莫须有”的诉讼。注册会计师经常作为“深口袋”的角色,出现在法庭之上。当遭受到投资损失时,可以通过要求所有的执业人员都遵守本行业的一些优秀执业者所采用的良好方法以保护注册会计师。例如,AICPA 规定,对于所有的审计业务,都要求从业人员取得书面的管理层声明书,就属于这种要求。当然,这些要求不应当与满足使用者的需要相冲突。

4. 建立同业复核制度

省级注册会计师协会每年组织由注册会计师参加的,对本省会计师事务所的执业情况和实施的程序的全面检查,这是教育执业人员和发现不遵守职业准则的事务所的一种有效方法。

5. 对行为不当的成员进行制裁

注册会计师协会加大对注册会计师审计职业管教的力度,对于审计行为不当的注册会计师依据职业道德守则和有关准则进行惩罚。

6. 加强与法律界的沟通

在美国,为减少其法律责任,商界人士、医师、注册会计师以及其他职业界,都在对政府进行游说,通过游说降低了法律责任成本,从而可以减少其职业保险成本,进而降低审计需求者的成本。中国注册会计师协会应与人大法工委、国务院法制局、最高人民法院等单位进行沟通,以加强审计职业界与法律界的相互理解。

(二)注册会计师避免法律诉讼的具体措施

1. 严格遵循职业道德规范

保持良好的职业道德,严格遵循专业标准的要求执业、出具报告,对于避免法律诉讼或在提起的诉讼中保护注册会计师非常重要。注册会计师如要为社会公众提供高质量的、可信赖的专业服务,就必须强化职业道德意识。少数注册会计师忽视职业道德守则的要求,在执业过程中,往往处于被动地位,甚至帮助被审计单位掩饰舞弊。当发生审计诉讼时,此类注册会计师必然会受到应有的处罚。还有少数注册会计师在执业过程中,对有关被审计单位的问题未持应有的职业谨慎态度,或为节省时间而缩小审计范围和简化审计程序,都会导致财务报表中的重大错报不被发现从而可能成为被告。因此,注册会计师应当树立起强烈的风险意识、责任意识和道德意识,时刻强调职业道德,防范司法诉讼。

2. 建立会计师事务所质量管理制度

会计师事务所不同于一般公司、企业,质量管理是会计师事务所各项管理工作的核心。如果会计师事务所质量管理不严,很有可能因为一个人或一个部门的原因导致整个会计师事务所遭受灭顶之灾。北京中诚会计师事务所没有质量管理措施,各个分所都可以中诚会计师事务所的名义独立承揽业务、出具报告,致使二分所为长城公司出其虚假报告之事曝光之后,中诚会计师事务所总部尚不知本所曾为长城公司出具过报告。因此,会计师事务所必须依据《会计师事务所质量管理准则第 5101 号——业务质量管理》《会计师事务所质量管理准则第 5102 号——项目质量复核》建立、健全一套严密、科学的内部质量管理制度,并把这套制度推行到每一个人、每一个部门和每一项业务，迫使注册会计师按照专业标准的要求执业，保证整个会计师事务所业务的质量。

3. 谨慎选择合伙人

要避免法律诉讼，首要问题是谨慎选择合伙人，以避免可能导致审计失败的隐患。一般说来，不宜选择下列合伙人：崇尚商业利润而忘记职业道德的合伙人；无视职业规范自以为是的合伙人；认为倒霉事不会落到自己头上的合伙人；不评估客户风险的合伙人；逾越内部控制、不遵循事务所政策的合伙人；凡事都授权给经理的合伙人；重大问题不咨询或请教别人的合伙人；不了解客户需要和动机的合伙人；专业技能落伍的合伙人；过度扩张或过度忙碌的合伙人。

4. 审慎选择被审计单位

注册会计师如欲避免法律诉讼，必须审慎选择被审计单位。一是要选择正直的被审计单位。如果被审计单位面对顾客、职工、政府部门或其他方面，没有正直的品格，也必然会蒙骗注册会计师，使注册会计师落入圈套。北京中诚会计师事务所就是在长城公司非法集资出现危机之时轻信长城公司的谎言而被卷入案件的。会计师事务所接受委托之前，一定要采取必要的措施对被审计单位的历史情况进行了解，评价被审计单位的品格，弄清委托的真正目的。二是对陷入财务和法律困境的被审计单位要尤其注意。中外历史上，大部分涉及注册会计师的诉讼案，都集中在宣告破产的被审计单位。周转不灵或面临破产的公司，其股东或债权人总想为其损失寻找替罪羊，因此，对那些陷入财务困境的被审计单位要特别注意。

5. 与委托人签订业务约定书

根据《注册会计师法》第十六条的规定，注册会计师承办业务，其所在的会计师事务所应与委托人签订委托合同（即业务约定书）。业务约定书有法律效力，它是确定注册会计师和委托人的责任的一个重要文件。会计师事务所无论承办何种业务，都要按照业务约定书准则的要求与委托人签订约定书，这样才能在发生法律诉讼时将各种口舌之争减少到最低限度。

6. 深入了解被审计单位的业务

在很多案件中，注册会计师之所以未能发现错误，一个重要的原因就是他们不了解被审计单位所在行业的情况，即被审计单位的业务。会计是经济活动的综合反映，不熟悉被审计单位的经济业务和生产经营实务，仅局限于有关的会计资料，就可能发现不了某些错误。

7. 严格遵守审计准则

在审计执业过程中，不能苛求注册会计师对于财务报表中的所有错报事项都承担法律责任，注册会计师是否应承担法律责任，关键在于注册会计师是否有过失或欺诈行为。而判别注册会计师是否有过失的关键在于注册会计师是否遵循专业标准的要求执业。因此，注册会计师严格遵循执业准则的标准执行业务、出具报告，对于避免法律诉讼或在提起的诉讼中保护注册会计师显得尤其重要。

8. 提取风险基金或购买责任保险

在西方发达国家,投保责任保险是会计师事务所一项极为重要的保护措施,尽管保险不能免除可能受到的法律诉讼,但能防止或减少诉讼失败时会计师事务所发生的财务损失。我国《注册会计师法》也规定了会计师事务所应当建立职业风险基金,办理职业保险。

9. 聘请熟悉注册会计师法律责任的律师

会计师事务所有条件的话,应尽可能聘请熟悉相关法规及注册会计师法律责任的律师。在执业过程中,如遇到重大法律问题,注册会计师应与本所的律师或外聘律师详细讨论所有潜在的危险情况并仔细考虑律师的建议。一旦发生法律诉讼,也应请有经验的律师参加诉讼。

【案例分析 7-3】

基本案情:甲、乙、丙三位出资人共同投资设立丁有限责任公司(以下简称“丁公司”)。甲、乙出资人按照出资协议的约定按期缴纳了出资额,并在全国企业信用信息公示系统上公示。一年后,丁公司通过预付设备款支给乙出资人与出资额等额的款项。丁公司注册登记后连续两年都是由华美会计师事务所的分支机构承办年度财务报表审计业务,并出具了无保留意见的审计报告。两年后,丁公司由于资金短缺和经营不善等原因资不抵债,无力偿付戊供应商的材料款。戊供应商以华美会计师事务所出具不实年度财务报表审计报告为由,向法院提起民事诉讼,要求华美会计师事务所承担连带赔偿责任。华美会计师事务所提出三项抗辩理由,要求免于承担民事责任:一是审计工作乃分支机构所为,与本会计师事务所无关;二是戊供应商与本会计师事务所及分支机构不存在合约关系,因而不是利害关系人;三是丁公司通过预付设备款支给乙出资人与出资额等额的款项的会计处理符合会计准则要求,丁公司由于资金短缺和经营不善等原因资不抵债已经在财务报表中公允表达,无保留意见的审计报告是适当的,戊供应商因不当使用审计报告而遭受损失与本会计师事务所无关。

分析要点:

答案提示:

1. 戊供应商如果要提起民事诉讼,首先是对丁公司及其管理者,其次是对没有出资到位的出资人丙,最后是对占用丁公司资金的乙出资人。如果注册会计师年度财务报表审计中存在重大过失或欺诈,则注册会计师也可能被戊供应商追究民事责任。

2. 华美会计师事务所提供的抗辩理由不妥,其原因有:①尽管是华美会计师事务所的分支机构承办年度财务报表审计业务,但华美会计师事务所也会因统一质量管理而承担相关责任;②如果注册会计师执业不存在过失或仅存在普通过失,华美会计师事务所及其分支机构可以不对第三方承担责任,但如果注册会计师执业存在重大过失甚至欺诈,华美会计师事务所及其分支机构需要对受益第三方承担相关责任;③一般的年度财务报表审计报告使用者是社会公众,社会公众使用没有不当与否的说法,但注册会计师可以强调执业及其专业判断不存在重大错误,强调无保留意见的审计报告与戊供应商遭受损失没有因果关系。

3. 如果华美会计师事务所及其分支机构能够证明执业中不存在重大错误,则其可以免于法律责任追究。

关键概念

审计法律　过失　重大过失　欺诈　习惯法　成文法　内部审计

复习思考题

1. 简述内部审计的特征和主要职权。
2. 简述社会审计的业务范围有哪些。
3. 简述政府审计的法律责任的内容。
4. 简述内部审计的法律责任的内容。
5. 简述注册会计师的法律责任的内容。

思政园地

法院改判:会计师事务所和投行均 100% 承担财务造假责任

2021 年 6 月,中国裁判文书网发布一份关于华泽钴镍上市公司财务造假案的二审判决书。在判决中,瑞华会计师事务所和国信证券承担的连带赔偿责任比例从一审的 60% 和 40% 直接提升到 100%。

“这个改判影响巨大,足以改变证券市场中介机构的命运。因上市公司造假遭受损失的股民,可以直接找投行、会计师事务所要求全额赔偿!”一位资深投行人士对第一财经表示。

(一)未尽到最基本义务

瑞华会计师事务所在对华泽钴镍 2013 年度、2014 年度财务报表审计过程中未勤勉尽责,出具了存在虚假记载的审计报告,未尽到最基本的注意义务,最终导致诸如涉及大量无效的复印票据侵占上市公司 13 亿元资金等异常情况导致华泽钴镍公司伪造大量财务资料事项均未予发现。

作为专业的上市公司保荐人和审计机构,如果按照执业规则勤勉尽责,尽到必要的注意义务,华泽钴镍虚假陈述行为即应当被发现,其过错并非一般疏失,而当属重大过错,符合《最高人民法院关于审理证券市场因虚假陈述引发的民事赔偿案件的若干规定》第二十七条“知道或者应当知道”的情形,构成共同侵权,需承担连带责任。

因此,根据《最高人民法院关于审理证券市场因虚假陈述引发的民事赔偿案件的若干规定》第二十三条、第二十四条、第二十七条的规定,瑞华会计师事务所应当就华泽钴镍的共同侵权行为向投资者承担 100% 的连带赔偿责任。

(二)落实资本市场第一守门人角色

武汉科技大学金融证券研究所所长董登新对第一财经表示,本次判决结果将会极大地提升中国资本市场的发展水平,同时有利于提升信息披露质量,更好地维护投资者权益。

董登新表示,自从注册制改革之后,尤其是新《证券法》和《刑法》修正案生效实施以来,证券违法犯罪成本大幅提升、证券中介的法律边界更加清晰,他们所应当承担的法律责任也被数倍放大,因此无论是保荐人、承销商,或者是会计师事务所、律师事务所、资产评估事务所,“它们这碗饭越来越不好吃。过去对于60万元封顶的惩罚,上述机构根本就不放在眼里,而现在法律环境发生了根本性的改变。”

1月29日,中国证监会官方网站发布《2020年证监稽查20起典型违法案例》中,康得新、康美药业、獐子岛、东方金钰等6家上市公司财务造假案,辅仁药业、凯迪生态、富贵鸟等5家上市公司信息披露违法违规案均在其中。

董登新最后总结道:“只要证券市场中介能够真正充当好资本市场第一守门人角色,再加上证监会的严厉监管,发行人的质量一定可以大幅提升,投资者权益保护才能做到真正有效。”

资料来源:徐宇:法院改判:会计师事务所和投行均100%承担财务造假责任。原文链接:https://m.yicai.com/news/101093576.html。(有改动)

第八章　审计依据

学习目标

- ◆ 了解审计依据的含义及其分类。
- ◆ 理解审计依据的特点。
- ◆ 掌握适用审计依据的原则。
- ◆ 熟悉不同审计目标下适用的审计依据。
- ◆ 掌握审计依据的引用。

引导案例

审计人员依据什么来判断

2018 年 2 月至 3 月，×× 省审计厅派出审计组对该省教育厅 2017 年度部门预算执行情况进行审计，审计组重点审计了教育厅本级及所属机关服务中心、教育培训中心等 5 个单位。部门预算执行审计的一项重要内容，是对部门预算中基本支出的真实性、合法性和效益性进行审计。基本支出是指行政事业单位为保障其机构正常运转、完成日常工作任务所必需的开支，包括人员经费和日常公用经费两部分。其中人员经费是指行政事业单位对所属职工的工资、福利和各项补助支出；日常公用经费是指行政事业单位日常办公中购买商品和服务的支出，包括办公费、会议费、公务接待费、差旅费等支出。为控制各单位的基本支出，财政部门制定相应的经费管理办法，设定相关经费的支出标准，规定在实际支出相关经费时不得超出这些支出标准。如对于差旅费，该省财政厅 2016 年修订印发了新版《×× 省省直机关差旅费管现办法》，以规范该省省级机关工作人员的差旅费支出，其中第七条规定："出差人员应当按规定等级乘坐交通工具。"该条还规定，省级及相当职级人员出差如乘坐飞机，可以乘坐头等舱；厅局级及以下工作人员出差如乘坐飞机，只能乘坐经济舱，审计人员在审计中发现，2017 年，该省教育厅厅本级及所属教育培训中心工作人员在出差乘坐飞机时，共有 5 人 9 次越标准乘坐头等舱。审计报告送达该省教育厅后，相关人员已进行整改，退补差额 1.55 万元。

资料来源：王会金，许莉：审计学基础，北京：中国人民大学出版社，2020。（有改动）

第一节　审计依据概述

审计是一项客观、公正的工作，提出审计意见，做出审计结论，必须有明确的依据。审计依据是提出审计意见、做出审计结论的衡量尺度。有依据的审计意见和结论才能令人信服，被人们所接受。

一、审计依据的含义

审计依据就是对所审查的事实与现行的各种规定进行比较、分析、判断和评价,据以提出审计意见和建议,做出审计结论的客观标准。

在审计实务中,审计人员根据与某项审计内容相关的审计目标,确定适当的审计依据。如在前面的引导案例中,审计人员需要判断被审计单位 2017 年度差旅费支出是否合法。要回答审计目标提出的这个问题,审计人员应根据被审计单位的性质、所属地域及时间范围等特征,选取适当的审计依据,即该省财政厅 2016 年修订印发的《××省省直机关差旅费管理办法》。然后,审计人员根据收集到的相关审计证据(比如,被审计单位 2017 年度已报销的飞机票),判断相关人员乘坐飞机时是否违反了《××省省直机关差旅费管理办法》这一审计依据的规定,是否存在超标准乘坐飞机的问题。

二、审计依据的分类

由于审计目的不同,所以各种类型的审计所遵循的审计依据也不同。不同种类的审计依据有不同的用途,进行适当的分类,有利于审计人员选用。

(一)按审计依据来源渠道分类

1. 外部制定的审计依据

外部制定的审计依据是指由被审计单位外部的主体制定的审计依据。包括国家制定的法律、法规、条例、政策、制度;地方政府、上级主管部门颁发的规章制度和下达的通知、指示文件等;涉外被审计事项所引用的国际惯例、条约等。

2. 内部制定的审计依据

内部制定的审计依据是指由被审计单位内部制定的审计依据,包括经营方针、任务目标、计划预算、各种定额、经济合同、各项指标和各项规章制度等。

(二)按审计依据性质内容分类

1. 法律、法规

法律是国家立法机关依照立法程序制定和颁布,由国家强制力保证执行的行为规范的总称,如宪法、刑法、民法、会计法、审计法、预算法、各种税法、海关法、企业法、公司法、经济合同法等。法规是由国家行政机关制定的各种法令、条例、规定等。

2. 规章制度

规章制度主要包括:国务院各部委根据法律和国务院的行政法规制定的规章制度;省、自治区、直辖市根据法律和国务院的行政法规制定的规章制度;被审计单位上级主管部门和被审计单位内部制定的各种规章制度等。如国家主管部门制定的各项财务会计制度、《企业会计准则》、五部委联合颁布的《企业内部控制基本规范》、财政部发布的《企业会计准则通用分类标准编报规则》等。

3. 预算、计划、合同

如国家机关事业单位编制的经费预算,企业单位制订的各种经济计划,被审计单位与其他单位签订的各种经济合同等。

4. 业务规范、技术经济标准

如人员配备定额、工作质量标准、原材料消耗定额、工时定额、能源消耗定额、设备利用定额等。此外，还有国家制定的等级企业标准、优秀企业的管理条例等。

法律法规类审计依据的特点是层次高、覆盖面广、约束力强，而且相对稳定，因而可以作为审计人员的主要标准；规章制度在一定范围内具有约束力，由于不同单位的内部审计角度不同，所以这类标准应用较多。上述审计依据一般是判断被审计事项合法性、合规性的标准和依据。

（三）按审计依据评价对象分类

1. 财务审计依据

财务审计的主要目标是对被审计单位经济活动的真实性和合法性做出确认和评价。因此财务审计的主要依据有国家的法律、法规；国家主要部门或地方各级政府制定的规章制度；单位自己制定的会计控制制度、计划、预算、合同等。财务审计依据一般在全国范围内是统一的，能相对稳定在一定的时期内。

2. 经济效益审计依据

经济效益审计的主要目标是对被审计单位经济活动的有效性做出确认和评价，以促进被审计单位提高经济效益。因此，经济效益审计的主要依据有单位的管理控制制度、预算、计划、经济技术规范、经济技术指标，可比较的各种历史数据、同行业的先进水平、上级企业的标准、优良企业的管理规范等。经济效益审计的依据，应该具有一定的先进性，这样有利于激励被审计单位努力提高经济效益。经济效益评价依据还要随着国家经济政策、科学技术、管理要求的变化而不断变化，还应该是单位可以控制的指标，否则就会失去评价意义。如衡量原材料利用的经济效益，应当以材料单耗、材料利用率来衡量，而不宜以单位产品的材料成本作为衡量标准，因为材料成本中涉及的购入价单位无法完全控制。要准确地衡量被审计单位经济效益的状况，一般应以计量性指标为宜，如各种指标数据等，而不宜用一般口号、原则等定性指标。

3. 经济责任审计依据

经济责任审计的主要目标是分清经济责任人任职期间在本部门、本单位经济活动中应当负有的责任，为组织人事部门和纪检监察机关和其他有关部门考核使用干部或者兑现承包合同等提供参考依据。因此，经济责任审计的主要依据有：法律、法规、规章和规范性文件，中国共产党党内法规和规范性文件；各级人民代表大会审议通过的政府工作报告、年度国民经济和社会发展计划报告、年度财政预算报告等；中央和地方党委、政府有关经济方针政策和决策部署；有关发展规划、年度计划和责任制考核目标；领导干部所在单位的“三定”规定和有关领导的职责分工文件，有关会议记录、纪要、决议和决定，有关预算、决算和合同，有关内部管理制度和绩效目标；国家统一的财政财务管理制度；国家和行业的有关标准；有关职能部门、主管部门发布或者认可的统计数据、考核结果和评价意见；专业机构的意见；公认的业务惯例或者良好实务等。

【案例分析 8-1】

马山县精准扶贫跟踪审计

长期以来,党中央国务院对扶贫开发工作都高度重视。2013 年 12 月 18 日,中共中央办公厅、国务院办公厅印发《关于创新机制扎实推进农村扶贫开发工作的意见》(中办发〔2013〕25 号),强调全面建成小康社会,最艰巨最繁重的任务,并进一步明确提出建立精准扶贫的工作机制,通过制定统一的扶贫对象识别办法,切实做到扶真贫、真扶贫,确保在规定时间内达到稳定脱贫目标。扶贫开发贵在精准,重在精准,成败之举在于精准。

2015 年 8 月份,审计署结合广西壮族自治区区情和地域特点,对贫困人口聚集、脱贫任务艰巨的广西贯彻落实中央精准扶贫政策情况进行了跟踪审计。审计组选取了贫困人口基数大且近年来脱贫任务完成较好的马山县进行抽查,发现该县精准扶贫工作推进不力。一是该县认定的扶贫对象中,有 3 119 人不符合扶贫建档立卡标准,其中有 343 人属于财政供养人员,有 2 454 人购买了 2 645 辆汽车,43 人在县城购买商品房或自建住房,439 人为个体工商户或经营公司。二是为完成上级下达的任务,该县 2014 年度将人均纯收入低于国家农村扶贫标准 2 736 元的 608 户、2 272 人认定为脱贫,占脱贫户数的 9.10%、脱贫人数 8.90%。三是截至 2015 年 7 月底,该县财政扶贫资金专户结转结余 9 234.14 万元,占该县 2014 年度公共财政收入的 43.73%,其中 2014 年及以前年度结转结余资金 7 056.14 万元,导致百香果种植等多个产业扶贫开发项目和贫困村沙石屯路等基础设施建设项目推进缓慢,影响了贫困村整村推进和产业扶贫到户等扶贫政策实施效果。

资料来源:中华人民共和国审计署:2015 年 8 月稳增长等政策措施贯彻落实跟踪审计结果公告典型案例。原文链接:http//www.audit.guv.cn/n5/n25/c75054/content.html。(有改动)

分析要点:国家重大政策措施和宏观调控部署落实情况的跟踪审计工作的目的、审计对象、审计内容、审计周期是什么?

答案提示:跟踪审计的目的,主要是通过揭示重大政策措施和宏观调控部署贯彻落实中存在的问题,分析问题产生的原因,推动国家重大决策部署和政策措施落实到位,促进政策落地生根和不断完善。同时关注经济社会发展过程中出现的新情况、新问题,有针对性提出对策建议,保障经济社会平稳健康运行。

跟踪审计的对象,包括中央各有关部门和各级地方政府,必要时延伸审计相关企事业单位、社会组织和项目建设单位等。

跟踪审计的内容,主要包括政策措施贯彻落实的总体情况;各地区、各部门在贯彻落实政策措施过程中存在的主要问题和出现的新情况,及各地区、各相关部门下一步将采取的措施等。跟踪审计要重点抓好重大项目完成情况、重点资金保障情况、重大政策落实情况和简政放权推进情况这"四个抓手",既要注重揭示相关政策措施落实过程中的体制机制障碍和制度瓶颈,揭示问题产生的原因,审慎地提出审计意见和建议并及时督促整改,也要总结和反映好的经验和做法,全面履行审计职责,做好政策落实的"督查员"和经济发展的"助推器"。

跟踪审计以一个自然年度为一个审计周期，按季度划分工作阶段，审计署将定期向国务院报送综合报告。审计署财政审计工作领导小组办公室具体负责跟踪审计的组织协调工作，现场审计由相关业务司局、派出审计局、特派办和地方审计机关负责具体实施。同时，实施意见还要求各级审计机关在组织开展财政、金融、企业、资源环保、投资、民生、经济责任等各类审计项目时，都要关注国家重大政策措施和宏观调控部署落实情况，并将发现的问题及时向审计署财政审计工作领导小组办公室报送。

（四）按审计评价依据的性质和用途分类

按审计评价依据的性质和用途分类可分为定性依据和定量依据两类。定性依据主要是用来衡量被审计单位的生产经营活动是否合法、合规，所取得的经济效益是否正当。定性依据是定量依据的前提，即只有对同一性质的不同事项才能进行量的比较。2011 年财政部出台《金融企业绩效评价办法》，根据绩效评价分数及分析得出的评价结论，绩效评价结果以 80 分、65 分、50 分、40 分作为类型判定的分数线，分为优（A）、良（B）、中（C）、低（D）、差（E）五种类型，这就是定量依据。

当然，审计评价依据也可按审计对象分为企业依据、特殊行业依据、事业依据、行政机关依据等；按依据的适用范围分为国际依据、国内依据、地区依据和企业依据等。

三、审计依据的特点

审计依据既不是捉摸不定，又不是固定不变的，随着国家管理的规范和单位管理的加强，旧的标准会不断被淘汰，新的标准不断被建立。无论什么样的审计依据，只在一定的范围内、一定的区域中和一定的时间内是有效的，同时各类依据所具有的权威性也是有很大差别的，因此，掌握审计依据的特点，有利于更好地开展审计工作。审计依据的特点主要有以下几个方面。

1. 权威性

任何审计依据都具有一定的权威性或公认性，否则不足以引用为依据、标准。不同层次的依据，其权威性高低不一样。如国家的法律法规是衡量经济活动是否合法、合规的依据，它具有很高的权威性，是全国公认的，依据其提出审计意见、做出审计决定一般是正确无误的。而单位内部制定的规章制度、预算、计划、定额、标准等则不具备上述法律法规的权威性，但依然是用来衡量经济活动优劣的重要依据，对于这类依据主要强调其公认性和可接受性，一般由审计人员和被审计单位协商后确定。

2. 层次性

根据适用范围和效力大小、制定单位管辖区域的大小，审计依据具有不同的层次，顺序如下。

（1）国家和中央政府颁布的法律、法规，如宪法、会计法、财务会计报告条例等。

（2）国务院各级部门颁布的各种规章制度及指令性计划。

（3）地方各级人民政府制定和颁发的地方性法规等。

（4）被审计单位上级主管部门制定的规章制度，下达的计划和提出的技术经济指标等。

（5）被审计单位的股东代表大会、董事会等所作的决议，以及本单位各职能部门所制定的规章制度,做出的计划和决议。

从法规和规章制度的制定过程来看,低层次的法规、制度不能违反高层次的法规,只能在高层次法规原则规定的基础上,结合本地区和本部门的具体情况加以补充和具体化。这就是说,法规的层次越高,其覆盖面就越大,而层次越低的法规和制度等,其具体适用性却越强。因此,审计人员应注意尽量完整地收集有关被审计单位的具体法规和规章制度,这样有利于正确地判断所查明事实的是非曲直。但如遇低层次的规定与高层次的规定相抵触时,则应以高层次的规定为准,做出评价和判断。

3. 相关性

(1)所引用的审计依据应与应证实的目标相关。作为财务审计的依据大多数在全国范围内是统一的,主要是国家有关部门所颁布的会计准则、会计制度以及其他相关规范制度。作为经济效益的审计依据,不同行业、不同时期不尽相同。对经济责任审计则需要按照党政主要领导干部和国有企业领导人员所承担职责的不同,分类别、分层级设定审计评价标准及指标体系。

加拿大审计署要求针对不同的审计对象制定相应的审计依据,《效益审计指南》规定绩效审计依据必须具有相关性、可靠性、客观性、全面性和可理解性。审计依据的来源可以是由国家法律法规所认可的专业机构制定的标准,如加拿大注册会计师公会制定的标准、被审计单位制定的标准、公认的好的实践标准、其他组织实施的类似的审计依据、审计署以前的工作经验等。其中,被审计单位管理层制定的或者议会硬性规定的效益考核衡量指标、经营目标及经营责任是绩效审计所参照的主要审计依据。

(2)所引用的审计依据应与被审计项目相关。比如,石油行业有其审计依据体系;作为经营货币的特殊企业,金融企业有其审计依据体系;高校绩效审计依据体系有其自身特点及主要内容;节能减排绩效审计依据体系实质上反映的是自然环境、人类活动和社会共同作用的结果。

4. 时效性

各种审计依据都有一定的时效性,不是任何时期和任何条件下都能适用的。作为经济业务行为规范的各种审计依据,属于上层建筑的范畴。上层建筑要适应经济基础的不断发展变化而相应发展变化,各种审计依据就不可能是一成不变的,必须随着时间的推移而加以修订和变更。作为经济业务技术规范的各种审计依据,也会随着科学技术水平的发展而发生变化。这就要求审计人员在从事业务活动的过程中,要密切关注各种审计依据的变化,注意其时效性,切忌用旧的审计依据来否定现行的经济活动,也不能用新的审计依据来否定过去的经济活动。例如,在本章引导案例中,如果要判断该省教育厅2017年度差旅费支出的合规性,应该使用该省财政厅2016年修订印发的新版《××省省直机关差旅费管理办法》,而不应使用之后的版本。又如,2015年1月,某省审计厅派出审计组对某省财政厅组织该省2014年度预算执行情况进行审计。审计实施方案要求对该省财政厅预算批复的及时性进行审计。关于批复的及时性,《中华人民共和国预算法实施条例》(1995年11月22日颁布实施)第三十一条规定"县级以上地方各级政府财政部门应当自本级人民代表大会批准本级政府预算之日起30日内，批复本级各部门预算”；《中华人民共和国预算法》（2015年1月1日生效）第五十二条规定“各级预算经本级人民代表大会批准后，本级政府财政部门应当在二十日内向本级各部门批复预算”。由于这里是对该省2014年度预算执行情况进行审计，因此于2015年1月1日生效的修订后的《中华人民共和国预算法》就不能作为判断被审计单位预算批复是否及时的标准，而应适用《中华人民共和国预算法实施条例》的相应规定。

5. 地域性

从空间看，很多审计依据还要受到地域性限制。由于各国的社会经济制度不同和生产力水平不同，其审计依据和内容也各不相同，因此，一个国家不能照搬另一个国家的审计依据。我国各地区、各部门的实际情况和发展水平也不相同，因此，其适用的审计依据也各不相同。审计人员在进行审计判断时，必须注意到地区差别、行业差别和单位差别。

例如本章引导案例中所提及的《××省省直机关差旅费管理办法》仅适用于××省，在该省以外地区则不适用；仅适用于该省省级党的机关、人大机关、行政机关、政协机关、审判机关及参公管理的事业单位等省直机关，而不适用于该省省属国企，也不适用于该省所辖各市县国家机关、事业单位。

第二节　审计依据的运用

不同的被审计事项需要不同的衡量、评价依据，审计人员应根据不同的审计目标、不同的实际需要，选用适当的审计依据进行审计判断，提出审计意见，做出审计决定。如何运用审计依据是审计的重要工作，这关系到审计结果的客观性和公正性，关系到被审计单位的利益，关系到审计项目的成败。

一、运用审计依据的原则

（一）客观性原则

审计人员在选择审计依据时必须从实际出发，要具体问题具体分析，根据需要选定适用的依据：①选用时一定要根据审计依据的权威性、层次性、区域性、时效性，相关性的特点及其要求，尽可能选用权威性大的，令人信服的依据；②尽可能选用高层次的依据，如选用低层次依据一定不能与有关高层次依据相抵触；③应选用本地区、本行业、本单位适用的依据；④应选用适用于被审计事项发生时有效的依据；⑤应选用与被审计事项有关、有利于做出审计判断、发表审计意见和做出审计决定的审计依据。应坚持以下三个原则。

（1）有法依法。有法律、法规作为审计依据的，应严格依法。

（2）如果选用的行政法规与宪法、法律存在矛盾，应以宪法、法律规定为审计依据；国务院各部门之间的规定相抵触时，应以法律、行政法规授权的主管部门的规定为审计依据；地方人民政府与国务院主管部门的规定相抵触时，除国家另有规定外，应当以国务院主管部门的规定为审计依据；下级人民政府、部门的规定与上级人民政府、部门的规定相抵触时，除国家另有规定外，应以上级人民政府部门规定为审计依据。

(3)无法可依从理。没有法律、法规作为审计依据的,要重视一些经济行为的合理性、正确性和创造性的依据。判断一个单位的经济行为是否合理,应看其是否符合经济发展的大方向,是否促进了生产的发展和经济效益的提高。

(二)实质性原则

被审计单位的经济活动是错综复杂的,经济情况是瞬息万变的,因为影响经济活动的因素是多方面的、不断变化的。因此,既要历史地看问题,又要辩证地看问题,分析该项经济活动的主要影响因素和主要影响因素的主要方面,并分析该经济活动的结果和影响,要善于抓住主要矛盾,把握问题的实质,然后决定选用哪一项审计依据,并据以做出正确的判断,提出合理的意见和做出令人信服的决定。

(三)准确可靠原则

审计人员所运用的依据必须准确可靠,绝不能把道听途说的主观臆测作为判断是非的依据。无论引用什么资料作为依据,均要查看原件、签发单位和签发时间,并判断其适用性;凡引用数据,一定要亲自复核,绝不能照搬照抄;凡列举的定额、标准,必须要有原文资料,并核实其有效期和适用的单位;凡引用的单位管理制度,一定要有文字记载,领导的口头指示和某种会议精神,如没有文字依据,均不得作为审计依据;凡引用法律、法规、规章制度,一定要查到原文原件,做适当的摘录或复印,绝不可断章取义,妄加推论。

(四)利益兼顾原则

在运用审计依据时,要贯彻利益兼顾的原则,全面分析问题。利用兼顾原则主要包括以下几点。

(1)国家、企业和个人利益兼顾。在审查评价被审计单位受托经济责任时,选择审计依据必须坚持国家、企业、个人利益兼顾的原则,维护各方的合法权益,处理好各方面的经济利益关系。因此,对企业单位自己制定的审计依据,就应当适当选择,如果审计依据有弹性时,也要注意掌握分寸。

(2)眼前利益与长远利益兼顾。选用审计依据,不能只考虑眼前利益,还要考虑长远利益。如在选用成本、费用开支标准和利润分配时,不能只考虑眼前的经济利益,还要考虑企业今后的发展和增强企业实力。只有处理好眼前利益和长远利益间的关系,才能保证企业的发展和职工的长远利益,才能使企业更好地发展。

(3)企业经济效益与社会效益兼顾。在评价企业利润完成情况时,不能只考虑企业销售利润率等,还应考虑使企业利润增加的营业项目和生产的产品是否有社会效益。因此,在选用审计依据时,不能机械地照搬,而应考虑企业经济效益与社会效益相结合的原则。

总之,准确而合理地运用审计依据,有利于客观公正地做出审计判断,有利于提出合理的审计意见和做出正确的审计决定,有利于审计工作质量的提高。

二、针对不同审计目标运用的审计依据

根据真实性、合法性、效益性的审计总目标,按照前审计长刘家义提出的“现行的法律法规以及人们共同认知和约定的标准”,真实性、合法性审计的依据主要是国家有关部门颁布的会计准则、会计制度以及其他相关规范制度;效益性审计的依据主要是组织管理层已制定或认可的各项标准。审计实践中应当分情况对审计依据加以具体应用。

（一）对真实性的评价

真实性是指反映财政收支、财务收支以及有关经济活动的信息与实际情况相符合的程度。应当依据国家有关部门颁布的会计准则、会计制度以及其他相关规范制度对被审计单位的财务会计等信息的真实性、公允性做出评价。具体评价指标参见表 8-1。

表 8-1 财务收支、经营活动真实性评价底稿

评价指标	是否达到（√或 ×）	备注
一、财务会计核算真实		
1. 财务报表的编制符合会计准则，会计账户设置符合所使用的会计制度		
2. 财务会计处理虽存在违规行为，但性质不严重，数额在审计金额的 5% 以下，并且接受审计建议做了调整		
3. 实施了必要的审计程序，财务报表、账簿、凭证和其他相关资料未发现缺漏、误差		
二、财务会计核算基本真实		
1. 财务报表个别重要事项的编制不符合相关的会计准则和现行财务会计管理规定		
2. 财务处理的违规金额在审计金额的 5%~10%（含）		
3. 财务报表、账簿、凭证和其他相关资料有极少量的缺漏，使审计范围受到局部限制		
三、财务会计核算不真实		
1. 财务报表重要项目的编制不符合会计准则和现行财务会计制度的规定		
2. 财务处理的违纪金额在审计金额的 10% 以上		
3. 存在伪造、变造或隐匿、谎报会计资料的行为，违反承诺提供虚假的经济事项情况和有关资料		

编制人： 复核人：

例如，某上市公司在其 2021 年年末资产负债表上列报固定资产及其金额（12 亿元），这意味着该公司管理层做出下列认定：①记录的固定资产均存在；②所有固定资产均已记录；③固定资产以恰当的金额列报；④记录的固定资产均为该公司所有。审计人员在对该公司年报进行审计时发现，该公司固定资产明细账上记录的一台价值 2 000 万元的机器设备是该公司从其他公司借入的，并反映在年末资产负债表中。由于该机器设备是从其他公司借入的，故该设备所创造的经济利益基本不可能流入该上市公司，因此，前述“记录的固定资产均为该公司所有”的管理层认定不符合《企业会计准则第 4 号——固定资产》第四条规定—— “固定资产同时满足下列条件的，才能予以确认：与该固定资产有关的经济利益很可能流入企业”，上述借入的 2 000 万元机器设备不应反映在该公司的固定资产明细账中。在这里，审计人员做出上述判断时适用的审计依据即《企业会计准则第 4 号——固定资产》第四条有关固定资产确认条件的规定。

（二）对合法性的评价

合法性是指被审计对象财政收支、财务收支行为以及有关经济活动遵守法律、法规或者相关规章的情况。

确定被审计对象行为合法性所适用的审计依据,从逻辑上可以分为三个步骤:首先,在审计准备阶段,根据特定行为及审计目标确定适用的审计依据;其次,在审计实施阶段,将被审计单位涉嫌违规的特定行为与拟用审计依据进行匹配,初步确定违规行为判定标准;最后,判断适用的具体审计依据是否存在规则悖反的情形。

以本章引导案例为例,来判断 ×× 省教育厅 2017 年度部门预算中基本支出的合法性。首先要在审计准备阶段确定适用的审计依据,也即确定规范 ×× 省省直行政单位 2017 年度人员经费支出和日常公用经费支出行为的相关法律规章制度。在确定适用的审计依据时,要按照相关性、时效性、地域性的原则确定与上述行为相关的法律规章制度。比如对于差旅费支出,由于该省财政厅 2016 年修订印发了新版的《×× 省省直机关差旅费管理办法》,所以按照时效性原则,适用的审计依据就应该是该管理办法,而不是修订前的版本;按照地域性原则,其他省财政部门的差旅费管理办法也不适用于该省。根据上述原则选择的审计依据是相关法律规章制度的一个集合。具体应该适用哪个(些)标准,需要在审计实施阶段,通过将被审计单位涉嫌违规的特定行为与拟用审计依据进行匹配来确定。这就需要采取第二个步骤。在引导案例中,在审计实施阶段,审计人员发现该省教育厅厅本级及所属教育培训中心工作人员 2017 年度在出差乘坐飞机时,共有 5 人 9 次超标准乘坐头等舱。而新版《×× 省省直机关差旅费管理办法》第七条规定,省级及相当职级人员出差如乘坐飞机,可以乘坐头等舱;厅局级及以下工作人员出差如乘坐飞机,只能乘坐经济舱。由于该省教育厅厅本级及所属教育培训中心工作人员均属厅局级及以下工作人员,所以上述乘坐飞机头等舱行为涉嫌违规,判断违规的审计依据为上述管理办法第七条的规定。当然,在确定适用的审计依据时,可能存在同一涉嫌违规行为适用多个不同标准的问题。对于这种情形,《中华人民共和国国家审计准则》第六十六条规定,标准不一致时,审计人员应当采用权威的和公认程度高的标准。确定具体的审计依据后,需要进一步判断对涉嫌违规的行为适用具体的审计依据是否存在规则悖反的情形。规则悖反是指规则的适用结果有悖于规则的设立目的或立法精神,或极不公正以至于让人无法接受。假设有充分适当的证据表明,上述人员如要及时外出执行公务,除了乘坐头等舱以外别无选择,那么审计人员就要慎重考虑,应依据上述管理办法第七条的规定来判定上述工作人员乘坐头等舱是否和该办法的立法精神相悖。如审计人员认为相悖,则应将上述涉嫌违规行为排除在该管理办法第七条的适用范围之外。

(三)对效益性的评价

效益性是指财政收支、财务收支以及有关经济活动实现的经济效益、社会效益和环境效益。评价效益性时,评价标准可以使用预算或计划指标、历史指标、同行业先进指标等,也可使用管理层已制定或认可的各项标准。评价效益性时应当对有关评价标准的选择依据和具体内容做出说明。使用被审计对象自行制定的标准作为审计评价标准时,审计人员应评价其合理性和完整性。

目前,由于绩效审计的对象千差万别,对绩效审计的评价是多元化、多层次、多视角的,所以不同行业、单位、事项、地区使用的评价标准不尽相同,对审计对象的经济性、效率性、效果性的评价标准也难以统一。下面通过绩效审计的案例来看看“三 E”评价标准。

【案例分析 8-2】

无锡职业技术学院示范性建设项目“三 E”评价

无锡职业技术学院示范性建设项目概况：2006 年，无锡职业技术学院被列为教育部、财政部实施国家示范性高等职业院校建设计划的 28 所高职学院首批立项建设单位之一，建设时间为 3 年。中央政府根据项目建设进度安排专项资金，以专业建设为核心，主要支持立项建设单位重点建设专业的教学实验实训条件的改善，兼顾专业带头人和骨干教师的培养、课程体系和教学内容改革等。地方政府对本单位安排配套资金进行重点支持，用于学院教学实训基础设施建设、师资队伍建设、课程建设。学院安排自筹资金用于示范性项目配套建设。作为示范性建设项目监控的重要组成部分，无锡职业技术学院对此项目开展了“三 E”审计。此项目的“三 E”审计即对各类资金的投入、过程、产出、成果及影响所反映的项目运行成绩和发展效果进行审计。因此，示范性项目的绩效评价，首先在于考察项目的效果性，确定最终结果是否实现了初始目标；其次要了解资金的投入、使用和管理状况，分析经济性和效率性；最后运用最终的评价结果找出存在的问题，并分析产生的原因，提出建议，对示范性建设项目进行指导，促进管理。

根据上述评价定位，审计组以《国家示范性高等职业院校项目建设任务书》《国家示范性高等职业院校项目建设方案》为依据，结合一系列相关政策、规定、文件，以及在建设过程中形成的数据、资料等，对示范性建设项目的经济性、效率性、效果性进行评价。

（1）经济性评价标准的选择。示范性建设项目是否经济主要从各类资金的投入和使用过程中各种资源的购置、维持和应用是否经济，从事活动的方式是否代表对高等教育资源的最经济、最合理的使用等方面进行评价，具体评价标准可以从项目论证、采购管理、资金管理等角度进行选择。

（2）效率性评价标准的选择。示范性建设项目的效率性，即根据已经产生的投入考核产出量，根据示范性建设项目的不同内容选择不同的产出标准，并根据这些标准进行评价。这些标准必须是由相关部门提供的或者可以从收集的资料中获得；必须是相关的，即是由已发生的投入产生的；必须是可以用来对比的，即可以跟往年或者同优秀水平对比。

（3）效果性评价标准的选择。示范性建设项目的效果性，即审计组依据示范性建设方案和计划，列出各建设内容的建设目的（即预期达到的效果），将产出和建设目的进行对比，考核是否达到预期效果。

三、审计依据的引用

对审计过程中发现的偏离真实性、合法性、效益性的问题，在编写审计工作底稿、审计报告以及审计处理处罚决定书时，应列出适用的法规依据。法律法规条文的引用，直接关系到审计工作的复核人、被审计单位等能否准确理解审计工作底稿、审计报告以及审计处理处罚决定书等文书中的相应内容，决定了审计工作是否能顺利完成，对保证审计工作质量、提高审计工作效率、加大审计执法力度尤为重要。

法律语言作为一种具有规约性的语言，有其独特的风格。一个字甚至一个标点符号的改动都有可能完全改变法律主体的权利和义务。因此，审计人员在审计文书中引用审计依据时，一定要准确理解法律概念，在表达时也要符合规范。

(一)审计依据正确的引用格式

(1)引用国家法律，只写法律名称即可。如《中华人民共和国预算法》《中华人民共和国会计法》《中华人民共和国商业银行法》《中华人民共和国证券法》等。同时，引用法律名称时要写全称，不可随意省略。

(2)引用行政法规(国务院所发)，应标明国务院，不用引发文号。如国务院《财政违法行为处罚处分条例》、国务院《中华人民共和国外汇管理条例》等。

(3)引用规章(国务院部门规章及地方政府规章)，则需标明发文单位和发文号。格式如下：中国人民银行《人民币银行结算账户管理办法》(银发〔2003〕第5号)，财政部《国家发展改革委教育部关于完善研究生教育投入机制的意见》(财教〔2013〕19号)，参照国务院印发的公文，发文字号和标题里的阿拉伯数字一般使用半角。

(二)审计依据正确的引用表达方式

举例一：×××行为(做法)违反了《中华人民共和国会计法》第九条“各单位必须根据实际发生的经济业务事项进行会计核算”的规定。

举例二：×××行为(做法)不符合中国人民银行《人民币银行结算账户管理办法》(银发〔2003〕第5号)第四十五条“存款人不得出租、出借银行结算账户”的规定。

四、引用审计依据的常见问题

在审计工作中，引用审计依据常出见如下几种情况。

(1)没有引用审计依据。比如，在进行审计定性和处理处罚时，没有明确任何适用的法律法规；或者没有明确定性适用的法律法规，直接只援引处理处罚的法律法规条款进行处理处罚；或者只援引了定性的法律法规，就提出处理处罚意见，而没有援引审计处理的依据。

(2)引用过时的法条，忽视了审计依据的时效性。就法律的效力范围而言，法律适用的一般原则是法不溯及既往，即法律对它生效以前的事件或行为不适用。因此，不能将过时的、失效的规定或审计事项发生时还没有生效的规定作为审计依据。

(3)忽视审计依据的地域性。比如，对国有企业引用仅适用于行政事业单位的审计依据，或对具体预算执行部门引用“各级政府财政部门不得有下列行为”的规定。

(4)引用的法律法规条款不准确、不具体。例如，有的审计人员在实际工作中会采用“根据有关财经法规规定”或“不符合有关法律规定”等模糊的表述。有审计人员依据《财政违法行为处罚处分条例》，对被审计单位虚增库存的行为做出责令调账的审计处理，而该法条实际上是针对虚报、骗取、挪用财政资金行为的处理处罚规范，引用依据显然不对。有的人意在反映违反经费开支范围和开支标准的财务问题，引用的却是预算法中有关“按照预算用途”或“无预算列支”的规定。在处理专用资金用于购置小汽车、弥补正常经费不足这个本属于预算管理的问题时，有人以“未见有关部门批准”为由，引用审批管理的法规等。在实际工作中，还有人将处理处罚的相关规定作为审计结论或审计评价的标准。

(5)引用的规范性文件与法律法规不一致。规范性文件是行政机关为实施法律、法规、规章和上级行政机关的决定命令而制定的文件，是履行行政管理职能的重要载体和方式。如果制定的规范性文件与法律法规不一致，必将造成行政违法。随着新法律法规的出台，规范性文件中的一些规定可能与新法律法规中的一些条款不一致，因而不能再作为审计依据加以引用，这点需要在审计时予以重视。

（6）引用法律条款的格式不规范。如前所述，引用规章时应写明发文机关、文件标题、文件号三个要素及具体条款，而现实中，总有漏写或误写法规要素等不符合规范的情形出现，甚至有的具体条款与相关法规的表述不一致。

五、审计职业判断

审计职业判断是审计人员在个人专业知识和实践经验的基础上，根据有关标准，为实现审计目标而对审计过程中的不确定因素进行综合分析，从而进行的主观判断和评价，有助于审计人员做出审计决策。

《中华人民共和国国家审计准则》第六十五条规定：审计人员在调查了解被审计单位及其相关情况的过程中，可以选择下列标准作为职业判断的依据：①法律、法规、规章和其他规范性文件；②国家有关方针和政策；③会计准则和会计制度；④国家和行业的技术标准；⑤预算、计划和合同；⑥被审计单位的管理制度和绩效目标；⑦被审计单位的历史数据和历史业绩；⑧公认的业务惯例或者良好实务；⑨专业机构或者专家的意见；⑩其他标准。上述规定一方面归纳了审计依据的种类，另一方面表明审计依据与审计人员职业判断之间有着密切的关系。

审计职业判断贯穿整个审计工作过程的始终，不同行业、不同审计目标下的审计依据存在差异，因此，要通过将审计证据与审计依据进行比对以得出正确的审计结论，还需要审计人员不断提高自身的职业判断能力。

关键概念

审计依据　　真实性　　合法性　　效益性

思考题

1. 什么是审计依据？
2. 审计依据按照来源渠道可以分为哪几类？
3. 审计依据按照性质内容可以分为哪几类？
4. 审计依据有哪些特点？
5. 适用审计依据的原则有哪些？
6. 审计依据应如何引用？

思政园地

强化质量管理，贯彻落实风险导向审计

中国注册会计师协会于 2021 年 1 月 11 日发布了《关于做好上市公司 2020 年年报审

计工作的通知》。近年来,上市公司财务造假案件频发,审计质量问题备受各方关注。习近平总书记对行业工作做出系列重要批示指示,国务院金融稳定发展委员会多次开会提出要加大财务造假打击力度。各事务所要恪守诚信、客观公正原则,坚持质量导向,扎实做好年报审计各项工作。职业道德建设方面,事务所要结合新发布的注册会计师职业道德守则,不断完善和落实各项规定与要求,勤勉尽责,履行保密义务,维护职业声誉,确保从实质上和形式上保持独立,完善与公众利益实体审计客户有关的关键审计合伙人轮换机制、确保项目组成员具备足够的专业胜任能力,保质保量完成审计工作;质量管理体系建设方面,事务所要高度重视新发布的质量管理相关准则,系统梳理质量管理中存在的突出问题,加快建立完善事务所治理架构,树立质量至上的执业理念,培育以质量为导向的文化,加强上市实体及高风险业务的项目质量复核,在2023年前建成符合规定的质量管理体系。

注册会计师要密切关注内外部环境变化对上市公司的影响,贯彻落实风险导向审计,保持职业怀疑态度,充分识别和评估舞弊和错误导致的重大错报风险。在2020年年报审计工作中,应重点关注下列行业、公司和高风险审计业务领域:受疫情影响较大的上市公司、文化教育行业上市公司、房地产行业上市公司、可能存在与持续经营相关的重大不确定性的上市公司、业绩异常波动的上市公司等五类上市公司,以及收入审计、信息系统审计、货币资金审计、金融工具审计、集团审计等五大领域。此外,注册会计师还应关注业绩常年处于盈亏临界点、变更会计政策和会计估计、频繁变更事务所或临近年报揭露日期变更事务所、可能触发股票暂停交易和退市条件、被交易所实施风险警示等情形的上市公司年报审计风险。以及资产减值,预计负债、政府补助、存货等相关领域的审计风险。

资料来源:中国注册会计师协会:中国注册会计师协会关于做好上市公司2020年年报审计工作的通知原文链接: http:w.w.w..auduy ralan010212010116039.m.

第九章　审计程序

学习目标

- ◆ 了解审计程序的含义和作用。
- ◆ 掌握政府审计程序内容。
- ◆ 掌握内部审计程序内容。
- ◆ 掌握注册会计师审计程序内容。

引导案例

张三对东方电子公司的“遥控”审计

注册会计师张三在一家规模不大的会计师事务所工作。一天,当客户“东方电子公司”聘请他进行年度报表审计时,对其提出一个要求,即希望从委托之日起,半个月内完成所有的审计任务,并出具审计报告,以向公司股东大会汇报。如果超过一天,不仅不支付审计费用,会计师事务所还要赔款。如果提前,公司可以额外加付审计报酬。张三同意了该条件。

为了及时完成任务,张三临时聘用了一批还没毕业的会计专业的大学生。由于张三还有一个项目没有完成,因此,他对这些学生进行应急培训之后,即告诉他们如何核对账册、检查凭证等,然后就请他们去客户的现场进行审计,还指派了一个学习成绩较好的学生作为该项目的临时负责人,他则在另一家客户处进行电话指挥。10天之后,这些学生带回厚厚一叠工作底稿。因为时间有限,张三将这些工作底稿稍加整理,就草拟了审计报告,并在两周之内,递交给了东方电子公司。

【案例思考】在上述案例中为了提高审计效率,审计工作前应做好哪些准备工作?为了提高审计质量,审计人员在实施审计过程中应注意哪些问题?撰写审计报告时,审计人员应做好哪些工作?

【案例分析】为了提高审计效率,审计工作前必须制订好审计计划,应对被审计单位的内部控制制度的制定与执行进行调查;为了提高审计质量,审计人员在实施审计过程中应保持职业关注,审计人员应有一位或数位经过充分训练,并精通审计实务的人士担任;撰写审计报告时,审计人员应该做好整理、汇总、分析、复核审计工作底稿等工作。

第一节　审计程序概述

一、审计程序的含义

审计程序又称审计流程,从一般意义上讲,审计程序是指审计人员在对审计目标实现过程中对所要获取的审计证据进行收集的详细指令,包括流程、步骤、性质、范围、时限、方法等要素。广义的审计程序一般包括计划准备阶段、实施阶段、完成阶段、后续阶段,每个阶段又包括不同的内容和步骤。审计的主体不同,审计业务流程各个阶段的具体内容也有所不同。

二、审计程序的作用

科学的审计程序有助于推动审计工作循序渐进、有条不紊地进行,最终实现审计的目标,对加强审计工作管理、提高审计工作质量起着十分重要的作用。目前政府审计、内部审计、注册会计师审计三大审计主体都非常重视审计程序的优化及其科学性。审计程序的作用主要有:①可以使审计工作按法定程序进行,实现审计工作的法制化,做到有法必依、执法必严和违法必究;可以使审计工作有秩序地进行,防止忙乱现象;②可以围绕审计目标,根据审计要求,抓住关键,避免主次不分的问题;③可以合理安排人力、物力、财力和时间等审计资源,提高审计效率,保证审计质量;④有利于被审计单位配合审计工作,也有利于保护被审计单位的合法权益。

三、审计程序的一般步骤

要实现审计目标,需要做一系列的审计工作,尽管人们对审计本质有不同的理解,但是从技术角度来看,审计工作的核心是以系统的方法获取审计证据,根据审计证据形成审计结论。从政府审计、内部审计及注册会计师审计三大审计主体及审计准则来看,审计程序均包含前述四个阶段。当然,三大主体的审计业务流程的具体步骤还是各有差异的,如政府审计是由审计机关发审计通知书,注册会计师审计则是审计主体与审计委托人签订审计业务约定书;不同主体在审计终结阶段的审计报告及后续处理上也有一些差别。

(一)计划准备阶段

合理的审计计划有助于审计人员关注重点审计领域,及时发现和解决潜在问题以及恰当地组织和管理审计工作,以便提高审计效率和保证审计质量;也可以帮助审计人员对项目组成员进行恰当分工、指导监督和复核,并可以协调其他审计人员和专家的工作。在计划准备阶段有四项重要工作:确定审计项目、确定重要性、评估审计风险、制订审计计划。

(二)审计实施阶段

在审计实施阶段,中心目标是获取审计证据、形成审计工作底稿,主要有两项:一是通过控制测试评价内部控制的可靠性,即通过询问、观察、检查、重新执行等程序获取审计证据,评价内部控制的可信赖程度,用以确定实质性程序的性质、时间安排与范围;二是通过实质性程序获取充分适当的审计证据,即通过对各业务循环和特殊项目实施实质性分析程序和细节测试,获取财务报表及其附注各项目及金额是否存在错报的充分、适当的审计证据,形成审计工作底稿。

(三)完成阶段

在完成阶段应有的重要工作包括:汇总审计差异、执行分析程序、复核审计工作底稿、进行审计沟通、做出审计总结、完成审计报告、归档审计工作底稿。

（四）后续审计阶段

后续审计是指在审计报告发出后相隔一定时间内，审计人员为检查被审计单位对审计发现和建议是否已经采取了适当的纠正行动并取得预期的效果而实施的审计。后续审计的目的是确保对审计报告中提出的审计结果采取合适的行动。

由于国家审计是强制性审计，因此后续审计通常是国家审计项目中的一个阶段，必要时国家审计机关可委托社会审计组织对被审计单位实施后续审计。后续审计的重点一般限于审计结论和决定所涉及的范围。后续审计所涉及的时间是从审计结论和决定通知被审计单位执行起至后续审计开始这一段时间内被审计单位执行审计结论和决定的情况。后续审计的程序和方法与一般的审计程序和方法基本相同，但针对性较强。有些情况下后续审计也是内部审计项目中的一个阶段。

第二节　政府审计程序

政府审计程序是审计机构及审计人员在项目审计中自始至终必须遵循的工作步骤和操作规程。政府审计程序的安排遵循标准的审计程序，包括审计项目计划阶段、审计准备阶段、审计实施阶段、审计终结阶段和后续审计阶段。具体操作程序如下。

一、审计项目计划阶段

审计计划是指审计机关对未来一定时期内的审计工作任务做出的统一安排。为了更好地履行审计监督职责、充分发挥审计的作用，各级政府审计机关有必要考虑国家经济建设和廉政建设的要求，配合政府需要着力解决的经济管理中的热点和难点问题，根据现有的审计资源，对一定时期审计工作的指导思想、总体思路，项目安排的特点、重点领域、具体任务、完成措施、时间和步骤等进行事前的具体安排，形成审计计划。

（一）审计项目的构成及确定

（1）上级审计机关统一组织项目。它是上级审计机关为了更好地发挥审计在宏观调控中的作用，围绕政府工作重心所确定的在所辖区城内由下属各级审计机关统一开展的审计项目。每年由上级审计机关对所辖区域内的审计工作做出统一部署和安排，是体现审计业务以上级审计机关领导为主的重要方式和手段。

（2）授权审计项目。它是由上级审计机关授权下级审计机关实施的、属于上级审计机关管辖范限内的审计项目。上级审计机关除统一组织审计项目外，还可以将所辖范围内的部分审计项目授权给下级审计机关实施，以充分发挥审计体系的整体功能。授权审计项目计划，由下级审计机关提出申请，报上级审计机关统一协调后依法审批。授权审计项目的确定，要从有效利用审计资源和有利于加强对上级所属基层单位的审计监督出发，注意上下结合，重点解决一些带有普遍性、倾向性的问题，不断提升审计成果的质量和水平，更好地发挥审计监督作用。授权申请应说明审计或审计调查的目的、理由、范围和内容等。审计署办公厅负责汇总审核，统一征求有关部门意见，报审计长审定后，批复地方审计机关执行。

（3）自行安排项目。它是各级审计机关根据自己的审计力量情况，在本机关审计管辖和分工范围内自行安排开展的审计项目。审计机关应在充分考虑本级政府的工作重心、社会关注的热点和难点问题,并兼顾审计覆盖面的基础上,对审计项目计划做出统一安排。

(4)政府交办项目。它是各级政府要求审计机关实施审计的项目。由于我国的审计机关是政府的组成机构之一,各级审计机关在接受上级审计机关领导的同时,还要接受本级人民政府的领导,因此,对于政府交办的属于审计机关法定职责范围内的审计事项,各级审计机关也必须及时列入项目计划。

(5)其他交办、委托或举报项目。一类是由本级政府以外的其他领导或权力部门要求审计机关实施审计的项目,如本级人大或政协等交办的项目;另一类是由其他部门委托审计机关实施审计的项目或提请审计机关配合审计的项目,如纪律检查委员会、监察部门、组织人事部门和业务主管部门委托的项目;还有一类是接受群众举报,审计机关决定应当实施审计的项目。

审计机关必选的审计项目有:①法律法规规定每年应当审计的项目,根据审计法相关规定,审计机关每年对本级政府预算执行和决算草案、重点部门单位预算执行情况和决算进行审计;②本级审计委员会和政府行政首长要求审计的项目,根据工作需要,本级审计委员会和政府行政首长每年会交办审计机关一些重要事项,审计机关应当列入年度审计项目计划,按时完成;③上级审计机关安排的审计项目;对上级审计机关安排的审计项目,下级审计机关应当列入年度审计项目计划,按时完成。

审计机关选择审计项目需要遵循下列步骤。第一,调查审计需求,初步选择审计项目。审计需求一般包括:国家和地区财政收支、财务收支以及有关经济活动情况,政府工作的中心,本级政府行政首长和相关领导机关对审计工作的要求,上级审计机关安排或者授权审计的事项,有关部门委托或者提请审计机关审计的事项,群众举报、公众关注的事项,经分析相关数据认为应当列入审计的事项,其他方面的需求。第二,对初选审计项目进行可行性研究,确定初选审计项目的审计目标、审计范围、审计重点和其他重要事项。可行性研究重点调查研究下列内容:与确定和实施审计项目相关的法律法规和政策,管理体制、组织结构、主要业务及其开展情况,财政收支、财务收支状况及结果,相关的信息系统及其电子数据情况,管理和监督机构的监督检查情况及结果,以前年度审计情况,其他相关内容。第三,对初选审计项目进行评估,根据项目的重要程度,项目的风险水平,审计项目的预期效果,审计项目的频率和覆盖面,项目对审计资源的要求确定备选审计项目及其优先顺序。第四,综合审计机关可用审计资源,确定审计项目,编制年度审计项目计划。审计机关根据项目评估结果,审定年度项目计划草案,报经本级审计委员会批准并向上级审计机关报告。

(二)审计项目计划的内容

审计项目计划的核心是审计项目的安排,审计项目一定要按照上级审计机关统一组织项目、授权项目、政府交办项目和自行安排项目的顺序进行安排。审计项目计划可以采取文字的形式,也可以采取表格的形式,或者采用文字和表格相结合的形式。审计项目计划的文字部分主要包括上年度审计项目计划的完成情况,本年度审计项目安排的指导思想,审计项目计划编制的依据,所确定的主要任务,完成计划的重要措施。表格部分主要列明审计项目的名称、类别、级别和数量，完成计划项目的时间要求和责任单位，被审计单位的名称及其主管部门和所在地区等。另外，采取跟踪审计方式实施的审计项目，审计项目计划还应当列明跟踪的具体方式和要求。专项审计调查项目的审计项目计划应当列明专项审计调查的要求。

（三）审计项目计划的编制程序

1. 审计项目计划的编制

为保证政府审计项目计划的科学有效和切实可行，审计项目计划编制过程中应遵循以下原则。①依法审计、独立监督的原则。在法定职责内自主安排审计项目、排除来自其他行政机关、社会团体和个人的干扰。②服务全局的原则。在选择审计项目时，要注意围绕国家和本地区经济工作中心和宏观经济调控重点展开。③全面审计与重点审计相结合的原则。安排审计项目时既要注意审计的覆盖面，又要确保重点审计项目不遗漏。④量力而行、留有余地的原则。安排审计项目时既要充分利用现有的审计资源，又要适当预留一部分审计资源以应付计划执行过程当中可能会发生的审计风险。⑤协调平衡、避免重复的原则。安排审计项目时既要注意避免将很多项目安排在相同的时间内实施，又要避免出现重复审计的现象。

审计机关编制政府审计项目计划，除上级审计机关统一组织的审计项目外，应当在规定的审计管辖范围内安排。审计署统一组织的政府审计项目计划，由审计署各专业审计司或者派出机构在调查审计需求、进行可行性研究、确定备选项目的基础上，于每年 11 月提出安排意见，并填制统一印发的审计项目工作量测算报表；审计署计划管理部门对备选审计项目排序、配置审计资源、编制审计项目计划草案，将审计项目计划草案报审计长会议，审计长会议根据审计项目评估结果，确定年度审计项目计划。省级审计机关根据审计署统一组织的审计项目、授权审计项目和当地实际情况，编制本地区政府审计项目计划，并报经本级政府行政首长批准于每年 4 月底前报审计署备案。

2. 审计项目计划的调整

经过审批确定的政府审计项目计划，规定了审计机关在一定时期内的工作目标和责任，是审计机关开展审计工作的重要依据。政府审计项目计划一经下达，审计机关应当努力完成，并制定初步的审计方案。没有特殊情况，政府审计项目计划不应变更和调整。年度审计项目计划执行过程中，遇有下列情形之一的，应当按照原审批程序调整：①中央及各级审计委员会临时交办审计项目的；②党中央、国务院出台的政策文件对审计工作提出要求需要调整审计项目计划的；③有关单位提出审计需求需要进行审计的；④突发重大公共事件需要进行审计的；⑤原定审计项目的被审计单位发生重大变化，导致原计划无法实施的；⑥业务部门提出新增审计项目安排建议或扩大、减少被审计对象的；⑦需要更换审计项目实施单位的；⑧审计目标、审计范围等发生重大变化需要调整的；⑨其他需要调整的情形。

如果确因特殊情况需要调整，应当按照规定的程序报批，经批准后，方可进行调整。具体程序为：第一，审计署统一组织政府审计项目计划的调整，应由按照规定程序报批，经批准后，方可进行调整。具体程序为：第一，审计署统一组织政府审计项目计划的调整，由署有关专业审计司提出意见,送署办公厅协调办理,报署领导审批后,通知有关单位执行。第二,授权地方审计机关政府审计项目计划的调整,由省级审计机关提出意见,报市审计署审批。第三,地方政府审计项目计划的调整,由下达计划的审计机关审批。第四,领导交办项目及时报批、调整。

3. 制定政府审计工作方案

政府审计项目计划下达后,审计机关应当及时编制审计工作方案。审计工作方案的内容主要包括:①审计目标;②审计范围;③审计内容和重点;④审计工作组织安排;⑤审计工作要求。审计实施前,有关审计组应当依据审计工作方案,结合实际情况编制审计实施方案。审计署统一组织项目的审计工作方案,由署有关专业审计司编制,经审计长会议审定后下达。地方审计机关组织的审计项目的审计工作方案,经厅(局)长会议研究确定。

4. 政府审计项目计划执行情况的报告、检查和考核

为了使政府审计项目计划真正落到实处,审计机关必须建立政府审计项目计划执行情况的报告制度。审计署统一组织政府审计项目计划的执行,由审计署有关专业审计司和省级审计机关分别于每年 7 月和次年 2 月向审计署提出上半年及全年计划执行情况的综合报告。报告的主要内容包括:计划执行进度、审计的主要成果、计划执行中存在的主要问题及改进措施与建议等。

审计机关应组成审计项目质量检查组,根据有关法律、法规和规章的规定,对本级派出机构或下级审计机关完成审计项目的质量情况进行检查和考核。检查和考核的主要内容包括:计划编报及计划执行情况报告的及时性、完整性,计划安排的科学性、合理性,计划完成的质量和效果等。

二、审计准备阶段

审计项目的准备阶段,是指从组成审计组到编制审计实施方案为止的这一段时期。包括组成审计组、进行审计前调查了解、开展审前培训、下达审计通知书、编制审计项目实施方案等工作。

(一)组成审计组

审计事项确定以后,审计机关应根据审计事项的特点和要求,统筹审计机关内部人员,组织一定数量的审计人员组成审计组,聘请外部人员参加审计业务或者提供技术支持、专业咨询、专业鉴定等。审计组实行组长负责制,审计组组长可以根据需要在审计组成员中确定主审,主审应当履行其规定职责和审计组组长委托的其他职责。主审及其他组员在组长的领导和协调下开展工作,并对各自承担的工作负责。成立审计组时应注意三个问题,第一,人员的数量和知识结构;第二,保持审计人员分工的稳定性;第三,严格遵守回避制度。

(二)进行审计前调查了解

为了合理确定审计风险,突出审计重点,并确保审计方案的切实可行,组成审计组后,应进行初步调查了解。了解的内容包括:①单位性质、组织结构;②职责范围或者经营范围、业务活动及其目标;③相关法律法规、政策及其执行情况;④财政财务管理体制和业务管理体制;⑤适用的业绩指标体系以及业绩评价情况;⑥相关内部控制及其执行情况;⑦相关信息

系统及其电子数据情况;⑧经济环境、行业状况及其他外部因素;⑨以往接受审计和监管及整改情况;⑩需要了解的其他情况。

调查了解被审计单位的相关内部控制及其执行情况时应关注:①控制环境,即管理模式、组织结构、责权配置、人力资源制度等;②风险评估,即被审计单位确定、分析与实现内部控制目标相关的风险,以及采取的应对措施;③控制活动,即根据风险评估结果采取的控制措施,包括不相容职务分离控制、授权审批控制、资产保护控制、预算控制、业绩分析和绩效考评控制等;④信息与沟通,即收集、处理、传递与内部控制相关的信息,并能有效沟通的情况;⑤对控制的监督,即对各项内部控制设计、职责及其履行情况的监督检查,并对内部控制总体上是否值得依赖做出初步判断;⑥一般控制,即保障信息系统正常运行的稳定性、有效性、安全性等方面的控制;⑦应用控制,即保障信息系统产生的数据的真实性、完整性、可靠性等方面的控制。

(三)开展审前培训

审前培训是紧紧围绕本次审计的工作目标,组织人员对审计组进行的培训。其内容包括认真学习与审计项目有关的财经制度和政策法规,掌握与被审计企业相关的国家政策、行业规范、制度规定、会计准则,明确审前调查工作的思路和方向。审前培训形式有以下几种:①编制审计讲解提纲;②请专家介绍情况;③集思广益,审计人员互相交流审计方法和经验。审计人员通过座谈等形式,各抒己见,介绍好的做法和经验,相互之间取长补短,共同提高。同时,在审前培训时,要锁定培训重点,结合行业或专项资金的业务特点,有重点、有针对性地进行深入的分析和研讨,重实用,讲实效。

(四)下达审计通知书

审计机关签发的审计通知书,不仅是给被审计单位的书面通知,也是审计组进驻被审计单位执行审计任务,行使国家审计职能的凭据。审计通知书的内容包括:被审计单位名称;审计依据、审计范围、审计内容、审计方式和审计时间;审计组长及其他成员的名单;对被审计单位配合审计工作的要求;审计机关公章及签发日期。

(五)在审计准备阶段确定重要性

《中华人民共和国国家审计准则》规定:审计人员实施审计时,应当根据重要性判断的结果,重点关注被审计单位可能存在的重要问题。需要对财务报表发表审计意见的,审计人员可以参照中国注册会计师执业准则的有关规定确定重要性。审计人员应当运用职业判断,根据可能存在的问题的性质及其发生的具体环境,判断其重要性。

(六)编制审计项目实施方案

审计项目实施方案是审计组实施审计项目的具体安排和内容,是保证审计工作取得预期效果的重要手段,也是审计机关检查、控制审计质量和审计工作进度的基本依据。审计组应根据审计项目计划的要求,结合对被审计单位基本情况所做的调查,并围绕审计目标来编制审计项目实施方案。审计项目实施方案的内容包括:编制的依据,被审计单位的名称及基本情况,审计目标,审计范围,审计内容、重点和审计应对措施,审计工作要求(包括审计进度安排、职责分工、审计组内部重要管理事项等),预计的审计工作起讫日期,审计组组长、成员及其分工,编制的日期等。

三、审计实施阶段

(一)进驻被审计单位

审计通知书下发后,审计组按约定时间进入被审计单位实施审计工作。为了保证审计工作中沟通有效以及审计工作的顺利进行,取得被审计单位领导及其工作人员的配合,可以召开由被审计单位负责人、财会人员、相关负责人和审计人员参加的审计启动工作会议,在此期间,被审计单位应当配合审计机关的工作,明确审计工作的纪律,按照审计机关的规定权限和要求,积极提供相关情况和资料,并提供必要的工作条件。

(二)对内部控制进行测试

在审计准备阶段已经对被审计单位的内部控制进行了调查了解,并且对其总体有效性做了初步判断。如果拟依赖内部控制,在审计实施阶段就需要进行控制测试。

控制测试的直接目的是测试内部控制运行的有效性,控制运行有效性强调的是控制能够在各个不同的时点按照既定设计得到一贯执行。审计人员在了解被审计单位的内部控制之后,只对那些准备依赖的内部控制执行控制测试。一般来说,控制测试包括以下两个方面。

(1)控制设计测试,即对被审计单位的内部控制政策和程序的设计是否适当所实施的审计程序,目的是确定被审计单位的内部控制是否能够防止和发现特定风险。例如,审计人员了解到,会计人员在记录存货购入时,必须有检验部门出具的检验报告、仓库管理人员签字的入库单和采购部门认可的购货发票。据此,审计人员可以推断,该项控制可以防止由于虚假购货产生的存货高估的风险。

(2)控制执行测试,即对被审计单位的内部控制政策和程序是否发挥应有的作用所进行的测试。如果被审计单位的控制政策和程序未能发挥其应有的作用,那即使设计计划完整,也不能减少风险。因此,针对被审计单位现已存在的内部控制,审计人员应测试其是否得到有效执行。例如,对于上述案例中提到的控制,审计人员就应检查会计人员所记录的购货是否均附有入库单、检验报告和采购部门认可的购货发票。

内部控制测试常用的方法有重新执行和穿行测试。穿行测试不是单独使用的,而是将多种程序按特定审计需要加以综合运用。这样,审计人员可能获取部分控制运行有效性的审计证据。

(三)对审计项目进行实质性测试

审计组在完成了对被审计单位内部控制的符合性测试与评价后,即可开始对被审计单位的经济业务进行有重点、有目的的实质性测试与评价。实质性测试是项目审计工作的中心环节,它既是审计人员收集、鉴定和综合审计证据的过程,也是审计机关出具审计意见书和做出审计决定的基础。这一阶段的工作主要是取得充分可靠的审计证据和认真编制审计工作底稿等。

1. 收集审计证据

审计人员可以采取下列方法向有关单位和个人获取审计证据:①检查,是指对纸质、电子或者其他介质形式存在的文件、资料进行审查，或者对有形资产进行审查；②观察，是指察看相关人员正在从事的活动或者执行的程序；③询问，是指以书面或者口头方式向有关人员了解关于审计事项的信息；④外部调查，是指向与审计事项有关的第三方进行调查；⑤重新计算，是指以手工方式或者使用信息技术对有关数据计算的正确性进行核对；⑥重新操作，是指对有关业务程序或者控制活动独立进行重新操作验证；⑦分析，是指研究财务数据之间、财务数据与非财务数据之间可能存在的合理关系，对相关信息做出评价，并关注异常波动和差异。

审计人员应当依照法律法规规定，取得被审计单位负责人对本单位提供资料真实性和完整性的书面承诺。

审计人员取得证明被审计单位存在违反国家规定的财政收支、财务收支行为以及其他重要审计事项的审计证据材料，应当由提供证据的有关人员、单位签名或者盖章；不能取得签名或者盖章不影响事实存在的，该审计证据仍然有效，但审计人员应当注明原因。审计人员在审计实施过程中，应当持续评价审计证据的适当性和充分性。

审计人员需要使用有关监管机构、中介机构、内部审计机构等已经形成的工作结果作为审计证据的，应当对：①是否与审计目标相关；②是否可靠；③是否与其他审计证据相符等这些工作结果做出判断。

审计人员执行审计业务时，应当保持职业谨慎，充分关注可能存在的重大违法行为。发现重大违法行为的线索，审计组或者审计机关可以采取下列应对措施：①增派具有相关经验和能力的人员；②避免让有关单位和人员事先知晓检查的时间、事项、范围和方式；③扩大检查范围，使其能够覆盖重大违法行为可能涉及的领域；④获取必要的外部证据⑤依法采取保全措施；⑥提请有关机关予以协助和配合；⑦向政府和有关部门报告；⑧其他必要的应对措施。

在审计过程中，审计人员判断发现的问题的重要性时，可以关注下列因素：①是否属于涉嫌犯罪的问题；②是否属于法律法规和政策禁止的问题；③是否属于故意行为所产生的问题；④可能存在问题涉及的数量或者金额；⑤是否涉及政策、体制或者机制的严重缺陷；⑥是否属于信息系统设计缺陷；⑦政府行政首长和相关领导机关及公众的关注程度；⑧需要关注的其他因素。

2. 形成审计工作底稿

审计人员应当真实、完整地记录实施审计的过程、得出的结论和与审计项目有关的重要管理事项。审计人员做出的记录，应当使未参与该项业务的有经验的其他审计人员能够理解其执行的审计措施、获取的审计证据、做出的职业判断和得出的审计结论。

审计组在编制审计实施方案前，应当对调查了解被审计单位及其相关情况做出记录。审计人员对审计实施方案确定的每一审计事项，均应当编制审计工作底稿。一个审计事项可以根据需要编制多份审计工作底稿。

审计工作底稿的内容主要包括：①审计项目名称；②审计事项名称；③审计过程和结论；④审计人员姓名及审计工作底稿编制日期并签名；⑤审核人员姓名、审核意见及审核日期并签名;⑥索引号及页码;⑦附件数量。

审计工作底稿记录的审计过程和结论主要包括:①实施审计的主要步骤和方法;②取得的审计证据的名称和来源;③审计认定的事实摘要;④得出的审计结论及其相关标准。

审计证据材料应当作为审计工作底稿的附件。一份审计证据材料对应多个审计记录时,审计人员可以将审计证据材料附在与其关系最密切的审计记录后面,并在其他审计记录中予以注明。

四、审计终结阶段

审计终结阶段,其工作主要有复核审计工作底稿、汇总审计资料、起草审计意见、与被审计单位沟通、做出审计总结、编制审计报告并征求被审计单位的意见、审定审计报告、出具审计意见书、下达审计决定书、整改归档审计文件材料、审计行政复议等。

(一)复核审计工作底稿

审计组撰写审计报告前,审计组组长应当对审计工作底稿的下列事项进行审核:①具体审计目标是否实现;②审计措施是否有效执行;③事实是否清楚;④审计证据是否适当、充分;⑤得出的审计结论及其相关标准是否适当;⑥其他有关重要事项。

审计组组长应当确认审计工作底稿和审计证据已经审核,并从总体上评价审计证据的适当性和充分性。审计组根据不同的审计目标,以审计认定的事实为基础,在防范审计风险的情况下,按照重要性原则,从真实性、合法性、效益性方面提出审计评价意见。审计组应当只对所审计的事项发表审计评价意见,对审计过程中未涉及、审计证据不适当或者不充分、评价依据或者标准不明确以及超越审计职责范围的事项,不得发表审计评价意见。

审计组适当根据审计发现问题的性质、数额及其发生的原因和审计报告的使用对象评估审计发现问题的重要性,如实在审计报告中予以反映。

(二)征求被审计单位意见

审计组实施审计或者专项审计调查后,应当提出审计报告,按照审计机关规定的程序审批后,以审计机关的名义征求被审计单位、被调查单位和拟处罚的有关责任人员的意见。经济责任审计报告还应当征求被审计人员的意见;必要时,征求有关干部监督管理部门的意见。审计报告中涉及的重大经济案件调查等特殊事项,经审计机关主要负责人批准,可以不征求被审计单位或者被审计人员的意见。

被审计单位、被调查单位、被审计人员或者有关责任人员对征求意见的审计报告有异议的,审计组应当进一步核实,并根据核实情况对审计报告做出必要的修改。

(三)形成审计报告

审计报告包括审计机关进行审计后出具的审计报告以及专项审计调查后出具的专项审计调查报告。审计组实施审计或者专项审计调查后,应当向派出审计组的审计机关提交审计报告。审计机关审定审计组的审计报告后,应当出具审计机关的审计报告。

审计组在起草审计报告前,应当讨论确定并记录下列事项:①评价审计目标的实现情况;②审计实施方案确定的审计事项完成情况;③评价审计证据的适当性和充分性;④提出审计评价意见;⑤评估审计发现问题的重要性;⑥提出对审计发现问题的处理处罚意见;

⑦其他有关事项。审计组组长应当确认审计工作底稿和审计证据已经审核,并从总体上评价审计证据的适当性和充分性。

审计组根据不同的审计目标,以审计认定的事实为基础,在防范审计风险的情况下,按照重要性原则,从真实性、合法性、效益性方面提出审计评价意见。审计组应当只对所审计的事项发表审计评价意见。对审计过程中未涉及、审计证据不适当或者不充分,评价依据或者标准不明确以及超越审计职责范围的事项,不得发表审计评价意见。

对被审计单位或者被调查单位违反国家规定的财政收支、财务收支行为,依法应当由审计机关进行处理处罚的,审计组应当起草审计决定书。

对依法应当由其他有关部门纠正、处理处罚或者追究有关责任人员责任的事项,审计组应当起草审计移送处理书。

审计组应当将审计报告、审计决定书、被审计单位、被调查单位、被审计人员或者有关责任人员对审计报告的书面意见及审计组采纳情况的书面说明、审计实施方案、调查了解记录、审计工作底稿、重要管理事项记录、审计证据材料等资料报送审计机关业务部门复核。

审计机关业务部门应当将复核修改后的审计报告、审计决定书等审计项目材料连同书面复核意见,报送审理机构审理。

审理机构审理后,应当出具审理意见书。审理机构将审理后的审计报告、审计决定书连同审理意见书报送审计机关负责人。

审计报告、审计决定书经审计机关负责人签发后,按照下列要求办理:①审计报告送达被审计单位、被调查单位;②经济责任审计报告送达被审计单位和被审计人员;③审计决定书送达被审计单位、被调查单位、被处罚的有关责任人员。

(四)整理归档审计文件材料

审计档案,是指审计机关进行审计(含专项审计调查)活动中直接形成的对国家和社会具有保存价值的各种文字、图表等不同形式的历史记录。审计档案是国家档案的组成部分。

审计文件材料应当按照结论类、证明类、立项类、备查类四个单元进行排列。具体而言,审计文件材料的归档范围包括:第一,结论类文件材料。上级机关(领导)对该审计项目形成的审计要情、重要信息要目等审计信息批示的情况说明,审计报告、审计决定书、审计移送处理书等结论类报告,以及相关的审理意见书、审计业务会议记录、纪要、被审计对象对审计报告的书面意见、审计组的书面说明等。第二,证明类文件材料。被审计单位承诺书、审计工作底稿汇总表、审计工作底稿及相应的审计取证单、审计证据等。第三,立项类文件材料。上级审计机关或者本级政府的指令性文件、与审计事项有关的举报材料及领导批示、调查了解记录、审计实施方案及相关材料、审计通知书和授权审计通知书等。第四,备查类文件材料。被审计单位整改情况、该审计项目审计过程中产生的信息等不属于前三类的其他文件材料。

当所有属于政府审计组的审计工作程序完成后,政府审计组应及时对本项目进行总结,以便在今后的工作中发扬成绩,克服不足,不断提高审计工作质量。

(五)审计行政复议

为了保证审计机关依法行使审计监督权,防止和纠正违法或者不当的审计具体行政行为,保护公民、法人或者其他组织的合法权益,审计署根据《中华人民共和国审计法》和《中华人民共和国行政复议法》专门制定了《审计机关审计复议的规定》,当被审计单位认为审计机关的具体行政行为侵犯其合法权益时,可以依照相关规定自知道该具体行政行为之日起60日内向审计复议机关申请复议。被审计单位对审计决定不服时,可以向上级审计机关或本级人民政府申请复议;对地方性法规规定或本级人民政府交办的事项审计不服的,应先向本级人民政府申请复议;对审计署做出的具体行政行为不服的,应先向审计署申请复议;对复议决定不服的,可以依法向人民法院起诉;对审计署做出的审计具体行政行为不服提起审计复议后,又对审计复议决定不服的,也可以向国务院申请裁决,国务院做出的裁决为最终裁决,申请人不得再向人民法院起诉。

审计行政复议程序有四个步骤:申请、受理、决定,送达。复议结束后,有关复议资料应归入审计档案。

五、后续审计阶段

后续审计是审计机关在发出审计决定通知后的规定期限内,对被审计单位执行审计决定情况的审计。目的是督促被审计单位如期纠正错误,改进工作,保证审计决定的执行,实现和巩固审计成果,维护审计的权威性和严肃性。对被审计单位是否实施后续审计,由审计机关根据情况决定。后续审计的实施时间没有明确的规定,审计机关认为较为适当的时候就可以进行,但时间间隔不宜过长。为提高审计效率,后续审计工作一般由审计机关委托原审计小组的人员进行。

后续审计的范围与审计的范围密切相关,主要是针对内部控制措施的薄弱环节的改进活动而进行的审计。后续审计的范围会随着已调查的某一关注事项的类型和重要性的改变而改变。

其内容包括监督检查审计决定的执行情况;了解审计意见采纳情况,考察审计效果;发现审计决定执行过程中出现的问题,采取相应措施;发现审计意见和审计决定不当时,进行复查,重新做出审计决定,弥补原来审计中的不足;根据新的情况提出建议和措施,扩大审计效果。

第三节　内部审计程序

内部审计程序是内部审计人员对审计项目从开始到结束的整个过程所采取的系统性工作步骤,是内部审计人员实施审计所应遵守的工作步骤、顺序以及所涉及的相关环节及工作内容,对于指导、规范内部审计各环节的行为,实行内部审计全过程行为管理和质量控制,提高内部审计工作效率,防范审计风险,以及实现内部审计的具体工作目标都具有重要意义。

内部审计程序包括审计准备、审计实施、审计报告和后续审计四个阶段,每个阶段又包括若干具体的工作内容。

中国内部审计准则基本准则对内部审计业务流程做了一般规定，比如：内部审计机构应当根据组织的风险状况、管理需要及审计资源的配置情况，编制年度审计计划，根据年度审计计划确定的审计项目，编制项目审计方案，在实施审计三日前，向被审计单位或者被审计人员送达审计通知书；内部审计人员应当深入了解被审计单位的情况，审查和评价业务活动、内部控制和风险管理的适当性和有效性，关注信息系统对业务活动、内部控制和风险管理的影响，可以运用审核、观察、监盘、访谈、调查、函证、计算和分析程序等方法，获取相关、可靠和充分的审计证据，以支持审计结论、意见和建议，以适当方式提供咨询服务；在实施必要的审计程序后，及时出具审计报告。总结其主要内容是：拟订审计项目计划，通知被审计单位。实施审计，提出审计报告，征求被审计单位意见，出具审计意见书，做出审计决定，进行后续审计。

一、审计准备阶段

（一）制订内部审计计划

《第 2101 号内部审计具体准则——审计计划》规定，审计计划是指内部审计机构和内部审计人员为了完成审计业务，达到预期的审计目的，对审计工作或者具体审计项目做出的安排。内部审计机构应当根据组织的风险状况、管理需要及审计资源的配置情况，编制年度审计计划。内部审计人员根据年度审计计划确定的审计项目，编制项目审计方案。

内部审计机构或者人员编制审计计划是为了保证有计划、有重点地开展审计业务，提高审计质量和效率。审计计划一般包括：年度审计计划和项目审计方案。年度审计计划是对年度预期要完成的审计任务所作的工作安排，是组织年度工作计划的重要组成部分。项目审计方案是对实施具体审计项目所需要的审计内容、审计程序、人员分工、审计时间等做出的安排。

（1）年度审计计划。内部审计机构应当在本年度编制下年度审计计划，并报经组织董事会或者最高管理层批准。内部审计机构负责人负责年度审计计划的编制工作并定期检查审计计划的执行情况。编制年度审计计划应当结合内部审计中长期规划，在对组织风险进行评估的基础上，根据组织的风险状况、管理需要和审计资源的配置情况，确定具体审计项目及时间安排。内部审计机构在编制年度审计计划前，应当重点调查了解下列情况，以评价具体审计项目的风险：①组织的战略目标、年度目标及业务活动重点；②对相关业务活动有重大影响的法律、法规、政策、计划和合同；③相关内部控制的有效性和风险管理水平；④相关业务活动的复杂性及其近期变化；⑤相关人员的能力及其岗位的近期变动等。年度审计计划应当包括下列基本内容：①年度审计工作目标；②具体审计项目及实施时间；③各审计项目需要的审计资源；④后续审计安排。

（2）项目审计方案。审计项目负责人应当在审计项目实施前编制项目审计方案，并报经内部审计机构负责人批准。内部审计机构应当根据年度审计计划确定的审计项目和时间安排，选择内部审计师开展审计工作。审计项目负责人应当根据被审计单位的下列情况，编制项目审计方案：①业务活动概况；②内部控制风险管理体系的设计及运行情况；③财务、会计资料；④重要的合同、协议及会议记录；⑤上次审计结论、建议及后续审计情况；⑥上次外部审计的审计意见;⑦其他与项目审计方案有关的重要情况。

项目审计方案应当包括下列基本内容:①被审计单位、项目的名称;②审计目标和范围;③审计内容和重点;④审计程序和方法;⑤审计组成员的组成及分工;⑥审计起止日期;⑦对专家和外部审计工作结果的利用;⑧其他有关内容。

(二)送达审计通知书

审计通知书是指内部审计机构在实施审计前,告知被审计单位或者人员接受审计的书面文件。内部审计机构在实施项目审计三日前,向被审计单位或者人员送达审计通知书。特殊审计业务的审计通知书可以在实施审计时送达。审计通知书应当包括下列内容:①审计项目名称;②被审计单位名称或者被审计人员姓名;③审计范围和审计内容;④审计时间;⑤需要被审计单位提供的资料及其他必要的协助要求;⑥审计组组长及审计组成员名单;⑦内部审计机构的印章和签发日期。

二、审计实施阶段

内部审计实施阶段是指审计组及内部审计人员实施现场审计、进行调查取证、形成初步成果和结论的过程。这个过程主要是获取审计证据和形成审计工作底稿。

(一)获取审计证据

内部审计证据,是指内部审计人员在实施内部审计业务过程中,通过实施审计程序所获取的,用以证实审计事项,支持审计结论、意见和建议的各种事实依据。内部审计人员应当依据不同的审计事项及其审计目标,获取不同种类的审计证据。内部审计人员获取的审计证据应当具备相关性、可靠性和充分性。

审计项目的各级复核人员应当在各自职责范围内对审计证据的相关性、可靠性和充分性予以复核。

内部审计人员在获取审计证据时应当考虑下列基本因素。

(1)具体审计事项的重要性。内部审计人员应当从数量和性质两个方面判断审计事项的重要性,以做出获取审计证据的决策。

(2)可以接受的审计风险水平。证据的充分性与审计风险水平密切相关,可以接受的审计风险水平越低,所需证据的数量越多。

(3)成本与效益的合理程度。获取审计证据应当考虑成本与效益的对比,但对于重要审计事项,不应当将审计成本的高低作为减少必要审计程序的理由。

(4)适当的抽样方法。内部审计人员向有关单位和个人获取审计证报时,可以采用审核、观察、监盘、访谈、调查、函证、计算、分析程序等方法。内部审计机构可以聘请其他专业机构或者人员对审计项目的某些特殊问题进行鉴定,并将鉴定结论作为审计证据。内部审计人员应当对所引用鉴定结论的可靠性负责。对于被审计单位有异议的审计证据,内部审计人员应当进一步核实。

内部审计人员获取的审计证据,如有必要,应当由证据提供者签名或者盖章。如果证据提供者拒绝签名或者盖章,内部审计人员应当注明原因和日期。内部审计人员应当将获取的审计证据名称、来源、内容、时间等完整、清晰地记录于审计工作底稿中。采集被审计单位电子数据作为评价审计证报的,内部审计人员应当记录电子数据的采集和处理过程。在评价审计证据时,应当考虑审计证报之间的相互印证关系及证据来源的可靠程度。

（二）形成审计工作底稿

内部审计工作底稿,是指内部审计人员在审计过程中所形成的工作记录。内部审计人员在审计工作中编制审计工作底稿的目的主要是为编制审计报告提供依据;证明审计目标的实现程度;为检查和评价内部审计工作质量提供依据;证明内部审计机构和内部审计人员是否遵循内部审计准则;为以后的审计工作提供参考。

内部审计工作底稿应当内容完整、记录清晰、结论明确,客观地反映项目审计方案的编制及实施情况,以及与形成审计结论、意见和建议有关的所有重要事项。

内部审计工作底稿主要包括下列要素:①被审计单位的名称;②审计事项及其期间或者截止日期;③审计程序的执行过程及结果记录;④审计结论、意见及建议;⑤审计人员姓名和审计日期;⑥复核人员姓名、复核日期和复核意见;⑦索引号及页次;⑧审计标识与其他符号及其说明等。

三、审计报告阶段

内部审计报告阶段是指审计组及内部审计人员对审计结果进行汇总和总结、草拟审计报告、征求被审计单位意见、出具审计报告的过程。客观、公正地出具审计报告对于内部审计发挥作用具有重要意义。

（一）对审计结果进行汇总和总结

在草拟审计报告前,审计组应对内部审计人员在审计过程中所收集的审计证据和审计工作底稿反映的结果记录进行汇总和总结,在评价审计目标实现程度、审计事项完成情况、审计证据的充分性和适当性基础上,评估本次审计发现及以往检查发现的问题的重要性,并按问题的性质、金额、与被审计事项的关联程度进行归类,分类予以反映。审计组和内部审计人员应对被审计单位在审计期间取得的主要成绩进行分析、归类和总结。在做好上述两方面工作的基础上,提出审计结论和评价意见,形成较为系统的审计报告内容素材。

（二）审计结果沟通

内部审计结果沟通,是指内部审计机构与被审计单位、组织适当管理层就审计概况、审计依据、审计发现、审计结论、审计意见和审计建议进行的讨论和交流。结果沟通的目的是提高审计结果的客观性、公正性,并取得被审计单位、组织适当管理层的理解和认同。内部审计机构应当建立审计结果沟通制度,明确各级人员的责任,进行积极有效的沟通。结果沟通一般采取书面或者口头方式。内部审计机构应当在审计报告正式提交之前进行审计结果的沟通。

如果被审计单位对审计结果有异议,审计项目负责人及相关人员应当进行核实和答复。内部审计机构负责人应当与组织适当管理层就审计过程中发现的重大问题及时进行沟通。内部审计机构与被审计单位进行结果沟通时,应当注意沟通技巧。

（三）形成审计报告

内部审计报告,是指内部审计人员根据审计计划对被审计单位实施必要的审计程序后,就被审计事项做出审计结论,提出审计意见和审计建议的书面文件。内部审计人员应当在审计实施结束后,以经过核实的审计证据为依据,形成审计结论、意见和建议,出具审计报告。

(四)下达审计决定

对于审计组审计发现的违反财经法规,内部审计机构可根据审计署关于内部审计工作的有关规定及单位主要负责人、相关权力机关的授权,在职责范围内向被审计单位做出处理处罚的决定。对内部审计中发现的涉外经济犯罪的案件线索,内部审计机构报告单位主要负责人并转移送司法机关进一步调查处理。

(五)归档审计工作底稿

根据自 2016 年 3 月 1 日起施行《第 2308 号内部审计具体准则——审计档案工作》的规定,内部审计人员在审计项目实施结束后,应当及时收集审计档案材料。按照立卷原则和方法进行归类整理、编目装订、组合成卷和定期归档。

四、后续审计阶段

内部审计准则所称的后续审计,是指内部审计机构为跟踪检查被审计单位针对审计发现的问题所采取的纠正措施及其改进效果,而进行的审查和评价活动。

对审计中发现的问题采取纠正措施,是被审计单位管理层的责任。评价被审计单位管理层所采取的纠正措施是否及时、合理、有效,是内部审计人员的责任。

内部审计机构可以在规定期限内,或者与被审计单位约定的期限内实施后续审计。内部审计机构负责人可以适时安排后续审计工作,并将其列入年度审计计划。内部审计机构负责人如果初步认定被审计单位管理层对审计发现的问题已采取了有效的纠正措施,可以将后续审计作为下次审计工作的一部分。当被审计单位基于成本或者其他方面考虑,决定对审计发现的问题不采取纠正措施并做出书面承诺时,内部审计机构负责人应当向组织董事会或者最高管理层报告。

内部审计机构负责人应根据被审计单位的反馈意见,确定后续审计时间和人员安排,编制后续审计方案。编制后续审计方案时应考虑以下基本因素:①审计意见和建议的重要性;②纠正措施的复杂性;③落实纠正措施所需要的时间和成本;④纠正措施失败可能产生的影响;⑤被审计单位的业务安排和时间要求。

对于已采取纠正措施的事项,内部审计人员应判断是否需要深入检查,必要时可提出应在下次审计中予以关注。内部审计人员应根据后续审计的实施过程和结果,编制后续审计报告。

第四节 注册会计师审计程序

注册会计师审计程序的主要内容是:了解被审计单位基本情况,接受委托,签订审计业务约定书,编制审计计划,评价重大错报风险,进行控制测试和实质性审计程序,运用审计程序获取审计证据,汇总审计工作底稿,形成审计意见,出具审计报告等。

一、接受业务委托

会计师事务所应当按照执业准则的规定，谨慎决策是否接受或者保持某客户关系和具体审计业务。在接受新客户的业务之前，或者在决定是否保持现有业务或者考虑接受现有客户的新业务时，会计师事务所应当执行一些客户接受和保持的程序，获取如下信息：客户的诚信状况；会计师事务所是否具有执行业务必要的素质、专业胜任能力、时间和资源；是否能够遵守职业道德规范。这些政策和程序的目的在于尽量减少注册会计师与不诚信的客户发生关系的可能性。如果注册会计师与不诚信的客户发生关系，客户的财务报表就可能会存在重大错报并且不为注册会计师所察觉。这会导致财务报表使用者对注册会计师提起法律诉讼。

注册会计师需要做出的最重要的决策之一就是接受和保持客户。一项不当的决策不仅会增加项目组成员的额外压力，还可能会使事务所遭受声誉损失，甚至涉及潜在诉讼。一旦决定接受委托，注册会计师应该与客户就审计约定条款达成一致意见。

二、计划审计工作

计划审计工作是整个审计工作的起点。为了保证审计目标的实现，注册会计师必须在具体执行审计程序之前，制订审计计划，对审计工作进行科学、合理的计划与安排。科学、合理的审计计划可以帮助注册会计师有的放矢地去审查和取证，形成正确的审计结论；可以使审计成本保持在合理的水平上，提高审计工作的效率。计划审计工作包括在本期审计业务开始时开展的初步业务活动，针对审计业务制定总体审计策略和具体审计计划等。需要指出的是，计划审计工作并不是一个孤立阶段，而是一个持续的、不断修正的过程，贯穿于整个审计过程的始终。

三、实施风险评估程序

现代审计是一种风险导向的审计。注册会计师应在了解被审计单位及其环境的基础上实施风险评估程序，以识别和评估财务报表层次以及认定层次的重大错报风险。所谓风险评估程序，是指注册会计师实施的了解被审计单位及其环境并识别和评估财务报表重大错报风险的程序。风险评估程序是必要程序，了解被审计单位及其环境为注册会计师在许多关键环节做出职业判断提供了重要基础。这一过程实际上是一个连续和动态地收集、更新与分析信息的过程，贯穿于整个审计过程的始终。注册会计师应当运用职业判断确定需要了解被审计单位及其环境的程度。

在通常情况下，实施风险评估程序的主要工作包括：了解被审计单位及其环境，识别和评估财务报表层次以及各类交易、账户余额、列报认定层次的重大错报风险，包括确定需要特别考虑的重大错报风险（特别风险）以及仅通过实质性程序无法应对的重大错报风险。

四、实施控制测试和实质性程序

注册会计师实施风险评估程序本身还不足以为发表审计意见提供充分、适当的审计证据，注册会计师还应当实施进一步的审计程序，包括实施控制测试和实质性程序。控制测试指的是测试控制运行的有效性。实质性程序是指注册会计师针对评估的重大错报风险实施的直接用以发现认定层次重大错报的审计程序。在注册会计师评估财务报表重大错报风险后,应运用职业判断,针对评估的财务报表层次重大错报风险确定总体应对措施,并针对评估的认定层次重大错报风险设计和实施进一步的审计程序,以将审计风险降至可接受的低水平。

控制测试与实质性程序之间关系密切。如果注册会计师认为被审计单位内部控制的可靠程度高,则实质性程序的工作量可以相应减少;反之,实质性程序的工作量会增加。但无论何时,实质性程序都是必不可少的。

五、完成审计工作并出具审计报告

注册会计师完成了财务报表所有循环的进一步审计程序后,还应当按照有关审计准则的规定做好审计完成阶段的工作,并根据所获取的各种证据,合理运用专业判断,形成适当的审计意见。因此,在审计工作的完成阶段,注册会计师首先要确定对风险的评估是否适当,获取的证据是否充分。然后,注册会计师还需要汇总那些已经发现但没有更正的错报以确定其是否会引起财务报表的重大错报。在这一阶段,注册会计师还需要评估或有负债发生的可能性,例如未决诉讼、质量担保等,同时注册会计师还要查找那些会对财务报表产生影响的期后事项。

终结审计阶段,注册会计师需要做的工作主要包括:审计期初余额、关联方及其交易、期后事项和或有事项;考虑持续经营问题和获取管理层声明;编制审计差异调整表和试算平衡表;复核审计工作底稿和财务报表;与管理层和治理层沟通;形成审计意见,草拟审计报告;实施项目质量控制复核等。

关键概念

审计计划　审计证据　控制测试　实质性测试　审计工作底稿　审计沟通　审计报告

思考题

1. 请说明审计程序的含义及作用。
2. 政府审计方案的内容有哪些?
3. 政府审计在进驻被审计单位后要做哪些工作?
4. 政府审计在审计终结阶段需做哪些工作?
5. 内部审计在实施阶段要做哪些工作?
6. 内部审计在报告阶段需要做哪些工作?
7. 注册会计师审计的审计程序包括哪些内容?

思政园地

保持职业素养,做好审计工作

注册会计师在审计中首先要做到独立、客观、公正地做好专业服务,然而,现在许多会计师事务所在获得高额审计费用后,并未履行其审计职能,没有实现审计目标过程中所产生的社会效果，出现各种各样的审计失败。尽管上市公司造假行为的系统性、隐蔽性使得注册会计师发现造假行为越来越困难，但对审计失败进行分析可以发现失败的主要原因集中在审计人员未能严格遵守审计准则实施重要审计程序。因此，不管是政府审计、社会审计还是内部审计，都要求审计人员在审计工作中注重审计程序在实施过程中的客观严谨，坚守底线，始终保持清醒头脑，成为德才兼备的合格从业者。

第十章　审计证据与审计工作底稿

学习目标

◆ 掌握审计证据的含义、特征。

◆ 了解审计证据的种类。

◆ 掌握审计工作底稿的含义性质和基本要素。

◆ 掌握编制规范的审计工作底稿的方法。

引导案例

审计未能勤勉尽责导致审计失败

2017 年 9 月 20 日，利安达会计师事务所由于受九好集团“忽悠式重组”的牵涉，证监会做出行政处罚决定书，罚没 900 万元。其中，没收业务收入 150 万元，罚款 750 万元。与此同时，证监会对造假大案主角——上市公司九好集团只罚 60 万元，是利安达会计师事务审计罚款的十五分之一，为什么呢？

上市公司九好集团成立于 2010 年，主要从事中介平台业务，为后勤服务供应商和客户提供居间撮合服务，向供应商收取占业务成交金额一定比例的服务费。证监会查明，九好集团在 2013—2015 年期间虚增服务费收入 2.6 亿余元，2015 年虚增贸易收入 57 万余元，虚构银行存款 3 亿元，目的想将自己包装成价值 37.1 亿元的优良资产，以达到借壳上市的目的。作为九好集团 2013—2015 年度财务报表审计单位的利安达会计师事务所，未能勤勉尽责，出具了不恰当的审计报告。

面对如此严厉的处罚，利安达会计师事务所向证监会提出申辩，认为本所已按照审计准则执行了必要的审计程序，核实了九好集团 90% 以上的服务类收入。九好集团与相关企业串通舞弊，采用正常审计手段难以发现。

证监会根据利安达的要求举行了听证会，听取了利安达会计师事务所的陈述和申辩，并对利安达会计师事务所做出如下回复。

第一，对于九好集团 3 亿元的定期存单，在浙江证监局已提示关注且银行未回函的异常情况下，利安达会计师事务所仅查询了网银和征信中心的企业信用报告。由于网银页面仅显示存款是否存在，而企业信用报告由商业银行进行信息录入，存在滞后性，因而收集到的证据并不准确。

第二，审计工作底稿中有一份存款质押合同，合同附件中明确可见一笔 1.5 亿元的定期存款在 2015 年 9 月 22 日被质押。在此情况下，利安达会计师事务所仅进行了简单查询，在查询结果与相关信息明显矛盾的情形下，没有对审计证据的适当性、可靠性进行职业判断。

第三,利安达会计师事务所审计工作底稿中收录的访谈记录存在疏忽,审计工作底稿中错误、矛盾和疑点众多,前端审计未予以关注,工作未执行到位,复核环节失效。

资料来源:会计师事务所利安达因九好集团"忽悠式重组"被罚 900 万:原文链接: http://www.jpm.cn/arti- cle-43 144-1.html.(有改动)

思考:利安达会计师事务所之所以被证监会处罚,主要原因是事务所收集的审计证据不适当、底稿记录不规范,审计工作整体上未能勤勉尽责,导致出具错误的审计报告。显然,审计证据是形成审计结论的基础,审计工作底稿是出具审计报告的直接依据,那么,什么是审计证据?什么是审计工作底稿?应当如何编制规范的审计工作底稿?本章来研究上述问题。

第一节　审计证据

审计证据是审计中的一个核心概念,审计目标的实现离不开审计证据的收集和评价。通常情况下,审计人员通过计划审计工作,在收集相关审计证据的基础上,形成审计意见,出具审计报告。审计证据在审计工作中具有重要意义。充分可靠的审计证据是审计结论是否正确的最有力证明;也是衡量审计工作质量的重要标志之一。审计人员正确理解审计证据的含义和作用,收集充分、适当的证据,对完成审计任务、实现审计目标具有十分重要的意义。

一、审计证据的含义与种类

(一)审计证据的含义

审计组织体系中的三大审计主体均制定了具体审计准则,对审计证据的含义和作用进行了明确的解释。

《中华人民共和国国家审计准则》第八十二条规定,审计证据是指审计人员获取的能够为审计结论提供合理基础的全部事实,包括审计人员调查了解被审计单位及其相关情况和对确定的审计事项进行审查所获取的证据。

《第 2103 号内部审计具体准则——审计证据》第二条规定,本准则所称审计证据,是指内部审计人员在实施内部审计业务过程中,通过实施审计程序所获取的,用以证实审计事项,支持审计结论、意见和建议的各种事实依据。

《中国注册会计师审计准则第 1301 号——审计证据》第四条规定,审计证据是指注册会计师为了得出审计结论和形成审计意见而使用的信息。审计证据包括构成财务报表基础的会计记录所含有的信息和从其他来源获取的信息。

综上所述,关于审计证据的含义,三大审计主体的解释基本相近,都一致强调审计证据是形成审计结论和审计意见的基础。没有审计证据,就无以形成审计报告、审计意见和审计建议,也就无法完成审计任务、实现审计目标。审计证据在审计工作中的地位非同一般。但三大审计主体在解释审计证据的含义时存在一些差异。国家审计准则强调审计证据必须是客观事实,即"事实说",将审计证据限定在事实范围内。内部审计具体准则认为审计证据是证明事实的依据,即用以证实审计事项、做出审计结论和建议的依据,这一观点可归纳为“依据说”。相对于国家审计准则的“事实说”,“依据说”中的审计证据的外延更广,审计证据限定为证实审计事项、做出审计结论和建议的一切依据,包括事实,也包括支持事实的相关依据。注册会计师审计准则认为审计证据是注册会计师为了得出审计结论和形成审计意见而使用的信息,即“信息说”。此时审计证据的内涵和外延最广。由此可见,三大审计主体在相关准则中对审计证据的解释虽然意思相近,但表达的语意并不完全相同。

为了便于学习和理解,可将审计证据的定义概括为:审计证据是指审计人员在审计过程中围绕审计目标,依照法定程序和方法获得并经过核实,用以证明审计事项真相,保证审计意见和审计决定正确所依据的一切信息,包括事实和依据。

(二)审计证据的作用

审计证据是审计意见的支柱,是审计人员形成审计结论的基础,是评价审计事项的事实根据,也是解除或追究被审计人经济责任的依据,在控制审计工作质量中起到了关键的作用。审计的成功在于取证的成功,审计的质量取决于审计证据的质量,取证是全部审计工作的关键。审计证据的作用主要体现在以下几点。

1. 审计证据是审计人员形成审计结论出具审计意见的基础

审计人员在实施必要的审计程序后,对审计过程中收集到的大量审计证据进行核实,形成关于被审计单位、被审计事项或被审计领导人员的最终审计结论,并出具审计报告。审计报告是审计工作最重要的产品,出具符合客观事实的审计报告是审计人员的审计责任。准确、恰当的审计结论必须依据充分的、适当的审计证据。因此,审计证据是国家审计机关、内部审计机构、会计师事务所形成审计结论、出具审计报告的基础。

2. 审计证据是国家审计和内部审计提出审计建议或做出处理处罚的基础

审计程序结束后,如果发现被审计单位存在违反国家规定的财政收支、财务收支行为,依法应当由审计机关、内部审计机构进行处理处罚的事项,那么国家审计机关、内部审计机构应当做出处理处罚决定。对依法应当由其他有关部门纠正、处理处罚或者追究有关责任人员责任的事项,国家审计机关、内部审计机构应当做出审计移送处理。所有审计处理处罚或移送都必须有理有据,应当以充分、适当的审计证据为基础。即使被审计单位不存在违反国家规定的财政收支、财务收支行为,但如果其经营管理、内部控制或其他方面存在不足之处,需要进一步改进,那么国家审计、内部审计可以提出整改建议。凡是审计报告中提出的需整改的问题均应当有确凿的证据,即国家审计、内部审计对被审计单位提出整改建议、做出处理处罚决定或移送处理均需要依赖充分、可靠、相关的审计证据。

3. 审计证据是判断审计人员审计责任履行情况的重要依据

服务于审计委托人或授权人的审计人员,要对社会公众、委托人或授权人负责,即需要正确履行审计责任。审计责任要求审计人员履行必要的审计程序,获取充分适当的审计证据,出具正确的审计报告。如果审计人员收集到的审计证据有缺陷,必将导致审计结论错误,审计报告不实,审计机构面临巨大的审计风险。相关部门可以通过对审计证据质量的认定,判断审计人员的工作水平、工作态度和工作能力,从而确定或解除审计人员的责任。

4. 审计证据也是控制审计工作质量的重要工具

审计项目负责人必须经常性地查阅审计人员收集的审计证据和编制的审计工作底稿，以此来判断审计人员的工作质量，督促审计人员遵守独立审计准则的要求，并不断提高业务能力及工作效率。审计质量的特征包括：①审计质量是审计工作过程及其结果的优劣程度；②审计质量是审计工作符合审计准则要求的程度；③审计质量是审计工作满足顾客及相关方合法、合理、适当要求的程度；④审计质量是审计结论与被审计事项真实情况的吻合程度；⑤审计质量是审计工作实现审计目标的程度；⑥审计质量是注册会计师发现并披露财务报告错误和舞弊的联合概率。这说明审计质量与审计证据密切相关，审计证据质量是审计工作质量和审计报告质量的核心，影响和决定审计工作的总体质量。如果审计人员对审计证据不够重视、审计取证过于马虎、审计程序不够规范，那么审计质量将难以保证，甚至会导致审计失败。因此，审计人员总是通过一系列方法和手段来控制审计证据的质量，提高审计的整体质量。

（三）审计证据的分类

审计证据可以按照不同的标准进行分类，不同种类的审计证据证明力不同；由于需要反映的内容不同，不同种类的审计证据格式也不完全相同。由于国家审计机关、内部审计机构和会计师事务所属于不同的主体，其审计事项、审计任务与目标存在一定差异，具体审计证据的类型和格式也不尽相同。较为常见的审计证据分类方式有如下几种。

（一）按审计证据的表现形式分类（表 10-1）

表 10-1　审计证据分类（按表现形式分类）

类别	具体解释
实物证据	实物证据是指以实物形态存在的审计证据。审计人员通过监盘各种财产物资获得该财产物资是否存在的审计证据即实物证据。例如：审计人员通过实地观察某资产、存货、工程项目等可以获得关于该资产、存货、工程项目是否存在、是否完好等实物证据。审计人员获取实物证据之后，可以通过实物样本、文字记录图片、表格等多种方式记录和保存收集到的这些实物证据。例如：监盘被审计单位的机器设备时，填制的机器设备盘点清单和盘点表就是实物证据。 实物证据具有较强的证明力，可以证实具体财产、物资、工程项目的实际数量、状态、特征、质量等。但如果证据收集方式不当、记录方法不妥，即使获取了实物证据，也可能丧失实物证据应有的证明力。所以，审计人员在收集实物证据时，应当对实物证据的质量进行适时控制。对于需要以文字形式记录的实物证据，文字记录的内容应当符合审计机构预先设定的统一格式，并经被审计单位有关人员签字确认；对于以照片、录像等方式存在的实物证据，应当由审计人员注明该照片、录像的制作日期、地点，经证据提供者与原物核对无误后予以确认。此外，收集到的实物证据，还应当注明实物的所有权人、存放地点、存放方式和实物证据提供者等信息
书面证据	书面证据是指以文字形式存在的证据。书面证据是最常见的证据，如审计人员收集到的财务报告、文件、指示、决议、合同、书信、电报等以文字形式存在的证据。又如审计人员查询被审计单位的银行存款时，查询通知书及银行的回函等都属于书面证据。另外，各类检测报告、发票、凭证通常也以书面证据形式存在。 审计人员取得书面证据时应当在核查调阅原件的基础上，要求被审计单位提供与原件核对无误的复印件。并由提供者、单位进行签名或盖章，注明资料来源或出处，并写上“与原件相符”字样

续表

类别	具体解释
视听或电子数据证据	视听或电子数据证据即以录音、录像或者计算机方式存储、处理的能证明被审计事项的证据。审计人员在收集电子数据证据时,应当注明制作方法、制作时间、制作人和电子数据资料的运行环境、数据采集和处理过程以及存放地点、存放方式等。电子数据能转换成书面材料的,应将其转换成书面材料,交由证据提供者签字盖章。被审计单位的会计记录,包括原始凭证、记账凭证、总分类账和明细分类账通常是以电子数据形式存在的,另外,未在记账凭证中反映的对财务报表的其他调整,以及支持成本分配、计算、调节和披露的电子数据表都是电子数据证据
口头证据	口头证据即以口头言词作为表现形式存在的证据,又称言词证据。口头证据是被询问人用言词叙述他们所知道的客观事实形成的证据。口头证据虽然可靠性不高,但审计人员可以通过言词证据挖掘出一些重要的线索,从而有利于对某些需审核的情况做进一步的调查,以便收集到更可靠的依据。因此,审计人员应及时将各种重要的口头言词做成完善的记录,并注明是何人、何时、在何种情况下所做的口头陈述,必要时还应让被询问者签名确认。关于同一事项,不同人的口头证据如果能相互印证或是保证一致,这类口头证据就具有较高的可靠性。口头证据一般应转化为书面材料,以相关人员提供的书面说明或审计人员的调查记录(或询问笔录)为主要载体
环境证据	环境证据是指对被审计单位产生影响的各种环境事实。如被审计单位内部控制状况、管理人员素质、管理条件和管理水平。环境证据可能带有审计人员的主观感受,其证明力不一定很高,但环境证据的收集往往能为审计人员发掘重要的审计线索提供帮助

(二)按审计证据来源分类(见表10-2)

表10-2　审计证据分类(按来源分类)

类别	具体解释
内部证据	内部证据是指由被审计单位经营管理活动所形成的保存于单位内部的各种证据,包括被审计单位编制的各种会计资料、财务报表、经营活动中签订的合同、内部规章、制度和文件。它是审计人员在被审计单位取得的,填制地点在被审计单位的各种证据。包括审计人员在审计过程中获取的被审计单位管理层声明书;来自被审计单位财务报表的相关财务账户信息和数据;被审计单位经营管理活动形成的资料或数据等。例如:被审计单位内部保留的销售发运单、销售发票、记账凭证、考勤卡和其他工时记录、工薪单、支付记录、支票存根、人事档案等
外部证据	外部证据是指审计人员取得的由被审计单位之外的第三者提供的各种证据。外部证据的填制地点在被审计单位之外的第三方。包括银行出具的被审计单位在银行的存款对账单;证券公司提供的被审计单位持股证明;律师声明;从被审计单位之外的第三方(包括被审计单位的供货商、被审计单位的采购商)获取的相关证明材料。 例如:被审计单位留存的购货发票、银行对账单等属于外部证据。会计师事务所的注册会计师对应收账款的真实性进行取证时,除了要对应收账款相关账簿进行检查、核实外,还要填制应收账款询证函,向被审计单位形成应收账款的债务人进行函证,收集应收账款是否真实存在的审计证据。
亲历证据	亲历证据是指审计人员目击或亲自参加检查测试所取得的证据,如通过鉴定实物、现场观察、计算分析等所取得的证据。亲历证据可信度高,具有很强的证明力。 此外,亲历证据按照证据相关程度,可分为直接证据和间接证据;按照证据的重要性,可分为基本证据、辅助证据和矛盾证据;按照取证方式,可分为检查证据、调查证据、鉴定证据和其他证据;按照证据制作依据,可分为原始证据和派生证据;按照证据内容的真实性,可分为真实证据和不真实证据。

不论何种证据,审计人员在取得审计证据时,均应当由提供证据的有关人员、单位签名或者盖章。不能取得签名或者盖章但不影响事实存在的,该审计证据仍然有效,但需要审计人员注明原因。

三、审计证据的特征

审计证据的适当性和充分性是审计证据的两个基本特征。审计人员在审计工作的整个过程中应当保持职业怀疑态度,运用职业判断持续评价审计证据质量方面的适当性和数量方面的充分性。

对于注册会计师而言,第一,审计证据对于支持审计意见和审计报告是必要的。审计证据在性质上具有累积性,主要是在审计过程中通过实施审计程序获取的,也可能包括从其他来源获取的信息,如以前审计(前提是注册会计师已确定被审计单位及其环境自以前审计后是否已发生变化,进而可能影响这些信息对本期审计的相关性)或会计师事务所在客户关系和具体业务的接受与保持过程中获取的信息。除从被审计单位内部和外部其他来源获取的信息外,会计记录也是重要的审计证据来源。可以用作审计证据的信息也可能在编制过程中利用了管理层的专家的工作。审计证据既包括支持和佐证管理层认定的信息,也包括与这些认定相矛盾的信息。在某些情况下,信息的缺乏(如管理层拒绝提供注册会计师要求的声明)本身也构成审计证据,可以被注册会计师利用。第二,在形成审计意见的过程中,注册会计师的大部分工作是获取和评价审计证据。为获取审计证据而实施的审计程序包括询问、检查、观察、函证、重新计算、重新执行和分析程序。注册会计师通常将这些程序进行组合运用。尽管询问可以提供重要的审计证据,甚至可以提供某项错报的证据,但询问本身通常并不能为认定层次不存在重大错报和内部控制运行的有效性提供充分的审计证据。第三,如《中国注册会计师审计准则第 1101 号——注册会计师的总体目标和审计工作的基本要求》所述,当注册会计师获取充分、适当的审计证据将审计风险降至可接受的低水平时,就获取了合理保证。审计风险是指当财务报表存在重大错报时,注册会计师发表不恰当审计意见的风险。

(一)审计证据的充分性

审计证据的充分性是对审计证据数量的衡量。审计人员需要获取的审计证据的数量受其对重大错报风险评估的影响,并受审计证据质量的影响。

错报风险越大,需要的审计证据可能越多。在可接受的审计风险水平一定的情况下,重大错报风险越大,审计人员就应当实施越多的测试工作,以将审计风险控制在可接受的水平。当将被审计单位的重要性水平设定在 10 000 元而不是 20 000 元时,审计人员需要更多的审计证据。重要账户余额或者交易含有一定数量的错报时,比那些错报与舞弊处于低风险和未发现错报账户需要收集更多的审计证据。

审计证据质量越高,需要的审计证据可能越少。一般而言,如果大多数审计证据都是从独立于被审计单位的第三方获取的,而且这些证据本身不易伪造,则审计证据的质量就较高,相对而言,审计人员所需获取的审计证据的数量就可减少;反之,审计证据的数量就应增加。

应当指出的是,尽管审计证据的充分性和适当性相关,但如果审计证据的质量存在缺陷,注册会计师仅靠获取更多的审计证据可能无法弥补其质量上的缺陷。

恰当的审计意见必须建立在有足够数量的审计证据的基础之上,但是这并不是说审计证据的数量越多越好。为了使审计人员进行有效率、有效益的审计,审计人员通常把需要足够数量审计证据的范围降到最低限度。因此,每一审计项目对审计证据的需要量,以及取得这些证据的途径和方法,应当根据该项目的具体情况来定。

在某些情况下,由于时间、空间或成本的限制,审计人员不能获取最为理想的审计证据时,可考虑通过其他的途径或用其他的审计证据来替代。审计人员只有通过不同的渠道和方法取得他认为足够的审计证据时,才能据以发表审计意见。

(二)审计证据的适当性

审计证据的适当性是对审计证据质量的衡量,即审计证据在支持审计意见所依据的结论方面具有的相关性和可靠性。审计证据的可靠性受其来源和性质的影响,并取决于获取审计证据的具体环境。

1. 审计证据的相关性

相关性是指审计证据与审计事项及其具体审计目标之间具有实质性联系。审计证据作为证明审计事项真相、保证审计意见和审计决定正确所依据的信息资料,必须有证明力,并且要与审计事项、审计目标高度相关。

审计证据的相关性要求证据与该事项的审计目标相关,与证实同一目标的全部证据之间能够相互印证,具有内在联系,能产生证明力。证据的相关性越高,其质量越高。审计证据是否相关必须结合具体审计目标来考虑。

在确定审计证据的相关性时,注册会计师应当考虑:①特定的审计程序可能只为某些认定提供相关的审计证据,而与其他认定无关。例如,检查期后应收账款收回的记录和文件可以提供有关存在和计价的审计证据,但是不一定与期末截止是否适当相关;②针对同一项认定可以从不同来源获取审计证据或获取不同性质的审计证据。例如,审计人员可以分析应收账款的账龄和应收账款的期后收款情况,以获取与坏账准备计价有关的审计证据;③只与特定认定相关的审计证据并不能替代与其他认定相关的审计证据。例如,有关存货实物存在的审计证据并不能够替代与存货计价相关的审计证据。

2. 审计证据的可靠性

可靠性即证据的可信程度,指审计证据客观真实、与事实相符,具有可信性。审计证据的可靠性受其来源和性质的影响,并取决于获取审计证据的具体环境。通常情况下,证据的可靠性与证据提供者的独立程度及其所具有的相关知识成正比。不同的证据其可靠程度不同,审计人员通常可以根据以下原则判断审计证据的可靠性。

(1)从外部独立来源获取的审计证据比从其他来源获取的审计证据更可靠。从外部独立来源获取的审计证据未经被审计单位员工之手,与被审计单位不存在直接经济利益关系,从而降低了伪造、更改凭证或业务记录的可能性,其证明力较强。例如:银行存款询证函回函、应收账款询证函回函,律师、保险公司、证券公司等出具的证明,均属于外部第三方的证据,因此证明力较强。相反,从其他非独立来源获取的审计证据,由于证据提供者与被审计单位存在经济利益关系或行政关系等,其可靠性应受到质疑。例如:被审计单位内部的会计记录、会议记录等。

(2)内部控制有效时内部生成的审计证据比内部控制薄弱时内部生成的审计证据更可靠。如果被审计单位有健全的内部控制且在日常管理中一贯执行,会计记录的可信度将会提高。反之,如果被审计单位的内部控制薄弱,甚至不存在任何内部控制,其内部凭证记录的可靠性就大为降低。

(3)直接获取的审计证据比间接获取或推论得出的审计证据更可靠。例如,审计人员观察某项内部控制的运行得到的证据比询问被审计单位某项内部控制的运行得到的证据更可靠。间接获取的证据有被涂改及伪造的可能性,降低了可信赖程度。推论得出的审计证据,其主观性较强,人为因素较多,可信赖程度也受到影响。

(4)以文件、记录形式(无论是纸质、电子或其他介质)存在的审计证据比口头形式的审计证据更可靠。例如,会议的同步书面记录比对讨论事项事后的口头表述更可靠。口头证据本身并不足以证明事实的真相,仅仅提供了一些重要线索,为进一步调查确认所用。如审计人员在对应收账款进行账龄分析后,可以向应收账款负责人询问逾期应收账款收回的可能性。如果该负责人的意见与审计人员自行估计的坏账损失基本一致,则这一口头证据就可成为证实审计人员对有关坏账损失判断的重要证据。但在一般情况下,口头证据往往需要得到其他相应证据的支持。

(5)从原件获取的审计证据比从传真件或复印件获取的审计证据更可靠。审计人员可审查原件是否有被涂改或伪造的迹象,排除伪证,提高证据的可信赖程度。而传真件或复印件容易是篡改或伪造的结果,可靠性较低。

审计人员在按照上述原则评价审计证据的可靠性时,还应当注意可能出现的重要例外情况。例如,审计证据虽然是从独立的外部来源获得,但如果该证据是由不知情者或不具备资格者提供,审计证据也可能是不可靠的。同样,如果审计人员不具备评价证据的专业能力,那么即使是直接获取的证据,也可能不可靠。

(三)充分性和适当性之间的关系

充分性和适当性是审计证据的两个重要特征,两者缺一不可,只有充分且适当的审计证据才有证明力。通常情况下,审计证据的适当性会影响审计证据的充分性,即审计人员需要获取的审计证据的数量受审计证据质量的影响。审计证据质量越高,需要的审计证据数量可能越少。但需要注意的是,如果审计证据的质量存在缺陷,那么审计人员仅靠获取更多的审计证据可能无法弥补其质量上的缺陷。即如果审计人员获取的证据不可靠、与审计目标不相关,那么证据再多也难以起到证明作用。

四、审计证据的鉴定、评价与整理

(一)审计证据的鉴定与评价

审计人员实施审计工作,运用适当的审计方法收集到审计证据,应当鉴定、评价和整理、保留和记录符合证据特征、具有证明力的审计证据,剔除不符合证据特征、没有证明力的审计证据。因为审计人员对被审计对象的认识在某些时候能够达到客观真实的程度。例如:在资产负债表日盘点现金,盘点结果能反映现金在资产负债表日这个时点的实际情况。审计人员能够针对现金的真实性这一审计目标获取结论性证据,但对于为发表整体审计意见而获取的审计证据而言,因为受审计人员认识能力、审计技术、审计成本及时间等因素的制约,审计人员获取的大多数审计证据是说服性的而非结论性的,这要求审计人员在审计实施过程中,应当持续评价审计证据的适当性和充分性,在出具审计报告前,对收集到的审计证据进行鉴定、评价、归纳、分析,做到边收集边鉴定、边评价。

首先,应当对证据的可靠性进行评价。不同种类的审计证据要求从不同的方面评价其可靠性。例如:实物证据不仅要核实数量,还要关注其质量;书面证据不仅要核对金额,还要判断其真伪;口头证据则要分析证据提供者的陈述是否真实。审计人员应当对不具有可靠性的资料予以舍弃。

其次,应当鉴定证据与被审计事项的相关性。审计人员应当利用与审计目标相关联的审计证据形成审计结论,对于那些与审计目标没有关系的证据应当舍弃。最后,判断证据数量是否充分,证据内容是否重要,即该证据的内容是不是证明和评价被审计事项所不可缺少的信息。如果该项审计证据对审计报告的结论没有太多作用,可有可无,甚至毫无作用,这样的审计证据不具有重要性。审计人员应当对不具有重要性的资料予以舍弃。如果审计人员对审计证据的可靠性、相关性和充分性进行鉴定后,发现审计证据不够充分和适当,那么应当进一步收集审计证据以增强证明力。

(二)审计证据的整理

经过评价和鉴定的审计证据已符合证据的质量特征,具有一定的适当性,但这些证据以零散、分散的方式存在。为了使这些零散、分散的个别证据形成系统化的证据链,为审计报告提供强有力的支持,还必须对经过鉴定的证据进行分类、归纳和整理,把多个具有个别证明力的分散的审计证据有机地联系起来,形成局部的具有综合性的审计证据。整理证据的基本方法有:分类、计算、比较、小结、综合。

(1)分类是指各种审计证据按其证明力的强弱,或按与审计目标的关系是否直接等进行分类排列。

(2)计算是指按照一定的方法对涉及数据的审计证据进行计算,以进一步收集新的证据。

(3)比较是将审计证据与审计目标进行比较,判断证据是否符合需要。此外还应当对各种审计证据进行比较,借以分析被审计单位经济活动的特征及其变动趋势。

(4)小结是指审计人员在分类、计算、比较的基础上,对审计证据进行归纳、总结,得出局部审计结论。

(5)综合是指审计人员对各类审计证据及其局部结论进行综合分析,形成整体审计意见。

第二节 获取审计证据的审计程序

在审计过程中,审计人员可根据需要单独或综合运用以下审计程序,以获取充分、适当的审计证据,下边以注册会计师审计为例。

按照《中国注册会计师审计准则第 1211 号——通过了解被审计单位及其环境识别和评估重大错报风险》和《中国注册会计师审计准则第 1231 号——针对评估的重大错报风险

采取的应对措施》的有关规定，注册会计师应当通过实施下列审计程序获取审计证据，以得出合理的审计结论，作为形成审计意见的基础：

（1）风险评估程序；

（2）进一步审计程序，包括控制测试（审计准则要求时和注册会计师决定测试时）和实质性程序（包括细节测试和实质性分析程序）。

一、检查

检查是指注册会计师对被审计单位内部或外部生成的，以纸质、电子或其他介质形式存在的记录和文件进行审查，或对资产进行实物审查。

（一）检查记录或文件

检查记录或文件是指注册会计师对被审计单位内部或外部生成的，以纸质、电子或其他介质形式存在的记录或文件进行审查，具体包括审阅和核对记录或文件。检查记录或文件的目的是对财务报表所包含或应包含的信息进行验证。例如，被审计单位通常对每一笔销售交易都保留一份顾客订单、一张发货单和一份销售发票副本。这些凭证对于注册会计师验证被审计单位记录的销售交易的正确性是有用的证据。

检查记录或文件可以提供可靠程度不同的审计证据，审计证据的可靠性取决于记录或文件的性质和来源，而在检查内部记录或文件时，其可靠性则取决于生成该记录或文件的内部控制的有效性。将检查用作控制测试的一个例子，是检查记录以获取关于授权的审计证据。

某些文件是表明一项资产存在的直接审计证据，如构成金融工具的股票或债券，但检查此类文件并不一定能提供有关所有权或计价的审计证据。此外，检查已执行的合同可以提供与被审计单位运用会计政策（如收入确认）相关的审计证据。

（二）检查有形资产

检查有形资产是指注册会计师对资产实物进行审查。检查有形资产程序大多数情况下适用于对现金和存货的审计，也适用于对有价证券、应收票据和有形固定资产的验证。

检查有形资产可为其存在提供可靠的审计证据，但不一定能够为权利和义务或计价等认定提供可靠的审计证据。对个别存货项目进行的检查，可与存货监盘一同实施。

二、观察

观察是指注册会计师察看相关人员正在从事的活动或实施的程序。例如，注册会计师对被审计单位人员执行的存货盘点或控制活动进行观察。观察可以提供执行有关过程或程序的审计证据，但观察所提供的审计证据仅限于观察发生的时点，而且被观察人员的行为可能因被观察而受到影响，这也会使观察提供的审计证据受到限制。

三、函证

（一）函证的含义与形式

函证，是指注册会计师直接从第三方（被询证者）获取书面答复以作为审计证据的过程，书面答复可以采用纸质、电子或其他介质等形式。

询证函有积极式询证函和消极式询证函两种形式。积极式询证函，是指要求被询证者直接向注册会计师回复,表明是否同意询证函所列示的信息,或填列所要求的信息的一种询证函。消极式询证函,是指要求被询证者只有在不同意询证函所列示的信息时才直接向注册会计师回复的一种询证函。

(二)函证程序

注册会计师应当确定是否有必要实施函证程序以获取认定层次的相关、可靠的审计证据。在做出决策时,注册会计师应当考虑评估的认定层次重大错报风险,以及通过实施其他审计程序获取的审计证据如何将检查风险降至可接受的水平。

注册会计师应当对银行存款、借款(包括零余额账户和在本期内注销的账户)及与金融机构往来的其他重要信息实施函证程序,除非有充分证据表明这些项目对财务报表不重要且与之相关的重大错报风险很低。如果不对这些项目函证,注册会计师应当在工作底稿中说明理由。

注册会计师应当对应收账款实施函证程序,除非有充分证据表明应收账款对财务报表不重要,或函证很可能无效。如果认为函证很可能无效,注册会计师应当实施替代审计程序,获取相关、可靠的审计证据。如果不对应收账款进行函证,那么注册会计师应当在工作底稿中说明理由。

当实施函证程序时,注册会计师应当对询证函保持控制,包括:①确定需要确认或填列的信息;②选择适当的被询证者;③设计询证函,包括正确填列被询证者的姓名和地址,以及被询证者直接向注册会计师回函的地址;④发出询证函并予以跟进,必要时再次向被询证者寄发询证函。

(三)管理层不允许寄发询证函时的处理

如果管理层不允许寄发询证函,注册会计师应当:①询问管理层不允许寄发询证函的原因,并就其原因的正当性及合理性收集审计证据;②评价管理层不允许寄发询证函对评估的相关重大错报风险(包括舞弊风险),以及其他审计程序的性质、时间安排和范围的影响;③实施替代程序,以获取相关、可靠的审计证据。

如果认为管理层不允许寄发询证函的原因不合理,或实施替代程序无法获取相关、可靠的审计证据,注册会计师应当按照《中国注册会计师审计准则第 1151 号——与治理层的沟通》的规定,与治理层进行沟通。注册会计师还应当按照《中国注册会计师审计准则第 1502 号——在审计报告中发表非无保留意见》的规定,确定其对审计工作和审计意见的影响。

(四)实施函证程序的结果

如果存在对询证函回函的可靠性产生疑虑的因素,注册会计师应当进一步获取审计证据以消除这些疑虑。如果认为询证函回函不可靠,注册会计师应当评价其对评估的相关重大错报风险(包括舞弊风险),以及其他审计程序的性质、时间安排和范围的影响。

在未回函的情况下,注册会计师应当实施替代程序以获取相关、可靠的审计证据。如果注册会计师认为取得积极式询证函回函是获取充分、适当的审计证据的必要程序,则替代程序不能提供注册会计师所需要的审计证据。在这种情况下,如果未获取回函,注册会计师应当确定其对审计工作和审计意见的影响。

如果回函存在不符事项，注册会计师应当调查不符事项，以确定其是否表明存在错报。

（五）消极式函证

消极式函证比积极式函证提供的审计证据的说服力低。除非同时满足下列条件，注册会计师不得将消极式函证作为唯一实质性程序，以应对评估的认定层次重大错报风险：①注册会计师将重大错报风险评估为低水平，并已就与认定相关的控制的运行有效性获取充分、适当的审计证据；②需要实施消极式函证程序的总体由大量的小额、同质的账户余额、交易或事项构成；③预期不符事项的发生率很低；④没有迹象表明接收询证函的人员或机构不认真对待函证。

当针对的是与特定账户余额及其项目相关的认定时，函证常常是相关的程序。但是，函证不必仅仅局限于账户余额。例如，注册会计师可能要求对被审计单位与第三方之间的协议和交易条款进行函证。注册会计师可能在询证函中询问协议是否作过修改，如果作过修改，要求被询证者提供相关的详细信息。此外，函证程序还可以用于获取不存在某些情况的审计证据，如不存在可能影响被审计单位收入确认的“背后协议”。

四、重新计算

重新计算是指注册会计师对记录或文件中的数据计算的准确性进行核对。重新计算可通过手工方式或电子方式进行。

注册会计师在进行审计时，往往需要对被审计单位的凭证、账簿和报表中的数字进行计算，以验证其是否正确，这其中还包括对会计资料中有关项目的加总或其他运算。注册会计师的计算并不一定需按照被审计单位原先的计算形式和顺序进行；在计算过程中，注册会计师不仅要注意计算结果是否正确，而且还要对某些其他可能的差错（如审查计算结果的过账和转账有误等）予以关注。

五、重新执行

重新执行是指注册会计师独立执行原本作为被审计单位内部控制组成部分的程序或控制。例如，注册会计师利用被审计单位的银行存款日记账和银行对账单，重新编制银行存款余额调节表，并与被审计单位编制的银行存款余额调节表进行比较。

六、分析程序

分析程序是指注册会计师通过分析不同财务数据之间以及财务数据与非财务数据之间的内在关系，对财务信息做出评价。分析程序还包括在必要时对识别出的、与其他相关信息不一致或与预期值差异重大的波动或关系进行调查。

分析程序主要有比较分析法、比率分析法和趋势分析法三种。①比较分析法是通过某一财务报表项目与既定标准的比较，以获取审计证据的一种证据方法。它包括本期实际数与计划数、预算数与注册会计师的计算结果之间的比较，本期实际与同业标准之间的比较等。②比率分析法是通过财务报表中的某一项目与相关的另一项目相比所得的值进行分析，以获得审计证据的一种技术方法。③趋势分析法是通过连续若干期财务报表某一项目的变动金额及其百分比的计算，分析该项目的增减变动方向和幅度，以获取有关审计证据的一种技术方法。常用的财务比率见表 10-3。

表 10-3 分析性复核程序中常用的财务比率(主要部分)

序号	财务比率指标	计算方法	含义	说明及判断方法
1	速动比率	速动资产 ÷ 流动负债	衡量被审计单位用现金和非现金资产对短期债权人所提供的保障程度	比率越大,短期偿债能力越强
2	流动比率	流动资产 ÷ 流动负债	衡量被审计单位流动负债被流动资产偿还的程度	比率越高,流动负债能被及时偿还的保证越大
3	负债对权益比	总负债 ÷ 股东权益	衡量被审计单位负债经营情况	比率越高,债权人比所有者承担越大的风险,通常此比率不超过 100%
4	利息赚取倍数	扣除所得税及利息前的净利 ÷ 利息费用	衡量被审计单位以盈余支付固定利息的倍数	分子也可用税后基础计算
5	应收账款周转率	赊销收入净额 ÷ 应收账款	衡量被审计单位一定期间内应收账款收回的天数	比率越高,货款回收速度越快。可用期末应收账款余额作分母,或应收账款的期初期末平均余额作分母
6	存货周转率	销售成本 ÷ 存货	衡量被审计单位存货周转的速度	比率越高,存货周转越快。可用期末存货余额作分母,或存货的期初期末平均余额作分母
7	资产周转率	销售收入净额 ÷ 总资产	衡量被审计单位每一元钱的资产所能创造的销售收入	比率越高,资产创造的销售收入越多。分母使用与前面相近
8	净销售报酬率	净利润 ÷ 销售收入净额	衡量被审计单位每一元钱的销售收入所能赚取的利润	能反映价格下降、成本上升和销量减少的影响
9	总资产报酬率	净利润 ÷ 总资产	衡量被审计单位总资产的获利能力	比率越高,表示资产的获利能力越强
10	净值报酬率	净利润 ÷ 股东权益净额	衡量被审计单位以所有者投资的资本赚取报酬的能力	比率越高,对所有者的回报越大

七、询问

询问是指注册会计师以书面或口头方式,向被审计单位内部或外部的知情人员获取财务信息和非财务信息,并对答复进行评价的过程。作为其他审计程序的补充,询问广泛应用于整个审计过程中。

知情人员对询问的答复可能为注册会计师提供尚未获悉的信息或佐证证据。另一方面,对询问的答复也可能提供与注册会计师已获取的其他信息存在重大差异的信息,例如,关于被审计单位管理层凌驾于控制之上的可能性的信息。在某些情况下,对询问的答复为注册会计师修改审计程序或实施追加的审计程序提供了基础。

尽管对通过询问获取的审计证据予以佐证通常特别重要,但在询问管理层意图时,获取的支持管理层意图的信息可能是有限的。在这种情况下,了解管理层过去所声称意图的实现情况、选择某项特别措施时声称的原因以及实施某项具体措施的能力,可以为佐证通过询问获取的证据提供相关信息。

针对某些事项,注册会计师可能认为有必要向管理层和治理层(如适用)获取书面声明,以证实对口头询问的答复。

对于上述七种审计程序，注册会计师可以根据具体情况，将其用作风险评估程序、控制测试或实质性程序。

【案例分析 10-1】

案例资料：下面是某注册会计师在审计过程中所收集的书面证据：①销售发票；②明细账；③银行对账单；④应收票据；⑤有限责任公司章程；⑥采购合同；⑦董事会会议记录；⑧应收账款函证回函；⑨管理当局声明书；⑩货运提单复印件。

分析要点：

1. 将上述书面审计证据按其来源划分为外部证据和内部证据；

2. 为什么说外部证据的可靠性要大于内部证据？

3. 外部证据之间是否存在可靠性的差异？

答案提示：

1. 外部证据有③④⑥⑧⑩；内部证据有①②⑤⑦⑨。

2. 由于外部证据来自被审计单位以外的有关方面，虚构和篡改的可能性较小，又可向有关方面进行查证，因此一般具有较强证明力。内部证据是由被审计单位内部机构或职员编制或提供的证据。由于内部证据产生于单位内部，还可能会进行虚构和篡改，因此一般来说其可靠性不如外部证据。

3. 外部证据又可分为由被审计单位以外有关方面编制并直接递交注册会计师的外部证据，和被审计单位持有的由被审计单位以外有关方面编制的外部证据两种类型。前者如应收账款函证回函等；后者如银行对账单等。其中，前者的可靠性强于后者，因为前者是由独立于被审计单位以外的机构提供的，并且未经被审计单位有关职员之手，从而排除了伪造或更改证据的可能性。

第二节　审计工作底稿

内部审计机构和会计师事务所的审计准则要求：审计人员在实施审计工作，运用各种适当的审计方法收集审计证据时，应真实、完整地记录实施审计的过程、得出的结论，从而形成支持审计报告的文书档案，即审计工作底稿。除了审计工作底稿之外，《中华人民共和国国家审计准则》第一百零三条规定：“审计记录包括调查了解记录、审计工作底稿和重要管理事项记录。”审计机关派出的审计组在编制审计实施方案前，应当对被审计单位及其相关情况做调查了解记录，内容包括：①对被审计单位及其相关情况的调查了解情况；②对被审计单位存在重要问题可能性的评估情况；③确定的审计事项及其审计应对措施。

此外，审计组还应当针对那些与审计项目相关并对审计结论有重要影响的事项做好重要管理事项记录，具体内容包括：①可能损害审计独立性的情形及采取的措施；②所聘请外部人员的相关情况；③被审计单位承诺情况；④征求被审计对象或者相关单位及人员意见的情况、被审计对象或者相关单位及人员反馈的意见及审计组的采纳情况；⑤审计组对审计发现的重大问题和审计报告进行讨论的过程及得出的结论；⑥审计机关业务部门对审计报告、审计决定书等审计项目材料的复核情况和意见;(7)审理机构对审计项目的审理情况和意见;⑧审计机关对审计报告的审定过程和结论;⑨审计人员未遵守审计准则规定的条款及其原因;⑩外部因素使审计任务无法完成的原因及影响。

重要管理事项记录可以使用被审计单位承诺书、审计机关内部审批文稿、会议记录、会议纪要、审理意见书或者其他书面形式的记录。下面将重点介绍审计工作底稿。

一、审计工作底稿的含义与作用

(一)审计工作底稿的含义

审计工作底稿是指审计人员在审计过程中形成的工作记录,包括对审计过程中所采用的审计方法、步骤以及收集到的证据按照一定的格式所做的记录。它是审计工作的一种专业记录,也是重要的审计档案文书。

内部审计机构、会计师事务所对审计工作底稿的理解基本一致,认为审计工作底稿是审计人员对制订的审计计划、实施的审计程序、获取的相关审计证据,以及得出的审计结论所做的全部记录,包括编制审计项目计划的过程和结果,以及为编制审计项目计划而进行的审前调查等记录。国家审计机关的审计工作底稿,仅仅记录审计人员依据审计实施方案执行审计措施的活动。凡是与执行审计实施方案无关的其他审计工作或事项均不记入审计工作底稿中。如:国家审计机关编制审计实施方案的相关过程和结果,以及为编制审计实施方案而进行的审前调查另外记录在调查了解记录中;对审计结论有重要影响的其他事项也另外记录在重要管理事项记录中,而不在审计工作底稿中反映。

(二)编制审计工作底稿的目的

审计工作底稿在计划和执行审计工作中发挥重要作用。审计人员应当及时编制审计工作底稿以实现下列主要目的:提供证据,作为审计人员得出实现总体目标的结论的基础;提供证据,证明审计人员按照审计准则和相关法律法规的规定计划和执行了审计工作。

(三)审计工作底稿的作用

1. 审计工作底稿是审计证据的载体

收集充分、适当的审计证据是审计工作的核心,审计人员运用适当的审计方法收集到的任何审计证据都必须以一定的方式存在,审计工作底稿就是专门记录审计证据的载体。审计人员在审计工作底稿中详细记录收集到的具体审计证据,包括审计名称,证据类型,收集该证据的时间、方法、过程,审计发现的问题,分析性程序解释,差异原因的解释等。审计工作底稿提供了审计证据收集过程和成果,是审计证据的存在形式。

2. 审计工作底稿是形成审计结论、出具审计报告的依据

审计工作底稿既是审计证据的载体,也是形成审计结论、出具审计报告的依据,是连接审计证据和审计结论的桥梁。审计报告是审计工作最重要的产品,正确完整的审计报告需要依赖充分、适当的审计证据。而审计工作底稿是记录、评价审计证据最重要的文书档案,所以审计工作底稿是审计人员用以支持审计意见、出具审计报告的专业记录和直接依据。

3. 审计工作底稿是连接审计工作的纽带,便于组织和协调审计工作

审计工作通常以审计小组分工协作的方式完成,每个审计人员的工作进度、发现的问题

以及所做的分析和判断都在审计工作底稿中予以记录。审计工作底稿有利于审计组长（项目经理）把控审计工作进程，指导、协调和监督审计工作，解决审计工作中存在的问题。同时，审计工作底稿为审计人员之间相互沟通、讨论提供资料。审计组长（项目经理）可以通过复核、审查审计工作底稿，实现审计现场质量管理和指导，为控制与监督审计质量提供基础。

4. 审计工作底稿是考核审计人员工作能力和明确审计责任的依据

审计工作底稿全面反映了审计人员开展的全部审计工作，包括所收集的全部证据，所使用的方法程序，审计人员对证据的分析和判断结论。因此，可以通过评价审计工作底稿的质量，考核审计人员的工作能力和专业判断水平，评价审计人员是否按照审计准则和相关法律法规的规定计划和执行了审计工作。同时，通过对审计工作底稿的复核、质量检查，发现审计底稿中存在的问题，便于相关审计人员明确其应当承担的责任，促进审计组成员对其工作负责。

5. 审计工作底稿是审计质量管理的重点

审计报告的质量直接决定审计工作的成败，而审计报告的质量又取决于审计证据和取证过程的质量。因此，加强审计现场质量管理是整个审计质量管理工作的重点。由于审计工作底稿记录和反映了审计证据的质量和取证过程，所以审计工作底稿必然成为审计现场质量管理的重点。同时也是审计机构内部质量检查和复核的关键内容，更是外部机构进行执业质量检查的重点。如：监管部门评价某一审计项目质量时，审计工作底稿是审计质量评价的重点内容。当审计机构牵涉到法律诉讼时，审计工作底稿也是重要的抗辩材料。因此，审计工作底稿是整个审计工作质量管理的重点。

6. 审计工作底稿是后续审计的重要参考

审计工作底稿是审计工作的重要档案，记录了审计人员开展审计工作的内容、方法、结果以及被审计单位存在的问题，可以为后续审计提供重要的参考；同时也是以后各期编制审计计划，了解以前审计的结果和审计发现问题的整改情况的重要参考资料。通常情况下，会计师事务所在开展报表审计时，后任注册会计师需要与前任沟通，以了解前任注册会计师开展审计工作的情况和结果。

二、审计工作底稿的种类

审计工作底稿作为一种专业记录，涉及的内容非常广泛，根据不同的标准，可以分为以下几种类型。

（1）按审计工作底稿编制主体，审计工作底稿可以分为国家审计工作底稿、内部审计工作底稿和会计师事务所审计工作底稿。国家审计工作底稿包括审计机关执行审计实施方案规定事项的记录；内部审计工作底稿包括内部审计机构编制项目审计方案的相关过程、项目审计方案以及执行该项目审计方案的记录。内部审计工作底稿往往成为外部审计利用内部审计工作的主要资料。会计师事务所的审计工作底稿包括注册会计师对制订的审计计划、实施的审计程序、获取的相关审计证据，以及得出的审计结论所做的记录。如：总体审计策略、具体审计计划、分析表、问题备忘录、重大事项概要、询证函及回函或声明、核对表、有关重大事项往来函件等。

(2)按审计工作底稿记录的内容,审计工作底稿可分为会计师事务所签订的业务约定书、总体审计策略、具体审计计划、内部控制测试表、财政财务收支审计取证相关记录、审计分析记录、审计事项往来信件(包括电子邮件)记录、问题备忘录、被审计单位文件记录摘要、管理建议书、审计项目组举行的会议记录,错报汇总表等。

(3)按审计工作底稿编制依据,可分为管理类审计工作底稿和业务类审计工作底稿。管理类审计工作底稿是为组织、控制、总结整个审计工作所形成的记录,以及由被审计单位、其他单位和个人提供的与审计项目管理有关的资料。管理类审计工作底稿包括审前调查记录、审计实施方案、审计通知书、被审计单位基本情况表、被审计单位的承诺书、审计有关会议记录、审计方案变更调整记录、审计报告复核记录、审理记录、被审计单位对审计报告的反馈意见及审计组的说明、其他审计管理活动记录。

业务类审计工作底稿是指审计人员按照审计方案(或计划)对被审计事项实施审计的过程和结果的记录,包括审计人员形成审计结论的专业判断。业务类审计工作底稿按编制顺序可分为以下三类:①基本审计工作底稿,是审计人员直接依据被审计单位提供的有关资料和情况编制的审计工作底稿。如被审计单位基本情况表、被审计单位组织机构一览表、内控制度调查表等;②项目审计工作底稿,是审计人员按照具体审计计划或审计实施方案确定的审计事项逐项编制的审计工作底稿。如现金审计工作底稿、银行存款审计工作底稿等;③汇总审计工作底稿,是在基本审计工作底稿、项目审计工作底稿编制完成的基础上,汇总编制的工作底稿。一般按照项目审计工作底稿的性质、内容分类归集,综合编制。由于该底稿一般是在审计评价后编制的,并反映评价结果,因此也称作审计评价工作底稿。如货币资金审计工作底稿、所有者权益审计工作底稿等。

三、审计工作底稿的基本要素

审计人员在设计审计工作底稿的格式和要素时,应当考虑编制审计工作底稿的目的和需求。审计工作底稿应当能够全面反映所执行的审计程序以及使用的审计方法和工具等。国家审计机关、内部审计机构和会计师事务所使用的审计工作底稿其格式和内容并不完全相同。即使是同一审计主体,不同审计事项的审计工作底稿其格式也有一定的差异。国家审计机关通用的审计工作底稿如表 10-4 所示。

(1)国家审计准则规定审计工作底稿包括下列要素:①审计项目名称;②审计事项名称;③审计过程和结论(包括实施审计的主要步骤和方法,取得的审计证据的名称和来源,审计认定的事实摘要,得出的审计结论及相关标准);④审计人员姓名、审计工作底稿编制日期及签名;⑤审核人员姓名、审核意见、审核日期及签名;⑥索引号及页码;⑦附件数量。

表 10-4 国家审计机关通用的审计工作底稿

项目名称			
审计事项	(按照审计实施方案确定的事项名称填写)		
审计人员		编制日期	

续表

<table>
<tr><td>项目名称</td><td colspan="3"></td></tr>
<tr><td colspan="4">审计过程：

（说明实施审计的步骤和方法、所取得的审计证据的名称和来源。多个底稿共用审计证据且审计证据附在其他底稿后的，应当在上述内容表述完毕后注明“其中，×× 审计证据附 在 ×× 号底稿后”）</td></tr>
<tr><td colspan="4">审计认定的事实摘要及审计结论：

（审计结论包括未发现问题的结论和已发现问题的结论。对已发现问题的结论，应说明得出结论所依据的规定和标准）</td></tr>
<tr><td colspan="4">审核意见：

（审核意见种类包括：1. 予以认可；2. 责成采取进一步审计措施，获取适当、充分的 审计证据；3. 纠正或者责成纠正不恰当的审计结论）</td></tr>
<tr><td>审核人员</td><td></td><td>审核日期</td><td></td></tr>
</table>

（2）《第 2104 号内部审计具体准则—审计工作底稿》规定审计工作底稿包括下列要素：①被审计单位的名称；②审计事项及其期间或者截止日期；③审计程序的执行过程及结果记录；④审计结论、意见及建议；⑤审计人员姓名和审计日期；⑥复核人员姓名、复核日期和复核意见；⑦索引号及页次；⑧审计标识与其他符号及其说明等。

（3）会计师事务所的审计工作底稿要素与国家审计工作底稿要素基本一致，通常包括下列全部或部分要素：①标题；②审计过程记录；③审计结论；④审计标识及其说明；⑤索引号及编号；⑥编制者姓名及编制日期；⑦复核者姓名及复核日期；⑧其他应说明事项。

实际上，大多数会计师事务所在撰写审计工作底稿时会通过 Excel 表记录审计实施过程，详细记录和解释分析性程序及产生差异的原因。通常情况下，会计师事务所开展审计工作一般是先设立一个合理的预期值，然后确定一个可容忍误差水平，根据审计检查结果计算差异，最后调查重大差异并得出结论。审计工作底稿应当详细记录注册会计师所开展的审计工作，对被审计项目设立合理预期值和可容忍误差水平时的职业判断方法和过程，审计检查和分析取证结果，分析性程序及产生差异的原因，以及审计结论。

不论是何审计主体，审计工作底稿都包括标题、审计过程记录、审计结论、审计标识及其说明、索引号及编号、编制者和复核者姓名及执行日期等。其中，审计过程记录和审计结论是审计工作底稿填制的重点。审计过程记录主要包括：实施审计的主要步骤和方法；取得的审计证据的名称和来源；审计认定的事实摘要和审计结论等。国家审计机关和内部审计机构的审计结论主要是对发现问题的评价和建议，包括得出的审计结论及其相关标准、处理意见和建议。会计师事务所的审计结论一般不包括处理意见和建议。为了明确责任，在各自完成与特定工作底稿相关的任务之后，编制者和复核者都应在工作底稿上签名并注明编制日期和复核日期。对审计标识应当说明其含义，并保持前后一致。以下是审计人员在审计工作底稿中常用的标识：

∧：纵加核对

<：横加核对

B:与上年结转数核对一致

T:与原始凭证核对一致

G:与总分类账核对一致

S:与明细账核对一致

T / B:与试算平衡表核对一致

C:已发询证函

C \:已收回询证函

另外,审计工作底稿需要注明索引号及顺序编号,相关审计工作底稿之间需要保持清晰的勾稽关系。为了便于交叉索引和复核,每张表或记录都应有一个索引号,例如:A1、B2等,以说明其在审计工作底稿中的位置。工作底稿中每张表所包含的信息都应当与另一张表中的相关信息进行交叉索引。在实务中,注册会计师可以按照所记录的审计工作的内容层次进行编号。

四、审计工作底稿的填制与复核

(一)审计工作底稿的编制依据

国家审计机关应当严格按照国家审计准则的要求填制审计工作底稿。内部审计的工作底稿应当按照《第2104号内部审计具体准则——审计工作底稿》的要求,结合审计工作实际和审计项目具体要求设计和填制。会计师事务所的工作底稿应当符合《中国注册会计师审计准则第1131号——审计工作底稿》的规定。会计师事务所基于审计准则及在实务中的经验,统一制定在格式、涵盖内容等方面相对固定的审计工作底稿模板和范例,如核对表、审计计划及业务约定书等。在此基础上,注册会计师根据各项具体业务的特点加以必要的修改,制定适用于具体项目的审计工作底稿。通常情况下,凡是编制审计报告、证明审计项目所必需的内容,都应当填入审计工作底稿。

(二)审计工作底稿填制要求

审计人员编制的审计工作底稿,应当使未参与该项审计工作的有经验的其他审计人员能够理解其执行的审计程序、获取的审计证据、做出的职业判断和得出的审计结论。

为达到执业准则中所描述的编制审计工作底稿的目的,特别是提供审计证据的目的,在编制审计工作底稿时,需要考虑影响审计工作底稿格式、内容的因素,设计适用的审计工作底稿。例如:审计人员编制的有关函证程序的审计工作底稿(包括询证函及回函、有关不符事项的分析等)和存货监盘程序的审计工作底稿(包括盘点表、审计人员对存货的测试记录等)在内容、格式及范围方面完全不同。此外,审计人员在做出职业判断时因为考虑的事项不同,需要通过不同格式和内容的审计底稿进行反映。审计证据的重要程度也会影响审计工作底稿的格式、内容和范围。在某些情况下,特别是在涉及复杂的事项时,如果审计人员将已执行的审计程序和获取的审计证据记录下来,并不容易使其他有经验的审计人员通过合理的分析得出审计结论,审计人员可能需要进一步说明并记录得出结论的基础。在这种情况下,统一格式的通用审计工作底稿可能并不适用,需要专门设计不同格式和内容的审计工作底稿。

不论审计工作底稿的格式和内容如何变化,必须具有审计准则要求的审计工作底稿要素。填制的审计工作底稿要求全面、客观地反映项目审计计划与审计方案的制定及实施情况,做到内容完整、真实,重点突出,观点明确,条理清楚,用词恰当,格式规范,标识一致。审计工作底稿还应当注明索引号和顺序号。相关审计工作底稿之间如存在勾稽关系,应当予以清晰反映,相互引用时应当交叉注明索引编号。

审计工作底稿可以以纸质、电子、磁带、磁盘、胶片或其他介质形式存在,但无纸化的工作底稿应当进行备份。无论何种形式的审计工作底稿,都应当由执行审计工作的人员逐事逐项编写,做到一事一稿或一事多稿,清晰地显示其生成、修改及复核的时间和复核人员姓名,并保护信息的完整性和安全性,未经授权不得随意改动已经完成的审计工作底稿。

(三)审计工作底稿的复核

为了保证审计质量,降低审计风险,应当建立审计工作底稿的复核制度。复核审计工作底稿的目的是查明是否依据审计准则执行审计业务;审计工作底稿中所列的审计证据对形成审计报告和决定是否必要;审计工作底稿是否具备了应当具备的要件;写入审计工作底稿的事实和证据是否符合证据特征。

(1)在国家审计机关起草审计报告前,审计组组长对审计工作底稿的下列事项进行复核:①审计目标是否实现;②审计措施是否有效执行;③事实是否清楚;④审计证据是否适当、充分;⑤得出的审计结论及其相关标准是否适当。

复核后的审计工作底稿应当根据不同情况分别提出下列意见:①予以认可;②责成采取进一步审计措施,获取适当、充分的审计证据;③纠正或者责成纠正不恰当的审计结论。

(2)内部审计准则规定:在审计业务执行过程中,项目负责人应当加强对审计工作底稿的现场复核。审计工作底稿的复核工作应当由比审计工作底稿编制人员职位更高或者经验更丰富的人员承担,并在复核意见中对存在的问题加以说明。内部审计机构负责人对审计工作底稿的复核负完全责任。

(3)《中国注册会计师审计准则第 1121 号——对财务报表实施的质量控制》要求,由项目组内经验较多的人员复核经验较少人员的审计工作。复核工作应当由至少具备同等专业胜任能力的人员完成。复核时应考虑:是否已按照审计计划执行审计工作;审计工作和结论是否予以充分记录;所有重大事项是否得到解决或在审计结论中予以反映;审计程序的目标是否已实现;审计结论是否与审计工作的结果一致并支持审计意见。复核范围因审计规模、审计复杂程度以及工作安排的不同而存在显著差异。有时由高级助理人员复核低层次助理人员执行的工作,有时由项目经理完成,最终由项目负责人复核。

五、审计工作底稿的保管

审计工作底稿的所有权属于审计机构,审计机构应当按照有关规定,建立健全审计项目档案管理制度。在审计项目终结后应当及时对审计工作底稿进行分类整理,按照相关规定及时整理审计工作底稿,立卷归档,明确审计项目归档要求、保存期限、保存措施、档案利用审批程序等。一般情况下,审计工作底稿的归档期限为审计报告日后 60 天内。如果会计师事务所的注册会计师未能完成审计业务,审计工作底稿的归档期限为审计业务中止后的 60

天内。内部审计工作底稿归档后由内部审计机构或者组织内部有关部门负责保管,并建立审计工作底稿保密制度,对审计工作底稿中涉及的商业秘密保密。

会计师事务所要求自审计报告日起,对审计工作底稿至少保存 10 年。值得注意的是,对于连续审计的情况,当期归档的永久性档案可能包括以前年度获取的资料(有可能是 10 年以前)。这些资料虽然是在以前年度获取的,但由于其被视作本期档案的一部分,并被当作支持审计结论的基础,因此,对于这些对当期有效的档案,注册会计师应视为当期取得并保存 10 年。如果这些资料在某一个审计期间被替换,被替换资料应该从被替换的年度起至少保存 10 年。审计部门应当制定查阅、借阅审计工作底稿的规定,未经审计部门负责人批准,不得对外提供,但国家有关部门依法进行查阅的情形除外。在完成最终审计档案的归整工作后,注册会计师不得在规定的保存期届满前删除或废弃审计工作底稿。

关键概念

审计证据　审计证据的适当性　审计证据的充分性　函证　审计工作底稿

思考题

1. 什么是审计证据?审计证据的来源有哪些?
2. 审计证据如何分类?
3. 审计证据特征是什么?
4. 对不同来源的审计证据可靠性进行判断,其判断标准是什么?
5. 如何评价审计证据的充分性?如何评价审计证据的可靠性?
6. 什么是审计工作底稿?
7. 简述审计工作底稿的性质及内容。

思政园地

切实承担起资本市场“看门人”的责任

2021 年 4 月 19 日,中国证监会首席会计师陈敏圭在长江流域注册会计师行业发展峰会上发表了《围绕资本市场改革发展新要求,切实提高上市公司审计质量》的演讲。从 20 世纪 90 年代初沪深两个交易所开业为标志,中国资本市场已经走过了 30 年,而注册会计师行业为资本市场改革发展做出了重要贡献。一方面,注册会计师行业为 4 000 多家上市公司、7 000 多家挂牌公司提供财报审计、内控审计等鉴证和其他专业服务,为提高资本市场信息质量提供支持,对保护投资者利益、引导市场资源配置发挥重要作用;另一方面,通过注册会计师审计,校正上市公司管理行为,提高公司治理和内部控制水平,有力支持资本市场规范发展。

中国资本市场改革发展面临的新形势、新要求,对注册会计师行业高质量发展有新的期待。以信息披露为核心的注册制改革,使会计信息服务投资决策、引导金融资源配置的功能更加突出。推动新三板市场改革、债券市场规范发展,同样需要高质量会计信息的支持。这些都要求注册会计师尽职尽责，坚持职业操守，切实承担起资本市场“看门人”的责任。

随着资本市场生态建设的推进，全面落实资本市场市场化、法制化发展要求，将显著改善财务报告生态，从而优化注册会计师执业环境，助力提高注册会计师审计质量。为此，注册会计师行业应关注四个问题：一是落实风险导向审计理念的问题：二是提高注册会计师专业胜任能力的问题：三是遵守职业道德的问题，四是质量管理体系建设的问题。

资料来源：陈毓圭：切实提高上市公司审计质量，原文链接：https：//www.thepaper.cn / newsaDetail_forward_12 480 548。（有改动）

第十一章　审计抽样技术

学习目标

◆ 了解审计抽样的含义和种类。

◆ 掌握审计抽样的基本步骤和原理。

◆ 熟练掌握控制测试的属性抽样的方法及运用。

◆ 熟练掌握细节测试的变量抽样的方法及运用。

引导案例

审计人员负责审计某公司年度财务报表。在了解该公司内部控制后，审计人员决定采用审计抽样的方法，部分做法摘录如下：

（1）为测试年度信用审核控制是否有效运行，将2021年1月1日至11月30日期间的所有销售单界定为测试总体，对拟信赖的内部控制进行测试。

（2）为测试年度采购付款凭证审批控制是否有效运行，将缺乏审批人员签字或虽有签字但未按制度审批的采购凭证界定为控制偏差。

（3）在使用随机数表选取样本项目时，由于所选中的1张凭证已经丢失，无法测试，直接用随机数表另选1张凭证代替。

思考：如何评价上述审计抽样的方法，在审计抽样过程中要注意哪些问题？

现代审计与传统审计的重要区别之一就是审计抽样技术的广泛应用。审计抽样技术从20世纪60年代在西方国家已逐步得到广泛应用，我国从20世纪90年代也逐渐推广起来，进入21世纪，经济全球化迅猛发展，企业竞争日趋激烈，经营活动日益复杂，审计环境发生了重大变化，以风险为导向的审计抽样模式在实务中得到普遍应用。审计抽样技术是审计人员必须掌握的技术方法。在当今的智能时代把审计抽样技术与信息技术相结合，会大大提高审计工作效率，降低审计成本，实现审计目标。《中国注册会计师审计准则第1314号——审计抽样》规范了注册会计师在设计和选择审计样本以实施控制测试和细节测试，以及评价样本结果时对统计抽样和非统计抽样的使用。

第一节　审计抽样概述

一、审计抽样的含义

（一）审计抽样的概念

审计抽样（即抽样），是指注册会计师对具有审计相关性的总体中低于百分之百的项目实施审计程序，使所有抽样单元都有被选取的机会，为注册会计师针对整个总体得出结论提供合理基础。审计抽样有助于注册会计师获取和评价与被选取项目的某些特征有关的审计证据，以形成或帮助形成对从中抽取样本的总体结论。总体，是指注册会计师从中选取样本并期望据此得出结论的整个数据集合。抽样单元，是指构成总体的个体项目。

审计抽样应当具备三个基本特征：

（1）对某类交易或账户余额中低于百分之百的项目实施审计程序；

（2）所有的抽样单元都有被选取的机会；

（3）审计测试的目的是为了评价该账户余额或交易类型的某一特征。

审计抽样工作要严格按照规定的程序和方法去完成。在使用审计抽样时，注册会计师的目标是，为得出有关抽样总体的结论提供合理的基础。注册会计师在进行控制测试和细节测试时一般都采用此种方法。但是，这种方法并不是对这些测试中的所有程序都适用，比如，在顺查、逆查和函证中可以广泛运用，但通常不用于询问、观察和分析性程序。

（二）审计抽样的种类

审计抽样的种类很多，通常按抽样决策的依据不同，可以划分为统计抽样和非统计抽样；按审计抽样所了解的总体特征不同可以划分为属性抽样和变量抽样。

1. 统计抽样和非统计抽样

统计抽样，是指同时具备以下两个特征的抽样方法：①随机选取样本项目；②运用概率论评价样本结果，包括计量抽样风险。统计抽样的优点在于能够客观地选取样本，科学地计量抽样风险，并通过调整样本规模有效地控制抽样风险，定量地评价样本结果。

不同时具备上述两个特征的抽样方法属于非统计抽样。非统计抽样又有任意抽样和判断抽样之分。在任意抽样法下，从总体中抽取多少样本、抽取哪些样本都是主观随意的，没有客观的依据和标准。显然，任意抽样的样本往往代表性较差，很难保证它能够反映总体的真实情况，根据对这种样本的审查结果来推断总体，审计结论的可靠性难以保证。判断抽样是基于注册会计师对审计对象的了解和个人的职业判断，有目的、有重点地选取一定量的样本进行审查。判断抽样是在任意抽样的基础上融入个人的经验和判断，所以其结果在很大程度上取决于注册会计师的经验水平和判断能力的高低，但它们都不能科学地确定样本规模，不能用数学评估的方法测定和控制抽样风险。

注册会计师应当根据具体情况并运用职业判断，确定使用统计抽样或非统计抽样，以最有效率地获取审计证据。两种技术只要运用得当，都可以提供审计所要求的充分、适当的证据，并且都存在某种程度的抽样风险和非抽样风险。

审计抽样与审计专业判断的关系

在审计过程中，无论是统计抽样还是非统计抽样（任意抽样和判断抽样），都离不开注册会计师的专业判断。那种认为统计抽样能够减少审计过程中的专业判断或者取代专业判断的观点是错误的。因为在运用统计抽样的过程中，由于存在许多不确定的因素，这些不确定因素需要注册会计师凭正确的判断来解决。在实际工作中，往往把上述几种抽样方法结合运用，才能收到较好的审计效果

2. 属性抽样与变量抽样

属性抽样是指在精确度界限和可靠程度一定的条件下，为测试总体特征的发生频率而采用的一种方法。根据控制测试的目的和特点所采用的审计抽样通常是属性抽样。变量抽样是指用来估计总体金额而采用的一种方法。根据实质性程序中细节测试的目的和特点所采用的审计抽样通常是变量抽样。在审计实务中，经常出现同时进行控制测试和实质性程序的情况，在此情况下采用的审计抽样称为双重目的抽样。

属性抽样和变量抽样有哪些区别?

①应用领域不同。属性抽样在控制测试中使用，变量抽样在细节测试中使用。②应用目标不同。属性抽样是用来估计总体既定控制的偏差率，侧重次数；而变量抽样是用来估计总体金额中的错误金额。③应用的具体方法不同。在进行控制测试时，通常采用固定样本量抽样、停—走抽样、发现抽样等属性抽样方法；在进行细节测试时，通常采用均值估计抽样、差异估计抽样、比率估计抽样等变量抽样方法。

二、选取测试项目的方法

在涉及审计程序时，注册会计师应当选取测试项目的适当方法。注册会计师可以使用的方法包括选取全部项目、选取特定项目和审计抽样。

1. 选取全部项目

在确定适当的选取测试项目方法时，注册会计师应当考虑与所测试认定有关的重大错报风险和审计效率。在存在下列情形之一时，注册会计师可以考虑选取全部项目进行测试。

(1)总体由少量的大额项目构成。某类交易或账户余额中的所有项目的单个金额都较大，注册会计师可以考虑选取全部项目进行测试。

(2)存在特别风险且其他方法未提供充分、适当的审计证据。某类交易或账户余额中的所有项目虽然单个金额可能不大，但存在特别风险，则注册会计师也可能需要测试所有项目。存在特别风险的项目主要包括：

①管理层高度参与的，或错报可能性较大的交易事项或账户余额；

②非常规的交易事项或账户余额，特别是与关联方有关的交易或余额；

③长期不变的账户余额，如滞销的存货余额或账龄较长的应收账款余额；

④可疑的非正常项目，或明显的不规范项目；

⑤以前发生过错误的项目；

⑥期末人为调整的项目；

⑦其他存在特别风险的项目。

(3)符合成本效益原则。由于信息系统自动执行的计算或其他程序具有重复性，对全部项目进行检查符合成本效益原则，注册会计师可以运用计算机辅助审计技术对全部项目进行测试。对全部项目进行检查，通常更适用于细节测试，而不是控制测试。例如，在截止性测试中，注册会计师通常对截止日前后一段时期发生的全部交易进行测试。

2. 选取特定项目

根据对被审计单位的了解、评估的重大错报风险及所测试总体的特征等，注册会计师可以确定从总体中选取特定项目进行测试。选取的特定项目可能包括:①大额或关键项目;②超过某一金额的全部项目;③被用于获取某些信息的项目;④被用于测试控制活动的项目。

选取特定项目时,注册会计师只对审计对象总体中的部分项目进行测试。

3. 审计抽样

选取了特定的项目之后,注册会计师应当根据总体剩余部分的重大性,考虑是否需要针对剩余项目实施审计抽样。

在某类交易或账户余额中选取特定项目时,注册会计师实际上将该类交易或账户余额分成了两组,即被选取的项目和剩余的项目。对被选取的项目,注册会计师对其进行百分之百的测试。对于剩余的项目,如果注册会计师实施分析程序后,认为仍需要通过审计抽样获取与剩余项目有关的额外证据,则应进行审计抽样。

三、审计抽样的适用情形

注册会计师在获取审计证据时,可能使用三种目的的审计程序,即风险评估程序、控制测试和实质性程序。但不是所有的审计程序都能采用审计抽样,有些审计程序可以使用审计抽样,有些审计程序则不宜使用审计抽样。

(一)风险评估程序

风险评估程序通常不需要考虑审计抽样和其他选取测试项目的方法。注册会计师在实施风险评估程序时,一般都会采用询问、分析程序、检查和观察,目的是了解被审计单位及其环境,识别和评估重大错报风险,而不是要对包含全部抽样单元的总体得出结论。另外,风险评估程序实施的范围比较广泛,获取的信息具有较强的主观性,这些都决定了实施风险评估程序不宜使用审计抽样。但是,注册会计师若在了解控制的设计和确定其是否得到执行的同时,一并计划和实施控制测试,即执行双重目的测试,则可以考虑使用审计抽样,但此时的审计抽样是针对控制测试进行的。

(二)控制测试

在被审计单位的控制留下了运行轨迹的情况下,注册会计师可以考虑使用审计抽样和其他选取测试项目的方法实施控制测试。在了解了被审计单位的内部控制之后,注册会计师应当识别可表明控制有效运行的特征,同时识别控制没有得到有效执行时可能出现的异常情况,然后就可以对所识别的特征是否存在进行测试。

如果表明控制有效运行的特征留下了书面证据,注册会计师就可以在控制测试中使用审计抽样。注册会计师应当根据特定控制的性质选择所需实施的审计程序。比如,被审计单位规定,信用部门负责人需在销售合同上签名批准赊销,带有该负责人签字的销售合同即为该项控制的书面轨迹,此时注册会计师可以使用审计抽样来抽取部分销售合同实施检查,以确定被审计单位的该项信用控制是否有效运行。

某些控制的运行可能没有书面记录,或文件记录与证实控制运行有效性不相关,即属于没有留下运行轨迹,对这类控制实施测试不涉及审计抽样,注册会计师通常应考虑实施询问、观察等程序来获取相关控制运行有效性的审计证据。例如,在对被审计单位的存货盘点过程实施控制测试时,注册会计师只能通过对存货移动控制、盘点程序、被审计单位用以控制存货盘点的其他活动的观察来进行,实施观察程序不需要审计抽样。

(三)实质性程序

实质性程序包括对各类交易、账户余额、列报的细节测试和实质性分析程序。注册会计师只是在实施细节测试程序时,才需要考虑审计抽样和其他选取测试项目的方法问题。在实施细节测试时,注册会计师可以使用审计抽样和其他选取测试项目的方法获取审计证据,以验证有关财务报表金额的一项或多项认定,或对某些金额做出独立的估计。在实施实质性分析程序时不需要使用审计抽样和其他选取测试项目的方法。

综上所述,在审计过程中,只有对留下运行轨迹的控制测试和对各类交易、账户余额、披露的细节测试才能涉及审计抽样。

四、抽样风险和非抽样风险

(一)抽样风险

抽样风险,是指注册会计师根据样本得出的结论,可能不同于如果对整个总体实施与样本相同的审计程序得出的结论的风险。

1. 审计抽样用于控制测试的风险

注册会计师在进行控制测试时,应关注以下抽样风险。

(1)信赖不足风险。信赖不足风险是指推断的内部控制的有效性低于其实际有效性的风险,即抽样结果使注册会计师未能信赖或未能充分信赖可以信赖的内部控制。信赖不足风险与审计效率有关。当注册会计师评估的内部控制有效性低于其实际有效性时,评估的重大错报风险水平偏高,注册会计师可能增加不必要的实质性程序。在这种情况下,审计效率可能降低。

(2)信赖过度风险。信赖过度风险是指推断的内部控制的有效性高于其实际有效性的风险,即抽样结果使注册会计师过度信赖了所测试的内部控制。信赖过度风险与审计的效果有关。当注册会计师评估的内部控制有效性高于其实际有效性时,评估的重大错报风险水平偏低,注册会计师可能不适当地减少从实质性程序中获取的证据,因此审计的有效性下降。对于注册会计师而言,信赖过度风险更容易导致其发表不恰当的审计意见,因而更应予以关注。

2. 审计抽样用于实质性程序的风险

注册会计师在实施实质性程序时,应关注以下抽样风险。

(1)误拒风险。误拒风险是指注册会计师推断所测试的项目存在重大错报而实际上不存在的可能性。与信赖不足风险类似,误拒风险影响审计效率。如果账户余额不存在重大错报而注册会计师认为其存在重大错报,注册会计师会扩大实质性程序的范围并考虑获取其他审计证据,最终得出恰当的审计结论。在这种情况下,审计效率可能降低。

(2)误受风险。误受风险是指审计人员推断所测试的项目不存在重大错报风险而实际上存在的可能性。如果账户余额存在重大错报风险而注册会计师认为其不存在重大错报,注册会计师通常会停止对该账户余额继续进行测试,并根据样本结果得出账户余额无重大错报风险的结论。与信赖过度风险类似,误受风险影响审计效果,容易导致注册会计师发表不恰当的审计意见,因此注册会计师更应关注。

需要注意的是,只要使用了审计抽样,抽样风险就会存在。抽样风险与样本规模反方向变动,无论是控制测试还是细节测试,注册会计师都可以通过扩大样本规模降低抽样风险。换句话说,如果对总体中的所有项目都实施检查,就不存在抽样风险,此时审计风险完全由非抽样风险产生。

抽样风险对审计工作的影响如表 11-1 所示。

表 11-1　抽样风险对审计工作的影响

审计程序种类	抽样风险种类	对审计工作影响
控制测试	信赖过度风险	效果
	信赖不足风险	效率
实质性程序	误受风险	效果
	误拒风险	效率

(二)非抽样风险

非抽样风险,是指注册会计师由于任何与抽样风险无关的原因而得出错误结论的风险。非抽样风险包括审计风险中不是由抽样导致的所有风险。注册会计师即使对某类交易或账户余额的全部项目实施了必要的审计程序,仍有可能未发现重大错报或控制无效。

产生非抽样风险的主要原因是使用了不适当的审计程序,或误解了审计证据而没有发现偏差。具体来说可能导致非抽样风险的原因包括下列情况。

(1)注册会计师选择的总体不适合测试目标。例如,注册会计师在测试销售收入完整性认定时将主营业务收入日记账界定为总体。

(2)控制偏差或错报的定义不恰当。不恰当地定义控制偏差或错报,可能使注册会计师未发现样本中存在的控制偏差或错报。例如,审计人员在测试现金支付授权控制的有效性时,未将签字人未得到适当授权的情况界定为控制偏差。

(3)审计程序选择不当。注册会计师选择的审计程序如果不适合某个审计目标的实现,也可能导致错误的结论,例如,注册会计师使用函证程序来揭示未入账的应收账款是不适当的。

(4)对审计发现的评价不当。例如,注册会计师对发现的偏差或错报的重要性做出了不当的判断,从而忽略性质本来重要的偏差或错报,导致得出不恰当的结论。对审计证据的错误解读也可能导致未发现偏差或错报。

无论是控制测试还是细节测试,非抽样风险对审计工作的效率和效果都有一定的影响。非抽样风险无法量化,但是,注册会计师应当通过适当的计划、指导和监督审计工作,坚持质量控制标准,有效降低审计风险。

(三)抽样风险与非抽样风险的控制

为了将审计风险降低至可接受的低水平,必须对抽样风险和非抽样风险进行控制。抽样风险是客观存在的,但无论是执行控制测试还是细节测试,注册会计师都可以通过扩大样本规模来降低抽样风险。抽样风险与样本规模呈反方向变动,样本规模越小,抽样风险越大;样本规模越大,抽样风险越小。在使用统计抽样时,注册会计师可以准确地计量和控制抽样风险。非抽样风险是由人为因素造成的,虽然不能量化,但通过采取适当的质量控制政策和程序,加强对业务的指导、监督和复核,提高审计人员素质,也可以防范、降低甚至消除非抽样风险。

五、审计抽样的主要阶段

注册会计师实施审计抽样的目标是为得出有关抽样总体的结论提供合理的基础。注册会计师在控制测试和细节测试中使用审计抽样方法,主要分为三个阶段进行。第一阶段是样本设计阶段,旨在根据测试的目标和抽样总体,制订选取样本的计划。第二阶段是选取样本阶段,旨在按照适当的方法从相应的抽样总体中选取所需的样本,并对其实施检查,以确定是否存在误差。第三阶段是评价样本结果阶段,旨在根据对误差的性质和原因的分析,将样本结果推断至总体,形成对总体的结论。

(一)样本设计阶段

在设计审计样本时,注册会计师应当考虑审计程序的目标和抽样总体的特征。也就是说,注册会计师在样本设计阶段应当对审计程序目标、抽样总体的属性、抽样单元、偏差的构成条件等进行综合考虑。

1. 审计程序目标

注册会计师在设计样本时,必须紧紧围绕审计程序将要达到的测试目标。一般而言,控制测试的目标是评价控制是否有效运行,以支持评估的重大错报风险水平。例如,在对企业的购货过程进行控制测试时,要达到的一个目的就是确定发票是否经过有关人员的审核和授权人员的批准。细节测试的目标是对各类交易或账户余额的各项认定进行测试,以确定相关认定是否存在重大错报。例如,通过在账户余额中选取项目进行测试,可以确定其中是否存在虚构的项目、分类错误的项目或计价错误的项目。

2. 定义总体和抽样单元

1)定义总体

在实施抽样之前,注册会计师需要准确定义总体属性,确定抽样总体的范围。总体可以包括构成某类交易或账户余额的所有项目,也可以只包括某类交易或账户余额中的部分项目。例如,如果审计的具体目标是审查应收账款的存在性,审计对象总体可以对应收账款账面余额进行抽样,则总体包括构成应收账款余额的所有项目。如果注册会计师已将个别余额较大或关联交易的重要的明细账挑选出来单独测试,只对剩余的应收账款余额进行抽样,则总体只是部分应收账款余额。

注册会计师所定义的总体需具备两个特征,即适当性和完整性。

(1)总体的适当性是指确定总体必须适合特定的审计目标,包括适合于测试的方向。

例如，在细节测试中，如果测试的目标是应付账款的高估，总体可以定义为应付账款明细账。但在测试应付账款的低估时，将被审计单位的供应商对账单作为总体，就比将应付账款的明细账作为总体更适当。期后支付的证明、未付款的发票、验货报告等也可以作为总体，它们都能提供低估应付账款的证据。

（2）总体的完整性是指测试总体必须包括被审计经济业务或资料的全部项目。例如，如果注册会计师要对某一控制活动在财务报告期间是否有效运行做出结论，测试总体应包括来自整个报告期间的所有相关项目。

在实务中，注册会计师通常是从代表总体的实物中选取样本项目，例如，如果注册会计师将总体定义为特定日期的应收账款余额，代表总体的实物就是该日期的客户应收账款余额明细表；如果总体是某一期间的销售收入，代表总体的实物就可能是销售日记账或销售发票。

在定义总体时，如果总体项目存在重大的变异性，注册会计师应当考虑分层。分层是指将总体划分为多个子总体的过程，每个子总体由一组具有相同特征（通常为货币金额）的抽样单元组成。分层可以降低每一层中项目的变异性，从而在抽样风险没有呈比例提高的前提下减小样本的规模。分层时必须仔细界定子总体，使每一抽样单元只能属于一个层。分层可以按照不同的特征来进行，可以是业务的类型、账户余额的大小、项目的重要程度以及内部控制的强弱等。可见，分层除了能提高抽样效率外，也可使注册会计师能够按项目的重要性、变化频率或其他特征而选取不同的样本数，且可对不同层次使用不同的审计程序。通常，注册会计师应对包含最重要项目的层次实施全部审查。

例如，为函证应收账款，可以将应收账款账户按金额的重要性分为三层，即账户金额在10 000元以上的，在5 000~10 000元的和在5 000元以下的。对应收账款金额在10 000元以上的账户可进行全部函证。

在对总体进行分层的情况下要注意，对某一层中的样本实施审计程序的结果，只能用于推断该子总体，要想推断总体，注册会计师应当考虑与构成总体其他层有关的重大错报风险。

2）定义抽样单元

抽样单元是指构成总体的个体项目。注册会计师在定义总体时通常都指明了抽样单元。定义的抽样单元应与测试目标相适应。在控制测试中，抽样单元通常是能够提供控制运行证据的一份文件资料或一个记录等，注册会计师应根据被测试的控制定义抽样单元。例如，如果控制测试目标是确定付款是否得到授权，且设定的控制要求付款之前授权人在付款单据上签字，抽样单元可以被定义为每一张付款单据。在细节测试中，注册会计师是根据审计目标和拟实施的审计程序的性质定义抽样单元，抽样单元可能是一个账户余额、一笔交易或交易中的一项记录，甚至是每一个货币单位。特别是在测试高估时，将构成某类交易或账户余额的每一货币单位作为抽样单元一般效率会很高，注册会计师可以从总体中选取特定货币单位，然后检查包含这些货币单位的特定项目，使大额项目被选取的机会更大，这种方法被称为金额加权选样。

3. 确定偏差或错报构成条件

确定偏差或错报构成条件,是为了在测试中识别偏差或错报。偏差或错报的定义也要符合审计目标。在控制测试中,注册会计师应根据对内部控制的理解,确定哪些特征能够显示被测试控制的运行情况,据此定义偏差构成条件。例如,设定的控制要求每笔付款都要附有发票、收据、验收报告和订货单等书面证据,并加盖"已付"戳记,注册会计师认为加盖了"已付"戳记的发票和验收报告足以证明控制的适当运行,偏差就可以被定义为没有"已付"戳记的发票和验收报告等证明文件的付款。

在细节测试中,注册会计师要确定什么构成错报。例如,在对应收账款存在认定的细节测试中(如函证),客户在函证日之前支付、被审计单位在函证日之后不久收到的款项不构成错报。

(二)选取样本阶段

1. 确定样本规模

1)样本规模

样本规模是指从总体中选取样本项目的数量。在审计抽样中,如果样本规模过小,就不能反映出审计对象总体的特征,注册会计师就无法获取充分的审计证据,其审计结论的可靠性就会大打折扣,甚至可能得出错误的审计结论。因此,注册会计师应当确定足够的样本规模,以将抽样风险降至可接受的低水平。相反,如果样本规模过大,则会增加审计工作量,造成不必要的时间和人力上的浪费,加大审计成本,降低审计效率,就会失去审计抽样的意义。

2)影响样本规模的因素

(1)可接受的抽样风险。可接受的抽样风险与样本规模成反比。注册会计师愿意接受的抽样风险越低,样本规模通常越大。反之,注册会计师愿意接受的抽样风险越高,样本规模越小。

(2)可容忍误差。可容忍误差是注册会计师认为抽样结果可以达到审计目的而愿意接受的审计对象总体的最大误差。注册会计师应当在审计的计划阶段,根据审计重要性原则,合理确定可容忍误差的界限。可容忍误差越小,需选取的样本规模就越大。对于控制测试来说,可容忍误差就是可容忍偏差率,指注册会计师设定的偏离规定的内部控制程序的比率,注册会计师试图对总体中的实际偏差率不超过该比率获取适当水平的保证。在进行细节测试时,可容忍误差就是可容忍错报,指注册会计师设定的货币金额,注册会计师试图对总体中的实际错报不超过该货币金额获取适当水平的保证。可容忍误差的数量界限主要取决于被测试的内部控制的重要程度、错报的性质和错报金额的大小。

(3)预计总体误差。注册会计师应根据前期审计所发现的偏差或错报、被审计单位的经济业务和经营环境的变化、对内部控制的评价以及分析程序的结果,或根据从总体中抽取少量项目进行检查的结果等,来确定审计对象总体的预计偏差或错报。在实施控制测试时,要评估预计总体偏差率,对于细节测试,要评估预计总体错报。预计总体偏差率或错报有助于设计审计样本和确定样本规模,如果存在预计总体偏差率或错报,则应当选取较大的样本规模。

（4）总体变异性。总体变异性是指总体的某一特征（如金额）在各项目之间的差异程度。在控制测试中，审计人员在确定样本规模时一般不考虑总体变异性。在细节测试中，审计人员确定适当的样本规模时要考虑总体变异性。总体项目的变异性越低，通常样本规模越小。审计人员可以通过分层，将总体分为相对同质的组，以尽可能降低每一组中变异性的影响，从而减小样本规模。未分层总体具有高度变异性，其样本规模通常很大。最有效率的方法是根据预期会降低变异性的总体项目特征进行分层。在细节测试中分层的依据通常包括项目的账面金额、与项目处理有关的控制的性质，或与特定项目（如更可能包含错报的那部分总体项目）有关的特殊考虑等。分组后的每一组子总体被称为一层，每层分别独立选取样本。

（5）总体规模。除非总体非常小，一般而言，总体规模对样本规模的影响几乎为零。注册会计师通常将抽样单元超过 5 000 个的总体视为大规模总体。对大规模总体而言，总体的实际容量对样本规模几乎没有影响。对小规模总体而言，审计抽样比其他选择测试项目的方法的效率低。

注册会计师可以使用统计学公式或运用职业判断确定样本规模，确定的样本规模要保证将抽样风险降至可接受的低水平。

2. 选取样本

注册会计师在选取样本项目时，应当使总体中的每个抽样单元都有被选取的机会。只有如此，才能保证根据抽样结果推断得到的总体特征具有合理性和可靠性。如果注册会计师有意识地选择总体中某些具有特殊特征的项目而放弃其他项目，就无法保证所选样本的代表性。

注册会计师可以采用统计抽样或非统计抽样的方法选取样本，只要运用得当，均可以取得充分、适当的审计证据。

选取样本的方法有多种，注册会计师可根据审计目标的要求、被审计单位的实际情况、审计资源条件的限制等因素来加以选择，以达到预期的审计质量与效率。常用的样本选取方法有使用随机数表或计算机辅助审计技术选样、系统选样和随意选样等。

1）使用随机数表或计算机辅助审计技术选样

使用随机数表或计算机辅助审计技术选样也称随机数选样，是指对审计对象总体或子总体的所有项目，按随机规则选取样本。使用随机数选样的前提是总体中的每一项目都有不同的编号。注册会计师可以使用计算机生成的随机数，如电子表格程序、随机数码生成程序、通用审计软件程序等计算机程序生成随机数，也可以使用随机数表获得所需的随机数。使用随机数表的实例见表 11-2。

表 11-2　随机数表（部分列示）

	（1）	（2）	（3）	（4）	（5）
1	76 921	06 907	11 008	42 751	27 756
2	99 564	72 905	56 420	66 994	98 875

续表

	(1)	(2)	(3)	(4)	(5)
3	94 301	91 977	05 463	07 972	18 876
4	88 759	14 342	63 660	10 281	17 453
5	85 475	36 857	53 342	53 988	53 060
6	28 017	69 577	88 230	33 276	70 997
7	63 552	40 961	48 235	03 427	49 626
8	00 034	93 069	52 636	92 737	88 975
9	00 116	61 129	00 089	00 689	48 237
10	00 099	97 336	71 048	08 178	77 244

【案例分析 11-1】

资料:假若被审计单位应收账款的编号为 1 至 3 000 号,注册会计师利用上述随机数表选择其中的 150 个明细账进行函证。

分析要点:注册会计师决定从第一行第一列为起点,从上至下,然后进入第二列、第三列……,以各数的后四位为准。假如您是该注册会计师,最先选择的 5 个号码分别是多少?

答案提示:34、116、99、2 905 和 961 。

2)系统选样

系统选样也称等距选样。此法首先根据总体容量与样本规模计算出选样间隔数(或等距数)。而后,在第一个间隔内选取样本项目。以后,在每一个选样间隔内,依次序、同比例地抽取样本项目。例如,样本容量为 500,样本规模为 50,选样间隔数为 10,则等距系列为(1~10)(11~20)(21~30)(31~40)(41~50)……然后,在第一个等距序列(1~10)中随机抽取一数,假定其中间数 5,则以后在每一个选样间隔中,即等距离地抽取其样本项目为 15、25、35、45……这些样本项目即可组成等距离样本。由于各个号码之间的距离是相等的,所以,也叫等距选样。

系统选样也可在抽样个体数(假定为 100)与样本总体数(假定为 1000)之间确定其比例数为 10∶1,并在样本中任取一个顺序号,假定为 101,则以此数为基础,以 10 向上递增为 111、121、131、141……或以 10 向下递减为 91、81、71、61……这些编号的原始凭证,即为抽样样本。

应该指出,此法要求总体特征必须分布均匀,这样抽取的样本才有代表性。

3)随意选样

随意选样就是不考虑金额大小、资料取得的难易程度及个人偏好,以随意的方式选出样本。随意选样的缺点在于很难完全无偏见地选取样本项目。随意选样属于非随机基础选样方法,只能在非统计抽样中使用。

(三)评价样本结果阶段

注册会计师在对样本实施必要的审计程序后,需要评价样本结果,确定使用审计抽样是否已为注册会计师针对所测试的总体得出的结论提供合理基础。其具体程序和内容是:分析样本偏差或错报、推断总体偏差或错报、重估抽样风险、形成审计结论。

1. 分析样本偏差或错报

注册会计师在分析样本偏差或错报时，一般应从以下几个方面着手。

（1）根据预先确定的构成偏差或错报的条件，确定有疑问的项目是否确为一项偏差或错报。例如，在审查应收账款余额时，注册会计师发现被审计单位将某客户应收账款错记在另一客户应收账款明细账中，但这种差错并不影响应收账款的余额，因此，在评价抽样结果时，不能认为这是一项偏差。

（2）当注册会计师按照既定的审计程序，无法就样本取得审计证据时，应当实施替代审计程序，以获取相应的审计证据。例如，在发出的应收账款肯定式询证函没有收到回函时，注册会计师必须审查后期收款情况，以证实应收账款的余额。如果未能对某个选取的项目实施设计的审计程序或适当的替代程序，注册会计师应当将该项目视为控制测试中对规定的控制的一项偏差，或细节测试中的一项错报。

（3）如果注册会计师发现许多样本偏差项目具有共同的特征，如交易类型、地点、生产线或和时期等，则应考虑该特征是否为引起偏差的原因，是否存在其他尚未发现的具有相同特征的偏差，此时，注册会计师应将这些具有共同特征的项目作为一个整体，实施相应的审计程序，并根据审计结果，进行单独的评价。

（4）在对抽样中所发现的偏差或错报进行分析时，还应考虑偏差或错报的性质和原因，考虑存在舞弊的可能性。此外，注册会计师还应判断是否存在异常误差。异常误差，是指对总体中的错报或偏差明显不具有代表性的错报或偏差。如果将某一误差视为异常误差，注册会计师应当实施追加的审计程序，以高度确信该误差对总体误差不具有代表性。

在极其特殊的情况下，如果认为样本中发现的某项偏差或错报是异常误差，注册会计师应当对该项偏差或错报对总体不具有代表性获取高度肯定。在获取这种高度肯定时，注册会计师应当实施追加的审计程序，获取充分、适当的审计证据，以确定该项偏差或错报不影响总体的其余部分。

2. 推断总体偏差或错报

当实施控制测试时，注册会计师应当根据样本中发现的偏差率推断总体偏差率，并考虑这一结果对特定审计目标及审计的其他方面的影响。

当时是细节测试时，注册会计师应当根据样本中发现的错报金额推断总体错报金额，并考虑这一结果对特定审计目标及审计的其他方面的影响。

3. 重估抽样风险

注册会计师在推断总体偏差或错报后，应将总体偏差或错报与可容忍偏差或错报进行比较，将抽样结果与从其他有关审计程序中所获得的证据相比较。如果推断的总体偏差或错报超过了可容忍偏差或错报，经重估后的抽样风险不能被接受，则应增加样本规模或执行替代审计程序。如果推断的总体偏差或错报接近可容忍偏差或错报，应考虑是否增加样本规模或执行替代审计程序。在进行控制测试时，如果注册会计师认为抽样结果无法达到其对所测试的内部控制制度的预期信赖程度，应考虑增加样本规模或修改证实测试程序。

4. 形成审计结论

注册会计师在评价抽样结果的基础上，应根据所取得的证据，确定审计证据是否足以证实某一审计对象的总体特征，从而得出审计结论。

第二节 审计抽样在控制测试中的运用

对拟信赖的内部控制进行控制测试时，一般采用属性抽样审计方法。属性抽样审计就是在一定的精确度和可信赖水平的条件下，通过计算样本差错率来对总体的某种“差错”（属性）的发生频率进行推断的统计抽样审计方法。所谓属性，是指审计对象总体的质量特征，即被审计单位的业务活动或被审计单位的内部控制是否遵循了既定的标准以及存在的偏差水平。属性抽样审计是对总体某种属性的“是”或“否”的回答，抽样结果只有两种：“对”与“错”或“是”与“否”。总体的特征通常为反映遵循制度规定或要求的相应水平。

一、属性抽样的基本概念

（一）偏差

一般说来，在属性抽样中，偏差是指注册会计师认为使控制程序失去效能的所有的控制无效事件。注册会计师应根据实际情况，恰当地定义偏差。例如，可将“偏差”定义为会计记录中的虚假账户、经济业务的记录未进行复核、审批手续不全等各类差错。

（二）审计对象总体

运用属性抽样时，注册会计师应保证总体中所有的项目被选取的概率是相同的，也就是说，总体所有项目的特征应是相同的。例如，某公司有国内和国外两个分公司，其国内、国外的销售业务是用两种不同的方式进行的。注册会计师在评价两个公司的会计控制时，则必须把它们分为两个不同的总体，即国内、国外两个总体。

（三）风险与可信赖程度

可信赖程度是指样本特征能够代表总体特征的可靠性程度。风险或称风险度与可信赖程度是互补的，换句话说，1（或100%）减去可信赖程度就是风险。例如，注册会计师选择一个95%的可信赖程度，那么，他就有5%的风险去接受抽样结果表示的内部控制是有效的结论，而实际上内部控制制度是无效的。属性抽样中的风险矩阵见表11-3。在控制测试中，一般将最小可信赖程度定为90%，如果其属性对于其他项目是重要的，则采用95%的可信赖程度。

表11-3 属性抽样风险矩阵

抽样结果 \ 内部控制实际情况	实际运行状况达到预期信赖程度	实际运行状况未达到预期信赖程度
肯定	正确的决定	信赖过度风险
否定	信赖不足风险	正确的决定

（四）可容忍偏差率

在进行控制测试时，可容忍偏差率的确定应能确保当总体偏差率超过可容忍偏差率时，使注册会计师将降低对内部控制的可信赖程度。可容忍偏差率的确定见表 11-4。

表 11-4 可容忍偏差率的确定

可容忍误差（率）	内部控制的可信赖程度
20%（或小于）	可信赖程度差，在信赖内部控制方面的细节测试工作不可能有大的或中等的减少。（考虑忽略抽样测试，进行详细测试）
10%（或小于）	中等可信赖程度，基于审计结论，在信赖内部控制方面的细节测试工作将减少
5%（或小于）	内部控制实际可靠，基于审计结论，在信赖内部控制方面细节测试工作将减少 1/2 到 2/3

二、属性抽样的具体方法

属性抽样的方法主要有固定样本量抽样、停—走抽样、发现抽样三种方法。

1. 固定样本量抽样

这是一种使用最为广泛的属性抽样。常用于估计审计对象总体中某种偏差发生的比例，用“多大比例”来回答问题。例如，用这种方法估计重复支付的单据数，注册会计师最后得出的结论一般是：“有 95% 的可信赖程度说明重复支付的单据数占总体的 2%~6%”。

一般情况下，固定样本规模抽样的基本步骤如下。

（1）确定审计目的。审计的目的决定了“属性”的含义，审查某一个内部控制程序的执行情况与审查某个账户余额的准确性的“属性”含义是不同的。

（2）定义“属性”和“可容忍偏差率”。以购货付款业务为例，正常的内部控制应当包括核对验收报告与购货发票，然后再核准支付货款，因此，对于每张发票和验收报告，凡属下列情况之一的，均可以定义为偏差的属性：①未附验收单的发票；②与验收单所记载的内容不符的发票；③计算有误的发票；④要素不全的发票；⑤涂改、伪造的发票。

如前所述，“可容忍偏差率”是注册会计师认为抽样结果可以达到审计目的所愿意接受的审计对象总体的最大偏差率。在运用属性抽样审计进行控制测试时，可容忍偏差率是指注册会计师不改变对内部控制的可信赖程度而愿意接受的最大偏差发生率。其界限主要取决于被测试的内部控制的重要程度、差错的性质、金额和对差错属性的定义。

（3）定义审计对象总体。审计对象总体就是作为抽样对象的全部被审计事项的范围。在确定审计对象总体时，首先要明确审计目标，审计目标不同，被抽查的总体就不同。其次要明确审计对象总体的时间界限，通常以月度、季度、年度或经济业务活动的周期作为总体的时间范围。

（4）确定抽样方法。抽样方法应能保证样本的代表性，保证抽样审计结果的可靠性。抽样方法包括纯随机抽样、等距抽样、分层抽样、金额单位抽样、重复抽样和不重复抽样等。

（5）确定样本规模。属性审计的样本规模决定于抽样推断的精确度、可信赖程度和总体差错率。精确度的确定要考虑差错属性的性质，对重要的差错属性的发生率的推断应要求较高的精确度，在推断次要的差错属性的发生率时，可适当降低精确度。

可信赖程度的确定主要取决于注册会计师对内部控制的评价，对不好的内部控制下的抽样审计结论应要求较高的可信赖程度，以便减小抽样风险；对有效的内部控制制度，可适当降低可信赖程度要求。经常采用的可信赖程度是90%和95%。

总体偏差率与样本规模呈正比例关系。因为事先不知道总体偏差率，只能使用预计的总体偏差率。在实际工作中通常是利用样本规模确定表(表11-5)直接查得样本规模。

表11-5　控制测试统计抽样样本规模—信赖过度风险5%

(括号内是可接受的偏差数)

预期总体误差率(%)	可容忍误差率										
	2%	3%	4%	5%	6%	7%	8%	9%	10%	15%	20%
0.00	149(0)	99(0)	74(0)	59(0)	49(0)	42(0)	36(0)	32(0)	29(0)	19(0)	14(0)
0.25	236(1)	157(1)	117(1)	93(1)	78(1)	66(1)	58(1)	51(1)	46(1)	30(1)	22(1)
0.50	*	157(1)	117(1)	93(1)	78(1)	66(1)	58(1)	51(1)	46(1)	30(1)	22(1)
0.75	*	208(1)	117(1)	93(1)	78(1)	66(1)	58(1)	51(1)	46(1)	30(1)	22(1)
1.00	*	*	156(1)	93(1)	78(1)	66(1)	58(1)	51(1)	46(1)	30(1)	22(1)
1.25	*	*	156(1)	124(2)	78(1)	66(1)	58(1)	51(1)	46(1)	30(1)	22(1)
1.50	*	*	192(3)	124(2)	103(2)	88(2)	77(2)	51(1)	46(1)	30(1)	22(1)
1.75	*	*	227(4)	153(3)	103(2)	88(2)	77(2)	51(1)	46(1)	30(1)	22(1)
2.00	*	*	*	181(4)	127(3)	88(2)	77(2)	68(2)	46(1)	30(1)	22(1)
2.25	*	*	*	208(5)	127(3)	88(2)	77(2)	68(2)	61(2)	30(1)	22(1)
2.50	*	*	*	*	150(4)	109(3)	77(2)	68(2)	61(2)	30(1)	22(1)
2.75	*	*	*	*	173(5)	109(3)	95(3)	68(2)	61(2)	30(1)	22(1)
3.00	*	*	*	*	195(6)	129(4)	95(3)	84(3)	61(2)	30(1)	22(1)
3.25	*	*	*	*	*	148(5)	112(4)	84(3)	61(2)	30(1)	22(1)
3.50	*	*	*	*	*	167(6)	112(4)	84(3)	76(3)	30(1)	22(1)
3.75	*	*	*	*	*	185(7)	129(5)	100(4)	76(3)	40(2)	22(1)
4.00	*	*	*	*	*	*	146(6)	100(4)	89(4)	40(2)	22(1)
5.00	*	*	*	*	*	*	*	158(8)	116(6)	40(2)	30(2)
6.00	*	*	*	*	*	*	*	*	179(11)	50(3)	30(2)
7.00	*	*	*	*	*	*	*	*	*	68(5)	37(3)

(6)选取样本并进行审计。按照定义的偏差属性对选取的样本进行审查。

(7)评价抽样结果。在对样本进行审计后，应将查出的偏差加以汇总，并评价抽样结果。在评价抽样结果时，不仅要考虑偏差的次数，而且要考虑差错的性质。

(8)书面说明抽样程序。注册会计师应在其审计工作底稿上，书面说明前述7个步骤，作为审计抽样的整体结论的基础。

（二）停—走抽样

停—走抽样是固定样本规模抽样的一种特殊形式，它从预计总体偏差次数为零开始，边抽样边评价来完成抽样工作的方法。在这种方法下，抽样工作要经过几个步骤，每一步骤完成后，注册会计师都需要决定是停止抽样还是继续下一个步骤。由于这种方法的样本规模是不固定的，抽查到哪一步结束，应根据注册会计师对审查结果是否满意而定，故此被称为停—走抽样。

停—走抽样法的基本步骤如下。

（1）确定可容忍偏差和风险水平。

（2）确定初始样本规模。通常根据所确定的可容忍偏差和风险水平查表（表 11-6）获得。

（3）进行停—走抽样决策。通常是利用停—走抽样决策表进行决策。

例如，假定注册会计师确定的可容忍偏差率为 5%，可接受的信赖过度风险为 5%，查停—走抽样初始样本规模表（表 11-6）可得样本规模应为 60。

表 11-6　停—走抽样初始样本规模表

（预期总体偏差率为零）

可容忍偏差率 \ 样本规模 \ 信赖过度风险	10%	5%	2.5%
10%	24	30	37
9%	27	34	42
8%	30	38	47
7%	35	43	53
6%	40	50	62
5%	48	60	74
4%	60	75	93
3%	80	100	124
2%	120	150	185
1%	240	300	370

如果注册会计师在 60 个项目中找出 1 项偏差，则总体偏差在 5% 的信赖过度风险下为 8%（风险系数 4.8（表 11-7）除以样本规模 60），这个结果大于可容忍偏差率 5%，因此，注册会计师需增加样本 36 个，将样本规模扩大到 96 个（风险系数 4.8 除以可容忍偏差率 0.05）如果对增加的 36 个样本审计后没有发现偏差，则注册会计师可有 95% 的把握确信总体偏差率不超过 5%。

表 11-7　停—走抽样样本规模扩展及总体偏差率评估表

可容忍偏差率 \ 样本规模 \ 信赖过度风险	10%	5%	2.5%
0	2.4	3.0	3.7

续表

可容忍偏差率 \ 信赖过度风险 样本规模	10%	5%	2.5%
1	3.9	4.8	5.6
2	5.4	6.3	7.3
3	6.7	7.8	8.8
4	8.0	9.2	10.3
5	9.3	10.6	11.7
6	10.6	11.9	13.1
7	11.8	13.2	14.5
8	13.0	14.5	15.8
9	14.3	16.0	17.1
10	15.5	17.0	18.4
11	16.7	18.3	19.7
12	18.0	19.5	21.0
13	19.0	21.0	22.3
14	20.2	22.0	23.5
15	21.4	23.4	24.7
16	22.6	24.3	26.0
17	23.8	26.0	27.3
18	25.0	27.0	28.5
19	26.0	28.0	29.6
20	27.1	29.0	31.0

如果首次对60个样本审计后发现2项偏差，则总体误差率为10.5%（即 $6.3 \div 60 \times 100\%$），这比可容忍误差率大很多，因此，注册会计师应决定增加66个（$6.3 \div 0.05-60$）样本。如对增加的66个样本审计后没有找到偏差，注册会计师同样可以有95%的把握确信总体误差率不超过5%。如果又发现了1项偏差，则总体误差率为6.2%（即 $7.8 \div 126 \times 100\%$），这时，需要决定是再扩大样本量至156（即 $7.8 \div 0.05$）个，还是将上述过程得出的结果作为选用固定样本规模的预计总体偏差率而改变抽样的方式。一般来说，样本规模不宜扩大到初始样本规模的3倍以上。

应用停—走抽样，注册会计师可以构造一个如表11-8所示的决策表。

表 11-8 停—走抽样决策表

步骤	累计样本规模	如果累计偏差是以下数字就停止	如果累计偏差是以下数字（或其之一）则增加样本规模	如果累计偏差是以下数字则转到第5步
1	60	0	1,2,3,4	4
2	96	1	2,3,4	4

续表

步骤	累计样本规模	如果累计偏差是以下数字就停止	如果累计偏差是以下数字（或其之一）则增加样本规模	如果累计偏差是以下数字则转到第5步
3	126	2	3,4	4
4	156	3	4	4
5	以样本偏差作为总体偏差率，采用固定样本规模抽样			

（三）发现抽样

发现抽样又称显示抽样，它是在既定的可信赖程度下，在假定偏差以既定的偏差率存在于总体之中的情况下，至少查出一项偏差的抽样方法。发现抽样也是属性抽样的一种特殊形式，主要用于查找重大舞弊事项。它的理论依据是：假如总体中存在着一定发生率的舞弊事项，那么，在相当容量的样本中，至少可以发现一个舞弊事项。若对样本的审查结果没有发现舞弊事项，则可以得出结论说，在某一可信赖程度下，总体中舞弊事项的发生率，不超过原先假定的发生率。我们知道，若总体中存在着发生率很低（如0.1%）的舞弊事项，那么采用抽样审计方法不能确保我们一定能发现这种行为。但发现抽样却能以较高的可信赖程度，保证我们发现总体中存在着的发生率较低的（如1%）的舞弊事项。所以，当怀疑总体中存在着某种舞弊事项时，宜采用发现抽样方法。

发现抽样的步骤与固定样本规模抽样方法基本相同，只是需要说明以下两点。

第一，样本规模的确定仍需利用属性抽样时使用的样本规模确定表（表11-5），但应当把总体预计偏差率确定为零，这是由发现抽样的特点所决定的。如注册会计师对某企业现金收支凭证进行审查，在可信赖程度为95%，预计总体偏差为零，可容忍偏差率为2%时，查表11-5可知样本规模为149。

第二，在审查样本的过程中，如果发现了1张假凭证，则注册会计师就达到了发现抽样审计的目的，这时就可以停止抽样程序，对总体进行彻底的检查。如果在全部149张凭证中没有发现假凭证，那么注册会计师就可以95%的可信赖程度，保证总体中的舞弊事项在2%以下。换言之，这时注册会计师有95%的把握确信总体中不存在假凭证或假凭证的发生率在2%以下。

第三节　审计抽样在细节测试中的运用

由于在审计工作中存在大量的变量总体，使变量抽样在实践中得以广泛运用。变量抽样是对审计对象总体的货币金额进行细节测试时所采用的抽样方法。变量抽样法可用于确定账户金额是多少，是否存在重大错报等。变量抽样法通常运用于审查应收账款的金额、存货的数量和金额、工资费用、交易活动的有效性等。

在进行细节测试时，一般可采用均值估计抽样、比率抽样、差额估计抽样和PPS等变量抽样方法，这些方法均可通过分层来实现。一般情况下，变量抽样的步骤与固定样本规模抽样的步骤基本相同，包括确定审计目的；定义审计对象总体；选定抽样方法；确定样本规模；

确定样本选取方法；选取样本并进行审计；评价抽样结果；书面说明抽样程序。

一、传统变量抽样的方法

传统变量抽样主要包括三种具体的方法：均值估计抽样、差额估计抽样和比率估计抽样。

1. 均值估计抽样

均值估计抽样是指通过抽样审查确定样本的平均值，再根据样本平均值推断总体的平均值和总值的一种变量抽样方法。使用这种方法时，注册会计师先计算样本中所有项目审定金额的平均值，然后用这个样本平均值乘以总体规模，得出总体金额的估计值。总体估计金额和总体账面金额之间的差额就是推断的总体错报。

例如，注册会计师从总体规模为 1 000、账面金额为 1 000 000 元的存货项目中选择了 200 个项目作为样本。在确定了正确的采购价格并重新计算了价格与数量的乘积之和后，注册会计师将 200 个样本项目的审定金额加总后除以 200，确定样本项目的平均金额为 980 元，然后计算估计的存货余额为 980 000 元（980 × 1 000），总体错报就是 20 000 元（1 000 000−980 000）。

2. 差额估计抽样

差额估计抽样是以样本实际价值与账面价值的平均差额来估计总体实际价值与账面价值的平均差额，然后再以这个平均差额乘以总体项目个数，从而求出总体的实际价值与账面价值差额的一种抽样方法。差额估计抽样的计算公式如下：

$$\text{平均差额} = \frac{\text{样本实际价值与账面价值的差额}}{\text{样本量}}$$

$$\text{估计的总体差额} = \text{平均差额} \times \text{总体项目个数}$$

当错报与账面价值不呈比例时，通常可以运用差额估计抽样。

使用这种方法时，注册会计师先计算样本项目的平均差额，然后根据这个样本的平均差额推断总体。例如，假设被审单位的应付账款账面总值为 5 000 000 元，共计 4 000 个账户，注册会计师希望对应付账款总额进行估计，现选出 200 个账户，账面价值为 240 000 元，审计后认定的价值为 247 500 元。若使用差额估计抽样，计算过程如下：

$$\text{平均差额} = \frac{247\,500 - 240\,000}{200} = 37.5\text{（元）}$$

$$\text{估计的总体差额} = 37.5 \times 4\,000 = 150\,000\text{（元）}$$

$$\text{估计的总体价值} = 5\,000\,000 + 150\,000 = 5\,150\,000\text{元}$$

3. 比率估计抽样

比率估计抽样是以样本实际价值与账面价值之间的比率关系来估计总体实际价值与账面价值之间的比率关系，然后再以这个比率去乘以总体的账面价值，从而求出总体实际价值的估计金额的一种抽样方法。比率估计抽样法的计算公式如下：

$$\text{比率} = \frac{\text{样本实际价值之和}}{\text{样本账面价值之和}} \times 100\%$$

$$\text{估计的总体实际价值} = \text{总体账面价值} \times \text{比率}$$

推断的总体错报 = 估计的总体实际金额 - 总体账面金额

当错报与账面价值呈比例关系时，通常运用比率估计抽样。例如，假设被审单位的应付账款账面总值为 5 000 000 元，共计 4 000 个账户，注册会计师希望对应付账款总额进行估计，现选出 200 个账户，账面价值为 240 000 元，审计后认定的价值为 247 500 元。使用比率估计抽样时，注册会计师确定的实际价值与账面价值的比率为 103.125%（247 500 ÷ 240 000 × 100%），因此，估计的总体价值为 5 156 250（5 000 000 × 103.125%）元。

二、PPS 抽样

PPS 抽样（Probility-Proporional-lo-Size Sampling），即概率比例规模抽样，是以货币单位作为抽样单元进行选样的一种方法。在该方法下总体中的每个货币单位被选中的机会相同，所以总体中某一项目被选中的概率等于该项目的金额与总体金额的比率。项目金额越大，被选中的概率就越大。但实际上注册会计师并不是对总体中的货币单位实施检查，而是对包含被选取货币单位的余额或交易实施检查。注册会计师检查的余额或交易被称为逻辑单元。

PPS 抽样有助于注册会计师将审计重点放在较大的余额或交易中。此抽样方法之所以得名，是因为总体中每一余额或交易被选取的概率与其账面金额（规模）呈正比。当预计总体错报金额增加时，PPS 抽样所需的样本规模也会增加。在这些情况下，PPS 抽样的样本规模可能大于传统变量抽样的相应规模。

（一）PPS 抽样的优点

（1）PPS 抽样一般比传统变量抽样更易于使用。由于 PPS 抽样以属性抽样原理为基础，注册会计师可以很方便地计算样本规模，并手工或使用抽样样本量表评价样本结果。样本的选取可以在计算机程序或计算器的协助下进行。

（2）PPS 抽样的样本规模不需考虑所审计金额的预计变异性。而计算传统变量抽样的样本规模是在需要估计总体项目共有特征的变异性或标准差的基础上计算的。

（3）PPS 抽样中项目被选取的概率与其货币金额大小呈正比，因而生成的样本自动分层。如果使用传统变量抽样，注册会计师通常需要对总体进行分层，以减小样本规模。

（4）PPS 抽样中如果项目金额超过选样间距，PPS 抽样系统选样自动识别所有单个重大项目。

（5）如果注册会计师预计没有错报，PPS 抽样的样本规模通常比传统变量抽样方法更小。

（6）PPS 抽样的样本更容易设计，且可在能够获得完整的总体之前开始选取样本。

（二）PPS 抽样的缺点

（1）使用 PPS 抽样时通常假设抽样单元的审定金额大于账面金额或不小于零。如果注册会计师预计存在低估或审定金额小于零的情况，在设计 PPS 抽样方法时就需要特别考虑。

（2）如果注册会计师在 PPS 抽样的样本中发现低估，在评价样本时需要特别考虑。

（3）对零余额或负余额的项目选取需要在设计时特别考虑。例如，如果准备对应收账款进行抽样，注册会计师可能需要将贷方余额分离出去，作为一个单独的总体。如果检查零余额的项目对审计目标非常重要，注册会计师需要单独对其进行测试，因为零余额在PPS抽样中不会被选取。

(4)当发现错报时，如果风险水平一定，PPS抽样在评价样本时可能高估抽样风险的影响，从而导致注册会计师更可能拒绝一个可接受的总体账面金额。

(5)在PPS抽样中注册会计师通常需要逐个累计总体金额。但这不需要额外增加大量的审计成本，因为相关的会计数据一般会以电子形式储存。

(6)当预计总体错报金额增加时，PPS抽样所需的样本规模也会增加。在这些情况下，PPS抽样的样本规模可能大于传统变量抽样的相应规模。

(三)PPS抽样的操作

PPS抽样中可以使用随机选样、系统选样等方法选取样本，系统选样首先要将总体分为几个由同样的货币单位构成的组，并从每一组中选择一个逻辑单元(即实际单位)。每组的货币单位数量就是选样间距。

在使用系统选样方法时，注册会计师在1和选样间距(包含该选样间距)之间选择一个随机数，这个数字就是随机起点。然后注册会计师计算总体中逻辑单元的累计账面金额。选取的第一个逻辑单元就是包含与随机起点相对应的货币单位的那个项目。接下来注册会计师每隔n(n代表选样间距)个货币单位依次选取所需的抽样单元(即货币单位)，并选择包含这些抽样单元(即货币单位)的所有逻辑单元(即实际单位)。例如，注册会计师使用的选样间距为5 000元，他在1元和5 000元之间(含5 000)选择一个随机数作为随机起点，假设是第2 000个货币单位。然后依次是第7 000个(2 000元+5 000元)货币单位，第12 000个(7 000元+5 000元)货币单位，以及其后整个抽样总体中每间隔n个(本例中为5 000个)的货币单位被选取。注册会计师随后对包含第2 000个、第7 000个、第12 000……货币单位的逻辑单元实施检查。

由于每个货币单位被选取的机会相等，逻辑单元所含的货币单位越多(账面金额越大)，被选中的机会越大。相反，较小的逻辑单元被选中的机会也较小。在PPS抽样法下，金额等于或高于选样间距的所有逻辑单元肯定会被选中。而规模只有选样间距的一半的逻辑单元被选中的概率为50%。

主要概念

审计抽样　判断抽样　统计抽样　抽样风险　属性抽样　变量抽样

思考题

1. 为什么审计抽样逐渐被广泛使用？
2. 审计抽样方法适用于哪些审计程序？不适用于哪些审计程序？
3. 抽样风险和非抽样风险是如何影响审计工作的？
4. 哪些因素能够影响样本规模？

5. 如何理解可信赖程度与抽样风险？二者的关系如何？

6. 如何将审计抽样与职业判断很好地结合起来？

思政园地

夯实人才培养基础，助力行业诚信建设

为助力整顿审计秩序、净化行业风气，2021 年 3 月 31 日上午，中注协教育培训委员会召开会议，专题研讨“夯实人才培养基础，助力行业诚信建设”。

会议认为，多年来，行业以人才工作指导意见、胜任能力指南、继续教育制度等人才培养制度框架为核心，以“分层次、分阶段”人才培养体系为导向，打造了以高端人才为示范、广大注册会计师为中坚、注册会计师专业方向院校学生为后备的行业人才梯队，为行业服务国家建设提供了坚实的人才队伍保障，为我国资本市场的发展提供了有力支撑。

会议指出，诚信建设是行业的立业之本和发展之要，教育是立当下、管长远的工程，行业人才培养要始终坚持诚信教育不动摇。行业继续教育要聚焦诚信文化、职业道德、审计质量提升、反舞弊和大数据在审计技术中的应用等方面开展培训，引领全行业始终秉承独立、客观、公正的职业立场，弘扬诚信为本、操守为重、坚持准则的职业精神。

资料来源：河北省注册会计师协会：中注协教育培训委员会召开“夯实人才培养基础，助力行业诚信建设”专题会议，原文链接：https：//www.hebicpa.org.cn/l12/26131.html。（有改动）

第十二章　现代信息审计技术

学习目标

◆ 了解现代信息审计概念。

◆ 掌握计算机辅助审计技术的概念与分类。

◆ 掌握信息系统审计的概念与内容。

◆ 熟悉数据式审计技术。

引导案例

福州市大数据审计监督平台应用

福州市大数据审计监督平台是金审工程(福州)二期的一项建设内容,平台依托福州市政府云平台建设数据中心,并应用多维分析、关联分析等大数据处理技术,在建设的联网分析系统上搭建起大数据审计监督平台,主要包括审计数据中心和联网审计中心两大模块。其中,数据中心以金审工程的行业审计数据规划为基础,通过部署一系列的SSIS包,对社保、财政等行业业务数据的自动还原、转换和校验等数据进行标准化操作,实现数据采集、加工、转换、存储、交换、共享和管理,实现低端数据整理工作智能化;中心还可以灵活导入其他外部数据、行业数据,扩展现有数据库资源,形成一张"纵向到底、横向到边"的数据化审计"天网",开展多部门数据关联比对。审计中心是发现审计线索、解决审计问题的直接生产工具,设计了450多个审计数据分析模型,将审计专家的经验通过SQL语句等计算机执行语言转化成查询类数据分析脚本,应用于审计大数据分析,一键式生成分析结果,筛选审计疑点,实现科学的审计监督,实现对重点行业审计数据分析提供工具支撑,为实现审计监督"全覆盖"、疑点分析精准化奠定了坚实基础。平台还设置了一些常态化的分析任务,实时对不符合逻辑的数据、不符合相关指标的数据、不符合政策的数据,按照预设好的阈值开展自动预警、产生疑点,推进无项目审计的实现,及时控制风险,避免资金重大损失,真正实现了审计关口前移,加强日常审计。这种大数据审计模式,将多行业、多部门数据集中到审计数据中心,通过数据采集模板将原始数据转化为审计标准表数据,通过计算机审计方法模型实现自动化、流程化审计,使审计人员从繁重的数据采集和整理工作中解放出来,得以专注于审计思路和数据分析,推动审计工作从劳动密集型向知识密集型的现代审计方式转变,极大减少现场工作量,大大提高了审计工作效率。

资料来源:福建省审计厅。

案例思考

当下,信息技术的快速发展,云计算、大数据、机器学习、人工智能等技术的出现,给社会各行各业带来了创新和机会,新的信息技术为审计工作带来了哪些改变?

案例分析

在传统审计环境下,审计人员手工检查被审计单位的纸质材料,审计效率低,审计成本高。进入信息化时代,审计人员审计的对象由纸质的材料转变为以电子数据和信息系统为主,采用的审计手段为相关软件与工具,这在一定程度上提高了审计效率,降低了审计成本。但目前审计工作仍然需要大量的人工进行重复单调的工作,因此实现审计工作的自动化与智能化成为审计人员追求的目标。近年来,大数据、人工智能等信息技术的发展与应用为审计信息化的发展带来了机遇。利用大数据、人工智能等信息技术开展智能审计,成为审计行业发展的必然趋势。

第一节　现代信息审计技术概述

现代信息审计技术的产生与发展是审计科学、计算机科学、网络技术、电子数据处理技术等发展共同作用的结果。早在 1954 年,美国就首次将工资计算用电子计算机加以实现,标志着电子计算机进入了会计和管理领域,随后在 1955 年,美国学者就提出“通过计算机审计”。此后,信息技术在审计领域得到了日益广泛的应用,现代信息审计从初期的电子数据处理审计,到目前已发展到信息系统审计阶段,随着信息技术的不断发展,信息技术在审计方面应用的广度和深度仍在不断拓展。

一、现代信息审计的概念

现代信息审计包括信息系统审计和计算机辅助审计。

(一)信息系统审计

信息系统审计是收集和评估证据,以确定信息系统与相关资源能否适当地保护资产、维护数据完整、提供相关和可靠的信息、有效完成组织目标、高效率地利用资源并且存在有效的内部控制,以确保满足业务、运作和控制目标,在发生非期望事件的情况下,能够及时地阻止、检测或更正的过程。

(二)计算机辅助审计

计算机辅助审计技术通常也称为计算机技术的辅助审计工具,关于计算机辅助审计技术的定义,不同的文献资料有不同的视角。广义上讲,在帮助完成审计工作的过程中所采用的任何信息技术都可以归为计算机辅助审计技术,也有些文献则把计算机辅助审计技术仅限于指用于信息化环境下的审计数据的抽取和分析技术等。

中国审计署将计算机辅助审计技术定义为是指审计机关、审计人员将计算机作为辅助审计的工具,对被审计单位财政、财务收支及其计算机应用系统实施的审计。

我国理论和实务工作中,也有关于计算机审计的术语,两者有一定的区别。一般而言,计算机审计是与传统审计相对的概念,它是随着计算机技术的发展而产生的一种新的审计方式,其内容包括利用计算机进行审计和对计算机系统进行审计。即计算机审计的含义包括计算机系统作为审计的对象和作为审计的工具,因此计算机审计分为计算机数据审计和信息系统审计两个领域。

二、现代信息审计的特点

(一)审计思维不同

在数据取得受限和审计成本、时间约束下,传统的审计思维通常按审计对象的各个部分先进行分析,再整合得出总体结论,如通过样本推断总体。然而在现代信息审计时代,大数据等技术已在会计、审计工作中应用广泛,审计人员可以从审计总体出发,进行全面的分析。

(二)审计技术方法

在现代信息技术环境下,传统的审计技术方法观察、检查、询问、函证、重新计算、重新执行、分析程序仍将发挥重要作用,与传统审计不同的是,随着信息技术的发展,数据多维分析方法比如大数据智能分析技术等将成为审计人员更加有力的武器。

(三)审计方式不同

传统审计受审计资源的限制,往往在被审计单位业务完成后进行事后审计,这种模式难以满足审计信息及时性的要求。而现代信息审计,利用信息技术与大数据、云计算技术的交叉融合,让持续审计成为可能,对异常情况可以提前进行预警。

(四)审计风险不同

计算机信息系统在开发和研制的过程中可能存在系统漏洞,从而造成数据丢失、存储控制失灵、系统毁损等隐患,从而加大了审计系统的困难,提高了审计风险。并且,随着现代信息技术的发展,审计范围和审计对象也在发生着改变,审计人员不仅要对企业的诚信水平进行审计,还需要对企业的软件等相关方面进行审计,从而加大了审计的工作量,提高了审计风险。

三、现代信息审计的优点

(一)提高审计效率

现代信息审计技术下,审计方式将全面革新与优化,对被审计对象的财务成果和经济活动可以在线实时或远程审计、监控,根本上改变了审计计人员的工作方式。同时,事中审计、动态审计和远程审计等创新的审计方式也加快了审计进度,提升了审计效率,扩大了审计覆盖面,使审计结果更具说服力。

(二)保证审计质量

现代信息审计技术的运用,使审计抽样变得更快速、合理、更科学,对审计风险计量更客观。并且在信息技术的加持下,实现了数据的高性能、结构化储存,通过跨库关联查询,可以将信息快速萃取出来,使审计数据更为可靠、全面、充分、准确,审计质量得以大幅度提升。

(三)加强审计风险控制

随着经济的快速发展,企业规模不断扩大和经营复杂程度不断上升,对每一笔交易进行检查既不可行,也没必要。为了控制审计成本,传统审计一般通过审计抽样,以样本推断总体,这就导致了风险的存在。在现代信息审计技术下,抽查式审计可以转变为全量式审计,所有数据都成为分析对象,并对异常数据进行详细分析,实现审计风险的有效防控。

第二节　计算机辅助审计技术

随着信息技术的不断发展和计算机信息系统的广泛应用，越来越多的企事业单位开始大量应用信息技术进行业务处理，企业信息化水平的不断提高，促使基于信息系统实现数据的高度共享与业务的广泛协同逐渐成为现实。与此同时，信息系统的广泛应用，使得传统审计环境发生了巨大变化，给审计实务带来了新的机遇和挑战。

一、计算机辅助审计的意义

为适应信息化环境下审计工作的新要求 2014 年国务院发布《国务院关于加强审计工作的意见》要求，创新电子审计技术，提高审计工作能力、质量和效率。推进对各部门、单位计算机信息系统安全性、可靠性和经济性的审计。这为新形势下如何适应信息技术的发展，加强计算机辅助审计技术的应用，转变审计工作方式指明了方向。新形势下，开展计算机辅助审计，全面实现审计信息化，具有非常重要的意义，具体内容如下。

（1）开展计算机辅助审计是转变审计观念、深化科学发展、加强技术创新、提升审计效能的内在要求和有效途径。

（2）开展计算机辅助审计是充分发挥审计职能，变革审计技术与方法，加强审计力度和深度，提高审计效率，实现审计全覆盖的必然要求。

（3）开展计算机辅助审计也是加强审计业务管理、防范审计风险，提升审计质量的重要保证。

二、计算机辅助审计技术分类

从当前审计工作实践来看，计算机辅助审计技术有不同的应用领域，根据相关文献资料的研究，结合当前国内外计算机辅助审计技术的应用现状，可以将常用的计算机辅助审计技术分成以下两大类：

（1）面向系统的计算机辅助审计技术，主要用于验证和测试程序系统的内部逻辑和数据处理的正确性；

（2）面向数据的计算机辅助审计技术，主要用于对被审计单位相关的电子数据进行采集和分析处理，发现审计线索，收集审计证据，形成审计结论，如图 12-1 所示。

（一）面向系统的计算机辅助审计技术

面向系统的计算机辅助审计技术主要是基于程序分析的方法，对被审计单位的信息系统进行测试和验证，以判断信息系统控制的可靠性、有效性以及信息系统中数据处理逻辑的正确性。

1. 平行模拟

平行模拟是指针对某一应用程序，审计人员用一个独立的程序去模拟该程序的部分功能，在输入数据的同时进行并行处理，将其结果和该应用程序处理的结果进行比较，以验证其功能正确性。

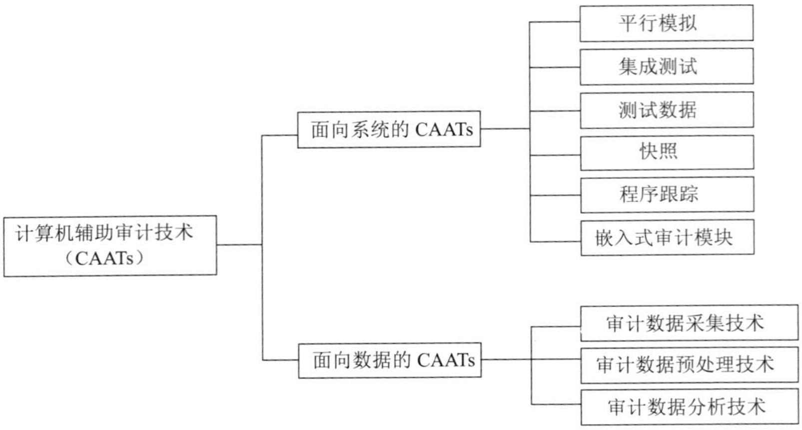

图 12-1 计算机辅助审计技术分类

2. 集成测试

集成测试是通过在数据库中创建虚拟实体文件,将真实业务数据与虚拟数据在被审计系统中随真实业务实时处理,以测试系统运行功能是否正确有效。

3. 测试数据

测试数据是指采用审计人员准备好的输入数据来检测应用系统,通过将处理的结果与预期的正确结果进行比较,从而评估应用系统的逻辑问题和控制问题的一种方法。这是一种相对简单的对信息系统检测和评估的方法。

4. 快照

快照技术是指审计人员在被审系统中认为重要的控制点上嵌入审计程序,当业务流经过不同的控制点时,嵌入审计程序就"捕获"该业务的映像,从而证实在不同快照控制点上业务的一致性。

审计人员通过仔细审查前后映像及其转换情况,进而评价该业务处理的真实性、正确性和完整性。通过快照记录可以为审计人员提供相应的审计线索。

5. 程序跟踪

跟踪法是指一种跟踪被审计程序处理步骤的审查技术,主要用于对被审程序内部逻辑实施检查。跟踪法通常通过运行跟踪软件、运用某些高级语言和数据库管理系统的跟踪命令来实现。

6. 嵌入式审计模块

嵌入式审计模块主要是通过在被审计单位的业务主机应用系统中嵌入专门编写的审计软件,从而有选择性地监控业务程序的运行。通常,这是作为实现在线持续审计模式的一种方式。

7. 程序编码审查

程序编码审查是对应用系统的编码进行详细审查的种技术,一般不算作真正的计算机辅助审计技术。通过审查程序编码,审计人员可以识别出程序中的错误代码、未被授权的代码、无效的代码、效率低的代码以及不标准的代码。这种技术的优点是审计人员审查的是程序本身,因此能发现程序中存在的任何错弊。其缺点是对审计人员的计算机水平要求高,比较费事费时,而且要确认被审计的源程序是真实运行系统的源程序。

8. 程序代码比较

程序代码比较是指审计人员对程序的两个版本进行比较。审计人员使用这种技术的目的主要有:第一,检查被审计单位所给的被审计系统和被审计单位所使用的系统是不是同一软件;第二,检查和前一个版本相比,程序代码是否发生了变化,如果发生了变化,是否有程序变更管理程序。

(二)面向数据的计算机辅助审计技术

在审计过程中,审计人员应获得充分有效的审计证据来实现审计目标,审计发现和结论应有相应的证据分析及解释作为支撑。当今的信息处理环境下,对于广大审计人员收集充分有效的相关证据是个极大的挑战,越来越多地被审计单位利用信息系统进行数据资料的存储和处理。审计人员需要从被审计单位复杂的信息系统中,获取到与财政收支、财务收支相关的电子数据;同时还要从被审计单位的外部,与被审计单位有关的其他系统如工商、税务、社保等系统采集到反映企业实际经营情况信息的相关数据,并进行综合分析。

面向数据的计算机辅助审计,主要是指利用计算机技术对信息系统中所存储和处理的电子数据进行的审计,具体来讲主要包括对被审计单位内外部相关的电子数据进行采集、转换、清理、验证和综合分析,以帮助审计人员快速掌握总体情况,发现审计线索,收集审计证据,形成审计结论,最终实现审计目标。面向数据的计算机辅助审计技术的应用主要包括三个重要步骤:审计数据采集、审计数据预处理和审计数据分析。

1. 审计数据采集

审计数据采集是获取被审计单位电子数据的重要步骤,需要根据审计目标要求,制定合适的数据采集策略,实现电子数据的识别导入。

审计数据采集的对象般是被审计单位信息系统的数据库文件或是备份数据,也可以是被审计单位外的行业部门数据等。

2. 审计数据预处理

审计数据预处理是对采集获取到的电子数据进行清理、转换和验证的过程,主要目的是为了确保数据质量,对采集数据的准确性、完整性进行验证。

3. 审计数据分析

审计数据分析是面向数据的计算机辅助审计中的最重要环节,通过数据库查询、数据挖掘等分析方法建立分析模型,撰写分析语句,发现审计疑点。

第三节　信息系统审计技术

在信息化环境下,信息系统及其数据成为组织的重要资产,因此,需要保障信息系统的安全性、可靠性、有效性等,要对信息系统的设计、开发、运行、维护、业务连续性管理等进行审计。另外,电子数据审计成为目前信息化环境下审计工作的一项重要内容,如果一个被审计单位的信息系统控制存在问题,那么系统中的电子数据必将也存在一定的问题。因此,开展信息系统审计对于保证审计结果的准确性、防范审计风险具有重要意义。

一、信息系统审计的概念

信息系统审计的国际权威组织国际信息系统审计与控制协会把信息系统审计定义为:信息系统审计是收集和评估证据,以确定信息系统与相关资源能否适当地保护资产、维护数据完整提供相关和可靠的信息、有效完成组织目标、高效率地利用资源并且存在有效的内部控制,以确保满足业务、运作和控制目标,在发生非期望事件的情况下,能够及时地阻止、检测或更正的过程。

二、信息系统审计的主要内容

对于信息系统审计的主要内容,主要包括一般控制审计、应用控制审计和 IT 治理审计等方面。随着审计信息化的发展,信息系统项目建设审计和信息系统绩效审计也成为审计实务中信息系统审计的重要内容。

(一)一般控制审计

一般控制审计是对信息系统整体环境控制的审计。它应用于一个单位信息系统全部或较大范围的内部控制,其基本目标为:防止系统被非法侵入、保护信息系统、确保数据安全、保证在意外情况下的持续运行等。

(二)应用控制审计

信息系统应用控制影响被审计环境中所有的系统软硬件、数据和人员。简单地讲,信息系统应用控制是为了适应各种数据处理的特殊控制要求,保证数据处理完整、准确地完成而建立的内部控制。应用控制审计是对应用系统控制的审计,其目的就是确保被审计单位的应用系统控制符合相关要求。

(三)IT 治理审计

IT 治理用于描述各企业是否采取有效的机制,使得 IT 的应用能够完成组织赋予它的使命,同时平衡信息技术与过程的风险,确保实现组织的战略目标,为了保证 IT 治理的有效性,审计人员需要对其进行审计。

(四)信息系统项目建设审计

信息系统项目建设审计是为了规范信息系统项目建设的管理,提高信息系统项目建设资金使用效益,防范相关风险,审计部门依据相关法律法规、规章制度,运用相关审计方法,对信息系统项目建设预算的整体公允性、招投标过程的公平公正性、待签合同的合法性、竣工结算的真实性、项目建设的经济性等进行审查验证。

(五)信息系统绩效审计

信息系统绩效审计是指对已建成并投入应用的信息系统项目的整体绩效(如经济性、效率性、安全性等方面)进行评估,为信息系统项目作用的进一步发挥、下一步的发展方向等提供决策参考,以促进信息系统项目的规范化建设。

三、信息系统审计的基本方法

（一）询问

询问是指审计人员询问被审计单位相关控制人员，了解某些内部控制、业务执行等事项。

（二）观察

观察法是指审计人员到被审计单位的相关现场，实地观察相关人员的实际工作和相关信息系统操作情况，以确认信息系统相关控制措施是否得到有效的执行，以及相关信息系统是否存在风险。

（三）文档查看法

文档查看法是指审计人员抽取与信息系统审计相关的文档（如信息系统需求报告、息系统设计说明书、信息系统用户使用手册等）以及其他有关证明材料，检查信息系统控制措施及制度是否被有效执行。

（四）穿行测试法

穿行测试法是指审计人员根据被审计单位相关信息系统的控制活动步骤，设计测试数据，测试相关控制是否有效。

（五）系统数据分析法

系统数据分析法是指通过分析被审计信息系统内外部的相关数据，发现信息系统相关风险的线索。随着大数据技术的广泛应用，也可以采用大数据审计技术通过大数据分析开展信息系统审计。

（六）面向系统的计算机辅助审计技术

常用的计算机辅助审计技术可以分成两类，用于面向系统的计算机辅助审计计技术和面向数据的计算机辅助审计技术。面向系统的计算机辅助审计技术是用于验证程序系统的，包括受控处理法、测试数据法、综合测试法、平行模拟法和程序跟踪法等；面向数据的计算机辅助审计技术主要用于对信息系统中的电子数据进行审计，包括数据采集、数据验证、数据整理和转换、建立审计中间表和数据分析等环节，采用的数据分析技术主要有账表分析法、数据查询法、审计抽样法、统计分析法、数值分析法、账龄分析法等。

第四节　数据式审计技术

一、数据式审计的概念

当前的计算机审计，无论是财务账套数据审计还是直接业务数据库数据审计，都是对企业信息系统运行所产生的数据进行审计，所以称为数据式审计。即数据审计是指审计人员利用被审计单位财务和业务数据，以及相关外部数据进行分析，从而揭示突出问题，发现风险隐患的过程。

二、数据式审计的技术方法

面对飞速发展的信息化环境，审计证据的获取大多是通过采用信息技术对被审计数据的分析来完成的。随着大数据时代的到来,被审计单位的大数据环境向电子数据审计提出了挑战,由大数据的特点可知,目前信息化环境下现有的电子数据审计方法将不能完全满足大数据环境下电子数据审计的需要,因此,大数据环境下需要新的电子数据审计方法。

(一)审计数据来源

数据式审计方法主要是被审计单位的内部数据,特别是结构化数据。在大数据环境下被审计单位内外部各种类型的相关数据,不仅包括结构化数据,还包括非结构化数据。

(二)审计数据采集方法

常用的审计数据采集方法主要有直接复制、通过中间文件采集、通过ODBC接口采集、通过专用模板采集以及远程联网数据采集等。大数据大环境下,一些专门针对大数据的采集方法也可用于审计大数据采集,例如,对于非结构化数据的采集,可以采用网络数据采集方法,这种方法通过网络爬虫等方式从网站上获取审计数据信息。

(三)审计数据预处理方法

一般针对采集来的结构化数据进行审计数据预处理,主要是解决不完整数据、不正确的数据、重复的数据等问题。名称转换、数据类型转换、代码转换、空值处理等是目前电子数据审计数据预处理过程中常用的方法。在大数据环境下不仅包括对结构化数据的预处理,有时还需要把非结构化数据通过预处理转化成结构化数据,或直接把非结构化数据预处理为可以方便分析的非结构化数据。

(四)审计数据分析方法

常用的审计数据分析方法主要包括账表分析、数据查询、审计抽样、析 方法统计分析、数值分析等。而常用的审计大数据分析方法主要包括大数据可视化分析技术、大数据多数据源综合分析技术、大数据智能分析技术。另外,大数据环境下,常用审计数据分析方法,如数据查询、统计分析、数值分析等,仍可以根据审计工作的实际情况使用,例如与大数据技术组合使用、对被审计大数据中的部分数据进行分析等。

主要概念

现代信息审计　　计算机辅助审计　　信息系统审计　　数据式审计

思考题

1. 现代信息审计与传统审计相比有何优点?
2. 面向系统的计算机辅助审计技术主要有哪些?
3. 信息系统审计包含哪些主要内容?
4. 数据式审计技术方法主要有哪些?

思政园地

树立终身学习观

审计工作经过几十年的发展,业务模式由传统现场局部调查模式发展为计算机辅助审计模式到现在的大数据审计模式。传统审计和计算机辅助审计工作主要是以财会数据结构化的业务和管理数据为主，当代信息技术已经将整个世界的存储定义为数据，审计除了面对传统的结构化数据，还包括数字、影像声音、文本等非结构化数据，大数据审计能够对审计对象的各方面信息全面记录，使通过 IT 技术采用总量审计模式成为可能，详细审计又重新回归。习近平总书记多次在中央审计委员会会议上强调，审计部门要提高大数据审计能力，要充分利用大数据时代的新技术新方法，进一步推进科技强审工作，从制度机制层面密切协作配合，加快普及审计新技术新方法，增强审计人员查核问题本领，提高审计工作效率，有效履行审计监督职能的同时，推动市域治理体系和治理能力现代化，提升政府治理能力。随着经济社会的发展和科学技术的不断创新，未来审计工作的变化无从预知，只有保证不断更新自身知识，才能在未来的审计工作中取得优异成绩。

第十三章　审计管理

学习目标

- ◆ 了解审计管理概念。
- ◆ 理解审计管理的特征。
- ◆ 了解政府审计管理、内部审计管理、注册会计师管理内容。

引导案例

加强审计质量管理 规范审计行为

淮北市审计局组织全市审计机关22名业务骨干对62个2021年度出具结论性文书的审计项目进行案卷质量检查。本次检查对市审计局的48个审计项目实施全覆盖，抽查县区审计局财政预算、经济责任、政府投资审计等14个审计项目。检查人员根据审计法律法规、《国家审计准则》和《安徽省审计机关审计业务管理办法》的要求，结合《淮北市审计局审计项目立卷归档操作规程》，从执行法定审计程序、审计实施方案的编制与执行、获取审计证据、编写审计记录、出具审计结论性文书、审计整改情况以及案卷归档等7个方面进行合法合规性检查，促进规范审计行为，提高审计质量，控制审计风险。近年来，为完善审计质量控制体系，制定出台《审计项目审理工作暂行规定》《淮北市审计机关项目质量检查办法》《关于进一步加强和改进审计项目管理的实施意见》《审计项目立卷归档操作规程》等制度，进一步加强审计项目质量管理和监督，提高审计质量，推动审计工作高质量发展，更好地发挥审计监督职能作用。

资料来源：淮北市审计局。

案例思考：什么是审计管理？加强审计管理对审计工作有什么帮助？

第一节　审计管理概述

审计管理不仅有利于加速我国审计工作的规范化、制度化和法制化的进程，也有利于审计机关独立、权威和公正形象的确立。具体地说，加强审计管理，有利于减少或避免审计风险，保证审计工作的质量、提高审计工作的效率、有效地使用审计资源等。

一、审计管理的含义

（一）审计管理的概念

广义的审计管理包括对审计主体和审计业务的管理。审计主体管理，主要是对审计机构和审计人员的管理，如机构设置、定岗定编、职责设计、人员选拔、培训及考核等。审计业务管理，主要是指是指审计机构为了实现既定的审计目标而进行的计划、决策、组织、指挥、协调和控制活动。它包括审计业务管理、审计行政管理、审计组织管理等。

（二）审计管理的主体和客体

审计管理的主体是国家审计机关、内部审计机构和社会审计组织。对于每一类审计组织而言，其管理主体是指它的决策机构或领导机构。以国家审计机关为例，审计机关作为政府机构的组成部分，执行着政府管理行政事务的行政职能，是一个行政管理机关，它不必执行具体的审计业务。但在我国，审计机关不同于其他行政机关的特点之一，就是它管理审计行政事务，而且还要组织各项具体的审计业务。可见我们日常所说的审计机关，实际上执行了审计行政事务和审计业务管理的双重职能。这是审计管理区别于经济管理和行政管理的特征之一。

审计管理的客体，即审计管理的对象，是指审计业务活动及其体现的审计关系。经济管理的客体是经济活动以及其中体现的经济关系。行政管理的客体是国家以及行政机关自身的事务性活动。因此不同的管理差别在于管理客体的不同。

第二节　政府审计管理

审计管理是一个系统工程，贯穿于审计业务活动的始终，不仅限于审计活动的某一方面或某一阶段，审计计划、审计组织、审计实施、审计报告，直至审计资料归档等各项工作，都需要进行严密、科学的管理，只有这样才能保证审计工作的高效和优质。从政府审计管理的实践看，它的各项活动主要围绕增强政府审计的独立性和权威性，促进审计项目的有效实施而开展。

一、审计项目计划管理

（一）审计项目计划概述

1. 审计项目计划的含义

审计项目计划是指审计机关按年度对审计项目和专项审计调查项目预先做出的统一安排，是用一定的质量指标和数量指标，以文字和表格的形式反映，用于指导、组织和控制全部审计活动的纲领和指南，促使审计组织和审计人员明确一个年度内所需要进行的审计项目种类、审计范围、审计目标、审计内容和重点。

2. 审计项目计划的种类

审计计划可以按不同的标准加以分类。

1）按计划期的长短划分

项目计划可分为中长期审计项目计划和短期审计项目计划。长期审计计划一般在 5 年以上、中期审计计划一般在 2 至 5 年，中长期大多采用滚动计划法进行编制，例如《“十四五”国家审计工作发展规划》。

短期审计项目计划一般按年度编制，年度审计项目计划是其主要形式。年度审计项目计划是审计机关开展审计项目的依据。本节所介绍的审计项目计划均指年度审计项目计划。

2)按照审计项目的组织来源划分

(1)统一组织审计项目计划。

上级审计机关为了更好地发挥审计在宏观经济管理层面的作用,确定由所辖区域内各级审计机关统一开展的审计项目的计划。安排统一的组织审计项目是实现审计业务以上级审计机关领导为主的重要方式和手段。

(2)自行安排审计项目计划。

各级审计机关根据自身审计资源状况,在本机关审计管辖和分工范围内,充分考虑自身实际情况后,自行安排开展的审计项目的计划。

(3)授权审计项目计划。

上级审计机关除统一组织审计项目外,还可以将所辖范围内的部分审计项目授权给下级审计机关实施。主要由上级审计机关根据审计机关审计资源情况,自己管辖范围内被审计单位的地理分布特征、社会经济地位和影响以及之前年度接受审计情况,从有利于充分发挥审计体系的整体功能、维护经济秩序、加强审计监督、扩大审计影响出发,根据需要所做出的计划安排。

(4)政府或其他部门交办的审计项目计划。

政府或其他部门按照一定程序要求审计机关进行审计的项目计划。对于交办的、在审计机关法定职责范围之内的审计事项,应当及时列入审计机关的审计项目计划。

(5)委托审计项目计划。

委托审计项目计划主要是指在审计机关法定职责范围内,由同级党政机关委托或提请审计机关进行审计的项目计划。

(二)审计项目计划管理概述

审计项目计划管理简称审计计划管理,是审计机关对年度审计项目计划的编制、协调、调整、检查和考核等一系列相互关联的活动的总称,是政府审计管理的一个重要环节,有广义和狭义之分。狭义的审计计划管理是指审计机关计划工作中计划编制的结果,告诉审计人员需要在什么时间,由什么人,采取什么方法,去开展什么样的活动以最终实现既定的目标。广义的审计计划管理是审计机关编制、执行计划,以及检查计划执行情况等一系列计划管理工作,确切地说,包括确定目标、决定行动方针和行动方案,并依据项目计划去配置各种资源,进而执行任务,最终实现既定目标的整个管理过程。

以审计机关年度审计项目计划为例,审计计划管理的内容包括:审计计划编制工作的管理、审计计划执行过程的控制和审计计划执行结果的检查和考核。科学有效地执行审计项目计划管理,对规范审计机关业务活动,确保审计工作高效、有序运行具有重要意义。

1. 审计项目计划管理的基本要求

审计计划管理没有固定的模式,不同的审计制度会导致不同的管理方式。因而对审计计划重点内容的确定、编制程序、执行与调整等方面的要求也不尽相同。就目前我国审计计划的编制与执行来看,应该符合以下一些基本要求。

1)科学性

这是对计划管理工作的首要要求。即整个的审计计划工作,从立项、编制、执行、反馈、考评等均须采用严谨的态度及科学方法来完成。如:立项须充分地论证、编制计划须遵循严谨的程序、计划执行与反馈须严格、考评体系须公正有效等。

2)全面性

计划管理涉及方方面面,对于其中的诸多因素及其关系必须以全面、联系的观点来对待。比如要正确处理审计成本、效率与审计质量的关系、要正确处理中长期目标与年度审计计划的关系等。

3)目的性

计划工作应有鲜明的目的。即在计划编制、执行中要有明确的要求和切实可行的目标。在执行完计划后,还要对是否达成最初的目标进行测评和考核,使得任务和目标能落到实处,取得实效。

4)审慎性

在计划执行时要对审计重要性进行评估,并运用正确的审计方法,实施必要的审计程序,有效地防范审计风险。同时,对审计风险水平也要有正确的评估,以免出现不必要的审计失误而出现新的审计风险。

5)可操作性

计划是审计工作开展的依据。因此,计划中制定的任务、提出的要求、达到的目标及执行情况的评估等都必须切合工作实际,具有可操作性,这样才能使审计工作高效有序。

2. 审计项目计划的管理模式

审计项目计划管理模式是审计组织体系内部各个层次审计计划管理权限和职责分工的组织形式。就各国审计计划管理的实践看,审计项目计划管理模式可以归纳为以下两种主要类型。

1)集权型

一般来说,在集权型模式下,下属层次和各职能部门很少有审计计划管理的权力,主要担负执行审计计划的职责,具有单纯执行性的特点。这种模式还具有保证审计目标的实现和易于协调审计业务的特点,但不利于各审计业务组织灵活开展审计业务。这种模式适合在一定范围内实行高度集中统一管理的审计项目。

2)分权型

分权型审计项目计划管理模式的根本特征就是:各层次审计组织都有自身的计划特别权限和相应地完成审计计划的职责。这种模式适合主要由自身独立的审计组织灵活完成的审计项目。这种模式有利于各审计组织灵活开展审计业务活动,但不利于整个审计业务活动的协调统一和审计目标的实现。

我国目前的审计项目计划管理模式,集权与分权两者相结合。选审项目计划采取的是介于集权型和分权型之间的管理模式,自定项目计划主要采取分权型管理模式。

3. 审计项目计划的编制与协调

1)编制审计项目计划的依据

(1)国家社会经济发展的方针政策和审计工作发展纲要;

(2)政府工作中心;

(3)审计资源,避免重复,减少交叉。

2)审计项目计划的编制

审计机关组织实施的所有审计项目(含专项审计调查项目),都应当纳入审计项目计划管理。全国审计机关的审计项目计划实行统一领导、分级负责。审计署负责领导和统筹管理全国审计机关的审计项目计划工作,地方审计机关负责编制本级统一组织审计项目计划。上级审计机关,统筹组织本地区审计机关力量对重大事项开展审计,或组织下级审计机关开展异地交叉审计。编制审计项目计划,应当坚持充分利用审计资源,突出重点,安排任务均衡和避免重复、交叉的原则。

审计机关按照下列步骤编制年度审计项目计划:

第一步:调查审计需求,初步选择审计项目;

第二步:对初选审计项目进行可行性研究,确定备选审计项目及其优先顺序;

第三步:评估审计机关可用审计资源,确定审计项目,编制年度审计项目计划。

审计机关在制订审计计划时有些项目是必选项目必须将其纳入项目计划。主要包括:法律法规规定每年应当审计的项目、本级政府行政首长和相关领导机关要求审计的项目、上级审计机关安排或者授权的审计项目。审计机关应当将年度审计项目计划报经本级政府行政首长批准并向上一级审计机关报告。

审计机关年度审计项目计划的内容主要包括:审计项目名称、审计目标、审计范围、审计重点、审计时间、审计项目组织和实施单位、审计资源等。审计机关编制年度审计项目计划可以采取文字、表格或者两者相结合的形式。

3)审计项目计划的调整

组织实施审计项目计划还应编制计划执行进度表。审计机关应当将年度审计项目计划下达审计项目组织和实施单位执行。年度审计项目计划一经下达,审计项目组织和实施单位应当确保完成,不得擅自变更。遇有下列情形之一的,应当按照原审批程序调整:

(1)本级政府行政首长和相关领导机关临时交办审计项目的;

(2)上级审计机关临时安排或者授权审计项目的;

(3)突发重大公共事件需要进行审计的;

(4)原定被审计对象发生重大变化,导致原计划无法实施的;

(5)需要更换审计项目实施单位的;

(6)审计目标、审计范围等发生重大变化需要调整的等。

为了加强对审计计划执行的管理,审计机关实行审计项目计划执行报告制度。报告的主要内容包括:

(1)计划执行进度;

(2)审计的主要成果；

(3)计划执行中存在的主要问题及改进措施与建议等。

4. 审计项目计划执行的监督检查

审计计划执行完毕后，为了更好地吸取经验教训，进一步改进审计计划管理的方法，审计机关应对审计项目计划管理情况进行监督检查。

监督检查主要内容包括：计划编制和报批、计划备案、计划执行和调整、工作量和成果统计、上下级审计机关审计项目安排沟通衔接，以及下级审计机关落实上级审计机关有关计划管理的安排部署等情况。

对违反审计计划管理规定的下列行为，给予处理处罚，追究相应责任：

(1)审计项目计划未按规定履行报批程序的；

(2)违反审计管辖范围规定安排和组织实施审计项目的；

(3)未按规定向上一级审计机关备案审计项目计划的；

(4)擅自变更审计项目计划的；

(5)未及时跟踪管理审计项目计划执行情况的。

二、审计项目质量管理

(一)审计项目质量管理的含义

审计项目质量管理是指审计机关和审计人员根据审计质量标准，使各项审计管理工作和业务工作按照预定目标和规定程序运作，以达到规定的质量水平，提高审计工作的效率。审计质量管理是实现审计目标的重要手段。

广义上的审计质量管理是指为保证每个审计项目按照国家审计准则的要求进行而制定的总的控制程序或政策，包括管理工作和业务工作，也就是我们通常所说的全面质量管理。全面质量管理主要包括四方面内容：审计的独立客观公正原则、科学的审计项目计划、审计人员的专业胜任能力、完善的审计准则等法律规范。

狭义上的审计质量管理是指为使某一具体审计项目按已拟定的总体审计计划顺利进行而制定的控制程序或政策，包括选项、立项、准备、实施、报告、归档等一系列环节的工作效果和实现审计目标的程度，也就是我们通常说的项目审计质量管理。项目审计质量是审计质量的核心，抓好项目审计质量是审计质量的落脚点。项目审计质量管理主要包括审计方案的制定、审计证据、审计工作底稿的审查、项目复核、监督与考核等控制程序。

(二)审计质量管理特征

1. 全面性

与审计项目质量有关的各种因素都应是质量管理的内容。包括审计人力资源管理、审计程序管理、审计文件管理等。

2. 全员性

与审计项目质量有关的各层次人员(包括审计机关领导、法制机构人员、业务部门负责人和审计组成员)都是质量管理的主体，都应参与审计项目的质量管理活动，同时也都是审计项目质量的责任人。

3. 全过程性

办理审计项目的全部过程都应实施质量管理。一般包括事前管理(审计项目的前期工作)事中管理(实施审计期间)、事后管理(审计项目后期工作等)。审计全面质量管理需要对这三个环节分别进行质量控制,把好每个环节的质量关,保证和提高整个审计质量,保证最终审计结论的质量。

(三)审计质量管理的方法

1. 分层次分阶段质量控制法

分层次分阶段质量控制法是按照审计机构的内部层次和工作顺序进行审计质量控制的方法。分层次分阶段质量控制法常用于审计工作底稿的复核,如审计人员编制的审计工作底稿通常要由审计组组长复核;项目审计完成后所整理出来的一切资料(包括审计工作底稿)通常要由审计业务部门负责人复核;专职复核机构还要对审计结果进行专门复核;审计机关负责人也要对整套项目审计资料进行审批。

2. 关键点质量控制法

不同的审计,不同的审计项目,其关键点不尽相同。在一次审计的各个审计阶段,其关键点也不相同。

3. 质量检查控制法

质量检查控制法就是专职或专门的检查小组(或人员)对正在进行的审计活动或已经结束的审计活动中的重要问题进行有目的的或例行的检查和评价。审计署颁发的《审计机关审计项目质量检查暂行规定》要求审计机关对本级派出机构、下级审计机关完成审计项目质量情况进行检查和评价。

三、审计档案管理

(一)审计机关的审计档案及审计档案工作

审计档案,是指审计机关进行审计(含专项审计调查)活动中直接形成的对国家和社会具有保存价值的各种文字、图表等不同形式的历史记录。审计档案工作,是指审计机关对审计档案进行的收集、整理、保管、利用、编制、统计、鉴定和移交,以及对下级审计机关审计档案管理工作的指导和监督。

审计机关的审计档案管理工作接受同级档案行政管理部门的监督和指导。审计机关审计档案应当实行集中统一管理。审计机关应当设立档案机构或者配备专职(兼职)档案人员,负责本单位的审计档案工作。

审计档案管理机构和档案人员的职责如下:

(1)认真贯彻执行国家关于审计档案管理工作的法规,依法建立本机关的审计档案管理工作规章、制度;

(2)组织、指导和监督本机关各部门审计文件材料的立卷和归档工作;

(3)按照国家有关规定,做好审计档案的收集、整理、保管、利用、调研、统计工作,为审计工作服务;

(4)定期对本机关库存审计档案进行鉴定,如期移交应由同级档案馆保管的审计档案;

（5）对下级审计机关的审计档案管理工作进行指导和监督，有计划地开展检查、总结、培训、研究等活动。

（二）审计文件材料的归档、保管和利用

审计文件材料归档工作实行审计组组长负责制。审计组组长应当确定立卷人，立卷人应当及时收集审计项目的文件材料，并在审计项目终结后及时立卷归档。

应归入项目审计档案的文件材料有：

（1）结论类文件材料，如审计报告、审计决定书、审计移送处理书等结论类报告，及相关的审理意见书、审计业务会议记录、纪要、被审计对象对审计报告的书面意见、审计组的书面说明等；

（2）证明类文件材料，如审计证据（含承诺书），审计工作底稿；

（3）立项类文件材料，如审计通知书，审计实施方案；

（4）备查类文件资料。

审查文件材料的归档时间应当在该审计项目终结后的 5 个月内，不得迟于该审计项目结束后的次年 4 月底。

审计档案的借阅：一般仅限定在审计机关内部。审计机关以外的单位如有特殊情况需要查阅、复制审计档案或者要求出具审计档案证明的，须经审计档案所属审计机关分管负责人审批，重大审计事项的档案须经审计机关主要负责人审批。

第三节　内部审计管理

内部审计管理指内部审计机构对审计活动所进行的计划、组织、指挥、协调和控制活动，内部审计管理的目标在于保证审计工作的质量，提高审计工作人员的效率，体现审计工作的独立性、权威性以及公正性，从而可以更好地发挥审计职能的作用。

一、内部审计机构管理

内部审计机构是部门、单位专职经济监督的部门，是部门、单位内部控制制度的有机组成部分。内部审计机构在本部门、本单位主要负责人的直接领导下，依照国家的方针政策、财政经济法规和有关规章制度，对本部门、本单位及其所属单位的财政、财务收支及其经济效益，进行内部审计监督，独立行使内部审计职权，业务上受国家审计机关的指导，对本部门、本单位主要负责人负责并报告工作。

（一）内部审计机构管理的目的

（1）实现内部审计目标；

（2）促使内部审计资源得到充分和有效的利用；

（3）提高内部审计质量，更好地履行内部审计职责；

（4）促使内部审计活动符合内部审计准则的要求。

（二）内部审计机构管理内容

内部审计机构的管理可以分为部门管理和项目管理。部门管理主要包括内部审计机构运行过程中的一般性行政管理。项目管理主要包括内部审计机构对审计项目业务工作的管理与控制。

1. 部门管理

1)审计计划

内部审计机构应当根据组织的风险状况、管理需要及审计资源的配置情况,编制年度审计计划。

2)人力资源

内部审计机构应当根据内部审计目标和管理需要,加强人力资源管理,保证人力资源利用的充分性和有效性。该项管理主要包括:内部审计人员的聘用、内部审计人员的培训、内部审计人员的工作任务安排、内部审计人员专业胜任能力分析、内部审计人员的业绩考核与激励机制等 。

3)财务预算

内部审计机构负责人应当根据年度审计计划和人力资源计划编制财务预算。编制财务预算时应考虑以下因素:内部审计人员的数量、内部审计工作的安排、内部审计机构的行政管理活动、内部审计人员的教育及培训要求、内部审计工作的研究和发展等。

4)组织协调

内部审计机构应当根据组织的性质、规模和特点,编制内部审计工作手册,以指导内部审计人员的工作。内部审计工作手册主要包括以下内容:内部审计机构的目标、权限和职责的说明、内部审计机构的组织、管理及工作说明等。

内部审计机构和内部审计人员应当在组织董事会或者最高管理层的支持和监督下,做好与组织其他机构和外部审计的协调工作。内部审计机构应当接受组织董事会或者最高管理层的领导和监督,在日常工作中保持有效的沟通,向其定期提交工作报告,适时提交审计报告。

5)审计质量

内部审计机构应当制定内部审计质量控制制度,通过实施督导、分级复核、审计质量内部评估、接受审计质量外部评估等,保证审计质量。

2. 项目管理

1)项目审计计划

内部审计机构应当根据年度审计计划确定的审计项目,编制项目审计方案并组织实施,在实施过程中做好审计项目管理与控制工作。

2)内部审计机构与项目负责人职责

在审计项目管理过程中,内部审计机构负责人与项目负责人应当充分履行职责,以确保审计质量,提高审计效率。

内部审计机构负责人在项目管理中应当履行下列职责:选派审计项目负责人并对其进行有效的授权、审定项目审计方案、督导审计项目的实施、协调、沟通审计过程中发现的重大问题、审定审计报告、督促被审计单位对审计发现问题的整改等。

审计项目负责人应当履行的职责包括下列方面：编制项目审计方案、组织审计项目的实施、对项目审计工作进行现场督导、向内部审计机构负责人及时汇报审计进展及重大审计发现、组织编制审计报告、组织实施后续审计等。

3）管理辅助手段

内部审计机构可以采取下列辅助管理工具，完善和改进项目管理工作，保证审计项目管理与控制的有效性：审计工作授权表、审计任务清单、审计工作底稿检查表、审计文书跟踪表等。

4）审计档案管理制度

内部审计机构应当建立审计项目档案管理制度，加强审计项目工作底稿的归档、保管、查询、复制、移交和销毁等环节的管理工作，妥善保存审计档案。

二、内部审计绩效管理

内部审计绩效管理是指组织为了提高内部审计管理的有效性，引导内部审计部门健康持续发展，采用科学规范的程序，并依据预先确定的一系列标准，定期或不定期对内部审计部门进行考核评价的过程。

（一）内部审计绩效的影响因素

内部审计绩效水平与时代发展和社会选择紧密相关，是一定时期社会结构决定的利益相关者行为的结果。社会结构和利益相关者行为构成了内部审计存在的外部环境，并通过内部审计发挥作用，内外的因素的共同作用推动内部审计绩效随着时代不断演进。内部审计绩效评价体系构建的基本思路是按照内部因素和外部因素沿着时间横截面展开的。

内部影响因素是指可由内部审计部门控制或者通过管理能够得到提升进而影响到内部审计绩效的因素，包括内部审计人员的胜任能力，所选内部审计方法，内部审计管理水平，内部审计准则、法律、法规执行情况，内部审计部门负责人的领导能力及其在组织中的地位，内部审计人员的团队意识，多元化审计技术、计算机技术的掌握程度，审计的独立性，审计的客观性，内部审计部门负责人与各运营部门经理间的关系、与外部审计人员的关系等。

外部因素是指不受内部审计部门控制或者不能通过管理提升的内部审计绩效影响因素，通常是外部环境因素，包括公司环境、公司治理水平、控制环境、审计委员会设置情况及其有效性、高层管理者的支持、企业高级管理层对内部审计的功能定位、管理当局对培训的重视程度、管理审计导向、组织文化风格、培训制度、国家法律法规、内部审计人员的升迁机会及报酬水准、外部审计与内部审计的沟通情况、内部审计相关法律法规的制度建设情况、被审计事项的复杂程度等。

（二）内部审计分析方法

1. 成本效益分析法

成本效益分析法，是将一定时期内项目的总成本与总效益进行对比分析的一种方法。即通过分析成本和效益之间的关系，以每单位效益所消耗的成本来评价项目效益。针对支出确定的目标，在目标效益额相同的情况下，比较支出所产生的效益及所付出的成本，通过比较分析，以最小成本取得最大效益为优。

2. 数量分析法

数量分析法，即对经营管理活动相关数据进行计算分析，并运用抽样技术对抽样结果进行评价的方法。

3. 因素分析法

因素分析法，是将影响投入和产出的各项因素罗列出来，分析所有影响收益及成本的内外因素，计算投入产出比，进行综合分析的一种方法。即查找产生影响的因素，并分析各个因素的影响方向和影响程度。

4. 层次分析（AHP）法

层次分析（AHP）法，基本原理是根据具有递阶结构的目标、子目标、约束条件及部门等来分析方案，用两两比较的方法确定矩阵，然后把判断矩阵的最大特征根相对应的特征向量的分量作为相应的系数，最后综合出各方案各自的权重，是一种定性和定量相结合的方法。

5. 统计分析法

统计分析的方法有很多，但最主要的是回归分析法。回归分析法是对两类或多类经济数据之间的因果关系进行分析，推导出相应回归方程，然后以此回归方程来推算自变量与因变量的变化规律。回归分析法的实质是从观察数据中找出自变量与因变量之间的相关关系。统计分析是绩效审计中用来了解情况、进行分析的常用方法。在评价经济性、效率性、效果性时，经常用统计分析的方法，分析其中各因素的影响，确定其中的因果关系或者找出存在的差距及原因。统计分析方法相对于调查来说，不易操作，要求审计人员具备一定的技术和能力，但准确性强，结论相对可靠。回归分析可以同时检验几个变量之间的关系，与趋势分析法和比率分析法相比，可以提供更加丰富的资料。这种方法需要具备一定的统计知识，但是随着计算机应用的普及，可以利用专门的统计软件来进行复杂的回归分析，使审计人员更容易应用这一方法。

6. 数据包络分析（DEA）法

数据包络分析（DEA）法，即以相对效率概念为基础，以凸分析和线性规划为工具，应用数学规划模型计算比较，来评价多输入和多输出的“部门”的相对有效性。DEA 方法可以被看作是一种非参数的经济估计方法，实质是决策单元之间的相对效率，从而对评价对象做出评价。DEA 方法根据一组关于“输入—输出”的观察值来确定有效生产前沿面。

7. 数理统计方法

数理统计方法，主要有主成分分析、因子分析、聚类分析、判别分析等。主成分分析法是把原来多个变量划为少数几个综合指标的一种统计分析方法，从数学角度来看，这是一种降维处理技术；因子分析法是从指标的独立性角度筛选指标，根据因子载荷的大小来挑选指标，留下载荷较大者；聚类分析法是从指标的代表性角度筛选指标，先采用系统聚类法将指标聚为一定数目的类别，然后选择每一类中的代表指标作为入选指标，以每类中平均相关系数较大而每类之间平均相关系数较小的指标为代表指标；判别分析法是预先根据理论与实践确定等级序列的因子标准，再将待分析的变量指标安排到序列的合理位置上的方法。

8. 调查法

调查法，即凭借一定的手段和方式，对某种或者某几种现象、事实进行考察，通过对收集到的各种资料进行分析处理，进而得出结论的方法。访谈是指通过访谈者与被访谈者之间的交流来获取信息的方法。访谈有多种方法，可以通过电话、面对面、信函访谈，访谈形式可以一对一、一对多、多对多进行，访谈对象可以是被审计单位有关人员和单位外的相关人员，如人大代表、研究人员、社会专家、长期关注某一事项的人员等。但应注意的是，访谈获取的证据一般不能作为事实性证据的唯一证据，就是说，访谈获取的证据还需要经过审计人员的进一步证实。当涉及的人员或单位很多以致无法进行必要访谈时，可以采用问卷调查的方式。问卷调查关键的环节是设计一整套科学合理的表格，要求所有内容采用问答方式，这些问题应该非常明确，切忌模棱两可或带有某种诱导性。

（三）内部审计绩效评价方法

1. 目标评价法

目标评价法，是将当期经济效益或社会效益水平与其预定目标标准进行对比分析的方法。它分析所完成目标的因素，从而评价支出绩效。此方法既可用于对部门和单位的评价，也可用于周期性较长项目的评价，还可用于规模及结构效益方面的评价。

2. 平衡计分卡（BSC）

平衡计分卡（BSC），是一种全面、系统、有效地考察和评价企业经营业绩的财务和非财务指标体系的方法。它根据公司的战略目标设计测评指标，从财务、流程、客户和创新学习能力四个不同的维度对公司的经营管理绩效进行综合、全面、系统地测量和评价。

3. 目标管理（MBO）法

目标管理（MBO）法，是一种综合性的绩效管理方法，是一种以建立目标体系为基础的考核方法，它特别强调全体员工共同参与设定具体的又确实能客观衡量工作业绩的目标。MBO将组织整体目标逐层转化为各阶层与各单位的子目标，形成目标体系，同时，以预定的目标作为激励员工的工具，定期回馈上级共同讨论进行绩效评估，是一种完整的规划与控制程序。

4. 经济增加值（EVA）法

经济增加值（EVA）法，是一套以经济增加值理念为基础的财务管理系统、决策机制、激励机制的评价制度。从算术角度来说，经济增加值是从税后利润提取包括股东和债权人的所有资金成本后的经济利润，是公司业绩衡量的指标，衡量企业创造的股东财富的多少。

第四节　注册会计师管理

一、会计师事务所管理

注册会计师行业的社会责任要求其保持执业的独立性、客观性和公正性。这种行业特点，首先需要保证注册会计机构的独立性，不受任何行政干扰，有独立发表审计结论的权利，才能保证其客观、公正性。其次，对具体执业者也要有严格的约束机制。由此，客观上要求建立一种风险、责任和权利高度统一的组织形式,由机构和执业者承担执业的经济和法律责任、严格约束自己执业行为的内部运行机制,使执业机构实现“自主经营、自担风险、自我约束、自我发展”。

(一)会计师事务所的组织形式

从世界范围来看,会计师事务所的形式包括独资、普通合伙制、有限责任合伙制、股份有限公司制等四类形式。

(1)独资制。独资制会计师事务所,是指注册会计师个人独立开办的事务所。其特点是个人出资并承担无限责任,这种组织形式适合中小企业代理记账、税务代理等一般性需要,但难以承接综合业务,因此不适合事务所长远发展。

(2)普通合伙制,即由两位或多位注册会计师合伙设立的会计师事务所。其特点在于:多人共同出资,并以各自财产对合伙事务所债务承担无限责任,这种形式虽然利益共享,能在一定程度有效扩展业务,但任何合伙人的执业行为都会影响整个事务所的生存和发展,因而风险较大。

(3)有限责任合伙制,即多个合伙人通过设立有限责任公司的方式来组建事务所。其显著特点是:事务所以其资产对债务承担有限责任,但各合伙人对个人执业行为承担无限责任。该方式结合了合伙制与公司制会计师事务所的优点,既能壮大会计师事务所的规模,又能促进注册会计师关注审计风险,因而得到了国际注册会计师职业界的认可。

(4)股份有限公司制,即通过设立股份有限公司方式组建事务所。它的特点有:执业的注册会计师认购事务所股份,并以其股份为限对本所债务承担有限责任,该方式虽然能迅速扩大事务所规模,但由于风险均摊,不利于注册会计师关注职业风险。

我国《注册会计师法》规定,不准个人设立独资会计师事务所,只批准有限责任会计师事务所和合伙会计师事务所。

【例 13-1】为什么中国不允许个人设立会计师事务所?会计师事务所的组织形式对注册会计师的业务有什么影响?

【答案提示】注册会计师个人单独设立会计师事务所,独立性和稳定性比较差,业务承受能力和风险承受能力比较弱,因而我国不允许设立独资会计师事务所。注册会计师被期望作为“信息风险的减少者”和“保险人”,但是注册会计师个人很难有能力担当这个角色,即使是无限责任,对于单个的注册会计师而言,其承担公众责任都是很困难的。因此,我国规定所有业务只能由会计师事务所统一承接,会计师事务所不能由个人设立,只能是合伙设立或者以有限责任形式设立。会计师事务所的组织形式决定了其抵御风险的能力,可以避免缺乏独立性的问题,可以承接更多、更大的项目,增强持久经营的能力。

(二)会计师事务所执业范围

会计师事务所的执业范围,可根据执业人员的专业结构分为以下几类。

综合性的事务所:事务所拥有多种专业资格的专业人员,在符合有关规定的前提下,可综合开展独立审计、企业价值评估、税务代理、会计咨询等多种业务;

专业事务所:也可以设立专项服务的专业服务机构,如企业价值评估事务所、税务代理事务所等。专项服务的事务所必须要有相应的专业资格的专业人员。

要鼓励会计师事务所进行重组和兼并、合并，向综合性、规模化发展，以适应国际注册会计师行业的发展趋势。

（三）会计师事务所业务承接

在我国，必须由会计师事务所统一接受委托，注册会计师不能以个人名义承办业务。接受委托时，应在业务约定书中明确承办业务的种类、范围，以及双方的责任，以避免客户对注册会计师所履行的职责误解，然后，再根据业务的性质选派适当的注册会计师担任该项工作，并制订审计计划。注册会计师在实施审计工作时，应依照具体情况，不断修订审计计划，达到业务约定书所要求的目的，完成审计工作时，应出具审计报告。审计报告除应由注册会计师本人签署外，还必须加盖会计师事务所的公章。注册会计师承办业务时，由会计师事务所按照收费标准统一收费。

（四）机构的准入与管理

1. 机构的资质审查

鉴于我国中介市场的发育状况，在一定阶段内，注册会计机构的管理仍应实行许可证制度，即由政府主管部门（或由法律授权中国注册会计师协会）根据注册会计师法中关于机构设立的标准和条件进行审批，发放执业许可证后，到工商部门登记注册。从长远模式来看，在建立了规范的执业市场秩序后，机构的设立，可逐步过渡到依法登记备案制。

2. 机构的注册登记

资质审查后，申请设立的机构可到工商部门登记注册，工商部门根据规定的资质条件，并根据《企业法人登记管理条例》和《公司登记条例》的规定给予注册。对我国注册会计师机构设立的管理应采取开放态度，即不分什么行业、叫什么名称，只要符合注册会计机构的设立标准，就应依法批准设立。这种管理方式，有利于中介服务机构向规模化、多元化发展，为注册会计师行业提供了开放、公平竞争的环境。

3. 执业的管理

中国注册会计师协会依法对注册会计机构的执业质量和执业行为进行监督和管理，要进行不定期的抽查和定期的审查，对违反执业准则的个人和机构给予处罚。

二、注册会计师协会管理

我国注册会计师行业的发展模式以行业自律管理为主，注册会计师协会在财政部门的指导下负责注册会计师行业的主要管理任务。注册会计师协会是注册会计师行业业内人士选举产生的行业自律管理的社团组织，在民政部门登记。在统一法律规范、统一执业标准、统一监督管理的原则指导下，对注册会计师和执业机构进行监督、管理。

（一）中国注册会计师协会的职责

注册会计师协会的主要职责为，审批及管理本会会员，指导地方注册会计师协会办理注册会计师注册；组织对注册会计师的任职资格、注册会计师与会计师事务所的执业情况进行年度检查；拟订注册会计师执业准则、规则，监督、检查实施情况；制定行业自律管理规范，对违反行业自律管理规范的行为予以惩戒；组织实施注册会计师全国统一考试；组织和推动会员培训工作;组织业务交流,开展理论研究,提供技术支持;开展注册会计师行业宣传;协调行业内外部关系,支持会员依法执业,维护会员合法权益;代表中国注册会计师行业开展国际交往活动;办理法律、行政法规规定以及国家机关委托或授权的其他相关工作。

(二)中国注册会计师协会会员

1. 会员种类

注册会计师协会会员分为个人会员和团体会员,从会员的具体构成上看中国注册会计师协会会员包括执业会员、非执业会员、团体会员、名誉会员。

考生通过注册会计师考试后,在会计师事务所工作一定时间,向注册会计师协会申请注册可成为执业注册会计师。若只是通过考试,则可以申请成为非执业会员。非执业会员需要两年的审计从业经验才能申请成为执业会员。执业会员是指从事审计鉴证业务,并在相应的报告签署姓名的 CPA。非执业会员不具有签署姓名的权利。所有执业和非执业会员都需要交纳会费,但执业会员和非执业会员交纳的会费价格不同。

2. 会员的权利和义务

中国注册会计师协会个人会员的权利:

(1)享有协会的选举权和被选举权;

(2)对协会给予的惩戒提出申诉

(3)参加协会举办的学习和培训活动;

(4)参加协会组织的专业研究和经验交流活动;

(5)获得协会提供的有关专业资料;

(6)通过协会向有关部门提出意见和要求;

(7)监督协会工作,提出批评和建议;

(8)监督协会的会费收支;

(9)有申请退会的权利。

中国注册会计师协会个人会员应履行以下义务:

(1)遵守协会章程;

(2)执行协会决议;

(3)遵守会员职业道德守则;

(4)遵守协会纪律;

(5)接受协会的监督、管理;

(6)按期缴纳会费;

(7)完成规定的后续教育学习任务;

(8)自觉维护注册会计师职业声誉,维护会员间的团结;

(9)承担协会委托的任务。

(三)协会管理组织机构

注册会计师协会是注册会计师行业自律管理的社团组织,管理机构应主要由业内人士组成。最高权力机构是全国会员代表大会,全国会员代表大会的职权是:制定、修改协会章程;选举协会理事;讨论决定协会工作方针和任务;审议、批准协会理事会的工作报告;制定、修改会费管理办法;审议理事会提请全国会员代表大会审议的其他事项。最高决策机构是会员代表大会选举产生的协会理事会,理事会对全国会员代表大会负责,其职权是:提议召开全国会员代表大会;选举协会常务理事会成员;选举协会领导成员;聘任协会常设执行机构领导成员等。日常办事机构是协会秘书处,为常设执行机构,秘书处负责具体落实协会会员代表大会、理事会、常务理事会的各项决议、决定,承担协会的日常工作。理事会设若干专门委员会,负责各方面行业专项管理工作。根据管理工作需要,各专业委员会可吸收相关的管理部门(证券监管部门、税务部门、国有资产管理部门等)人员和行业外的专家参与,以广泛吸收各方面的意见,保证注册会计师行业的独立性、客观性和公正性。

三、注册会计师行业管理

我国注册会计师管理为政府干预与行业自律结合型,是指在注册会计师管理中,政府管理与行业自我管理并重的管理体制。在该体制下,国家通过立法规范注册会计师行业,有关的政府部门发布行政性规章和命令对注册会计师行业进行管理和监督。同时,也充分发挥注册会计师协会的职能,对注册会计师实行行业管理,引导和促进审计事业的发展。

财政部门应当按照《注册会计师法》的规定和依法行政的要求,统一思想和认识,加强对注册会计师、会计师事务所、注册会计师协会的监督、指导,认真履行审批会计师事务所、审批注 册会计师执业准则和规则、对违法的会计师事务所和注册会计师实施行政处罚等行政职能,进一步 规范和加强对注册会计师行业的监管。注册会计师协会应当加强自律性管理、维护注册会计师合法 权益、提供专业支持和法律援助等,努力为注册会计师执业和行业发展服务。

(一)政府对注册会计师行业的管理

1. 政府主管部门对注册会计师行业的管理模式

(1)制定和颁布相关法律,对注册会计师行业的地位、行业自律组织、会计师事务所的设立、执业资格以及执业行为、违规处罚进行明确规定,使注册会计师行业可以依法运行。

(2)培育和扶持注册会计师服务市场,为注册会计师事务所规范执业创造条件。改善注册会计师的执业环境。

(3)授权注册会计师行业组织协助政府管理部门对行业的具体业务进行自律管理。

(4)两级财政部门依法审批从事注册会计师业务的机构,对执业情况进行年度检查。

(5)国务院财政部门负责制定注册会计师资格全国考试办法,并统一制定注册会计师证书。

(6)各级财政部门依法监督会计机构、注册会计师的执业情况,对会计机构、注册会计师的违法行为依法进行处罚。

2. 政府其他管理部门对注册会计师行业的管理

除了政府主管部门外,根据管理职能,还有一些政府管理部门对注册会计师行业进行相关的监督和管理,包括以下几种。

(1)工商管理部门:根据有关法律,工商管理部门对注册会计师行业的管理有两项内容。一是对成立的执业机构进行工商登记;二是对执业机构业务范围的监督,监督会计师事务所的经营活动、检查其业务范围是否合法、考核其经营管理状况如何,并且每年对执业机构依法进行年检。

(2)民政部门:对中国注册会计师协会进行登记注册,并对其各种活动进行监督管理。

(3)税务部门:对注册会计师事务所的经营活动依法征税,对违反税收制度的机构依法进行处罚。

(4)证监会:可会同财政部对注册会计师和会计师事务所从事证券、期货相关业务实施管理和监督,包括对注册会计师和会计师事务所从事证券、期货相关业务的资格确认,对其执业行为进行监督检查等。

(二)行业自我管理

我国注册会计师行业自我管理是各级注册会计师协会。中国注册会计师协会是注册会计师行业的全国性组织,省级注册会计师协会是其地方组织,在国务院财政部门的领导下,中国注册会计师协会通过制定审计准则和其他职业规范,组织注册会计师考试与培训,规范注册会计师的执业行为,提高审计工作的质量,有力地维护了审计职业的声誉,促进了审计事业的快速健康发展。当然,随着社会经济的不断发展,审计环境也会不断变化,作为行业自律组织的注册会计师协会也必须进行相应的改革和完善,以更好地发挥其行业自律职能,为社会主义市场经济发展服务。

关键概念

审计管理　政府审计管理　内部审计管理　注册会计师管理　会计师事务所

思考题

1. 审计管理的含义?
2. 审计管理的特征?
3. 什么是政府审计管理?
4. 什么是注册会计师管理?

思政园地

结合实际 解决问题

自中国注册会计师制度恢复重建以来,注册会计师行业发展取得了显著成就,高水平的审计质量对于强化资本市场信息透明、健全市场经济监督体系、保障社会公众利益、构建国内国际双循环相互促进的新发展格局具有重要意义。事实上,提高审计质量一直是注册会计师行业发展的重要目标。然而,一方面,现阶段会计师事务所质量管理机制运作不一,如规模较小的事务所易将主要精力投入拓展业务数量,忽视对审计质量的管理,继而发生潜在的审计质量问题;另一方面,由于委托和雇佣的关系,现阶段审计业务的主动权往往掌握于被审计单位,面对审计业务的激烈竞争,会计师事务所可能为持续经营而降低审计成本,进而导致审计质量水平下降。

鉴于此,要使审计服务达到理想的质量标准,必须有的放矢地进行审计质量管理,而唯有根据形势、环境、任务的不断发展及时对审计管理准则进行修订和完善,才能使审计质量管理工作规范化、制度化。2020 年 11 月,财政部批准印发《会计师事务所质量管理准则第 5101 号——业务质量管理》等三项准则,为我国审计质量管理进一步夯实了制度基础。

第十四章　终结审计和审计报告

学习目标

- ◆ 掌握审计差异调整表和试算平衡表编制方法。
- ◆ 掌握与管理层、治理层沟通内容和方法。
- ◆ 掌握审计报告的种类和基本类型。
- ◆ 重点掌握签发不同意见审计报告的条件要求。
- ◆ 掌握强调事项段。
- ◆ 掌握其他事项段。
- ◆ 掌握其他信息。

引导案例

如此收尾，岂能服众?

好的开始，是成功的一半。但过程和收尾也很重要！ 2019 年 4 月 15 日一家集设计、研发、生产、销售瓦楞纸箱印刷包装设备的上市公司，东方精工科技股份有限公司（以下简称“东方精工”在 2018 年年度财务报告中披露：全资子公司普莱德新能源电池科技有限公司（以下简称“普莱德”）2018 年净利润亏损 2.19 亿元。该报告经立信会计师事务所（特殊普通合伙）（以下简称“立信”）审计，并出具标准无保留意见审计报告。由于净利润低于原先的业绩承诺，补偿义务人北大先行、宁德时代、北汽产投、福田汽车和青海普仁（普莱德的原股东）应向东方精工赔偿金额合计 26.45 亿元。据东方精工的董事会工作报告称，经年审机构立信确认，标的普莱德与宁德时代、福田汽车的交易不公允，对这部分利润不予确认，这是导致普莱特 2018 年亏损的主要原因。

报告一出，震怒四起。4 月 22 日，普莱德原股东宁德时代发布公告称，东方精工公告的普莱德 2018 年度业绩不符合实际情况，对普莱德与本公司关联交易公允性的判断不客观，不予认可。5 月 6 日，普莱德召开媒体发布会指责：立信及东方精工对于普莱德 2018 年财务数据的调整明细缺乏事实依据且与以前年度的会计处理互相矛盾；东方精工及立信在制造所谓的财务数据分歧后一直消极沟通，致使分歧无法最终解决，审计报告迟迟无法出具，立信在普莱德 2018 年审计过程中福田汽车公告存在重大瑕疵，也拒绝与普莱德管理层沟通。5 月 8 日，深交所针对此事向东方精工发出问询函，要求说明此事。5 月 22 日，普莱德的原股东福田汽车发布公告，认为出具专项审核意见的立信在未与普莱德管理层就 2018 年度财务报表数据进行确认、未出具普莱德 2018 年度专项审计报告的情况下，直接在东方精工合并报表层面对普莱德 2018 年度业绩予以确认，严重违反了注册会计师执业准则与道德规范,不会认可东方精工所计算的补偿金额,也不认可其对普莱德计提的商誉减值。

综上,双方争议的核心焦点在于:立信对普莱德财务报告做出的审计调整是否合理、在审计调整前又是否与普莱德进行了沟通。

资料来源:陈汉文等:审计,北京:中国人民大学出版社,2020(有改动)

上述案例表明,注册会计师即使收集了充分、适当的审计证据并整理出具体错报,也并不意味着可直接出具审计意见、完结审计工作,在此之前还有很多工作要做。本章讲述注册会计师在完成外勤审计工作后还应执行哪些审计活动、审计报告。

第一节 编制审计差异调整表和试算平衡表

注册会计师在审计过程中发现的被审计单位会计处理方法与《会计准则》不一致,即存在审计差异。审计项目负责人应当根据审计重要性原则进行初步确认并汇总,编制审计差异调整表,建议被审计单位进行调整,使调整后的财务报表能够公允反映被审计单位的财务状况、经营成果和现金流量。

一、编制审计差异调整表

(一)审计差异种类

注册会计师完成了实质性测试后,审计小组应当总结和评价审计差异,即分析和确定财务报表中的错报金额,并提出调整财务报表的建议。造成审计差异的原因有很多,有些是交易过程中的错误,有些是会计核算上的错误,有些则可能是故意的错报。注册会计师必须关注这些审计差异,确保财务报表公允。

审计差异内容按是否需要调整账户记录可分为核算差异和重分类差异。核算差异是因企业对经济业务进行了不正确的会计核算而引起的差异,用审计重要性原则来衡量每一项核算差异,又可分为建议调整的不符事项和不建议调整的不符事项;重分类差异是因企业未按会计准则规定编制财务报表而引起的差异。要将这些差异事项汇总,编制审计调整分录汇总表(表14-1)、重分类分录汇总表(表14-2)和未调整不符事项汇总表(表14-3),便于审计项目的各级负责人综合判断、分析和决定,便于编制试算平衡表和被审计单位调整财务报表。

表14-1 调整分录汇总表

<table>
<tr><td colspan="2">被审计单位:</td><td colspan="3">索引号:</td></tr>
<tr><td colspan="2">项目:调整分录汇总表</td><td colspan="3">截止日:</td></tr>
<tr><td colspan="2">编制:</td><td colspan="3">复核:</td></tr>
<tr><td colspan="2">日期:</td><td colspan="3">日期:</td></tr>
<tr><td rowspan="2">序号</td><td rowspan="2">调整内容及项目</td><td colspan="2">调整金额</td><td rowspan="2">影响利润+(-)</td></tr>
<tr><td>借方</td><td>贷方</td></tr>
<tr><td></td><td></td><td></td><td></td><td></td></tr>
<tr><td></td><td></td><td></td><td></td><td></td></tr>
</table>

续表

表 14-2　重分类分录汇总表

被审计单位:		索引号:	
项目:重分类分录汇总表		截止日:	
编制:		复核:	
日期:		日期:	
序号	重分类内容及项目	重分类金额	
		借方	贷方

表 14-3　未调整不符事项汇总表

被审计单位:		索引号:		
项目:未调整不符事项汇总表		截止日:		
编制:		复核:		
日期:		日期:		
序号	未调整内容及说明	未调整金额		备注
		借方	贷方	

（二）审计差异的汇总

审计差异按性质可以分为已知错报、估计错报和差错准备三类：第一类是已知错报，即通过对账户或交易实施详细的实质性测试所确认的未调整的错报或漏报，如计算错误、分类不当或记录错误等；第二类是估计错报，即通过审计抽样或执行分析性程序所估计的未调整的错报或漏报；第三类是差错准备，即那些可能存在，但在审计过程中不一定必须查出的错报或漏报，或者说是可容忍的差异。

注册会计师应当对被审计单位未调整的已知错报和估计错报进行汇总，应该注意三方面的因素：一是这些错误或漏报在性质上是否重要，即是否涉及舞弊或违法行为；二是这些错误或漏报在金额上是否重要，即是否已经超过重要性水平；三是审计差异产生的原因，即应查明审计差异是由于工作疏忽造成的，还是内部控制本身固有限制所造成的。另外，如果前期未调整的错报或漏报尚未消除，且导致本期财务报表严重失实，注册会计师在汇总时也应把它包括进来。审计差异一般采用“审计账项调整分录汇总表”的形式予以汇总（表14-4）。

表 14-4　账项调整分录汇总表

被审计单位：			索引号：					
项目：账项调整分录汇总表			截止日：					
编制：			复核：					
日期：			日期：					
序号	内容及说明	索引号	调整内容				影响利润表 +（-）	影响资产负债表 +（-）
			借方项目	借方金额	贷方项目	贷方金额		

（三）审计差异的评价与处理

注册会计师在汇总审计差异并形成审计结果后，应当对其重要性和审计风险作最后的总体评价。对财务报表层次的重要性水平进行评价时，注册会计师应当注意重要性水平在审计过程中是否已做了修正，如果已做了修正，应以修正后的重要性水平作为评价的基础。注册会计师应当区别下列两种情况，对其分别进行处理：

（1）汇总数超过重要性水平。尚未调整的错报或漏报的汇总数超过了重要性水平时，注册会计师可以有两种选择：①提请被审计单位调整财务报表，使调整后的汇总数低于重要性水平;如被审计单位同意采纳,应获取其同意调整的书面确认函。②如果被审计单位管理层不愿对已验证的错报或漏报予以调整,或调整后的汇总数仍高于重要性水平,那么说明存在较大的审计风险,注册会计师应当扩大实质性测试范围,对错报或漏报进行重新评估。如果重新评估后的汇总数低于计划重要性水平,那么注册会计师可以发表无保留审计意见,否则注册会计师应当发表保留或否定的审计意见。

(2)汇总数接近重要性水平。由于审计测试的局限性,注册会计师不可能发现财务报表中存在的全部错报或漏报。因此,即使尚未调整的错报或漏报的汇总数接近重要性水平,但由于该汇总数连同尚未发现的错报或漏报的汇总数可能超过重要性水平,注册会计师也应当实施追加实质性程序或提请被审计单位调整,以降低审计风险并有助于形成恰当的审计意见。

二、编制试算平衡表

试算平衡表是为了确定注册会计师已审数据与会计报表之间差距的表格。它是在被审计企业提供未审会计报表的基础上编制的,考虑调整分录、重分类分录等内容。资产负债表和利润表的试算平衡表参考格式见表 14-5 和 14-6。(1)试算平衡表中的"审计前金额"栏,应根据被审计单位提供的未审计财务报表填列;(2)在编制完成试算平衡表后,应注意核对相应的勾稽关系。

表 14-5 资产负债表试算平衡表

被审计单位:					索引号:	
项目:资产负债表试算平衡表					截止日:	
编制:					复核:	
日期:					日期:	
项目	审计前金额	账项调整		重分类调整		期末审定数
		借方	贷方	借方	贷方	
货币资金						
交易性金融资产						
应收票据						
应收账款						
预付账款						
其他应收款						
其中:应收利息						
应收股利						
……						
合计						
短期借款						
交易性金融负债						
应付票据						

续表

应付账款						
……						
实收资本						
资本公积						
其他综合收益						
盈余公积						
未分配利润						
合计						

表 14-6　利润表试算平衡表

被审计单位：	索引号：
项目：资产负债表试算平衡表	截止日：
编制：	复核：
日期：	日期：

项目		审计前金额	调整金额		审定金额
			借方	贷方	
一	营业收入				
	减：营业成本				
	税金及附加				
	销售费用				
	管理费用				
	研发费用				
	财务费用				
	资产减值损失				
	加：其他收益				
	投资收益				
	公允价值变动收益				
	资产处置收益				
二	营业利润				
	加：营业外收入				
	减：营业外支出				
三	利润总额				
	减：所得税费用				
四	净利润				
五	未分配利润				

【案例分析 14-1】

基本案情:注册会计师在对某股份有限公司2021年度财务报表进行审计时,发现以下问题:

(1)2021年5月1日,公司按面值发行2年期、面值为2 400万元、票面年利率为10%的企业债券,年末未计提债券利息。

(2)2021年11月份,公司盘点发现短缺产成品25万元,作了借记“待处理财产损溢”科目25万元、贷记“库存商品”科目25万元的会计处理。次年1月,查明短缺原因,其中属于一般经营损失部分的为20万元,属于非常损失部分的为5万元。公司没有对2021年度的财务报表作相应的调整。

(3)公司采用备抵法核算坏账,坏账准备按期末应收账款余额的6%计提。2021年年末未经审计的资产负债表反映的应收账款科目为借方余额1 050万元,其他应收款科目为借方余额84.6万元,预收账款科目为贷方余额67.5万元,坏账准备科目为贷方余额63万元。其中,应付账款和预收账款科目的明细组成见表19-1。

表13-7 明细组成 单位:万元

应付账款——A公司	300	预收账款——F公司	105
应付账款——B公司	-75	预收账款——G公司	50
应付账款——C公司	104	预收账款——H公司	-100
应付账款——D公司	50	预收账款——I公司	9.5
应付账款——E公司	25	预收账款——J公司	3
合计	404	合计	67.5

分析要点:

如果不考虑重要性水平,针对上述3种情况,注册会计师应分别提出什么样的审计调整建议(包括报表重分类审计调整分录)?编制调整分录时忽略对税费、期末结转损益及利润分配的影响。

答案提示:

对于第一种情况,应作调整分录如下:

借:财务费用 1 600 000

　　贷:应付债券——应计利息 1 600 000

对于第二种情况,应作调整分录如下:

借:管理费用 200 000

　　营业外支出 50 000

　　贷:待处理财产损溢 250 000

对于第三种情况,应作相关处理如下:

(1)将应付账款中的借方余额部分通过财务报表重分类调整至“预付账款”科目:

借:预付账款——B公司 750 000

　　贷:应付账款——B公司 750 000

（2）将预收账款中的借方余额部分通过重分类调整至“应收账款”科目：

借：应收账款——H 公司　1 000 000

　　贷：预收账款——H 公司　1 000 000

（3）按期末应收账款余额的 6% 补提坏账准备 =（1 050+84.6+100）×6%-63=11.076（万元）

借：资产减值损失　110 760

　　贷：坏账准备　110 760

【案例分析 14-2】

基本案情：公开发行 A 股的和顺股份有限公司（以下简称和顺公司）系 U 会计师事务所的常年客户。A 和 B 注册会计师负责对和顺公司 2021 年度财务报表进行审计，并确定财务报表层次的重要性水平为 120 万元。和顺公司 2021 年度财务报表于 2022 年 2 月 25 日获董事会批准，并于同日报送证券交易所。和顺公司适用的增值税税率为 13%。其他相关资料如下：

2021 年 1 月和顺公司为 G 公司向银行借款 4 000 万元提供信用担保。2021 年 12 月，因 G 公司未能偿还到期债务，银行向法院起诉，要求和顺公司承担连带责任，支付借款本息 4 240 万元。2022 年 1 月 20 日，法院终审判决银行胜诉，并责令和顺公司于 2022 年 1 月 25 日前执行完毕。考虑到 G 公司已宣告破产清算，无法向其追偿债务，和顺公司在 2021 年度作了如下会计处理：借记“营业外支出”科目 4 240 万元，贷记“预计负债”科目 4 240 万元。这一事项使和顺公司 2021 年年末的营运资金和 2022 年 1 月经营活动产生的现金流量净额均出现了负数。针对可能导致对持续经营能力产生重大疑虑的上述事项，和顺公司提出了拟采取的改善措施。A 和 B 注册会计师实施了必要的审计程序，认为和顺公司编制 2021 年度财务报表所依据的持续经营假设是合理的，但持续经营能力仍存在重大不确定性。

分析要点：

如果不考虑审计重要性水平，针对资料中的事项，回答 A 和 B 注册会计师是否需要提出审计调整建议。若需要提出审计调整建议，请直接列示审计调整分录（审计调整分录均不考虑对和顺公司 2021 年度的企业所得税、期末结转损益及利润分配的影响）。

答案提示：

和顺公司于 2021 年年末所作的会计处理是正确的，但在法院于 2022 年年初做出终审判决、和顺公司已经支付了赔偿款后，该事项的不确定性已不复存在，A 和 B 注册会计师可以建议和顺公司将原已记入“预计负债”科目的 4 240 万元调整记入“其他应付款”科目。调整分录如下：

借：预计负债　42 400 000

　　贷：其他应付款——××银行　42 400 000

（注：上述调整分录不影响和顺公司 2021 年度的利润总额，注册会计师可以不向和顺公司提出该调整建议）

在对和顺公司持续经营假设的合理性存在疑虑的情况下，A 和 B 注册会计师应建议和顺公司在2021年度财务报表附注中适当披露导致对持续经营能力产生重大疑虑的事项或情况以及持续经营能力存在重大不确定性的事实,并充分披露拟采取的改善措施。

第二节　与治理层和管理层的沟通

一、与治理层的沟通

《中国注册会计师审计准则1515——与治理层的沟通》明确注册会计师在财务报表审计中与治理层沟通的责任。

注册会计师与治理层有效的双向沟通十分重要,一是有助于注册会计师和治理层了解与审计相关事项的背景,并建立建设性的工作关系,在建立这种关系时,注册会计师需要保持独立性和客观性。二是有助于注册会计师向治理层获取与审计相关的信息。例如,治理层可以帮助注册会计师了解被审计单位及其环境,确定审计证据的适当来源,以及提供有关具体交易或事项的信息。三是有助于治理层履行其对财务报告过程的监督责任,从而降低财务报表重大错报风险。

沟通的形式涉及口头或书面沟通、详细或简略沟通、正式或非正式沟通。审计中发现的重大问题,如果根据职业判断认为采用口头形式沟通不适当,应当以书面形式与治理层沟通。书面沟通不必包括审计过程中的所有事项。如果被审计单位是上市实体,注册会计师应当就其独立性,以书面形式与治理层沟通。

表14-7　与治理层的沟通

	注册会计师与财务报表审计相关的责任	计划的审计范围和时间安排的总体情况(包括识别出的特别风险)	审计中发现的重大问题	注册会计师的独立性
沟通事项	(1)注册会计师负责对管理层在治理层监督下编制的财务报表形成和发表意见; (2)财务报表审计并不减轻管理层或治理层的责任。	计划的审计范围和时间安排的总体情况(包括识别出的特别风险)	(1)注册会计师对被审计单位会计实务(包括会计政策、会计估计和财务报表披露)重大方面的质量的看法。在适当的情况下,注册会计师应当向治理层解释为何某项在适用的财务报告编制基础下可以接受的重大会计实务并不一定最适合被审计单位的具体情况; (2)审计工作中遇到的重大困难; (3)已与管理层讨论或需要书面沟通的审计中出现的重大事项,以及注册会计师要求提供的书面声明,除非治理层全部成员参与管理被审计单位; (4)影响审计报告形式和内容的情形(如有); (5)审计中出现的、根据职业判断认为与监督财务报告过程相关的所有其他重大事项	(1)就审计项目组成员、会计师事务所其他相关人员以及会计师事务所和网络事务所按照相关职业道德要求保持了独立性做出声明。 (2)根据职业判断,注册会计师认为会计师事务所、网络事务所与被审计单位之间存在的可能影响独立性的所有关系和其他事项,包括会计师事务所和网络事务所在财务报表涵盖期间为被审计单位和受被审计单位控制的组成部分提供审计、非审计服务的收费总额。这些收费应当分配到适当的业务类型中,以帮助治理层评估这些服务对注册会计师独立性的影响。 (3)为消除对独立性的不利影响或将其降至可接受的水平,已经采取的相关防范措施

续表

沟通项目	沟通具体内容
沟通的目的	（1）就注册会计师与财务报表审计相关的责任、计划的审计范围和时间安排的总体情况，与治理层进行清晰的沟通。 （2）从治理层获取与审计相关的信息。 （3）及时向治理层通报审计中发现的与治理层对财务报告过程的监督责任相关的重大事项
沟通的时间	注册会计师应当及时与治理层沟通。应当根据具体的业务环境确定适当的沟通时间：①对于审计中遇到的重大困难，如果治理层能够协助注册会计师克服这些困难，或者这些困难可能导致出具保留意见或无法表示意见的审计报告，应尽快予以沟通；②对于注册会计师注意到的内部控制设计或实施中的重大缺陷，应尽快与管理层或治理层沟通；③对于审计中发现的与财务报表或审计报告相关的事项，包括注册会计师对被审计单位会计处理质量的看法，应在最终完成财务报表前进行沟通；④对于注册会计师的独立性，应在最终完成财务报表前或在对独立性威胁及其防护措施做出重大判断时进行沟通；⑤如果同时审计特殊目的财务报表或其他历史财务信息，沟通时间应与通用目的财务报表审计的沟通时间相协调
沟通过程的充分性	注册会计师应当评价其与治理层之间的双向沟通是否足以实现审计目标。如果无法进行足够的沟通，就可能存在不能获取充分、适当的审计证据的风险，注册会计师应当考虑沟通不充分对评估重大错报风险的影响，要与治理层讨论这种情况。如果这种情况得不到解决，应采取下列主要措施：①根据审计范围受限的程度出具保留意见或无法表示意见的审计报告；②就采取不同措施的后果征询法律意见；③与治理结构中拥有更高权力的组织或人员沟通，或与监管机构等第三方沟通；④解除业务约定

二、与管理层的沟通

审计准则没有规范注册会计师与管理层或所有者的沟通，除非他们同时履行治理职责。但在审计实务工作中，注册会计师一般就财务报表审计相关事项与管理层讨论。在与治理层沟通特定事项前，注册会计师通常先与管理层讨论，除非这些事项不适合与管理层讨论。不适合与管理层讨论的事项包括管理层的胜任能力和诚信问题等。

第三节　复核审计工作

注册会计师在外勤工作阶段时所收集的审计工作底稿一般是分散的、不系统的。因此，编制审计报告以前，应根据审计计划中拟定的内容、范围和要求，遵照《会计师事务所质量管理准则第 5101 号——业务质量管理》《会计师事务所质量管理准则第 5102 号——项目质量复核》，对审计工作底稿进行整理和复核。项目负责人应当在审计过程的适当阶段及时实施复核，以使重大事项在审计外勤工作结束前得到满意解决。在出具审计报告前，项目负责人应当通过复核审计工作底稿和与项目组讨论，确信获取的审计证据已经充分、适当，足以支持形成的结论和拟出具的审计报告。项目负责人应当对复核的范围和时间进行适当的记录。

一、审计工作底稿整理、复核已审计财务报表

（一）审计工作底稿整理、复核

注册会计师在外勤工作阶段所收集的审计工作底稿一般是不系统的、分散的，在编制审计报告前，应根据审计计划中拟定的内容、范围和要求对其进行整理和复核。

（1）项目组成员对各自的审计工作底稿进行初步整理。主要检查是否已经完成了规定

的审计任务,是否存在遗漏程序,找出审计过程中发现的问题,提出相应的处理意见。

(2)项目组内经验多的人员对经验少人员的工作进行复核。在复核时应当考虑如下内容。

①审计工作是否按照法律法规、职业道德规范和审计准则的规定要求执行。

②重大事项是否已提请治理层和管理层进一步考虑。

③相关事项是否已进行适当咨询,由此形成的结论是否得到记录和执行。

④是否需要修改已执行审计工作的性质、时间和范围。

⑤已执行的审计工作是否支持形成的结论,并已得到适当记录。

⑥获取的审计证据是否充分、适当。

⑦审计的目标是否实现。

在出具审计报告前,项目负责人应当通过复核审计底稿、与项目组讨论等方式,确认获取的审计证据充分、适当,足以支持形成的审计结论和拟出具的审计报告。复核的主要内容包括对关键领域所做的判断,尤其是执行审计业务过程中识别出的疑难问题或争议事项,特别风险,以及项目负责人认为重要的其他领域。项目负责人应当对复核的范围和时间予以适当记录。

(三)复核已审计财务报表

审计完成阶段对财务报表的最后审阅是非常必要的,因其与工作底稿的最后复核密切相关,有时还是交替进行的。尽管编制财务报表和提供相关信息是被审计单位的责任,但由于注册会计师具备非常扎实的会计专业知识与经验,往往会从业务上指导被审计单位如何编制规范的财务报表及其附注,但不是代替被审计单位做业务上的判断。

项目负责人或主任会计师应当在审计结束或临近结束时复核经审计的财务报表。复核人员应当运用分析程序对财务报表总体进行复核,以确定财务报表整体是否与其对被审计单位的理解一致,并要特别关注是否存在不正常的金额或关联方交易,同时分析所获取的审计证据是否恰当充分。

如果识别出以前未识别的重大错报风险,注册会计师应当重新考虑对全部或部分各类交易、账户余额、列报评估的风险是否恰当,并在此基础上重新评价之前计划的审计程序是否充分,并考虑追加实施进一步审计程序。在执行分析程序时,比较的一方是被审计单位经审计后的财务报表,另方通常是注册会计师的预期结果同行业有关资料或其他相关资料。

二、项目质量复核

对上市公司进行财务报表审计时,为了保证特定业务执行的质量,遵照《会计师事务所质量管理准则第 5102 号——项目质量复核》,除了需要项目组实施组内复核外,会计师事务所还应当制定政策和程序,要求对特定业务实施项目质量复核,并在出具报告前完成项目质量复核。项目质量复核,是指在报告日或报告日之前,项目质量复核人员对项目组做出的重大判断及据此得出的结论做出的客观评价。需要注意的是,会计师事务所应当制定政策和程序,以明确项目质量复核人员的任职资质要求。项目质量复核人员不得作为项目组成员,一是具备适当的胜任能力,包括充足的时间和适当的权威性以实施项目质量复核。项目质量复核人员的胜任能力应当至少与项目合伙人相当。二是遵守相关职业道德要求，包括与项目质量复核人员如何应对对其客观性和独立性产生的不利影响相关的职业道德要求，并在实施项目质量复核时保持独立、客观、公正。三是遵守与项目质量复核人员任职资质要求相关的法律法规规定（如有）。

第四节　审计报告含义、作用和种类

一、审计报告的概念

审计报告，是指注册会计师根据审计准则的规定，在执行审计工作的基础上，对财务报表发表审计意见的书面文件。审计报告是审计工作的最终结果，是注册会计师在完成审计工作后向委托人提交的最终产品，具有以下特征：

①注册会计师应当按照审计准则的规定执行审计工作。

②注册会计师在实施审计工作的基础上才能出具审计报告。

③注册会计师通过对财务报表发表意见履行业务约定书约定的责任。

④注册会计师应当以书面形式出具审计报告。

⑤注册会计师应当根据由审计证据得出的结论，清楚表达对财务报表的意见。注册会计师一旦在审计报告上签名并盖章，就表明对其出具的审计报告负责。

审计报告是注册会计师对财务报表是否在所有重大方面按照财务报告编制基础编制并实现合法、公允反映发表审计意见的书面文件。因此，注册会计师应当将已审计的财务报表附于审计报告之后，以便于财务报表使用者正确理解和使用审计报告，并防止被审计单位替换、更改已审计的财务报表。

二、审计报告的作用

注册会计师签发的审计报告，主要具有鉴证、保护和证明三方面的作用。

（一）鉴证作用

注册会计师签发的审计报告是以超然独立的第三方身份，对被审计单位财务报表的合法性和公允性发表意见。所发表的审计意见，具有鉴证作用，得到了政府、投资者和其他利益相关者的普遍认可。政府有关部门判断财务报表是否合法、公允，主要依据审计报告。企业的投资者，主要依据审计报告来判断被投资企业的财务报表是否合法、公允地反映了财务状况和经营成果，以进行投资决策等。

（二）保护作用

注册会计师通过审计，可以对被审计单位财务报表出具不同类型审计意见的审计报告，以提高或降低财务报表使用者对财务报表的信赖程度，能够在一定程度上对被审计单位的债权人和股东以及其他利害关系人的利益起到保护作用。例如，投资者为降低投资风险，需要在进行投资之前查阅被投资企业的财务报表和注册会计师的审计报告，了解被投资企业的经营情况和财务状况。

(三)证明作用

审计报告是对注册会计师审计任务完成情况及其结果所作的总结,它可以表明审计工作的质量并明确注册会计师的审计责任。审计报告可以对审计工作质量和注册会计师的审计责任起证明作用。例如,注册会计师是否以获取的审计证据为依据发表审计意见,发表的审计意见是否与被审计单位的实际情况相一致,审计工作的质量是否符合要求。

三、审计报告的种类

(一)按格式和措辞的规范性,分为规范性审计报告和特殊性审计报告

规范性审计报告是指格式和措辞基本统一的审计报告。审计职业界认为,为了避免混乱,有必要统一审计报告的格式和措辞,便于使用者准确理解其含义。规范性审计报告一般适用于对外公布。

特殊性审计报告是指格式和措辞不统一,可以根据具体审计项目的情况来决定的审计报告。特殊性审计报告一般不对外公布。应当注意的是,注册会计师出具的年度财务报表审计报告有规范的格式和措辞,属于规范性审计报告。

(二)按发表审计意见的类型,可分为无保留意见审计报告和非无保留意见审计报告

无保留意见是指当注册会计师认为财务报表在所有重大方面按照适用的财务报告编制基础编制并实现公允反映时发表的审计意见;其审计报告为无保留意见审计报告。非无保留意见审计报告,是指对财务报表发表保留意见、否定意见或无法表示意见的审计报告。

(三)按使用的目的,可分为公布目的审计报告和非公布目的审计报告

公布目的审计报告,一般用于对企业股东、投资者、债权人等非特定利害关系者公布财务报表时所附送的审计报告。

非公布目的审计报告,一般用于经营管理、合并或业务转让、融通资金等特定目的而实施审计的审计报告。这类审计报告是分发给特定使用者的,如经营者、合并或业务转让的关系人、提供信用的金融机构等。

(四)按详略程度,可分为简式审计报告和详式审计报告

简式审计报告,又称短式审计报告,一般用于注册会计师对应公布财务报表所出具的简明扼要的审计报告,其反映的内容是非特定多数的利害关系人共同认为的必要审计事项,且为法令或审计准则所规定的,具有标准格式。它一般适用于公布目的。

详式审计报告,又称长式审计报告,一般是指对审计对象所有重要经济业务和情况都要作详细说明和分析的审计报告。它主要用于指出企业经营管理存在的问题和帮助企业改善经营管理,其内容丰富、详细,一般适用于非公布目的。

第五节 形成审计意见应考虑的因素

注册会计师应当就财务报表是否在所有重大方面按照适用的财务报告编制基础的规定编制并实现公允反映形成审计意见。为了形成审计意见,针对财务报表整体是否不存在由于舞弊或错误导致的重大错报,注册会计师应当得出结论,确定是否已就此获取合理保证。

表 14-8　形成审计意见时应考虑的事项

<table>
<tr><td>1</td><td colspan="3">是否已获取充分、适当的审计证据</td></tr>
<tr><td>2</td><td colspan="3">未更正错报单独或汇总起来是否构成重大错报</td></tr>
<tr><td rowspan="3">3</td><td rowspan="3">财务报表是否在所有重大方面按照适用的财务报告编制基础的规定编制并实现公允反映</td><td colspan="2">√财务报表是否恰当提及或说明适用的财务报告编制基础</td></tr>
<tr><td>√财务报表是否在所有重大方面按照适用的财务报告编制基础的规定编制</td><td>在评价时，注册会计师应当考虑被审计单位会计实务的质量，包括表明管理层的判断可能出现偏向的迹象，注册会计师应当依据适用的财务报告编制基础特别评价下列内容：①财务报表是否恰当披露了所选择和运用的重要会计政策。②所选择和运用的会计政策是否符合适用的财务报告编制基础，并适合被审计单位的具体情况。③管理层做出的会计估计是否合理。④财务报表列报的信息是否具有相关性、可靠性、可比性和可理解性。做出这一评价时，注册会计师应当考虑：应当包括的信息是否均已包括，这些信息的分类、汇总或分解以及描述是否适当；财务报表的总体列报（包括披露）是否由于包括不相关的信息或有碍正确理解所披露事项的信息而受到不利影响。⑤财务报表是否做出充分披露，使预期使用者能够理解重大交易和事项对财务报表所传递信息的影响。⑥财务报表使用的术语（包括每一财务报表的标题）是否适当</td></tr>
<tr><td>√财务报表是否实现公允反映</td><td>财务报表的总体列报（包括披露）、结构和内容是否合理，财务报表是否公允地反映了相关交易和事项</td></tr>
</table>

第六节　审计报告的基本内容

一、审计报告的要素

审计报告应当包括下列要素：①标题；②收件人；③审计意见；④形成审计意见的基础；⑤管理层对财务报表的责任；⑥注册会计师对财务报表审计的责任；⑦按照相关法律法规的要求报告的事项（如适用）；⑧注册会计师的签名和盖章；⑨会计师事务所的名称、地址和盖章；⑩报告日期。

在适用的情况下，注册会计师还应当按照《中国注册会计师审计准则第 1324 号——持续经营》《中国注册会计师审计准则第 1504 号——在审计报告中沟通关键审计事项》和《中国注册会计师审计准则第 1521 号——注册会计师对其他信息的责任》的相关规定，在审计报告中对与持续经营相关的重大不确定性、关键审计事项、被审计单位年度报告中包含的除财务报表和审计报告之外的其他信息进行报告。

二、标题

审计报告应当具有标题，统一规范为“审计报告”。

三、收件人

审计报告应当按照审计业务的约定载明收件人。在某些国家或地区，法律法规或业务约定条款可能指定审计报告致送的对象。注册会计师通常将审计报告致送给财务报表使用者，一般是被审计单位的股东或治理层。

四、审计意见

审计意见部分由两部分构成，第一部分指出已审计财务报表，应当包括下列方面：

（1）指出被审计单位的名称；

(2)说明财务报表已经审计;

(3)指出构成整套财务报表的每一财务报表的名称;

(4)提及财务报表附注;

(5)指明构成整套财务报表的每一财务报表的日期或涵盖的期间。

为体现上述要求,审计报告中需要说明:注册会计师审计了被审计单位的财务报表,包括指明适用的财务报告编制基础规定的构成整套财务报表的每一财务报表的名称、日期或涵盖的期间以及相关财务报表附注。第二部分应当说明注册会计师发表的审计意见。如果对财务报表发表无保留意见,除非法律法规另有规定,审计意见应当使用“我们认为,财务报表在所有重大方面按照适用的财务报告编制基础(如企业会计准则等)编制,公允反映了(……)”的措辞。审计意见涵盖由适用的财务报告编制基础所确定的整套财务报表。例如,在许多通用目的财务报告编制基础上,财务报表包括资产负债表、利润表、现金流量表、所有者权益变动表和相关附注(通常包括重大会计政策和会计估计以及其他解释性信息)。审计意见说明财务报表在所有重大方面按照适用的财务报告编制基础编制,公允反映了财务报表旨在反映的事项。例如,对于按照企业会计准则编制的财务报表,这些事项是“被审计单位期末的财务状况、截至期末某一期间的经营成果和现金流量”。

五、形成审计意见的基础

审计报告应当包含标题为“形成审计意见的基础”的部分。该部分提供关于审计意见的重要背景,应当紧接在审计意见部分之后,并包括下列方面:

(1)说明注册会计师按照审计准则的规定执行了审计工作。

(2)提及审计报告中用于描述审计准则规定的注册会计师责任的部分。

(3)声明注册会计师按照与审计相关的职业道德要求对被审计单位保持了独立性,并履行了职业道德方面的其他责任。声明中应当指明适用的职业道德要求,如中国注册会计师职业道德守则。

(4)说明注册会计师是否相信获取的审计证据是充分、适当的,为发表审计意见提供了基础。

六、管理层对财务报表的责任

审计报告应当包含标题为“管理层对财务报表的责任”的部分,其中应当说明管理层负责下列方面:

(1)按照适用的财务报告编制基础编制财务报表,使其实现公允反映,并设计、执行和维护必要的内部控制,以使财务报表不存在由于舞弊或错误导致的重大错报。

(2)评估被审计单位的持续经营能力和使用持续经营假设是否适当,并披露与持续经营相关的事项(如适用)。对管理层评估责任的说明应当包括描述在何种情况下使用持续经营假设是适当的。

当对财务报告过程负有监督责任的人员与履行上述责任的人员不同时,管理层对财务报表的责任部分还应当提及对财务报告过程负有监督责任的人员。在这种情况下,该部分的标题还应当提及“治理层”或者特定国家或地区法律框架中的恰当术语。

七、注册会计师对财务报表审计的责任

审计报告应当包含标题为"注册会计师对财务报表审计的责任"的部分,其中应当 包括下列内容。

(1)说明注册会计师的目标是对财务报表整体是否不存在由于舞弊或错误导致的重大错报获取合理保证,并出具包含审计意见的审计报告。

(2)说明合理保证是高水平的保证,但按照审计准则执行的审计并不能保证一定会发现存在的重大错报。

(3)说明错报可能由于舞弊或错误导致。在说明错报可能由于舞弊或错误导致时,注册会计师应当从下列两种做法中选取一种:①描述如果合理预期错报单独或汇总起来可能影响财务报表使用者依据财务报表 做出的经济决策,则通常认为错报是重大的;②根据适用的财务报告编制基础,提供关于重要性的定义或描述。

注册会计师对财务报表审计的责任部分还应当包括下列内容:

(1)说明在按照审计准则执行审计工作的过程中,注册会计师运用职业判断,并保持 职业怀疑。

(2)通过说明注册会计师的责任,对审计工作进行描述。这些责任包括:①识别和评估由于舞弊或错误导致的财务报表重大错报风险,设计和实施审计程序以应对这些风险,并获取充分、适当的审计证据,作为发表审计意见的基础。由于舞弊可能涉及串通、伪造、故意遗漏、虚假陈述或凌驾于内部控制之上,未能发现由于舞弊导致的重大错报的风险高于未能发现由于错误导致的重大错报的风险。②了解与审计相关的内部控制,以设计恰当的审计程序,但目的并非对内部控制的有效性发表意见。当注册会计师有责任在财务报表审计的同时对内部控制的有效性发表意见时,应当略去上述"目的并非对内部控制的有效性发表意见"的表述。③评价管理层选用会计政策的恰当性和做出会计估计及相关披露的合理性。④对管理层使用持续经营假设的恰当性得出结论。同时,根据获取的审计证据,就可能导致对被审计单位持续经营能力产生重大疑虑的事项或情况是否存在重大不确定 性得出结论。如果注册会计师得出结论认为存在重大不确定性,审计准则要求注册会计 师在审计报告中提请报表使用者关注财务报表中的相关披露;如果披露不充分,注册会计师应当发表非无保留意见。注册会计师的结论基于截至审计报告日可获得的信息。然 而,未来的事项或情况可能导致被审计单位不能持续经营。⑤评价财务报表的总体列报、结构和内容(包括披露),并评价财务报表是否公允反映相关交易和事项。

(3)当《中国注册会计师审计准则第 1401 号——对集团财务报表审计的特殊考虑》适用时,通过说明下列事项,进一步描述注册会计师在集团审计中的责任:

①注册会计师的责任是就集团中实体或业务活动的财务信息获取充分、适当的审计证据,以对合并财务报表发表审计意见;

②注册会计师负责指导、监督和执行集团审计;

③注册会计师对审计意见承担全部责任。

注册会计师对财务报表审计的责任部分还应当包括下列内容:

(1)说明注册会计师与治理层就计划的审计范围、时间安排和重大审计发现等事项进行沟通,包括沟通注册会计师在审计中识别的值得关注的内部控制缺陷。

(2)对于上市实体财务报表审计,指出注册会计师就已遵守与独立性相关的职业道德要求向治理层提供声明,并与治理层沟通可能被合理认为影响注册会计师独立性的所有关系和其他事项,以及相关的防范措施(如适用)。

(3)对于上市实体财务报表审计,以及决定按照《中国注册会计师审计准则第1504号——在审计报告中沟通关键审计事项》的规定沟通关键审计事项的其他情况,说明注册会计师从已与治理层沟通的事项中确定哪些小项对本期财务报表审计最为重要,因而构成关键审计事项。注册会计师应当在审计报告中描述这些事项,除非法律法规禁止公开披露这些事项,或在极少数情形下,注册会计师合理预期在审计报告中沟通某事项造成的负面后果超过在公众利益方面产生的益处,因而决定不应在审计报告中沟通该事项。

八、按照相关法律法规的要求报告的事项(如适用)

除审计准则规定的注册会计师对财务报表出具审计报告的责任外,相关法律法规可能对注册会计师设定了其他报告责任。例如,如果注册会计师在财务报表审计中注意到某些事项,可能被要求对这些事项予以报告。此外,注册会计师可能被要求实施额外的规定的程序并予以报告,或对特定事项(如会计账簿和记录的适当性)发表意见。

如果注册会计师在对财务报表出具的审计报告中履行其他报告责任,应当在审计报告中将其单独作为一部分,并以"按照相关法律法规的要求报告的事项"为标题,或使用适合于该部分内容的其他标题,除非其他报告责任涉及的事项与审计准则规定的报告责任涉及的事项相同。

九、注册会计师的签名和盖章

审计报告应当由项目合伙人和另一名负责该项目的注册会计师签名和盖章。为进一步增强对审计报告使用者的透明度,在对上市实体整套通用目的财务报表出具的审计报告中应当注明项目合伙人。

十、会计师事务所的名称、地址和盖章

审计报告应当载明会计师事务所的名称和地址,并加盖会计师事务所公章。

根据《中华人民共和国注册会计师法》的规定,注册会计师承办业务,由其所在的会计师事务所统一受理并与委托人签订委托合同。因此,审计报告除了应由注册会计师签名和盖章外,还应载明会计师事务所的名称和地址,并加盖会计师事务所公章。

注册会计师在审计报告中载明会计师事务所地址时,标明会计师事务所所在的城市即可。在实务中,审计报告通常载于会计师事务所统一印刷的、标有该所详细通信地址的信笺上,因此,无须在审计报告中注明详细地址。

十一、报告日期

审计报告应当注明报告日期。审计报告日不应早于注册会计师获取充分、适当地审计证据,并在此基础上对财务报表形成审计意见的日期。在确定审计报告日时,注册会计师应当确信已获取下列两方面的审计证据:①构成整套财务报表的所有报表(含披露)已编制完成;②被审计单位的董事会、管理层或类似机构已经认可其对财务报表负责。

审计报告的日期向审计报告使用者表明,注册会计师已考虑其知悉的、截至审计报告日发生的事项和交易的影响。注册会计师对审计报告日后发生的事项和交易的责任,在《中国注册会计师审计准则第 1332 号——期后事项》中做出了规定。审计报告的日期 非常重要。注册会计师对不同时段的财务报表日后事项有着不同的责任,而审计报告的日期是划分时段的关键时点。由于审计意见是针对财务报表发表的,并且编制财务报表 是管理层的责任,所以,只有在注册会计师获取证据证明构成整套财务报表的所有报表(含披露)已经编制完成,并且管理层已认可其对财务报表的责任的情况下,注册会计师才能得出已经获取充分、适当的审计证据的结论。财务报表需经董事会或类似机构批准后才可对外报出。法律法规明确了负责确定构成整套财务报表的所有报表及披露已经编制完成的个人或机构(如董事会),并规定了必要的批准程序。在这种情况下,注册会计师需要在签署审计报告前获取财务报表已得到批准的证据。财务报表的批准日期是一个比较早的日期,即被审计单位的董事会、管理层或类似机构确定构成整套财务报表的所 有报表及披露已经编制完成,并声称对此负责的日期。在实务中,如果法律法规没有对 财务报表在报出前获得批准做出规定,则注册会计师在正式签署审计报告前,通常把审计报告草稿随同附管理层已按审计调整建议修改后的财务报表一起提交给管理层。如果管理层签署已按审计调整建议修改后的财务报表,注册会计师即可签署审计报告。注册会计师签署审计报告的日期可能与管理层签署已审计财务报表的日期为同一天,也可能 晚于管理层签署已审计财务报表的日期。

第七节　在审计报告中沟通关键审计事项

《中国注册会计师审计准则第 1504 号——在审计报告中沟通关键审计事项》明确了注册会计师在审计报告中沟通关键审计事项的责任。该准则适用于对上市实体整套通用目的财务报表进行审计,以及注册会计师决定或委托方要求在审计报告中沟通关键审计事项的其他情形。如果法律法规要求注册会计师在审计报告中沟通关键审计事项,核准则亦适用。

关键审计事项,是指注册会计师根据职业判断认为对当期财务报表审计最为重要的事项。关键审计事项从注册会计师与治理层沟通过的事项中选取。在审计报告中沟通关键审计事项,旨在通过提高已执行审计工作的透明度增加审计 报告的沟通价值。沟通关键审计事项能为财务报表预期使用者提供额外的信息,帮助其了解注册会计师根据职业判断认为对本期财务报表审计最为重要的事项,并帮助其了解被审计单位,以及已审计财务报表中涉及重大管理层判断的领域。

在审计报告中沟通关键审计事项以注册会计师已就财务报表整体形成审计意见为背景。在审计报告中沟通关键审计事项不能代替下列事项:

(1)管理层按照适用的财务报告编制基础在财务报表中做出的披露或为使财务报表实现公允反映而做出的披露(如适用);

(2)注册会计师按照《中国注册会计师审计准则第 1502 号——在审计报告中发表非无保留意见》的规定,按照审计业务的具体情况发表非无保留意见;

(3)当可能导致对被审计单位持续经营能力产生重大疑虑的事项或情况存在重大不确定性时,注册会计师按照《中国注册会计师审计准则第 1324 号——持续经营》的规定进行报告。

在审计报告中沟通关键审计事项不是注册会计师就单一事项单独发表意见。

一、关键审计事项的确定

根据关键审计事项的概念,注册会计师在确定关键审计事项时,需要遵循以下决策框架(如图 14-1 所示)。

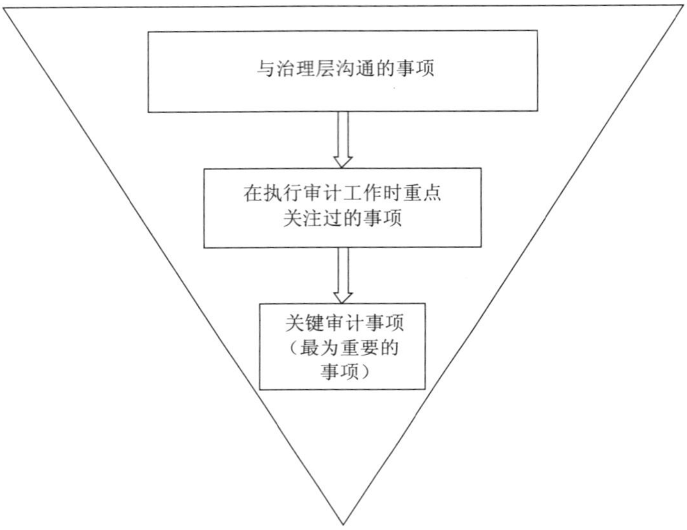

图 14-1 关键审计事项的决策框架

(一)以"与治理层沟通过的事项"为起点选择关键审计事项

《中国注册会计师审计准则第 1151 号——与治理层的沟通》要求注册会计师与被审计单位治理层沟通审计过程中的重大发现,包括注册会计师对被审计位的重要会计政策、会计估计和财务报表披露等会计实务的看法,审计过程中遇到的重大困难,已与治理层讨论或需要书面沟通的重大事项等,以便治理层履行其监督财务报告过程的职责。对财务报表和审计报告使用者信息需求的调查结果表明,他们对这些事项感兴趣,并且呼吁增加这些沟通的透明度。因此,注册会计师应当从与治理层沟通过的事项中选取关键审计事项。

(二)从"与治理层沟通过的事项"中选出"在执行审计工作时重点关注过的事项"

风险导向审计,注重识别和评估财务报表重大错报风险,设计和实施应对这些风险的审计程序,获取充分、适当的审计证据,以作为形成审计意见的基础。对于特定账户余额、交易类别或披露,评估的认定层次重大错 报风险越高,在计划和实施审计程序并评价审计程序的结果时通常涉及的判断就越多。在设计进一步审计程序时,注册会计师评估的风险越高,就越需要获取有说服力的审计证据。当由于评估的风险较高而需要获取更具说服力的审计证据时，注册会计师可能需 要增加所需审计证据的数量，或者获取更具相关性或可靠性的审计证据，如更注重从第三方获取审计证据或从多个独立渠道获取互相印证的审计证据。因此，对注册会计师获取充分、适当的审计证据或对财务报表形成审计意见构成挑战的事项可能与注册会计师确定关键审计事项尤其相关。

注册会计师重点关注过的领域通常与财务报表中复杂、重大的管理层判断领域相关，因而通常涉及困难或复杂的注册会计师职业判断。相应地，重点关注过的事项通常影响 注册会计师的总体审计策略以及对这些事项分配的审计资源和审计工作力度。这些影响 的例子可能包括高级审计人员参与审计业务的程度，或者注册会计师的专家或在会计、审计的特殊领域具有专长的人员（包括会计师事务所聘请或雇佣的人员）对这些领域的参与。

注册会计师在确定哪些事项属于在执行审计工作时重点关注过的事项时，应当考虑下列方面。

（1）按照《中国注册会计师审计准则第 1211 号——通过了解被审计单位及其环境识别和评估重大错报风险》的规定，评估的重大错报风险较高的领域或识别出的特别风险。

《中国注册会计师审计准则第 1151 号——与治理层的沟通》要求注册会计师与治理层沟通识别出的特别风险，以帮助治理层了解存在特别风险的事项以及需要注册会计师予以特别考虑的原因。此外，注册会计师还可以与治理层沟通计划如何应对评估的重大错报风险较高的领域。

对于评估的重大错报风险较高的领域或识别出的特别风险，注册会计师通常需要在审计中投放更多的审计资源予以应对。因此，注册会计师在确定的重点关注过的事项时需要特别考虑这一方面。

（2）与财务报表中涉及重大管理层判断（包括被认为具有高度估计不确定性的会计估计）的领域相关的重大审计判断。

《中国注册会计师审计准则第 1151 号——与治理层的沟通》要求注册会计师与治理层沟通注册会计师对被审计单位会计实务（包括会计政策、会计估计和财务报表披露）重大方面质量的看法。在很多情况下，这涉及关键会计估计和相关披露，很可能属于重点关注领域，也可能被识别为特别风险。

财务报表中涉及复杂、重大的管理层判断领域，通常涉及困难、复杂的审计判断，并且可能同时需要管理层的专家和注册会计师的专家的参与。因此，注册会计师在确定的重点关注过的事项时需要特别考虑这一方面。

（3）本期重大交易或事项对审计的影响。

对财务报表审计：具有重大影响的事项或交易可能属于重点关注领域，并可能被识别为特别风险。例如，在审计过程中的各个阶段，注册会计师可能已与管理层和治理层就重大关联方交易或超出被审计单位正常经营过程之外的重大交易，或在其他方面显得异常的交易对财务报表的影响进行了大量讨论。管理层可能已就这些交易的确认、计量、列报或披露做出困难或复杂的判断，这可能已对注册会计师的总体审计策略产生重大影响。影响管理层假设或判断的经济、会计、法规、行业或其他方面的重大变化也 可能影响注册会计师的总体审计方法，由此成为需要注册会计师重点关注的事项。

(三)从“在执行审计工作时重点关注过的事项”中确定哪些事项对本期财务报表审计“最为重要”，从而构成关键审计事项

注册会计师可能已就需要重点关注的事项与治理层进行了较多的沟通。就这些事项与治理层进行沟通的性质和范围，通常能够表明哪些事项对审计而言最为重要。例如，对于较为困难和复杂的事项，注册会计师与治理层的互动可能更加深入、频繁或充分，这些事项(如重大会计政策的运用)构成重大的注册会计师判断或管理层判断的对象。

在确定某一与治理层沟通过的事项的相对重要程度以及该事项是否构成关键审计事项时，下列考虑也可能是相关的。

(1)该事项对预期使用者理解财务报表整体的重要程度，尤其是对财务报表的重要性。

(2)与该事项相关的会计政策的性质或者与同行业其他实体相比，管理层在选择适当的会计政策时涉及的复杂程度或主观程度。

(3)从定性和定量方面考虑，与该事项相关的由于舞弊或错误导致的已更正错报和累积未更正错报(如有)的性质和重要程度。

(4)为应对该事项所需要付出的审计努力的性质和程度，包括：①为应对该事项而实施审计程序或评价这些审计程序的结果(如有)在多大程度 上需要特殊的知识或技能；②就该事项在项目组之外进行咨询的性质。

(5)在实施审计程序、评价实施审计程序的结果、获取相关和可靠的审计证据以作为 发表审计意见的基础时，注册会计师遇到的困难的性质和严重程度，尤其是当注册会计师的判断变得更加主观时。

(6)识别出的与该事项相关的控制缺陷的严重程度。

(7)该事项是否涉及数项可区分但已相互关联的审计考虑。例如，长期合同的收入确认、诉讼或其他或有事项等方面，可能需要重点关注，并且可能影响其他会计估计。

从需要重点关注的事项中，确定哪些事项以及多少事项对本期财务报表审计最为重 要属于职业判断问题。“最为重要的事项”并不意味着只有一项。需要在审计报告中包含 的关键审计事项的数量可能受被审计单位规模和复杂程度、业务和经营环境的性质，以 及审计业务具体事实和情况的影响。一般而言，最初确定为关键审计事项的事项越多，注册会计师越需要重新考虑每一事项是否符合关键审计事项的定义。罗列大额关键审计事项可能与这些事项是审计中最为重要的事项这一概念相抵触。

二、在审计报告中沟通关键审计事项

(一)单设“关键审计事项”部分

为能够突出关键审计事项，同时向财务报表预期使用者展示项目特定信息在其眼中 的价值，注册会计师应当在审计报告中单设一部分，以“关键审计事项”为标题，并在该部分使用恰当的子标题逐项描述关键审计事项。关键审计事项部分的引言应当同时说明下列事项。

(1)关键审计事项是注册会计师根据职业判断，认为对本期财务报表审计最为重要的

事项。

（2）关键审计事项的应对以对财务报表整体进行审计并形成审计意见为背景，注册会计师对财务报表整体形成审计意见，而不对关键审计事项单独发表意见。

（二）描述单一关键审计事项

为帮助财务报表预期使用者了解注册会计师确定的关键审计事项，注册会计师应当在审计报告中逐项描述每一关键审计事项，并分别索引至财务报表的相关披露（如有），以使预期使用者能够进一步了解管理层在编制财务报表时如何应对这些事项。在描述时，注册会计师应当同时说明下列内容：

（1）该事项被认定为审计中最为重要的事项之一，因而被确定为关键审计事项的原因；

（2）该事项在审计中是如何应对的。

对一项关键审计事项在审计中如何应对的描述的详细程度属于职业判断，注册会计师可以描述下列要素：

（1）审计应对措施或审计方法中，与该事项最为相关或对评估的重大错报风险最有针对性的方面；

（2）对已实施审计程序的简要概述；

（3）实施审计程序的结果；

（4）对该事项的主要看法。

为使预期使用者能够理解在对财务报表整体进行审计的背景下的关键审计事项重要程度，以及关键审计事项与审计报告其他要素（包括审计意见）之间的关系，注册会计师可能需要注意用于描述关键审计事项的语言，使之：

（1）不暗示注册会计师在对财务报表形成审计意见时尚未恰当解决该事项；

（2）将该事项直接联系到被审计单位的具体情况，避免使用一般化或标准化的语言；

（3）能够体现出对该事项在相关财务报表披露（如有）中如何应对的考虑；

（4）不对财务报表单一要素发表意见，也不暗示是对财务报表单一要素单独发表意见。

需要特别强调的是，对某项关键审计事项的描述是否充分属于职业判断。对关键审计事项进行描述的目的在于提供一种简明、不偏颇的解释，以使预期使用者能够了解为何该事项是对审计最为重要的事项之一，以及这些事项是如何在审计中加以应对的。限制使用过于专业的审计术语也能够帮助那些不具备适当审计知识的预期使用者了解注册会计师在审计过程中关注特定事项的原因。注册会计师提供信息的性质和范围需要在相关方各自责任的背景下做出权衡（即注册会计师以一种简明且可理解的形式提供有用的信息，但避免不恰当地提供有关被审计单位的原始信息）。

原始信息是指与被审计单位相关、尚未由被审计单位公布（例如，未包含在财务报表中、未包含在审计报告日可获取的其他信息或者管理层或治理层的其他口头或书面沟通中，如财务信息的初步公告或投资者简报）的信息。这些信息是被审计单位管理层和治理层的责任。

在描述关键审计事项时，注册会计师需要避免不恰当地提供与被审计单位相关的原始信息。对关键审计事项的描述本身通常不构成有关被审计单位的原始信息,这是由于对关键审计事项的描述是在对财务报表进行审计的背景下进行的。然而,注册会计师可能认为提供进一步信息用于解释为何该事项被认为对审计最为重要因而被确定为关键审计事项,以及这些事项如何在审计中加以应对是有必要的,除非法律法规禁止披露这些信息。如果确定披露这些信息是必要的,注册会计师可以鼓励管理层或治理层进一步披露信息,而不是在审计报告中提供原始信息。

三、不在审计报告中沟通关键审计事项的情形

在审计报告中沟通关键审计事项,通常有助于提高审计的透明度,是符合公众利益的。然而,在极少数情况下,关键审计事项可能涉及某些"敏感信息",沟通这些信息可能会给被审计单位带来较为严重的负面影响。在某些情况下,法律法规也可能禁止公开披露某事项。例如,公开披露某事项可能影响相关机构对某项违反法律法规行为或疑似违反法律法规行为进行的调查。

因此,除非存在下列情形之一,注册会计师应当在审计报告中逐项描述关键审计事项:

(1)法律法规禁止公开披露某事项;

(2)在极少数的情况下,如果合理预期在审计报告中沟通某事项造成的负面后果超过产生的公众利益方面的益处,注册会计师确定不应在审计报告中沟通该事项。

如果被审计单位存在上述情形,注册会计师确定不在审计报告中沟通某一关 键审计事项,并且不存在其他关键审计事项,注册会计师可以在审计报告单设的关键审计事项部分表述为:"我们确定不存在需要在审计报告中沟通的关键审计事项。"

四、其他情形下关键审计事项部分的形式和内容

(1)如果根据被审计单位和审计业务的具体事项和情况,注册会计师确定不存在需要沟通的关键审计事项,可以在审计报告单设的关键审计事项部分表述为:"我们确定不存在需要在审计报告中沟通的关键审计事项。"

需要说明的是,确定关键审计事项涉及对需要重点关注的事项的相对重要程度做出判断。因此,对上市实体整套通用目的财务报表进行审计的注册会计师,确定与治理层沟通过的事项中不存在任何一项需要在审计报告中沟通的关键审计事项,可能是较为少见的。

(2)仅有的需要沟通的关键审计事项是导致发表保留意见或否定意见的事项,或者是可能导致对被审计单位持续经营能力产生重大疑虑的事项或情况存在重大不确定性,注册会计师可以在审计报告单设的关键审计事项部分表述为:"除形成保留(否定)意见的基础部分或与持续经营相关的重大不确定性部分所描述的事项外,我们确定不存在其他需要在审计报告中沟通的关键审计事项。"

需要说明的是,根据《中国注册会计师审计准则第 1502 号——在审计报告中发表非无保留意见》的规定导致发表保留意见或否定意见的事项,或者根据《中国注册会计师审计准则第 1324 号——持续经营》的规定。可能导致对被审计单位持续经营能力产生重大疑虑的事项或情况存在重大不确定性,就其性质而言都属于关键审计事项,但这些事项在审计报告中专门的部分披露,不在审计报告的关键审计事项部分进行描述。进一步说,在关键审计事项部分披露的关键审计事项是已经得到满意解决的事项，既不存在审计范围受到限制，也不存在注册会计师与被审计单位管理层意见分歧的情况。注册会计师应当按照适用的审计准则的规定报告这些事项，并在关键审计事项部分提及形成保留（否定）意见的基础部分或与持续经营相关的重大不确定性部分。

（3）如果根据《中国注册会计师审计准则第 1502 号——在审计报告中发表非无保留意见》的规定，确定对财务报表发表无法表示意见，注册会计师不得在审计报告中沟通关 键审计事项，除非法律法规要求沟通。

（4）如果注册会计师认为有必要在审计报告中增加强调事项段或其他事项段，审计报告中的强调事项段或其他事项段需要与关键审计事项部分分开列示。如果某事项被确定为关键审计事项，则不能以强调事项或其他事项代替对关键审计事项的描述。

五、与治理层沟通关键审计事项

治理层在监督财务报告过程中担当重要角色。就关键审计事项与治理层沟通，能够使治理层了解注册会计师就关键审计事项做出的审计决策的基础以及这些事项将如何在审计报告中做出描述，也能够使治理层考虑鉴于这些事项将在审计报告中进行沟通，做出新的披露或提高披露质量是否有用。因此，注册会计师应当就下列事项与治理层沟通：

（1）注册会计师确定的关键审计事项；

（2）根据被审计单位和审计业务的具体情况，注册会计师确定不存在需要在审计报告中沟通的关键审计事项（如适用）。

六、关键审计事项的举例

下面列举的关键审计事项披露在 XYZ 会计师事务所对上市企业 ABC 公司 20×8 年度财务报表出具的审计报告中。XYZ 会计师事务所在与 ABC 公司治理层沟通过的事项中，选出在执行审计工作时重点关注过的事项，又从这些重点关注过的事项中选出下述事项作为关键审计事项，并在审计报告中披露。

1. 实例 1：商誉

公司合并财务报表中的商誉余额为 146 200.83 万元，商誉减值准备为 70 248.07 万元。公司管理层对商誉至少每年进行减值测试。管理层通过比较被分摊商誉的相关资产组的可收回金额与该资产组及商誉的账面价值，对商誉进行减值测试。预测可收回金额涉及对资产组未来现金流量现值的预测，管理层在预测中需要做出重大判断和假设。由于减值测试过程较为复杂，同时涉及重大判断，我们将商誉减值识别为关键审计事项。

我们就商誉减值实施的审计程序包括：①评估并测试商誉减值的内部控制设计和执行的有效性。②评价管理层聘请的外部估值专家的胜任能力、专业素质及客观性。③与外部专家进行沟通，判断对商誉减值测试所依据的评估和预测采用的相关假设及参数是否合理，评估方法是否恰当。④评价商誉减值的相关测试和披露是否符合相关会计准则的规定。⑤与管理层和治理层就计提商誉减值准备的依据和结果进行讨论。⑥独立聘请相关评估专家对管理层的商誉减值测试过程及结果进行再复核。

2. 实例 2:金融工具的计量

集团关于结构化金融工具的披露包含在附注五中。

在集团投资的金融工具中,结构化金融工具占总额的 X%。由于集团对金融工具的估价不是依据活跃市场中的价格做出的,所以在估价过程中度量方面存在重大不确定性。因而,这些工具具的估价对我们的审计十分重要。集团认为,这些工具因其特有的结构和条款需要利用自建模型进行估价。我们质疑管理层使用这一模型的基本原理,并与治理层进行了沟通。最后,我们的结论是,集团使用这模型是适当的。为此,我们的审计程序还包括了测试管理层针对该模型开发与校正的控制,并且确认管理层认为无须对模型的结果做出任何调整以反映该模型所依据的假设。这一假设也是市场参与者将在相似情况下使用的假设。

【案例分析 14-3】

基本案情:在审计报告中沟通关键审计事项

瑞华会计师事务所审计了晨鸣纸业(股票代码 000488)的 2016 年年度财务报表,并根据报告准则出具了标准无保留意见的审计报告,以下是财务报表审计报告中关于"三、关键审计事项"段的部分描述内容。

三、关键审计事项

关键审计事项是我们根据职业判断,认为对本期财务报表审计最为重要的事项。这些事项的应对以对财务报表整体进行审计并形成审计意见为背景,我们不对这些事项单独发表意见。

(一)以公允价值计价的消耗性生物资产

1. 事项描述

截至 2016 年 12 月 31 日,晨鸣纸业公司合并财务报表附注所示以公允价值计价的消耗性生物资产余额 12 600.27 万元,属于晨鸣纸业公司的特殊资产,且金额较大,为此我们确定消耗性生物资产的计量为关键审计事项。

根据晨鸣纸业公司的会计政策,消耗性生物资产在形成蓄积量以前按照成本进行初始计量,形成蓄积量以后按公允价值计量,公允价值变动计入当期损益。由于晨鸣纸业公司的消耗性生物资产没有活跃的市场可参考价格,因此晨鸣纸业公司采用估值技术确定已形成蓄积量的消耗性生物资产(下称"该类生物资产")的公允价值(详见附注七、6"存货"所述)。

2. 审计应对

针对该类生物资产的公允价值计量问题,我们实施的审计程序主要包括:我们对晨鸣纸业公司与确定该类生物资产相关的控制进行了评估;对该类生物资产的估值方法进行了了解和评价,并与估值专家讨论了估值方法的具体运用;对在估值过程中运用的估值参数和折现率进行了考虑和评价。

（二）固定资产减值准备计提

1. 事项描述

截至 2016 年 12 月 31 日，晨鸣纸业公司财务报表附注列示固定资产减值准备 19 482.32 万元，在计提固定资产减值准备时，晨鸣纸业公司考虑固定资产处置时的市场价值及快速变现因素，并聘请专家对固定资产运用估值技术核定固定资产的减值。

2. 审计应对

在审计固定资产减值准备的过程中，我们实地勘察了相关固定资产，取得了相关资产资料，评估了晨鸣纸业公司的估值方法，并与估值专家讨论了估值方法运用的适当性。

基于获取的审计证据，我们得出审计结论，管理层对固定资产减值准备的计提是合理的，相关信息在财务报表附注七、13“固定资产”及附注七、21“资产减值准备明细”中所做出的披露是适当的。

分析要点：

1. 根据以上案例讨论关键审计事项段描述内容，并比较这两个关键审计事项段描述的差异。

2. 在第二个关键审计事项段描述中，在审计应对段的最后，注册会计师得出结论“管理层对固定资产减值准备的计提是合理……所做出的披露是适当的”，而在很多审计报告中注册会计师使用了“根据所实施的审计程序，我们未发现.... 不合理之处”等用语，你认为这两者有何不同？

第八节　无保留意见审计报告

一、无保留意见审计报告的签发条件

无保留意见，是指当注册会计师认为财务报表在所有重大方面按照适用的财务报告编制基础编制并实现公允反映时发表的审计意见。注册会计师经过审计后，认为被审计单位财务报表符合下列所有条件，注册会计师应当出具无保留意见的审计报告。

（1）财务报表已经在所有重大方面按照适用的财务报告编制基础编制，公允反映了被审计单位的财务状况、经营成果和现金流量。

（2）注册会计师已经按照中国注册会计师审计准则的规定计划和实施审计工作，在审计过程中未受到限制。综合起来，注册会计师出具无保留意见审计报告的条件：一是财务报表按照财务报告编制基础编制；二是注册会计师的审计范围没有受到重大限制。

二、评价财务报表应考虑的内容

注册会计师应当就财务报表是否在所有重大方面按照适用的财务报告编制基础编制并实现公允反映形成审计意见。针对财务报表整体是否不存在由于舞弊或错误导致的重大错报，注册会计师应当得出结论，确定是否已就此获取合理保证。在得出结论时，注册会计师应当考虑下列方面：①是否已获取充分、适当的审计证据；②未更正错报单独或汇总起来是否构成重大错报；③财务报表是否在所有重大方面按照适用的财务报告编制基础编制并实

现公允反映。

在评价财务报表是否在所有重大方面按照适用的财务报告编制基础编制时,注册会计师应当特别评价下列内容:

(1)财务报表是否恰当披露了所选择和运用的重要会计政策。做出这一评价时,注册会计师应当考虑会计政策与被审计单位的相关性,以及会计政策是否以可理解的方式予以表述。

(2)所选择和运用的会计政策是否符合适用的财务报告编制基础,并适合被审计单位的具体情况。

(3)管理层做出的会计估计是否合理。

(4)财务报表列报的信息是否具有相关性、可靠性、可比性和可理解性。做出这一评价时,注册会计师应当考虑:

①应当包括的信息是否均已包括,这些信息的分类、汇总或分解以及描述是否适当:

②财务报表的总体列报(包括披露)是否由于包括不相关的信息或有碍正确理解所披露事项的信息而受到不利影响。

(5)财务报表是否做出恰当披露,使预期使用者能够理解重大交易和事项对财务报表所传递的信息的影响。

(6)财务报表使用的术语(包括每财务报表的标题)是否适当。

在评价时,注册会计师应当考虑被审计单位会计实务的质量,包括表明管理层的判断可能出现偏向的迹象。

在评价财务报表是否实现公允反映时,注册会计师应当考虑下列方面:

(1)财务报表的总体列报(包括披露)、结构和内容是否合理;

(2)财务报表是否公允地反映了相关交易和事项。

三、无保留意见审计报告的关键措辞

无保留意见审计报告应当以“我们认为”作为意见段的开头,并使用“在所有重大方面”“公允反映了”等专业术语。

对按照适用的财务报告编制基础(如企业会计准则)编制的财务报表出具的无保留意见审计报告范例如下:

审计报告

ABC股份有限公司全体股东:

一、审计意见

我们审计了ABC股份有限公司(以下简称公司)财务报表,包括20×8年12月31日的资产负债表,20×8年度的利润表、现金流量表、所有者权益(或股东权益)变动表以及财务报表附注。

我们认为,后附的财务报表在所有重大方面按照企业会计准则的规定编制,公允反映了公司20×8年12月31日的财务状况以及20×8年度的经营成果和现金流量。

二、形成审计意见的基础

我们按照中国注册会计师审计准则的规定执行了审计工作。审计报告的"注册会计师对财务报表审计的责任"部分进一步阐述了我们在这些准则下的责任。按照中国注册会计师职业道德守则,我们独立于公司,并履行了职业道德方面的其他责任。我们相信,我们获取的审计证据是充分、适当的,为发表审计意见提供了基础。

三、关键审计事项

关键审计事项是我们根据职业判断,认为对本期财务报表审计最为重要的事项。这些事项是在对财务报表整体进行审计并形成意见的背景下进行处理的,我们不对这些事项提供单独的意见。

(一)商誉

公司合并财务报表中的商誉余额为 146 200.83 万元,商誉减值准备为 70 248.07 万元。公司管理层对商誉至少每年进行减值测试。管理层通过比较被分摊商誉的相关资产组的可收回金额与该资产组及商誉的账面价值,对商誉进行减值测试。预测可收回金额涉及对资产组未来现金流量现值的预测,管理层在预测中需要做出重大判断和假设。由于减值测试过程较为复杂、同时涉及重大判断,我们将商誉减值识别为关键审计事项。

我们就商誉减值实施的审计程序包括:①评估并测试商誉减值的内部控制设计和执行的有效性。②评价管理层聘请的外部估值专家的胜任能力、专业素质及客观性。③与外部专家进行沟通,判断对商誉减值测试所依据的评估和预测采用的相关假设及参数是否合理,评估方法是否恰当。④评价商誉减值的相关测试和披露是否符合相关会计准则的规定。⑤与管理层和治理层就计提商誉减值准备的依据和结果进行讨论。⑥独立聘请相关评估专家对管理层的商誉减值测试过程及结果进行再复核。

(二)金融工具的计量

集团关于结构化金融工具的披露包含在附注五中。

在集团投资的金融工具中,结构化金融工具占总额的 X%。由于集团对金融工具的估价不是依据活跃市场中的价格做出的,所以在估价过程中度量方面存在重大不确定性。因而,这些工具的估价对我们的审计十分重要。集团认为,这些工具因其特有的结构和条款需要利用自建模型进行估价。我们质疑管理层使用这一模型的基本原理,并与治理层进行了沟通。最后,我们的结论是,集团使用这一模型是适当的。为此,我们的审计程序还包括了测试管理层针对该模型开发与校正的控制,并且确认管理层认为无须对模型的结果做出任何调整以反映该模型所依据的假设。这一假设也是市场参与者将在相似情况下使用的假设。

四、其他信息

ABC 公司管理层(以下简称管理层)对其他信息负责。其他信息包括年度报告中涵盖的信息,但不包括财务报表和我们的审计报告。

我们对财务报表发表的审计意见不涵盖其他信息,我们也不对其他信息发表任何形式的鉴证结论。

结合我们对财务报表的审计,我们的责任是阅读其他信息,在此过程中,考虑其他信息是否与财务报表或我们在审计过程中了解到的情况存在重大不一致或者似乎存在重大错报。

基于我们已执行的工作,如果我们确定其他信息存在重大错报,我们应当报告该事实。在这方面,我们无任何事项需要报告。

五、管理层和治理层对财务报表的责任

管理层负责按照企业会计准则的规定编制财务报表,使其实现公允反映,并设计、执行和维护必要的内部控制,以使财务报表不存在由于舞弊或错误导致的重大错报。

在编制财务报表时,管理层负责评估公司的持续经营能力,披露与持续经营相关的事项(如适用),并运用持续经营假设,除非管理层计划清算公司、停止营运或别无其他现实的选择。

治理层负责监督公司的财务报告过程。

六、注册会计师对财务报表审计的责任

我们的目标是对财务报表整体是否不存在由于舞弊或错误导致的重大错报获取合理保证,并出具包含审计意见的审计报告。合理保证是高水平的保证,但并不能保证按照审计准则执行的审计在某一重大错报存在时总能发现。错报可能由舞弊或错误所导致,如果合理预期错报单独或汇总起来可能影响财务报表使用者依据财务报表做出的经济决策,则错报是重大的。

从与治理层沟通的事项中,我们确定哪些事项对当期财务报表审计最为重要,因而构成关键审计事项。我们在审计报告中描述这些事项,除非法律法规不允许公开披露这些事项,或在极其罕见的情形下,如果合理预期在审计报告中沟通某事项造成的负面后果超过产生的公众利益方面的益处,我们确定不应在审计报告中沟通该事项。

××会计师事务所　　　　　　　　中国注册会计师:×××(项目合伙人)

(盖章)　　　　　　　　　　　　(签名并盖章)

中国注册会计师:×××

(签名并盖章)

中国××市　　　　　　　　　　二〇×二年××月××日

第九节　非无保留意见审计报告

一、非无保留意见的概念

非无保留意见,是指对财务报表发表的保留意见、否定意见或无法表示意见。

当存在下列情形之一时,注册会计师应当在审计报告中发表非无保留意见。

(一)根据获取的审计证据,得出财务报表整体存在重大错报的结论

为了形成审计意见,针对财务报表整体是否不存在由于舞弊或错误导致的重大错报,注册会计师应当得出结论,确定是否已就此获取合理保证。在得出结论时,注册会计师需要评价未更正错报对财务报表的影响。

错报是指某一财务报表项目所报告的金额、分类或列报，与按照适用的财务报告编制基础应当列示的金额、分类或列报之间存在的差异。财务报表的重大错报可能源于以下几点。

1. 选择的会计政策的恰当性

在选择的会计政策的恰当性方面，当出现诸如下列情形时，财务报表可能存在重大错报：

（1）选择的会计政策与适用的财务报告编制基础不一致；

（2）财务报表没有正确描述与资产负债表、利润表、所有者权益变动表或现金流量表中的重大项目相关的会计政策；

（3）财务报表没有按照公允反映的方式列报交易和事项。

财务报告编制基础通常对会计处理、披露和会计政策变更提出要求。如果被审计单位变更了重大会计政策，且没有遵守这些要求，财务报表可能存在重大错报。

2. 对所选择的会计政策的运用

在对所选择的会计政策的运用方面，当出现下列情形时，财务报表可能存在重大错报：

（1）管理层没有按照适用的财务报告编制基础的要求一贯运用所选择的会计政策，包括管理层未在不同会计期间或对相似的交易和事项一贯运用所选择的会计政策（运用的一致性）；

（2）不当运用所选择的会计政策（如运用中的无意错误）。

财务报表披露的恰当性或充分性。

在财务报表披露的恰当性或充分性方面，当出现下列情形时，财务报表可能存在重大错报：

（1）财务报表没有包括适用的财务报告编制基础要求的所有披露；

（2）财务报表的披露没有按照适用的财务报告编制基础列报；

（3）财务报表没有做出适用的财务报告编制基础特定要求之外的其他必要的披露以实现公允反映。

（二）无法获取充分、适当的审计证据，不能得出财务报表整体不存在重大错报的结论

下列情形可能导致注册会计师无法获取充分、适当的审计证据（也称为审计范围受到限制）：

（1）超出被审计单位控制的情形。例如，被审计单位的会计记录已被毁坏，或重要组成部分的会计记录已被政府有关机构无限期地查封。

（2）与注册会计师工作的性质或时间安排相关的情形。例如：①被审计单位需要使用权益法对联营企业进行核算，注册会计师无法获取有关联营企业财务信息的充分、适当的审计证据以评价是否恰当运用了权益法；②注册会计师接受审计委托的时间安排，使注册会计师无法实施存货监盘；③注册会计师确定仅实施实质性程序是不充分的，但被审计单位的控制是无效的。

（3）管理层对审计范围施加限制的情形。例如，管理层阻止注册会计师实施存货监盘，或管理层阻止注册会计师对特定账户余额实施函证。管理层施加的限制可能对审计产生

其他影响,如注册会计师对舞弊风险的评估和对业务保持的考虑。

如果注册会计师能够通过实施替代程序获取充分、适当的审计证据,则无法实施特定的程序并不构成对审计范围的限制。

在导致非无保留意见的事项中,财务报表存在重大错报和注册会计师无法获取充分、适当的审计证据两种情形的性质明显不同,对财务报表使用者经济决策的影响也可能不同。注册会计师需要恰当区分这两种情形,以发表恰当的非无保留意见。

在对财务报表的某些方面(如存在不确定性的事项)执行审计时,如果注册会计师就被审计单位管理层对存在不确定性的事项的会计处理或披露发表非无保留意见,区分导致非无保留意见的事项的性质究竟是属于"财务报表存在重大错报"还是"无法获取充分、适当的审计证据"所涉及的判断有时可能较为复杂。

财务报表中的某些项目涉及的事项的未来结果可能存在不确定性,并且注册会计师在执行审计时可能还不能获得有关这些事项未来最终结果的结论性证据。在这种情况下,管理层负责按照适用的财务报告编制基础的规定对当前状况进行分析,估计相关事项未来进展对财务报表的影响并进行确认和计量,或由于在某些极端罕见的情况下无法做出合理估计而在财务报表中做出必要披露。这些存在不确定性的事项可能包括应收款项的坏账准备、存货的跌价准备、产品质量保证准备金、提供担保的连带偿还责任、尚未判决生效的诉讼或仲裁等。注册会计师在审计中需要评估所获取的审计证据是否足以支持管理层对相关事项的判断及其处理。缺乏与这些事项的最终结果相关的信息并不必然导致注册会计师无法获取与管理层判断相关的审计证据。换言之,存在不确定性并不必然导致审计范围受到限制。在存在不确定性的情况下,管理层应当合理利用财务报表编制时已经存在且能够取得的可靠信息,依据适用的财务报告编制基础的规定做出估计和判断,注册会计师应在获取充分、适当的审计证据的基础上评价管理层估计和判断的合理性,不应回避做出实质性判断。注册会计师还应当恰当区分审计范围受到限制因而就相关事项无法获取充分、适当的审计证据的情形,以及由于不符合财务报告编制基础上与不确定事项的确认、计量和列报相关的规定而导致相关事项存在重大错报(如做出不恰当的会计估计)的情形。

例如,被审计单位的法定代表人违规以被审计单位名义为一些关联公司和外部单位提供了大量担保,导致被审计单位因多个债务人逾期未还款而被起诉。由于该法定代表人已失联,被审计单位管理层无法确定是否还存在其他未知的违规担保事项,注册会计师无法就或有事项和关联方交易披露的完整性实施审计程序,这种情况即属于"无法获取充分、适当的审计证据"。

又如,被审计单位由于关联方交易的转移定价问题受到税务机关的稽查,管理层没有计提可能需要补缴的税款。注册会计师在税务专家的协助下评估了补缴税款的可能性,并对可能需要补缴的税款做出了区间估计,据此提出了审计调整。被审计单位管理层以税务稽查结果存在重大不确定性、无法可靠估计为由拒绝接受调整建议。截至审计报告日,税务机关尚未就稽查结果提供明确信息。在这种情况下,如果注册会计师根据所获得的信息和基于这些信息所作的合理判断已经足以认定财务报表存在重大错报,这种情况即属于"财务报表存在重大错报”。

二、非无保留意见的类型

（一）在确定非无保留意见类型时需要考虑的因素

注册会计师在确定恰当的非无保留意见类型时，需要考虑下列因素：①导致非无保留意见的事项的性质，是财务报表存在重大错报，还是在无法获取充分、适当的审计证据的情况下，财务报表可能存在重大错报；②注册会计师就导致非无保留意见的事项对财务报表产生或可能产生影响的广泛性做出的判断。

注册会计师对相关事项的影响的重大性和广泛性的判断均会影响审计意见的类型。

1. 影响的重大性

注册会计师需要从定量和定性两个方面考虑错报对财务报表的影响或未发现的错报（如存在）对财务报表可能产生的影响是否重大。定量的标准通常是注册会计师确定的财务报表整体的重要性或特定类别的交易、账户余额或披露的重要性水平（如适用）。例如，对于以营利为目的且并非微利或微亏的企业，注册会计师可能将财务报表整体的重要性设定为经常性业务税前利润的5%。定性考虑错报是否重大时，注册会计师需要运用判断评估错报的性质是否严重，是否会影响财务报表使用者的经济决策。例如，错报是否影响被审计单位实现盈利预期或达到监管要求，错报是否影响被审计单位的盈亏状况，错报是不是由于舞弊导致的。

2. 影响的广泛性

广泛性是描述错报影响的术语，用以说明错报对财务报表的影响，或者由于无法获取充分、适当的审计证据而未发现的错报（如存在）对财务报表可能产生的影响。根据注册会计师的判断，对财务报表的影响具有广泛性的情形包括以下三个方面。

（1）不限于对财务报表的特定要素、账户或项目产生影响。

①重大错报对财务报表的影响。如果注册会计师发现了多项重大错报（例如商誉、固定资产、存货和应收账款的减值准备计提均不充分），这些重大错报影响多个财务报表项目（商誉、固定资产、存货、应收账款、营业成本、信用减值损失、资产减值损失等），通常认为这些重大错报对财务报表的影响具有广泛性。

②在无法获取充分、适当的审计证据时，未发现的错报（如存在）对财务报表可能产生的影响。如果注册会计师无法对被审计单位某一重要子公司的财务信息执行审计工作，因而无法就被审计单位合并财务报表中与该子公司有关的项目获取充分、适当的审计证据，由于该子公司可能存在的错报影响被审计单位合并财务报表的大多数项目，通常认为该事项对被审计单位合并财务报表可能产生的影响重大且具有广泛性。

又如，注册会计师新承接的某生产制造业审计客户与存货相关的会计记录和物流记录不完整、不准确，注册会计师因此无法就期末和期初存货余额以及当期的存货增减变动情况获取充分、适当的审计证据。由于存货对利润表的营业收入、营业成本、资产减值损失、所得税费用等项目以及资产负债表的应收账款、应付账款、应交税费等项目均有重大影响，该事项导致注册会计师对这些相关项目也无法获取充分、适当的审计证据，对财务报表可能产生的影响重大且具有广泛性。

(2)虽然仅对财务报表的特定要素、账户或项目产生影响,但这些要素、账户或项目是或可能是财务报表的主要组成部分。

例如,被审计单位处于筹建期,其年末账面资产余额的80%为在建工程。注册会计师无法就年末在建工程余额获取充分、适当的审计证据。由于在建工程构成财务报表的主要组成部分,注册会计师认为上述事项对财务报表可能产生的影响重大且具有广泛性。

又如,某上市公司的控股股东违规占用上市公司资金,且上市公司违规为控股股东的借款提供担保,截至资产负债表日,上述违规占用资金和违规担保余额合计为上市公司年末净资产余额的数倍。控股股东财务状况持续恶化,偿债能力严重不足,其由上市公司提供担保的借款均已进入诉讼程序。注册会计师认为上市公司未就与被占用资金相关的应收款项计提减值准备、未就与违规担保相关的偿付义务计提预计负债构成重大错报。在这种情况下,尽管涉及的财务报表项目较为有限,但金额特别重大,因此,可以认为与控股股东资金占用和违规担保相关的交易和余额构成财务报表的主要组成部分,该事项的影响重大且具有广泛性。

再如,某被审计单位对某一项金额特别重大的资产(占年末总资产余额的比例超过60%)计提了大额减值准备,与该项资产相关的资产减值损失是导致被审计单位当年出现重大亏损的主要原因。注册会计师无法实施审计程序就该项资产的实际性质和减值准备的合理性获取充分、适当的审计证据。在这种情况下,虽然涉及的财务报表项目较为有限,但对资产负债表和利润表而言金额均特别重大,可以认为构成了财务报表的主要组成部分,该事项的影响重大且具有广泛性。

(3)当与披露相关时,产生的影响对财务报表使用者理解财务报表至关重要。

例如,基于获取的审计证据,注册会计师认为可能导致对被审计单位持续经营能力产生重大疑虑的事项或情况存在重大不确定性,且该公司正考虑申请破产。管理层在财务报表中遗漏了与重大不确定性相关的必要披露(即完全未披露)。注册会计师认为该漏报对财务报表的影响重大且具有广泛性。

(二)确定非无保留意见的类型

总体而言,导致注册会计师发表非无保留意见的事项单独或汇总起来对财务报表的影响或可能产生的影响一定是重大的。在这个前提下,注册会计师应当发表保留意见,还是否定意见或无法表示意见,取决于导致非无保留意见的事项(即财务报表存在重大错报,或注册会计师无法获取充分、适当的审计证据,财务报表可能存在重大错报)对财务报表整体产生的影响或可能产生的影响是否具有广泛性。

表14-9列示了注册会计师对导致发表非无保留意见的事项的性质和这些事项对财务报表产生或可能产生影响的广泛性做出的判断,以及注册会计师的判断对审计意见类型的影响。

表 14-9　注册会计师发表非无保留意见的情形

导致发表非无保留 意见的事项的性质	这些事项对财务报表产生或可能产生影响的广泛性	
	重大但不具有广泛性	重大且具有广泛性
财务报表存在重大错报	保留意见	否定意见
无法获取充分、适当的审计证据	保留意见	无法表示意见

1. 发表保留意见

当存在下列情形之一时，注册会计师应当发表保留意见。

（1）在获取充分、适当的审计证据后，注册会计师认为错报单独或汇总起来对财务报表影响重大，但不具有广泛性。

（2）注册会计师无法获取充分、适当的审计证据以作为形成审计意见的基础，但认为未发现的错报（如存在）对财务报表可能产生的影响重大，但不具有广泛性。

2. 发表否定意见

在获取充分、适当的审计证据后，如果认为错报单独或汇总起来对财务报表的影响重大且具有广泛性，注册会计师应当发表否定意见。

3. 发表无法表示意见

如果无法获取充分、适当的审计证据以作为形成审计意见的基础，但认为未发现的错报（如存在）对财务报表可能产生的影响重大且具有广泛性，注册会计师应当发表无法表示意见。

在少数情况下，可能存在多个不确定事项。尽管注册会计师对每个单独的不确定事项获取了充分、适当的审计证据，但由于不确定事项之间可能存在相互影响，以及可能对财务报表产生累积影响，注册会计师不可能对财务报表形成审计意见。在这种情况下，注册会计师应当发表无法表示意见。

当存在多项对财务报表整体具有重要影响的与持续经营相关的重大不确定性时，在极少数情况下，注册会计师可能认为发表无法表示意见是适当的，而非在审计报告中增加“与持续经营相关的重大不确定性”为标题的单独部分。

（三）在确定非无保留意见的类型时需要注意的事项

（1）在承接审计业务后，如果注意到管理层对审计范围施加了限制，且认为这些限制可能导致对财务报表发表保留意见或无法表示意见，注册会计师应当要求管理层消除这些限制。如果管理层拒绝消除限制，除非治理层全部成员参与管理被审计单位，注册会计师应当就此事项与治理层沟通，并确定能否实施替代程序以获取充分、适当的审计证据。

如果无法获取充分、适当的审计证据，注册会计师应当通过下列方式确定其影响：

①如果未发现的错报（如存在）可能对财务报表产生的影响重大，但不具有广泛性，应当发表保留意见；②如果未发现的错报（如存在）可能对财务报表产生的影响重大且具有广泛性，以至于发表保留意见不足以反映情况的严重性，应当在可行时解除业务约定（除非法律法规禁止），并在解除业务约定前，与治理层沟通在审计过程中发现的、将会导致发表非

无保留意见的所有错报事项。如果在出具审计报告之前解除业务约定被禁止或不可行,应当发表无法表示意见。

在某些情况下,如果法律法规要求注册会计师继续执行审计业务,则注册会计师可能无法解除审计业务约定。这种情况可能包括:①注册会计师接受委托审计公共部门实体的财务报表;②注册会计师接受委托审计涵盖特定期间的财务报表,或者接受一定期间的委托,在完成财务报表审计前或在受托期间结束前,不允许解除审计业务约定。在这些情况下,注册会计师可能认为需要在审计报告中增加其他事项段。

(2)如果认为有必要对财务报表整体发表否定意见或无法表示意见,注册会计师不应在同一审计报告中对按照相同财务报告编制基础编制的单一财务报表或者财务报表特定要素、账户或项目发表无保留意见。在同一审计报告中包含无保留意见,将会与对财务报表整体发表的否定意见或无法表示意见相矛盾。

三、非无保留意见审计报告的格式和内容

(一)形成非无保留审计意见的基础

1. 审计报告格式和内容的一致性

审计报告格式和内容的一致性有助于提高使用者的理解和识别存在的异常情况。因此,尽管不可能统一非无保留意见的措辞和对导致非无保留意见的事项的说明,但仍有必要保持审计报告格式和内容的一致性。

如果对财务报表发表非无保留意见,注册会计师应当将审计报告中“形成审计意见的基础”部分的标题修改为恰当的标题,如“形成保留意见的基础”“形成否定意见的基础”“形成无法表示意见的基础”,说明导致发表非无保留意见的事项。

当发表保留意见或否定意见时,注册会计师应当修改“形成保留(否定)审计意见的基础”部分的描述,以说明:注册会计师相信,注册会计师获取的审计证据是充分、适当的,为发表保留(否定)意见提供了基础。

当发表无法表示意见时,注册会计师应当修改“形成无法表示意见的基础”部分的表述,不应提及审计报告中用于描述注册会计师责任的部分,也不应说明注册会计师是否已获取充分、适当的审计证据以作为形成审计意见的基础。

2. 量化财务影响

如果财务报表中存在与具体金额(包括定量披露)相关的重大错报,注册会计师应当在形成审计意见的基础部分说明并量化该错报的财务影响。举例来说,如果存货被高估,注册会计师可以在审计报告中形成审计意见的基础部分说明该重大错报的财务影响,即量化其对所得税、税前利润、净利润和所有者权益的影响。如果无法量化财务影响,注册会计师应当在该部分说明这一情况。

3. 存在与定性披露相关的重大错报

如果财务报表中存在与定性披露相关的重大错报,注册会计师应当在形成审计意见的基础部分解释该错报错在何处。

4. 存在与应披露而未披露信息相关的重大错报

如果财务报表中存在与应披露而未披露信息相关的重大错报，注册会计师应当：

（1）与治理层讨论未披露信息的情况；

（2）在形成审计意见的基础部分描述未披露信息的性质；

（3）如果可行并且已针对未披露信息获取了充分、适当的审计证据，在形成审计意见的基础部分包含对未披露信息的披露，除非法律法规禁止。

如果存在下列情形之一，则在形成审计意见的基础部分披露遗漏的信息是不可行的：①管理层还没有做出这些披露，或管理层已做出但注册会计师不易获取这些披露；②根据注册会计师的判断，在审计报告中披露该事项过于庞杂。

5. 无法获取充分、适当的审计证据

如果因无法获取充分、适当的审计证据而导致发表非无保留意见，注册会计师应当在形成审计意见的基础部分说明无法获取审计证据的原因。

6. 披露其他事项

即使发表了否定意见或无法表示意见，注册会计师也应当在形成审计意见的基础部分说明注意到的、将导致发表非无保留意见的所有其他事项及其影响。这是因为，对注册会计师注意到的其他事项的披露可能与财务报表使用者的信息需求相关。

在执行审计的过程中，即使已发现的重大错报具有广泛性，足以导致发表否定意见，注册会计师仍然需要对其余不涉及上述重大错报的财务报表项目按照审计准则的规定执行并完成审计工作；即使审计范围受到限制可能产生的影响足以导致发表无法表示意见，除非属于在可行时解除业务约定的情形，注册会计师仍然需要对审计范围没有受到限制的方面按照审计准则的规定执行并完成审计工作。并且，注册会计师应当在“形成否定（无法表示）意见的基础”部分说明注意到的、将导致发表非无保留意见的所有其他事项及其影响。

例如，因管理层未提供完整的相关资料，注册会计师无法就被审计单位的存货、应付账款、营业成本、管理费用和资产减值损失等多个重大的财务报表项目获取充分、适当的审计证据；此外，注册会计师发现被审计单位期末某项金额重大的、以公允价值计量的交易性金融资产存在重大错报。在这种情况下，由于前一个事项对财务报表可能产生的影响重大且具有广泛性，注册会计师应当发表无法表示意见。在审计报告的“形成无法表示意见的基础”部分，除了说明导致无法表示意见的事项外，还应当说明识别出的重大错报。

又如，被审计单位连续多年严重亏损，资不抵债，大量债务违约并涉及诉讼，多个银行账户被冻结，大量资产被查封，主营业务处于停滞状态，管理层制定的各种应对措施是否能够落实具有很高的不确定性。注册会计师认为导致对被审计单位持续经营能力产生重大疑虑的事项和情况存在多个重大不确定性，这些不确定事项之间存在相互影响，对财务报表产生累积影响，注册会计师无法判断被审计单位采用持续经营假设编制本期财务报表是否适当，从而无法对财务报表整体形成审计意见。同时，被审计单位在财务报表附注中对与持续经营相关的多个重大不确定性做出了一些披露但披露并不充分，属于与应披露未披露信息相关的重大错报。在这种情况下，注册会计师应当发表无法表示意见，在“形成无法表示意见的基础”部分,除了说明由于与持续经营相关的多个重大不确定性而发表无法表示意见外,还要说明财务报表附注未予以充分披露的情况。

7. 对“形成非无保留意见的基础”部分的可理解性地考虑。

就“形成非无保留意见的基础”部分的整体结构而言,注册会计师可以考虑采取以下方式提高这部分内容的可理解性。

(1)如果非无保留意见涉及多个事项,可以以简要概括方式对每一事项分别增加一个小标题,这有助于使用者更直观地了解相关事项影响到的财务报表具体领域及判断相关事项对财务报表整体的影响程度。

(2)如果非无保留意见涉及的事项在财务报表附注中有相关披露内容,索引至相关财务报表附注有助于使用者了解这些事项的具体情况。

(3)就“形成非无保留意见的基础”部分中单个事项的描述而言,注册会计师需要从对使用者决策有用性角度考虑如何恰当体现相关描述的恰当性和可理解性。以“因无法获取充分、适当的审计证据,因而对财务报表整体发表保留意见”的情形为例,注册会计师在描述相关事项时可能考虑采取的做法如下。

①说明审计范围受到限制相关事项影响的财务报表项目、金额及可能存在的具体影响。这有助于使用者将注册会计师发表的保留意见与已审计财务报表的特定要素联系起来。特别是在审计范围受到限制相关事项所影响的金额并非相关财务报表项目的全部金额,或只影响相关财务报表项目的部分相关认定的情况下,对此做出进一步说明可以帮助使用者更准确地了解相关事项的性质,并判断相应的影响程度。

②在说明无法获取充分、适当的审计证据的原因时,描述导致审计范围受到限制的具体情形。例如,被审计单位管理层没有提供与某事项相关的详细资料;被审计单位管理层没有就注册会计师提出的某个异常情况提供合理解释及相关证据;因某一客观条件所限,注册会计师无法对被审计单位位于某地的重要实物资产实施检查;由于某联营企业的控股股东和管理层拒绝配合,注册会计师无法对被审计单位以权益法核算的相关长期股权投资执行必要的审计工作等。上述描述有助于使用者了解注册会计师审计范围受到限制的具体性质,并判断相应影响程度。

(二)审计意见部分

1. 标题

在发表非无保留意见时,注册会计师应当对审计意见部分使用恰当的标题,如“保留意见”“否定意见”“无法表示意见”。审计意见部分的标题能够使财务报表使用者清楚注册会计师发表了非无保留意见,并能够表明非无保留意见的类型。

2. 发表保留意见

当由于财务报表存在重大错报而发表保留意见时,注册会计师应当在审计意见部分说明:注册会计师认为,除形成保留意见的基础部分所述事项产生的影响外,后附的财务报表在所有重大方面按照适用的财务报告编制基础编制,公允反映了……

当无法获取充分、适当的审计证据而导致发表保留意见时,注册会计师应当在审计意见部分使用“除……可能产生的影响外”等措辞。

当注册会计师发表保留意见时，在审计意见部分使用“由于上述解释”或“受……影响”等措辞是不恰当的，因为这些措辞不够清晰或没有足够的说服力。

3. 发表否定意见

当发表否定意见时，注册会计师应当在审计意见部分说明：注册会计师认为，由于形成否定意见的基础部分所述事项的重要性，后附的财务报表没有在所有重大方面按照适用的财务报告编制基础编制，未能公允反映……

4. 发表无法表示意见

当由于无法获取充分、适当的审计证据而发表无法表示意见时，注册会计师应当在审计意见部分说明注册会计师不对后附的财务报表发表审计意见，并说明：由于形成无法表示意见的基础部分所述事项的重要性，注册会计师无法获取充分、适当的审计证据以为发表审计意见提供基础。同时，注册会计师应当将有关财务报表已经审计的说明，修改为注册会计师接受委托审计财务报表。

（三）注册会计师对财务报表审计的责任部分

当由于无法获取充分、适当的审计证据而发表无法表示意见时，注册会计师应当对无保留意见审计报告中注册会计师对财务报表审计的责任部分的表述进行修改，使之仅包含下列内容。

（1）注册会计师的责任是按照中国注册会计师审计准则的规定，对被审计单位财务报表执行审计工作，以出具审计报告；

（2）但由于形成无法表示意见的基础部分所述的事项，注册会计师无法获取充分、适当的审计证据以作为发表审计意见的基础；

（3）声明注册会计师在独立性和职业道德方面的其他责任。

（四）由于财务报表存在重大错报而发表保留意见的审计报告

参考格式如下：

背景信息：

1. 对上市实体整套财务报表进行审计，该审计不属于集团审计（即不适用《中国注册会计师审计准则第 1401 号——对集团财务报表审计的特殊考虑》）。

2. 管理层按照企业会计准则编制财务报表。

3. 审计业务约定条款体现了《中国注册会计师审计准则第 1111 号——就审计业务约定条款达成一致意见》关于管理层对财务报表责任的描述。

4. 存货存在错报，该错报对财务报表影响重大但不具有广泛性（即保留意见是恰当的）。

5. 适用的相关职业道德要求为中国注册会计师职业道德守则。

6. 基于获取的审计证据，根据《中国注册会计师审计准则第 1324 号——持续经营》，注册会计师认为可能导致对被审计单位持续经营能力产生重大疑虑的相关事项或情况不存在重大不确定性。

7. 已按照《中国注册会计师审计准则第 1504 号——在审计报告中沟通关键审计事项》的规定沟通了关键审计事项。

8. 注册会计师在审计报告日前已获取所有其他信息,且导致对财务报表发表保留意见的事项也影响了其他信息。

9. 负责监督财务报表的人员与负责编制财务报表的人员不同。

10. 除财务报表审计外,按照法律法规的要求,注册会计师还承担法律法规要求的其他报告责任,且注册会计师决定在审计报告中履行其他报告责任。

审计报告

ABC 股份有限公司全体股东:

一、对财务报表出具的审计报告

(一)保留意见

我们审计了 ABC 股份有限公司(以下简称"ABC 公司")财务报表,包括 20×1 年 12 月 31 日的资产负债表,20×1 年度的利润表、现金流量表、股东权益变动表以及相关财务报表附注。

我们认为,除"形成保留意见的基础"部分所述事项产生的影响外,后附的财务报表在所有重大方面按照企业会计准则的规定编制,公允反映了 ABC 公司 20×1 年 12 月 31 日的财务状况以及 20×1 年度的经营成果和现金流量。

(二)形成保留意见的基础

ABC 公司 20×1 年 12 月 31 日资产负债表中存货的列示金额为 × 元。ABC 公司管理层(以下简称"管理层")根据成本对存货进行计量,而没有根据成本与可变现净值孰低的原则进行计量,这不符合企业会计准则的规定。ABC 公司的会计记录显示,如果管理层以成本与可变现净值孰低来计量存货,存货列示金额将减少 × 元。相应地,资产减值损失将增加 x 元,所得税、净利润和股东权益将分别减少 × 元、× 元和 × 元。

我们按照中国注册会计师审计准则的规定执行了审计工作。审计报告的"注册会计师对财务报表审计的责任"部分进一步阐述了我们在这些准则下的责任。按照中国注册会计师职业道德守则,我们独立于 ABC 公司,并履行了职业道德方面的其他责任。我们相信,我们获取的审计证据是充分、适当的,为发表保留意见提供了基础。

(三)其他信息

(按照《中国注册会计师审计准则第 1521 号——注册会计师对其他信息的责任》的规定报告,其他信息部分的最后一段需要进行改写,以描述导致注册会计师对财务报表发表保留意见并且影响其他信息的事项。)

(四)关键审计事项

关键审计事项是根据我们的职业判断,认为对本期财务报表审计最为重要的事项。这些事项是在对财务报表整体进行审计并形成意见的背景下进行处理的,我们不对这些事项提供单独的意见。除"形成保留意见的基础"部分所述事项外,我们确定下列事项是需要在审计报告中沟通的关键审计事项。

（按照《中国注册会计师审计准则第1504号——在审计报告中沟通关键审计事项》的规定描述每一关键审计事项。）

（五）管理层和治理层对财务报表的责任

（按照《中国注册会计师审计准则第1501号——对财务报表形成审计意见和出具审计报告》的规定报告，参见参考格式19-1。）

（六）注册会计师对财务报表审计的责任

（按照《中国注册会计师审计准则第1501号——对财务报表形成审计意见和出具审计报告》的规定报告，参见参考格式19-1。）

二、按照相关法律法规的要求报告的事项

（按照《中国注册会计师审计准则第1501号——对财务报表形成审计意见和出具审计报告》的规定报告，参见参考格式19-1。）

××会计师事务所　　中国注册会计师：×××（项目合伙人）
（盖章）　　（签名并盖章）

中国注册会计师：×××
（签名并盖章）

中国××市　　二〇×二年××月××日

（五）由于合并财务报表存在重大错报而发表否定意见的审计报告

参考格式如下：

背景信息：

1. 对上市实体整套合并财务报表进行审计。该审计属于集团审计，被审计单位拥有多个子公司（即适用《中国注册会计师审计准则第1401号——对集团财务报表审计的特殊考虑》）。

2. 管理层按照××财务报告编制基础编制合并财务报表。

3. 审计业务约定条款体现了《中国注册会计师审计准则第1111号——就审计业务约定条款达成一致意见》关于管理层对合并财务报表责任的描述。

4. 合并财务报表因未合并某一子公司而存在重大错报，该错报对合并财务报表影响重大且具有广泛性（即否定意见是恰当的），但量化该错报对合并财务报表的影响是不切实际的。

5. 适用的相关职业道德要求为中国注册会计师职业道德守则。

6. 基于获取的审计证据，根据《中国注册会计师审计准则第1324号——持续经营》，注册会计师认为可能导致对被审计单位持续经营能力产生重大疑虑的相关事项或情况不存在重大不确定性。

7. 适用《中国注册会计师审计准则第1504号——在审计报告中沟通关键审计事项》。然而，注册会计师认为，除形成否定意见的基础部分所述事项外，无其他关键审计事项。

8. 注册会计师在审计报告日前已获取所有其他信息，且导致对合并财务报表发表否定意见的事项也影响了其他信息。

9. 负责监督合并财务报表的人员与负责编制合并财务报表的人员不同。

10. 除合并财务报表审计外,注册会计师还承担法律法规要求的其他报告责任,且注册会计师决定在审计报告中履行其他报告责任。

审计报告

ABC 股份有限公司全体股东:

一、对合并财务报表出具的审计报告

(一)否定意见

我们审计了 ABC 股份有限公司及其子公司(以下简称"ABC 集团")的合并财务报表,包括 20×1 年 12 月 31 日的合并资产负债表, 20×1 年度的合并利润表、合并现金流量表、合并股东权益变动表以及相关合并财务报表附注。

我们认为,由于"形成否定意见的基础"部分所述事项的重要性,后附的合并财务报表没有在所有重大方面按照 ×× 财务报告编制基础的规定编制,未能公允反映 ABC 集团 20×1 年 12 月 31 日的合并财务状况以及 20×1 年度的合并经营成果和合并现金流量。

(二)形成否定意见的基础

如财务报表附注 × 所述, 20×1 年 ABC 集团通过非同一控制下的企业合并获得对 XYZ 公司的控制权,因未能取得购买日 XYZ 公司某些重要资产和负债的公允价值,故未将 XYZ 公司纳入合并财务报表的范围。按照 ×× 财务报告编制基础的规定,该集团应将这一子公司纳入合并范围,并以暂估金额为基础核算该项收购。如果将 XYZ 公司纳入合并财务报表的范围,后附的 ABC 集团合并财务报表的多个报表项目将受到重大影响。但我们无法确定未将 XYZ 公司纳入合并范围对合并财务报表产生的影响。

我们按照中国注册会计师审计准则的规定执行了审计工作。审计报告的"注册会计师对财务报表审计的责任"部分进一步阐述了我们在这些准则下的责任。按照中国注册会计师职业道德守则,我们独立于 ABC 集团,并履行了职业道德方面的其他责任,我们相信,我们获取的审计证据是充分、适当的,为发表否定意见提供了基础。

(三)其他信息

[按照《中国注册会计师审计准则第 1521 号——注册会计师对其他信息的责任》的规定报告,其他信息部分的最后一段需要进行改写,以描述导致注册会计师对财务报表发表否定意见并且也影响其他信息的事项。]

(四)关键审计事项

除"形成保留意见的基础"部分所述事项外,我们认为,没有其他需要在我们的报告中沟通的关键审计事项。

(五)管理层和治理层对合并财务报表的责任

(按照《中国注册会计师审计准则第 1501 号——对财务报表形成审计意见和出具审计报告》的规定报告,参见参考格式 14-1。)

(六)注册会计师对合并财务报表审计的责任

(按照《中国注册会计师审计准则第 1501 号——对财务报表形成审计意见和出具审计

报告》的规定报告，参见参考格式 14-1。）

二、按照相关法律法规的要求报告的事项

（按照《中国注册会计师审计准则第 1501 号——对财务报表形成审计意见和出具审计报告》的规定报告，参见参考格式 14-1。）

××会计师事务所　　　中国注册会计师：×××（项目合伙人）
（盖章）　　　（签名并盖章）
中国注册会计师：×××
（签名并盖章）

中国××市　　　二〇×二年××月××日

（六）由于注册会计师无法针对财务报表多个要素获取充分、适当的审计证据而发表无法表示意见的审计报告

参考格式如下：

背景信息：

1. 对非上市实体整套财务报表进行审计。该审计不属于集团审计（即不适用《中国注册会计师审计准则第 1401 号——对集团财务报表审计的特殊考虑》）。

2. 管理层按照企业会计准则编制财务报表。

3. 审计业务约定条款体现了《中国注册会计师审计准则第 1111 号——就审计业务约定条款达成一致意见》关于管理层对财务报表责任的描述。

4. 对财务报表的多个要素，注册会计师无法获取充分、适当的审计证据。例如，对被审计单位的存货和应收账款，注册会计师无法获取审计证据，这一事项对财务报表可能产生的影响重大且具有广泛性。

5. 适用的相关职业道德要求为中国注册会计师职业道德守则。

6. 负责监督财务报表的人员与负责编制财务报表的人员不同。

7. 按照审计准则要求在注册会计师的责任部分做出有限的表述。

8. 除财务报表审计外，按照法律法规的要求，注册会计师负有其他报告责任，且注册会计师决定在审计报告中履行其他报告责任。

审计报告

ABC 股份有限公司全体股东：

一、对财务报表出具的审计报告

（一）无法表示意见

我们接受委托，审计 ABC 股份有限公司（以下简称“ABC 公司”）财务报表，包括 20×1 年 12 月 31 日的资产负债表，20×1 年度的利润表、现金流量表、股东权益变动表以及相关财务报表附注。

我们不对后附的 ABC 公司财务报表发表审计意见。由于“形成无法表示意见的基础”部分所述事项的重要性，我们无法获取充分、适当的审计证据以作为对财务报表发表审计意见的基础。

(二)形成无法表示意见的基础

我们于20×2年1月接受ABC公司的审计委托,因而未能对ABC公司20×1年初金额为×元的存货和年末金额为×元的存货实施监盘程序。此外,我们也无法实施替代审计程序获取充分、适当的审计证据。并且,ABC公司于20×1年9月采用新的应收账款电算化系统,由于存在系统缺陷导致应收账款出现大量错误。截至报告日,管理层仍在纠正系统缺陷并更正错误,我们也无法实施替代审计程序,以对截至20×1年12月31日的应收账款总额×元获取充分、适当的审计证据。因此,我们无法确定是否有必要对存货、应收账款以及财务报表其他项目做出调整,也无法确定应调整的金额。

(三)管理层和治理层对财务报表的责任

(按照《中国注册会计师审计准则第1501号——对财务报表形成审计意见和出具审计报告》的规定报告,参见参考格式14-1。)

(四)注册会计师对财务报表审计的责任

我们的责任是按照中国注册会计师审计准则的规定,对ABC公司的财务报表执行审计工作,以出具审计报告。但由于"形成无法表示意见的基础"部分所述的事项,我们无法获取充分、适当的审计证据以作为发表审计意见的基础。

按照中国注册会计师职业道德守则,我们独立于ABC公司,并履行了职业道德方面的其他责任。

二、对其他法律和监管要求的报告

(按照《中国注册会计师审计准则第1501号——对财务报表形成审计意见和出具审计报告》的规定报告,参见参考格式14-1。)

××会计师事务所　　　　中国注册会计师:×××(项目合伙人)
(盖章)　　　　(签名并盖章)
中国注册会计师:×××
(签名并盖章)
中国××市　　　　二〇×二年××月××日

第十节　在审计报告中增加强调事项段和其他事项段

一、强调事项段

(一)强调事项段的含义

审计报告的强调事项段,是指审计报告中含有的一个段落,该段落提及已在财务报表中恰当列报或披露的事项,且根据注册会计师的职业判断,该事项对财务报表使用者理解财务报表至关重要。

（二）增加强调事项段的情况

如果认为有必要提醒财务报表使用者关注已在财务报表中列报或披露，且根据职业判断认为对财务报表使用者理解财务报表至关重要的事项，在同时满足下列条件时，注册会计师应当在审计报告中增加强调事项段：

（1）按照《中国注册会计师审计准则第 1502 号——在审计报告中发表非无保留意见》的规定，该事项不会导致注册会计师发表非无保留意见；

（2）当《中国注册会计师审计准则第 1504 号——在审计报告中沟通关键审计事项》适用时，该事项未被确定为在审计报告中沟通的关键审计事项。

按照《中国注册会计师审计准则第 1504 号——在审计报告中沟通关键审计事项》被确定为关键审计事项的事项，根据注册会计师的职业判断，也可能对财务报表使用者理 解财务报表至关重要。在这些情况下，按照《中国注册会计师审计准则第 1504 号——在审计报告中沟通关键审计事项》的规定将该事项作为关键审计事项沟通时，注册会计师可能希望突出或提请进一步关注其相对重要程度。在关键审计事项部分，注册会计师可以使该事项的列报更为突出（如作为第一个事项），或在关键审计事项的描述中增加额外信息，以指明该事项对财务报表使用者理解财务报表的重要程度。

某一事项可能不符合《中国注册会计师审计准则第 1504 号——在审计报告中沟通关键审计事项》的规定，因而未被确定为关键审计事项（因该事项不是重点关注过的事项），但根据注册会计师的判断，其对财务报表使用者理解财务报表至关重要（如期后事项）。如果认为有必要提请财务报表使用者关注该事项，注册会计师应当将该事项包含在审计报告的强调事项段中。

某些审计准则对注册会计师在特定情况下在审计报告中增加强调事项段提出具体要求。这些情形包括：

（1）法律法规规定的财务报告编制基础不可接受，但其是基于法律或法规做出的规定；

（2）提醒财务报表使用者注意财务报表按照特殊目的编制基础编制；

（3）注册会计师在审计报告日后知悉了某些事实（即期后事项），并且出具了新的或经修改的审计报告。

除上述审计准则要求增加强调事项的情形外，注册会计师可能认为需要增加强调事项段的情形举例如下：

（1）异常诉讼或监管行动的未来结果存在不确定性；

（2）在财务报表日至审计报告日之间发生的重大期后事项；

（3）在允许的情况下，提前应用对财务报表有重大影响的新会计准则；

（4）存在已经或持续对被审计单位财务状况产生重大影响的特大灾难。

过于广泛地使用强调事项段，可能会降低注册会计师对强调事项所作沟通的有效性。

（三）审计报告中增加强调事项段的措施

如果在审计报告中包含强调事项段，注册会计师应当采取下列措施。

（1）将强调事项段作为单独的一部分置于审计报告中，并使用包含“强调事项”这一术语的适当标题。

(2)明确提及被强调事项以及相关披露的位置,以便能够在财务报表中找到对该事项的详细描述。强调事项段应当仅提及已在财务报表中列报或披露的信息。

(3)指出审计意见没有因该强调事项而改变。

在审计报告中包含强调事项段不影响审计意见,包含强调事项段不能代替下列情形:

(1)根据审计业务的具体情况,按照《中国注册会计师审计准则第 1502 号——在审计报告中发表非无保留意见》的规定发表非无保留意见;

(2)适用的财务报告编制基础要求管理层在财务报表中做出的披露,或为实现公允列报所需的其他披露;

(3)按照《中国注册会计师审计准则第 1324 号——持续经营》的规定,当可能导致对被审计单位持续经营能力产生重大疑虑的事项或情况存在重大不确定性时做出的报告。

二、其他事项段

(一)其他事项段的概念

其他事项段,是指审计报告中含有的一个段落,该段落提及未在财务报表中列报或披露的事项,且根据注册会计师的职业判断,该事项与财务报表使用者理解审计工作、注册会计师的责任或审计报告相关。

(二)可能需要增加其他事项段的情形

如果认为有必要沟通虽然未在财务报表中列报或披露,但根据职业判断认为与财务报表使用者理解审计工作、注册会计师的责任或审计报告相关的事项,在同时满足下列条件时,注册会计师应当在审计报告中增加其他事项段:

(1)未被法律法规禁止;

(2)当《中国注册会计师审计准则第 1504 号——在审计报告中沟通关键审计事项》适用时,该事项未被确定为在审计报告中沟通的关键审计事项。

具体讲,可能需要在审计报告中增加其他事项段的情形包括:

与使用者理解审计工作相关的情形。

《中国注册会计师审计准则第 1151 号——与治理层的沟通》要求注册会计师就计划的审计范围和时间安排与治理层进行沟通,包括注册会计师识别的特别风险。尽管与特别风险相关的事项可能被确定为关键审计事项,根据《中国注册会计师审计准则第 1504 号——在审计报告中沟通关键审计事项》对关键审计事项的定义,其他与计划及范围相关的事项(比如计划的审计范围或审计时对重要性的运用)不太可能成为关键审计事项。然而,法律法规可能要求注册会计师在审计报告中沟通与计划及范围相关的事项,或者注册会计师可能认为有必要在其他事项段中沟通这些事项。

在极少数情况下,即使由于管理层对审计范围施加的限制导致无法获取充分、适当的审计证据可能产生的影响具有广泛性,注册会计师也不能解除业务约定。在这种情况下,注册会计师可能认为有必要在审计报告中增加其他事项段,解释为何不能解除业务约定。

1. 与使用者理解注册会计师的责任或审计报告相关的情形

法律法规或得到广泛认可的惯例可能要求或允许注册会计师详细说明某些事项，以进一步解释注册会计师在财务报表审计中的责任或审计报告。当其他事项部分包含多个事项，并且根据注册会计师的职业判断，这些事项与财务报表使用者理解审计工作、注册会计师的责任或审计报告相关时，注册会计师可以使用一个或多个子标题来描述其他事项段的内容。

增加其他事项段不涉及以下两种情形：①除根据审计准则的规定有责任对财务报表出具审计报告外，注册会计师还有其他报告责任；②注册会计师可能被要求实施额外的规定的程序并予以报告，或对特定事项发表意见。

2. 对两套以上财务报表出具审计报告的情形

被审计单位可能按照通用目的编制基础（如 × 国财务报告编制基础）编制一套财务报表，且按照另一个通用目的编制基础（如国际财务报告准则）编制另一套财务报表，并委托注册会计师同时对两套财务报表出具审计报告。如果注册会计师已确定两个财务报告编制基础在各自情形下是可接受的，可以在审计报告中增加其他事项段，说明该被审计单位根据另一个通用目的编制基础（如国际财务报告准则）编制了另一套财务报表以及注册会计师对这些财务报表出具了审计报告。

3. 限制审计报告分发和使用的情形

为特定目的编制的财务报表可能按照通用目的编制基础编制，因为财务报表预期使用者已确定这种通用目的财务报表能够满足他们对财务信息的需求。由于审计报告旨在提供给特定使用者，注册会计师可能认为在这种情况下需要增加其他事项段，说明审计报告只是提供给财务报表预期使用者，不应被分发给其他机构或人员或者被其他机构或人员使用。

需要注意的是，其他事项段的内容明确反映了未被要求在财务报表中列报的其他事项。其他事项段不包括法律法规或其他职业准则（如中国注册会计师职业道德守则中与信息保密相关的规定）禁止注册会计师提供的信息。其他事项段也不包括要求管理层提供的信息。

如果在审计报告中包含其他事项段，注册会计师应当将该段落作为单独的一部分，并使用“其他事项”或其他适当标题。

（七）包含关键审计事项部分、强调事项段和其他事项段的审计报告

参考格式如下：

背景信息：

1. 对上市实体整套财务报表进行审计。该审计不属于集团审计（即不适用《中国注册会计师审计准则第 1401 号——对集团财务报表审计的特殊考虑》）。

2. 管理层按照企业会计准则编制财务报表。

3. 审计业务约定条款体现了《中国注册会计师审计准则第 1111 号——就审计业务约定条款达成一致意见》关于管理层对财务报表责任的描述。

4. 基于获取的审计证据，注册会计师认为发表无保留意见是恰当的。

5. 适用的相关职业道德要求为中国注册会计师职业道德守则。

6. 基于获取的审计证据,根据《中国注册会计师审计准则第 1324 号——持续经营》,注册会计师认为可能导致对被审计单位持续经营能力产生重大疑虑的相关事项或情况不存在重大不确定性。

7. 在财务报表日至审计报告日之间,被审计单位的生产设备发生了火灾,被审计单位已将其作为期后事项披露。根据注册会计师的判断,该事项对财务报表使用者理解财务报表至关重要,但在本期财务报表审计中不是重点关注过的事项。

8. 已按照《中国注册会计师审计准则第 1504 号——在审计报告中沟通关键审计事项》的规定沟通了关键审计事项。

9. 注册会计师在审计报告日前已获取所有其他信息,且未识别出信息存在重大错报。

10. 已列报对应数据,且上期财务报表已由前任注册会计师审计。法律法规不禁止注册会计师提及前任注册会计对对应数据出具的审计报告,并且注册会计师已决定提及。

11. 负责监督财务报表的人员与负责编制财务报表的人员不同。

12. 除财务报表审计外,注册会计师还承担法律法规要求的其他报告责任,且注册会计师决定在审计报告中履行其他报告责任。

审计报告

ABC 股份有限公司全体股东:

一、对财务报表出具的审计报告

(一)审计意见

我们审计了 ABC 股份有限公司(以下简称"ABC 公司")财务报表,包括 20×1 年 12 月 31 日的资产负债表, 20×1 年度的利润表、现金流量表、股东权益变动表以及相关财务报表附注。

我们认为,后附的财务报表在所有重大方面按照企业会计准则的规定编制,公允反映了 ABC 公司 20×1 年 12 月 31 日的财务状况以及 20×1 年度的经营成果和现金流量。

(二)形成审计意见的基础

我们按照中国注册会计师审计准则的规定执行了审计工作。审计报告的"注册会计师对财务报表审计的责任"部分进一步阐述了我们在这些准则下的责任。按照中国注册会计师职业道德守则,我们独立于 ABC 公司,并履行了职业道德方面的其他责任。我们相信,我们获取的审计证据是充分、适当的,为发表审计意见提供了基础。

(三)强调事项

我们提醒财务报表使用者关注,财务报表附注 × 描述了火灾对 ABC 公司的生产设备造成的影响。本段内容不影响已发表的审计意见。

(四)关键审计事项

关键审计事项是根据我们的职业判断,认为对本期财务报表审计最为重要的事项。这些事项是在对财务报表整体进行审计并形成意见的背景下进行处理的,我们不对这些事项单独发表意见。

（按照《中国注册会计师审计准则第 1504 号——在审计报告中沟通关键审计事项》的规定描述每一关键审计事项。）

（五）其他事项

20×0 年 12 月 31 日的资产负债表、20×0 年度的利润表、现金流量表、股东权益变动表以及相关财务报表附注由其他会计师事务所审计，并于 20 xl 年 3 月 31 日发表了无 保留意见。

（六）其他信息

（按照《中国注册会计师审计准则第 1521 号——注册会计师对其他信息的责任》的规定报告，参见参考格式 14-l。）

（七）管理层和治理层对财务报表的责任

（按照《中国注册会计师审计准则第 1501 号——对财务报表形成审计意见和出具审计报告》的规定报告，参见参考格式 14-1。）

（八）注册会计师对财务报表审计的责任

（按照《中国注册会计师审计准则第 1501 号——对财务报表形成审计意见和出具审计报告》的规定报告，参见参考格式 14-1。）

二、按照相关法律法规的要求报告的事项

（按照《中国注册会计师审计准则第 1501 号——对财务报表形成审计意见和出具审计报告》的规定报告，参见参考格式 14-1。）

×× 会计师事务所　　　　　　　　　中国注册会计师：×××
（盖章）　　　　　　　　　　　　　（签名并盖章）
　　　　　　　　　　　　　　　　　中国注册会计师：×××
　　　　　　　　　　　　　　　　　（签名并盖章）
中国 ×× 市　　　　　　　　　　　二〇 × 二年 ×× 月 ×× 日

三、与治理层的沟通

如果拟在审计报告中增加强调事项段或其他事项段，注册会计师应当就该事项和拟使用的措辞与治理层沟通。

与治理层的沟通能使治理层了解注册会计师拟在审计报告中所强调的特定事项的性质，并在必要时为治理层提供向注册会计师做出进一步澄清的机会。对于连续审计业务，当某一特定事项在每期审计报告中的其他事项段中重复出现时，除非法律法规另有规定，注册会计师可能认为没有必要在每次审计业务中重复沟通。

【案例分析 14-4】

基本案情：审计报告判断实例

ABC 会计师事务所的 A 注册会计师负责审计多家上市公司 2021 年年度财务报表，遇到下列与审计报告相关的事项：

1.A 注册会计师对甲公司关联方关系及交易实施审计程序并与治理层沟通后，对是否存在未在财务报表中披露的关联方关系及交易仍存有疑虑，拟将其作为关键审计事项在审计报告中沟通。

2.A 注册会计师在乙公司审计报告日后获取并阅读了乙公司 2021 年年度报告的最终版本,发现其他信息存在重大错报,与管理层和治理层沟通后,该错报未得到更正。A 注册会计师拟重新出具审计报告,指出其他信息存在重大错报。

3.ABC 会计师事务所首次接受委托,审计丙公司 2021 年年度财务报表。A 注册会计师拟在审计报告中增加其他事项段,说明上期财务报表由前任注册会计师审计及其出具的审计报告的日期。

4. 丁公司 2021 年发生重大经营亏损。A 注册会计师实施审计程序并与治理层沟通后,认为可能导致对持续经营能力产生重大疑虑的事项或情况不存在重大不确定性。因在审计工作中对该事项进行过重点关注, A 注册会计师拟将其作为关键审计事项在审计报告中沟通。

5. 戊公司管理层在 2021 年年度财务报表附注中披露了 2022 年 1 月发生的一项重大收购。A 注册会计师认为该事项对财务报表使用者理解财务报表至关重要,拟在审计报告中增加其他事项段予以说明。

分析要点:

针对第 1 至第 5 项,逐项指出审计人员的做法是否恰当。如不恰当,简要说明理由。

答案提示:第 2 和第 4 项恰当。

第 1 项不恰当。关键审计事项必须是已经得到满意解决的事项。关键审计事项不能替代非无保留意见,应当发表非无保留意见。

第 3 项不恰当。应当说明前任注册会计师发表的审计意见类型。

第 5 项不恰当。应当增加强调事项段。其他事项段用于提及未在财务报表附注中列报或披露的事项,与财务报表使用者理解审计工作、注册会计师的责任或审计报告相关。

【案例分析 14-5】

基本案情:诚信会计师事务所接受委托对 A 股份有限公司(以下简称 A 公司)2020 年度财务报表进行审计。注册会计师于 2021 年 3 月 18 日完成了审计工作,按审计业务约定书的要求,应于 2021 年 3 月 28 日提交审计报告。A 公司 2020 年度审计前的利润总额为 110 万元。注册会计师确定的财务报表层次的重要性水平为 10 万元。现假定存在以下几种情况。

1.A 公司在 2020 年度变更了发出存货的计价方法,并在财务报表附注中作了充分披露。注册会计师认为变更是合法和合理的。

2. 在某诉讼案中,A 公司被起诉侵权,原告要求赔偿 75 万元。至 2020 年 12 月 31 日胜负仍难以预料。诉讼案和可能的影响均已列示在财务报表附注中。

3. 注册会计师得知 A 公司 2020 年涉及的诉讼案于 2021 年 3 月 20 日判决, A 公司败诉,应向原告赔偿 45 万元,A 公司对判决结果没有提出异议,并在财务报表附注 5 中进行了披露。注册会计师在 3 月 26 日完成了对该事项的审计工作,提请 A 公司调整 2020 年度财务报表,被 A 公司拒绝。

4.A 公司 2020 年 7 月购买某公司发行的债券，确认为债权投资，成本为 112 万元，2020 年 12 月 31 日的市价为 80 万元。A 公司仅在财务报表附注中揭示了该市价。

5.A 公司在 2020 年 11 月购入一台设备，当月投入使用，2020 年未提取折旧。该设备原始价值为 50 万元，月折旧率为 2%。

6. 在对应收账款项目进行函证时，其中对金额为 16 万元的客户 B 公司的函证未收到回函，注册会计师运用其他审计程序收集了充分、适当的审计证据。

7.A 公司利润总额中的 70% 是由其境外子公司提供的，注册会计师无法赴国外对子公司的财务报表进行审查，也无法通过其他审计程序进行验证。

分析要点：

1. 假定 A 公司不接受注册会计师的调整意见，分别针对上述情况，说明注册会计师应当出具何种意见的审计报告，并简要说明理由。

2. 假定只存在 3、4 两种情况，且 A 公司不接受注册会计师的调整意见，说明注册会计师应当出具何种意见的审计报告，简要说明理由，并代注册会计师完成下面审计报告的前三项内容。

审计报告

A 股份有限公司全体股东：

四、管理层和治理层对财务报表的责任

管理层负责按照《企业会计准则》的规定编制财务报表，使其实现公允反映，并设计、执行和维护必要的内部控制，以使财务报表不存在由于舞弊或错误导致的重大错报。

在编制财务报表时，管理层负责评估公司的持续经营能力，披露与持续经营相关的事项（如适用），并运用持续经营假设，除非管理层计划清算公司、停止营运或别无其他现实的选择。治理层负责监督公司的财务报告过程。

五、注册会计师对财务报表审计的责任

我们的目标是对财务报表整体是否不存在由于舞弊或错误导致的重大错报获取合理保证，并出具包含审计意见的审计报告。合理保证是高水平的保证，但并不能保证按照审计准则执行的审计在某一重大错报存在时总能发现。错报可能由于舞弊或错误所导致，如果合理预期错报单独或汇总起来可能影响财务报表使用者依据财务报表做出的经济决策，则错报是重大的。

在按照审计准则执行审计的过程中，我们运用了职业判断，保持了职业怀疑。我们同时：

1. 识别和评估由于舞弊或错误导致的财务报表重大错报风险；对这些风险有针对性地设计和实施审计程序；获取充分、适当的审计证据，作为发表审计意见的基础。由于舞弊可能涉及串通、伪造、故意遗漏、虚假陈述或凌驾于内部控制之上，未能发现由于舞弊导致的重大错报的风险高于未能发现由于错误导致的重大错报的风险。

2. 了解与审计相关的内部控制，以设计恰当的审计程序，但目的并非对内部控制的有效性发表意见。

3. 评价管理层选用会计政策的恰当性和做出会计估计及相关披露的合理性。

4. 对管理层使用持续经营假设的恰当性得出结论。同时,基于所获取的审计证据,对是否存在与事项或情况相关的重大不确定性,从而可能导致对公司的持续经营能力产生重大疑虑得出结论。如果我们得出结论认为存在重大不确定性,审计准则要求我们在审计报告中提请报告使用者注意财务报表中的相关披露;如果披露不充分,我们应当发表非无保留意见。我们的结论基于审计报告日可获得的信息。然而,未来的事项或情况可能导致公司不能持续经营。

5. 评价财务报表的总体列报(包括披露)、结构和内容,并评价财务报表是否公允反映交易和事项。

除其他事项外,我们与治理层就计划的审计范围、时间安排和重大审计发现(包括我们在审计中识别的值得关注的内部控制缺陷)进行沟通。

我们还就遵守关于独立性的相关职业道德要求向治理层提供声明,并就可能被合理认为影响我们独立性的所有关系和其他事项,以及相关的防范措施(如适用)与治理层进行沟通。

从与治理层沟通的事项中,我们确定哪些事项对当期财务报表审计最为重要,因而构成关键审计事项。我们在审计报告中描述这些事项,除非法律法规不允许公开披露这些事项,或在极其罕见的情形下,如果合理预期在审计报告中沟通某事项造成的负面后果超过产生的公众利益方面的益处,我们确定不应在审计报告中沟通该事项。

负责审计并出具审计报告的项目合伙人是×××。

诚信会计师事务所(盖章)　　　　中国注册会计师:×××(签名并盖章)

中国注册会计师:×××(签名并盖章)

中国××市

2021年×月×日

答案提示:

1. 针对情况1,应出具无保留意见的审计报告。公司的做法不影响财务报表的合法性和公允性。

针对情况2,应出具带强调事项段的无保留意见的审计报告。A公司的做法符合会计准则和会计制度的要求,但这一情况属于重大的不确定事项,注册会计师应当在审计报告的意见段之后增加强调事项段说明这一情况,以提醒财务报表使用者关注。

针对情况3,应出具保留意见的审计报告。A公司拒绝调整2020年度财务报表,影响了财务报表的合法性和公允性,但从应调整的金额(45万元)看,还不至于导致注册会计师发表否定意见。

针对情况4,应出具保留意见的审计报告。A公司应当对该投资计提减值准备32万元,A公司的做法使财务报表不能公允地反映财务状况、经营成果和现金流量,但从应调整的金额看,还不至于导致注册会计师发表否定意见。

针对情况5,应出具无保留意见的审计报告。A公司当年应计提设备折旧1万元

（50万×2%），远远低于重要性水平，这一错报不影响财务报表使用者的决策，因此不影响注册会计师的审计意见。

针对情况6，应出具无保留意见的审计报告。当应收账款的函证没有结果时，可以采用替代审计程序证实应收账款的真实性。

针对情况7，应出具无法表示意见的审计报告。因为A公司利润总额中的70%无法验证，所以无法判断财务报表整体的公允性。

2. 如果只存在3、4两种情况，且A公司不接受注册会计师的调整意见，应当出具否定意见的审计报告。因为公司的错误做法虚增利润77万元，而审计前的利润总额为110万元，虚增金额重大，使财务报表不能在所有重大方面公允反映A公司的财务状况、经营成果和现金流量。

完成审计报告如下：

……

一、否定意见

我们审计了A股份有限公司（以下简称A公司）的财务报表，包括2020年12月31日的资产负债表，2020年度的利润表、现金流量表、股东权益变动表以及财务报表附注。

我们认为，由于"形成否定意见的基础"部分所述事项的重要性，后附的财务报表没有在所有重大方面按照《企业会计准则》的规定编制，未能公允反映公司2020年12月31日的财务状况以及2020年度的经营成果和现金流量。

二、形成否定意见的基础

如财务报表附注所述，A公司2020年涉及的诉讼案于2021年3月20日判决A公司应向原告赔偿45万元，A公司仅在财务报表附注5中进行了披露；另外，A公司2020年7月购买某公司发行的债券，确认为债权投资，成本为112万元，2020年12月31日的市价为80万元，A公司仅在财务报表附注中揭示了该市价。上述两个问题使A公司的利润总额虚增77万元。

我们按照《中国注册会计师审计准则》的规定执行了审计工作。

审计报告的"注册会计师对财务报表审计的责任"部分进一步阐述了我们在这些准则下的责任。按照《中国注册会计师职业道德守则》，我们独立于公司，并履行了职业道德方面的其他责任。我们相信，我们获取的审计证据是充分、适当的，为发表否定意见提供了基础。

三、关键审计事项

除"形成否定意见的基础"部分所述事项外，我们认为，没有其他需要在我们的报告中沟通的关键审计事项。

【案例分析14-5】

基本案情：ABC会计师事务所的A注册会计师负责审计多家上市公司2020年度财务报表，遇到下列与审计报告相关的事项：

1. 甲公司2020年末商誉、无形资产、存货等多项资产存在减值迹象。因管理层未提供相关资料，A注册会计师无法就上述资产的减值准备获取充分、适当的审计证据，拟对财务报表发表无法表示意见，并在审计报告的其他信息部分说明注册会计师无法确定与资产减值准备相关的其他信息是否存在重大错报。

2.ABC会计师事务所首次承接并审计乙公司2020年度财务报表，A注册会计师发现前任注册会计师对乙公司2019年度财务报表出具了保留意见审计报告，但该事项对本期财务报表既不相关也不重大，A注册会计师拟发表保留意见。

3. 丙公司2020年初开始使用新的存货管理系统，因系统缺陷导致2020年度成本核算混乱，审计项目组无法对营业成本、存货等项目实施审计程序，A注册会计师认为该事项对财务报表使用者理解财务报表重要，在审计报告中的强调事项段予以提示。

4.2020年1月，丁公司按照新发布的租赁会计准则进行会计核算，由于丁公司未对比较数据进行追溯调整，因此A注册会计师出具了否定意见审计报告。

5. 戊公司管理层2020年确认了一笔大额关联方交易收入，A注册会计师提出调整建议，管理层未更正，A注册会计师将该笔收入确认为最重要的事项与治理层沟通后，拟将其作为关键审计事项在审计报告中进行沟通。

6. 审计项目组发现乙公司2020年12月25日被市场监督管理总局处罚，该事项对财务报表产生了重大影响，A注册会计师要求乙公司管理层在财务报表中进行恰当反映，管理层予以拒绝，A注册会计师拟在强调事项段中予以披露。

分析要点：

针对上述第1至第6项，逐项指出A注册会计师的做法是否恰当。如不恰当，简要说明理由。

答案提示：

1. 不恰当。无法表示意见审计报告中不得包含其他信息部分，除非法律法规另有规定。

2. 不恰当。如果导致上期财务报表出具非无保留意见的事项对本期既不相关也不重大，则注册会计师无须因此对本期财务报表发表非无保留意见。

3. 不恰当。由于无法获取充分、适当的审计证据，注册会计师应当出具保留意见或无法表示意见审计报告。

4. 不恰当。比较数据存在重大错报但不广泛，应当出具保留意见的审计报告。

5. 不恰当。关键审计事项必须是已经得到满意解决的事项。关键审计事项不能替代非无保留意见。

6. 不恰当。违反法律法规行为对财务报表具有重大影响，且未能在财务报表中得到恰当反映，注册会计师应当出具保留意见或否定意见的审计报告。

关键概念

审计差异调整表　试算平衡表　复核审计工作　审计报告　无保留意见　保留意见　否定意见　无法表示意见　标准无保留意见的审计报告　非标准审计报告　带强调事项段的审计报告　关键审计事项

思考题

1. 注册会计师发表无保留意见审计报告的情况有哪些?
2. 非无保留意见审计报告包括哪些?
3. 在什么情况下注册会计师应发表保留意见审计报告?
4. 在什么情况下注册会计师应发表否定意见审计报告?
5. 在什么情况下注册会计师应发表无法表示意见审计报告?
6. 在什么情况下注册会计师应出具带强调事项段的审计报告?
7. 在什么情况下注册会计师应出具带其他事项段的审计报告?
8. 在被审计单位的财务报表按照适用的财务报告编制基础列报时,审计报告有哪些格式上的要求?
9. 注册会计师对其他信息承担哪些责任?

思政园地

做有职业道德的好建设者

一砖一瓦砌成事业大厦,一点一滴创造幸福生活。世间一切美好,往往都蕴含着职业道德的光芒,凝聚着建设者的品德风范。

一个推崇敬业乐业的民族,必定是令人肃然起敬的民族;一个弘扬职业理想的社会,必定是一个活力涌流、文明进步的社会。近日发布的《新时代公民道德建设实施纲要》要求,"推动践行以爱岗敬业、诚实守信、办事公道、热情服务、奉献社会为主要内容的职业道德,鼓励人们在工作中做一个好建设者"。明确职业道德内涵、倡导践行职业道德,不仅是新时代公民道德建设的重要内容,也是培育和践行社会主义核心价值观、弘扬民族精神和时代精神的内在要求,对于推进中国特色社会主义事业、建设社会主义现代化国家具有重要意义。

"敬事而信""执事敬",敬业品德中国自古有之。在今天我们这个礼敬崇高职业理想、张扬高昂奋斗精神的社会主义大家庭,在"劳动最光荣、劳动最崇高、劳动最伟大、劳动最美丽"的新时代,职业道德的重要性不言而喻:不仅其本身是一笔宝贵的社会精神财富,更直接引领社会物质财富的创造;不仅厚植起个人安身立命的坚实基础,更为强国建设、复兴征程注入澎湃活力。在新时代培养担当民族复兴大任的时代新人,一个重要内容就在于以职业道德建设引领行业文明进步,让高尚的职业情操、坚实的职业奉献,为社会文明风尚凝心聚力,为经济高质量发展固本培元。

"尽职者无他,正己格物而已。"精益求精为火箭焊接发动机的"铁裁缝"高凤林有句名言:"顶天立地是为工,利器入门是为匠。"从"最美奋斗者"到"共和国勋章"获得者,无不在各自岗位上取得了非凡成就,在共和国发展征程上立下了不朽功勋。他们身上散发出来的职业之光,充分诠释出以爱岗敬业、诚实守信、办事公道、热情服务、奉献社会为主要内容的职业道德。弘扬职业道德,真正做到干一行爱一行钻一行,就要在脚踏实地的同时仰望星空,从刻苦工作中领略到高尚情操、体现出价值意义。工作即是事业,事业即是爱好,爱好滋润品德,品德回馈工作。职业价值和职业品德,正是我们参与工作、参与劳动的意义所在。

"凡职业没有不是神圣的,所以凡职业没有不是可敬的。"有了职业道德的托举,"伟大出自平凡,平凡造就伟大"的奋斗哲理更显深刻有力。加强职业道德建设,对个人而言,意味着砥砺职业操守、恪守职业本分、干好本职工作,每件事、每个细节、每项产品力求无愧本心;对社会而言,需要弘扬道德楷模精神、营造爱岗敬业氛围,形成学有榜样、行有示范的良好风气;对国家而言,也需要完善政策、搭建平台、健全机制,让广大劳动者敢想敢干、敢于追梦。当崇高的职业道德落实为掷地有声的职业行动,实现中国梦就有了强大精神力量和道德支撑。

马克思说,历史承认那些为共同目标劳动,因而自己变得高尚的人是伟大人物;经验赞美那些为大多数人带来幸福的人是最幸福的人。新时代是奋斗者的时代。坚守职业道德,奋斗职业理想,我们就能以职业贡献为荣,追逐人世间的美好梦想,抵达生命里的辉煌。

资料来源:《人民日报》,2019 年 10 月 30 日 04 版(有改动)。